Theodor Goltz

Die ländliche Arbeiterfrage und ihre Lösung

Theodor Goltz
Die ländliche Arbeiterfrage und ihre Lösung
ISBN/EAN: 9783743455542

Hergestellt in Europa, USA, Kanada, Australien, Japan

Cover: Foto ©ninafisch / pixelio.de

Manufactured and distributed by brebook publishing software (www.brebook.com)

Theodor Goltz

Die ländliche Arbeiterfrage und ihre Lösung

Die ländliche Arbeiterfrage

und ihre Lösung

von

Dr. Frhr. Th. von der Goltz,
ord. öffentl. Professor an der Universität Königsberg.

Danzig.
Verlag von A. W. Kafemann.
1872.

Inhalt.

	Seite
Einleitung	1 — 3
I. Die dermalige Lage der ländlichen Arbeiter.	
1. Die Dienstleute	4 — 43
2. Die Einlieger und Häusler	43 — 63
3. Das Gesinde	63 — 67
II. Die Uebelstände und Gefahren, welche für Gegenwart und Zukunft in den heutigen ländlichen Arbeiterverhältnissen liegen	68 — 90
III. Mittel zur Lösung der ländlichen Arbeiterfrage.	
1. Allgemeines	91 — 93
2. Hebung der geistigen und sittlichen Bildung	94 — 117
Elementar-Kleinkinder-Fortbildungsschule. Verkehr des Arbeitgebers mit den Arbeitern. Volksbibliotheken. Freigebung der Sonn- und Festtage.	
3. Gewährung eines ausreichenden und sicheren Einkommens	118 — 129
Die Bedeutung der Naturallöhnung. Accordarbeit.	
4. Veredlung des häuslichen und geselligen Lebens . . .	129 — 135
Reduktion der Arbeitszeit. Häusliche und öffentliche Feste.	
5. Wirthschaftliche Benutzung des Einkommens	135 — 184
Versicherung gegen Feuerschaden und Viehsterben. Kranken- und sonstige Unterstützungs-Kassen. Bedeutung des Sparens und der Sparkassen.	
6. Betheiligung der Arbeiter am Gutsertrage	184 — 201
7. Der Arbeiter als landwirthschaftlicher Unternehmer . .	201 — 223

IV   Inhalt.
                                                            Seite
IV. Wer hat bei der Lösung der ländlichen Arbeiterfrage mit-
    zuwirken?
    1. Arbeiter und Arbeitgeber . . . . 224—238
    2. Schule und Kirche . . . . 238—246
    3. Der Staat . . . . 246—256

Schlußwort . . . . 257—259
    Nachtrag zu Seite 57, 84 und 85, bezüglich der Löhne für
    ländliche Arbeiter im Königreich Württemberg   260

Anlagen.
    A. Verzeichniß von Büchern, die sich für ländliche Volks-
       bibliotheken eignen . . . . 261—268
    B. Statut des auf Gegenseitigkeit beruhenden Viehversiche-
       rungs-Vereins für die Dienstleute und Deputanten des
       Gutes N. . . . . 269—271
    C. Statuten und Bedingungen, unter denen für die Tage-
       löhner der Domaine Sillium eine Hülfskasse gebildet ist 272—274

Vorwort.

Mit der vorliegenden Schrift betrete ich ein noch ziemlich unangebautes Gebiet. Was bisher über die ländlichen Arbeiterverhältnisse geschrieben wurde, beschränkte sich meist auf Darstellung lokaler Zustände oder Gebrechen, während eine zusammenfassende und kritische Beleuchtung der ländlichen Arbeiterfrage noch nicht versucht worden ist. Damit will ich die früheren Publikationen keineswegs gering achten; im Gegentheil bieten dieselben, namentlich in Bezug auf die Lage der landwirthschaftlichen Arbeiter in Norddeutschland resp. in der preußischen Monarchie, sehr werthvolle Beiträge, welche auch mir bei Abfassung des vorliegenden Werkes wesentliche Dienste geleistet haben. Unter ihnen erwähne ich besonders die Schrift von v. Lengerke: „Die ländliche Arbeiterfrage"; ferner gehören hierher einzelne Abschnitte aus dem bekannten Werke von Meitzen „Der Boden und die landwirthschaftlichen Verhältnisse des preußischen Staates". Beide Publikationen enthalten reichliches statistisches Material. Dasselbe gilt von einer Abhandlung Schmollers in der Tübinger staatswissenschaftlichen Zeitschrift pro 1866: „Die ländlichen Arbeiterverhältnisse mit besonderer Rücksicht auf die norddeutschen Verhältnisse", welcher zugleich die darin enthaltenen kritischen Bemerkungen erheblichen Werth verleihen. — Außerdem ist meine Kenntniß von den dermaligen ländlichen Arbeiterverhältnissen, soweit dieselbe nicht aus eigener Anschauung und Erfahrung floß, namentlich bereichert worden: einmal durch das Material, welches in der periodischen landwirthschaftlichen Literatur hier und da zerstreut sich vorfindet und zweitens durch zahlreiche schriftliche Mittheilungen, welche mir auf meine Bitte von sachkundigen Männern aus den verschiedensten Theilen Deutschlands dargeboten wurden. Es ist mir dringendes Bedürfniß für alle diese Zuschriften, welche mich so wesentlich bei meinem Werke unterstützten, den Verfassern derselben an dieser Stelle meinen wärmsten Dank auszudrücken.

Meine eigenen Publikationen auf dem Gebiete der ländlichen Arbeiterfrage beschränkten sich bisher auch nur auf einzelne Theile derselben. Wenn ich in der vorliegenden Schrift nunmehr den Versuch mache, diese Frage, soweit sie unser deutsches Vaterland angeht, einer allgemeinen kritischen Darstellung zu unterwerfen, so verhehle ich mir die Schwierigkeiten einer solchen Aufgabe nicht. Dieselben liegen namentlich in der großen Verschiedenheit begründet, welche hinsichtlich der Lebensverhältnisse unserer ländlichen Arbeiter bestehen und letztere sind wieder durch die Mannigfaltigkeit der landwirthschaftlichen Betriebsweisen sowie durch die abweichende Entwicklung bestimmt, welche die Agrargesetzgebung in den einzelnen deutschen Territorien durchgemacht hat. Es hält daher sehr viel schwerer, eine genaue und richtige Kenntniß von der Lage unserer landwirthschaftlichen Arbeiter als von der unserer städtischen und industriellen zu gewinnen. Eine solche Kenntniß ist aber das unentbehrliche Fundament, auf das man alle Unternehmungen gründen muß, welche die bestehenden Zustände zu heben und zu bessern bestimmt sind.

Aus dem angegebenen Grunde schien es mir zunächst nöthig zu sein, ein Bild von den dermaligen ländlichen Arbeiterverhältnissen zu entwerfen, sowie zu untersuchen, ob dieselben berechtigten Anforderungen genügen und ob sie auf die Dauer haltbar sind oder nicht. Bei dieser Darstellung kam es mir sehr zu Gute, daß es mir vergönnt war, in den verschiedensten Theilen Deutschlands, vom äußersten Nordosten bis zum äußersten Südwesten, längere Zeit praktisch thätig zu sein und im täglichen Verkehr mit den ländlichen Arbeitern zu stehen. Die Aufmerksamkeit, welche ich nun schon seit 15 Jahren auf die Beobachtung dieser Bevölkerungsklasse und das Studium der bezüglichen Literatur verwendet, hat mir ein, wie ich hoffe, richtiges Urtheil über die Zustände, unter welchen jene sich befindet, verschafft. Von letztern konnte ich in dieser Schrift natürlich nur ein allgemeines Bild vorführen; meine Darstellung mag daher vielleicht in manchen Punkten für einzelne Güter oder eng begrenzte Landstriche nicht passen; aber daß sie im Großen und Ganzen eine getreue ist, glaube ich versichern zu dürfen.

Auf die thatsächlichen Verhältnisse bauend, war es nun meine zweite Aufgabe, diejenigen Mittel anzugeben, welche geeignet erscheinen, vorhandene Uebelstände zu beseitigen oder drohende Gefahren abzuwenden. Hierbei bestrebte ich mich hauptsächlich, die allgemeinen Grundsätze aufzustellen, welche zur Erreichung dieser Zwecke maßgebend sein müssen, immer wieder darauf hinweisend, daß deren Anwendung je nach den lokalen Verhältnissen sich zu modificiren habe. „Eines schickt sich nicht für Alle". Die Wahrheit dieses Satzes erweist sich nirgends schlagender, als wo es sich um Reformen auf socialem Gebiete handelt; dennoch wird sie von Niemand mehr verläugnet, als von vielen unserer Socialpolitiker.

Diese Schrift ist vorzugsweise bestimmt für die verschiedenen Klassen der landwirthschaftlichen Unternehmer. Den meisten derselben fehlt es noch an einer klaren Anschauung über die wirkliche Lage der ländlichen Arbeiter und namentlich an der Erkenntniß, daß die gegenwärtigen Zustände nach vielen Richtungen hin sich als unhaltbar erweisen; noch weit mehr im Dunkeln befinden sie sich aber über die Mittel, welche die vorhandenen Uebelstände beseitigen könnten. Es würde mein Hauptzweck erreicht sein, wenn ich, ob zunächst auch nur bei einem kleinen Theile der ländlichen Arbeitgeber, die Ueberzeugung wach riefe, daß sie sich künftig ihrer Untergebenen mehr annehmen und besser für deren Wohl sorgen müssen. Ist diese Ueberzeugung erst durchgedrungen, dann werden sich auch Mittel und Wege finden, sie im Leben selbst zur Realisirung zu bringen.

Weiter aber wende ich mich mit meiner Schrift an alle Uebrigen, welche ihr Beruf geeignet macht oder nöthigt, auf die ländlichen Arbeiterverhältnisse einzuwirken; es sind dies namentlich die Vertreter des Staates, der Schule und der Kirche, soweit dieselben auf dem platten Lande das Feld ihrer Thätigkeit haben. Auch ihnen geht zum bei weitem größten Theil eine genaue Kenntniß von den Bedingungen ab, an welche das Gedeihen der landwirthschaftlichen Arbeiter geknüpft ist und von der Aufgabe, die ihnen selbst auf diesem Gebiete zu lösen obliegt.

Ich wünsche und hoffe, daß allen denen, welche sich berufen fühlen, für das Wohl der ländlichen Arbeiter thätig zu sein, das vorliegende Werk eine willkommene und nützliche Anleitung hierzu geben möge; um solchem Zweck zu genügen, habe ich auch einige Anlagen beigefügt, welche für gewisse Unternehmungen eine specielle Instruktion gewähren.

Die Zeit der äußeren Kämpfe ist zunächst für unser deutsches Volk hoffentlich vorüber; als Preis der erfochtenen Siege haben wir die Einheit der deutschen Stämme errungen. Nunmehr gilt es, den inneren Bau des Volkslebens ebenso kräftig und harmonisch herzustellen wie den äußeren. Dazu ist vor allen Dingen nöthig, daß die einzelnen Bevölkerungsklassen friedlich und einträchtig mit einander verkehren; daß jede mit dem ihr zugefallenen Loose sich genügen lasse und eine in dem Wohle der anderen das eigene Wohl erblicke. Von einer befriedigenden

Lösung der socialen Frage hängt es in erster Reihe ab, ob die Zukunft unseres Volkes eine glückliche sein wird oder nicht. Zur socialen Frage gehört aber unzertrennlich die ländliche Arbeiterfrage. Diese Thatsache schließt zugleich einen Trost und eine Warnung in sich. Einen Trost deshalb, weil, wenn wir den ländlichen Arbeitern zu einer befriedigenden Lebenslage verhelfen, es den Männern, welche den Umsturz der bestehenden Zustände herbeizuführen trachten, nie gelingen kann und wird, ihre Pläne zu realisiren; eine Warnung deshalb, weil eine fortdauernde Vernachlässigung der ländlichen Arbeiter mit der Zeit die letzteren ganz gewiß für die socialistischen Agitationen empfänglich und dann zu gefährlicheren Feinden der bürgerlichen Ordnung machen wird, als es bisher noch irgendwo in Deutschland die industriellen Arbeiter gewesen sind.

Es würde mir eine große Befriedigung gewähren, wenn die Absicht, welche ich bei Abfassung dieser Schrift hatte, erreicht würde, nämlich: sowohl selbst an meinem Theile beizutragen an der Lösung der großen Aufgaben, welche unserem Volke gestellt sind, als auch Andere anzuregen, nach ihren Kräften bei der Erfüllung derselben mitzuwirken.

Schließlich sei es mir gestattet, allen sachverständigen Männern den Wunsch auszusprechen, mich ihrerseits durch neues auf den Inhalt dieser Schrift bezügliches Material freundlichst in meinen Bestrebungen zu unterstützen. Namentlich würden mir Zuschriften erwünscht sein, welche über die gegenwärtige Lage der ländlichen Arbeiter in dieser oder jener Gegend näheren Aufschluß gewährten sowie auch solche, welche mich über Unternehmungen belehrten, die bereits zum Wohle jener Bevölkerungsklasse ins Leben getreten sind. Die mir zukommenden Mittheilungen werde ich bei einer etwa erforderlichen zweiten Auflage dieser Schrift gewissenhaft verwerthen.

Königsberg i. Pr., den 1. October 1871.

Der Verfasser.

Einleitung.

Bei den vielen Reden und Schriften, welche namentlich in den letzten Jahren über die Lage der arbeitenden Bevölkerung und deren Verbesserung in die Oeffentlichkeit gelangt sind, hat man fast regelmäßig blos die bei der Industrie beschäftigten und zwar vorzugsweise die in Fabriken thätigen Arbeiter ins Auge gefaßt. Man hat sogar häufig die letzteren mit der arbeitenden Bevölkerung überhaupt identificirt und angenommen, daß dieselben Mittel, welche die Lage der Fabrikarbeiter zu heben geeignet seien, auch allen anderen Arbeitern zu helfen vermöchten oder mit anderen Worten, daß die Lösung der Arbeiterfrage mit der Gewinnung einer angemessenen Lebensstellung für die industriellen Arbeiter schon von selbst gegeben sei. Dies ist aber in doppelter Beziehung ein Irrthum. Einmal ist die Klasse der ländlichen Arbeiter bei uns weit zahlreicher als die der städtischen oder Fabrikarbeiter*); fürs Zweite sind diejenigen Mittel, welche man zur Hebung der Lage der industriellen Arbeiterbevölkerung vorgeschlagen oder bereits angewendet hat, keineswegs geeignet, auch ohne Weiteres auf die ländliche Arbeiterbevölkerung zu demselben Zweck übertragen zu werden.

Daß bei Besprechung der Arbeiterfrage die landwirthschaftliche Bevölkerung gewissermaßen ignorirt wurde, hatte wohl darin seinen Grund, daß die Uebelstände in der Lage der arbeitenden Klassen sich zunächst und

---

*) Vgl. Lette „Die Arbeiter insbesondere die Lohnfrage" ꝛc. im Arbeiterfreund, Zeitschrift des Centralvereins in Preußen für das Wohl der arbeitenden Klassen, pro 1864, pg. 10 und 11. Eine genaue Feststellung der Zahl der im landwirthschaftlichen Gewerbe beschäftigten Arbeiter ist leider schon deshalb nicht möglich, weil viele ländlichen Arbeiter gleichzeitig Grundbesitzer sind und in den statistischen Tabellen nur als solche sich aufgeführt finden.

hauptsächlich bei den industriellen Arbeitern geltend machten. Denn diese, meist dicht zusammengedrängt wohnend, von dem Luxus des städtischen Lebens rings umgeben und doch selbst für ihre Bedürfnisse auf den nach den gewerblichen Conjunkturen sehr schwankenden, oft gänzlich unzureichenden Tagelohn angewiesen, dabei aufregenden, nach früher ungekannten Gütern und Genüssen sie lüstern machenden Einflüssen ausgesetzt, mußten nicht nur selbst bald zum Bewußtsein ihrer in vieler Hinsicht ungünstigen Lebensstellung gebracht werden, sondern auch dieserhalb das Auge von Männern auf sich ziehen, welche für die Beseitigung socialer Mißstände einzutreten sich berufen fühlten. Umgekehrt war und ist die Lage der ländlichen Arbeiter. Sie wohnen mehr oder weniger zerstreut und bleiben von dem städtischen Luxus ziemlich unberührt; ihr Arbeitslohn besteht häufig und zum großen Theil aus ihren nothwendigsten Lebensbedürfnissen oder sie erzeugen sich die letzteren selbst oder können sie zu verhältnißmäßig niedrigen Preisen ankaufen; es fehlt ihnen an Zeit, Bildung und Gelegenheit, sich die wirklichen Uebelstände ihrer Lage zum Bewußtsein zu bringen oder gar deren Beseitigung anzubahnen. Dazu kommt, daß sogar diejenigen Männer, welche mit der Arbeiterfrage sich beschäftigten, fast sämmtlich selbst gar keine genaue Kenntniß von der Lage der ländlichen Arbeiter besaßen und entweder glaubten, diese bedürften überhaupt keiner Hülfe oder es sei denselben mit den nämlichen Mitteln zu helfen wie den industriellen Arbeitern. Beides ist indessen, wie ich später zu beweisen Gelegenheit haben werde, ein Irrthum. Auch von den Landwirthen sind nur ganz vereinzelte Versuche gemacht worden, die ländliche Arbeiterfrage zu lösen und diese Versuche haben sich dann immer in den engen Grenzen des eigenen Betriebes gehalten. Es darf uns dies nicht wundern, wenn wir bedenken, daß die Landwirthe überhaupt für Lösung ihrer socialen Aufgabe bis jetzt noch wenig Verständniß und Neigung gezeigt haben*). Sie bekümmerten sich deshalb auch um ihre Arbeiter in der Regel blos insoweit, als dies nach ihrer Ansicht nöthig war, um einen geregelten Gang des landwirthschaftlichen Betriebes zu sichern. Nur sehr wenige haben es ernstlicher Erwägung unterzogen, ob die dermalige Lage der ländlichen Arbeiter überhaupt eine solche ist, daß die materiellen, geistigen und sittlichen Bedürfnisse derselben angemessen befriedigt werden und daß gleichzeitig ein fortdauerndes Gedeihen des landwirthschaftlichen Gewerbes gesichert erscheint.

---

*) Vgl. hierüber: v. d. Goltz, „Die heutigen Aufgaben des landwirthschaftlichen Gewerbes und seiner Wissenschaft". Danzig bei A. W. Kafemann. 1870.

Aus diesen Gründen darf es uns nicht befremden, wenn wir sowohl in der Litteratur wie im praktischen Leben nur wenige Erzeugnisse finden, welche ein sachverständiges Eingehen auf die ländliche Arbeiterfrage bekunden, oder als Versuche zu ihrer Lösung gelten könnten.

Es gibt freilich eine große Anzahl von Männern, welche es überhaupt in Abrede stellen, daß die Lage der ländlichen Arbeiter eine für diese selbst oder für die Entwicklung des landwirthschaftlichen Gewerbes so ungünstige sei, daß man eine ernstliche Reform erstreben müsse; sie glauben vielmehr, daß diese Lage im Allgemeinen befriedigend, nur hier und da unbedeutender Modificationen bedürfe. Letztere Ansicht zu widerlegen, muß ich mir für einen späteren Theil meiner Darstellung versparen. Hier will ich nur constatiren, daß grade die Meinung von der Angemessenheit der Lage der ländlichen Arbeiter wesentlich dazu beiträgt, daß die Landwirthe selbst den Anregungen zur Verbesserung derselben gegenüber sich so theilnahmlos oder widerstrebend verhalten.

Es soll nun meine Aufgabe sein, im Nachfolgenden zu untersuchen:

1) wie die Lage der ländlichen Arbeiter heutzutage in Deutschland thatsächlich sich gestaltet;

2) ob diese Lage als eine den Bedürfnissen der Arbeiter selbst entsprechende und als eine der Entwickelung des landwirthschaftlichen Gewerbebetriebs förderliche betrachtet werden darf;

3) ob und wie verneinenden Falls eine Reform der ländlichen Arbeiterverhältnisse herbeigeführt werden kann.

I.
Die dermalige Lage der ländlichen Arbeiter.

Man kann die ländlichen Arbeiter je nach ihrem Abhängigkeitsverhältniß von dem Arbeitsgeber und nach der Art ihres Erwerbes in die drei Klassen der Dienstleute, der Einlieger und der Häusler eintheilen. Die Dienstleute stehen in einem festen Contraktsverhältniß und sind gegen Tagelohn und gewisse Natural-Emolumente verpflichtet, sowohl ihre wie auch ihrer Angehörigen Arbeitskräfte dem Gutsherrn das ganze Jahr hindurch zu widmen; sie führen auch wohl den Namen Instleute oder Gärtner. Die Einlieger wohnen in Dörfern oder auf Gütern zur Miethe und verwerthen ihre Arbeitskraft nach Belieben bald hier bald dort, da sie contraktlich nicht fest gebunden sind; in einzelnen Gegenden nennt man sie auch Heuerlinge. Die Häusler unterscheiden sich von den Einliegern dadurch, daß sie nicht zur Miethe wohnen, sondern selbst ein Haus und ein Stück Land besitzen, welches letztere aber nie so groß ist, um sich und ihre Familie allein zu ernähren; man bezeichnet die Häusler auch mit dem Namen Eigenkäthner oder Colonisten.

1. Die Dienstleute.

Das Verhältniß der Dienstleute findet sich namentlich im nordöstlichen Deutschland und zwar dort vorzugsweise auf den großen Gütern. Auf den bäuerlichen Besitzungen existiren zwar auch öfters Instleute, aber dieselben bilden doch nur eine geringe Quote von der Gesammtheit dieser Bevölkerungsklasse; denn die Bauern pflegen die für ihre Wirthschaft nöthigen Arbeitskräfte vorherrschend aus den in den Dörfern wohnenden Einliegern und Häuslern zu nehmen, soweit nicht die eigenen Familienglieder, sowie das Haus- und Hofgesinde dieselben schon liefert.

Unsere heutigen Dienstleute sind hervorgegangen aus den früheren leibeigenen Bauern oder auch besitzlosen, den Gütern zugehörigen Leuten. Als nämlich gegen Ende des vorigen und zu Anfang dieses Jahrhunderts die Aufhebung der Gutsunterthänigkeit und die Ablösung der persönlichen Dienstleistungen der bäuerlichen und anderen niederen ländlichen Bevölkerung begann, sahen sich die großen Grundbesitzer oder Pächter genöthigt, einen Ersatz für die verlorenen Arbeitskräfte zu gewinnen. Es geschah dies theils dadurch, daß sie die bereits auf dem Gute wohnhaften, besitzlosen Leibeigenen durch Abschließung von Dienstkontrakten an sich zu binden suchten, theils dadurch, daß sie neue Arbeiterwohnungen auf ihrem Gute errichteten und in dieselben Leute aus der Klasse der besitzlosen oder besitzlos gewordenen früheren Leibeigenen aufnahmen, mit denen sie ebenfalls eine feste mündliche oder schriftliche Vereinbarung über die gegenseitigen Ansprüche und Leistungen abschlossen. Die auf diese Weise neu entstandene Klasse der ländlichen Bevölkerung, nämlich die der Dienstleute, unterschied sich von den früheren leibeigenen Tagelöhnern wesentlich dadurch, daß sie persönlich frei, nicht an die Scholle gebunden war, und daß die Art und Höhe ihres Lohnes nicht von der Willkühr des Gutsherrn, sondern von dem beiderseitigen Uebereinkommen abhing. Dabei wurde mit allen Dienstleuten ein und desselben Gutes der gleiche Contrakt abgeschlossen. Gemäß desselben erhielten sie gewöhnlich von dem Gutsherrn freie Wohnung, Futter für eine Kuh, häufig auch für ein Pferd, einige Morgen Land, die Berechtigung alles auf dem Gute erbaute Getreide gegen einen bestimmten Antheil auszudreschen und einen, allerdings sehr niedrigen Tagelohn. Dagegen war der Instmann verpflichtet täglich auf den herrschaftlichen Hof zur Arbeit zu kommen, zu demselben Zweck noch einen sogenannten Scharwerker oder Hofgänger (einen jungen Burschen oder ein junges Mädchen) zu stellen und, wenn es gefordert wurde, auch die eigene Frau als dritte Arbeitskraft mitzubringen. Die Begründung eines derartigen Verhältnisses erwies sich als Nothwendigkeit, weil bei der dünnen Bevölkerung und bei den spärlich vorhandenen Dörfern, welche überflüssige Arbeitskräfte hätten abgeben können, auf andere Weise ein geregelter Betrieb der großen Güter nicht zu erzielen gewesen wäre.

Soweit die Dienstleute nicht aus den bereits früher auf dem Gute wohnenden leibeigenen Tagelöhnern hervorgingen, wurden sie gebildet theils aus den ehemals gutsunterthänigen Bauern oder Besitzern sogenannter Dienstfamilien-Etablissements, von denen ein großer Theil in Folge des berüchtigten Legens der Bauern oder auch der gesetzlich stattgehabten Regulirung der gutsherrlich=bäuerlichen Verhältnisse besitzlos geworden waren*); theils aus denjenigen Gliedern der nun frei gewordenen bäuerlichen Familien, welche keine Aussicht besaßen, den väterlichen Hof einmal zu erben oder auch nur eine angemessene Beschäftigung und Lebensstellung auf demselben zu finden. Statistisches Material um nachzuweisen, in welchen Prozentsätzen diese einzelnen Klassen an dem neugebildeten Stande der Dienstleute Theil genommen haben, liegt leider nicht vor.

Diese Theilnahme ist auch nicht in allen Gegenden eine gleiche gewesen. Wo schon von Alters her auf den Gütern eine große Zahl leibeigener besitzloser Tagelöhner wohnte, wie z. B. in Schleswig=Holstein, gingen die Dienstleute auch hauptsächlich aus diesen hervor; wo hingegen solches nicht der Fall war, und wo man gleichzeitig das Legen der Bauern besonders rücksichtslos betrieb, wie z. B. in Mecklenburg**), stammten die Dienstleute großentheils aus der Klasse der letzteren. In den östlichen Provinzen der preußischen Monarchie war die Zahl der auf dem Gute wohnhaften, besitzlosen Leibeigenen durchschnittlich gering; die meisten Arbeiten auf den Gütern wurden von den dazu verpflichteten Bauern geleistet, deren Legung Seitens des Adels die preußischen Könige mit ziemlichem Erfolge zu verhindern gewußt hatten.

Als nun die Regulirung der gutsherrlich=bäuerlichen Verhältnisse in Preußen zu Anfang dieses Jahrhunderts und damit binnen eines kurzen Zeitraums die Ablösung der meisten persönlichen Dienstleistungen der Bauern erfolgte, geriethen allerdings viele große Grundbesitzer in bedeutende Verlegenheit. Die Zahl der auf dem Gute bereits befindlichen Dienstfamilien war sehr gering; um nur einigermaßen genügende Arbeitskräfte sich zu sichern, mußten sie vor allen Dingen neue Wohnungen auf ihrem Territorium errichten, wozu es ihnen aber oft an Mitteln fehlte oder wozu sie solche aufzuwenden keine Neigung besaßen. Es liefen daher leb-

---

*) Es kann hier nicht meine Aufgabe sein, die Regulirungs=Gesetzgebung für die einzelnen Länder darzustellen oder zu kritisiren; ich will hier nur bemerken, daß selbst in Preußen, wo die Agrargesetzgebung im Großen und Ganzen von sehr gesunden Principien ausging, zufolge der Deklaration vom 29. Mai 1816 zahlreiche Inhaber von Dienstfamilien=Etablissements ihren Grundbesitz verloren und in die Klasse der besitzlosen Arbeiter gedrängt wurden. Vgl. Lette und Rönne: Die Landeskulturgesetzgebung des preußischen Staates. Einleitung, pg. CIII.

**) Von den zur Zeit des dreißigjährigen Krieges in Mecklenburg noch vorhandenen 12,000 ritterschaftlichen Bauerstellen waren im Jahre 1849 blos noch 1200 übrig. Sugenheim: Geschichte der Aufhebung der Leibeigenschaft. St. Petersburg 1861. Seite 433.

hafte und vielseitige Beschwerden Seitens der großen Grundbesitzer gegen die Regulirungsfähigkeit namentlich der Kleinstellenbesitzer, der Inhaber der sogenannten Dienstfamilien-Etablissements, bei den Staatsbehörden ein. In Folge dessen wurde dann die bereits in der Anmerkung erwähnte Deklaration vom 16. Mai 1829 erlassen, welche alle Inhaber von Dienstfamilien-Etablissements, die keine selbstständige Ackernahrung bildeten, von der Regulirung ausschloß. Dies gewährte dem großen Grundbesitz zunächst allerdings eine bedeutende Erleichterung; er zog die Dienstfamilien-Etablissements ein und erhielt dadurch, außer einer erheblichen Fläche Landes, menschliche Arbeiterkräfte und Wohnungen für dieselben. Die früheren Inhaber der Etablissements blieben meist in ihren alten Wohnungen, traten aber in das neugeschaffene Verhältniß von Dienstleuten über.

Obwohl jene Deklaration einem augenblicklichen Nothstand abhalf, so hat sie für die ganze landwirthschaftliche Entwickelung dennoch mehr unheilvoll, als segensreich gewirkt. Denn sie trägt vornehmlich die Schuld, daß sich im nordöstlichen Deutschland kein grundbesitzender Arbeiterstand hat bilden können, eine Thatsache, deren Bedeutung ich noch später näher zu beleuchten haben werde.

In der beschriebenen Weise entwickelte sich die Klasse unserer heutigen Dienstleute aus den ehemaligen leibeigenen Tagelöhnern oder Bauern im nördlichen und nordöstlichen Deutschland. In den preußischen Provinzen Preußen, Posen, Pommern, Brandenburg sowie in Mecklenburg machen sie noch heute die größte Zahl der ländlichen Tagelöhner aus; auch in Schlesien, Sachsen, Braunschweig, Hannover, Schleswig-Holstein und Westfalen bilden sie noch ein erhebliches Contingent derselben, obwohl in diesen Gegenden auch die anderen Klassen der ländlichen Tagelöhner schon in bedeutender, oft vorherrschender Menge vertreten sind.

Das im Anfang dieses Jahrhunderts entstandene*) Verhältniß der Dienstleute hat sich bis auf die heutige Zeit im Großen und Ganzen unverändert forterhalten. Nur insofern sind Modificationen eingetreten, als einmal die Lage der Dienstleute überhaupt eine fortschreitend bessere geworden ist und als der den Dienstleuten gewährte eigene wirthschaftliche Betrieb auf ein immer geringeres Maß reducirt wurde. Als Beläge für erstere Thatsache lassen sich die Verbesserung der Wohnungen, die Erhöhung

---

*) Eine sehr instruktive Darstellung über den Uebergang der Leibeigenschaft in das Dienstleuteverhältniß gibt Hansen in seiner Schrift: „Die Aufhebung der Leibeigenschaft ꝛc. in den Herzogthümern Schleswig und Holstein." St. Petersburg 1861.

der Geldlöhne, die Zunahme des Drescherverdienstes, die humaner gewordene Behandlungsweise im geschäftlichen Verkehr anführen. Die allmählige Reducirung des eigenen landwirthschaftlichen Betriebes der Dienstleute hat darin bestanden, daß denselben die früher gewährten Zugthiere meist abgenommen, daß die ihnen zur Benutzung überlassenen Ländereien mehr beschränkt wurden, daß endlich auf vielen Gütern sogar die Haltung eigener Kühe untersagt ist, den Dienstleuten dafür aber eine bestimmte Quantität Milch täglich geliefert wird. Einen materiellen Nachtheil haben die letzteren durch diese Umänderung ihres contraktlichen Verhältnisses nicht gehabt; im Gegentheil sind ihnen die entzogenen Competenzen durch andere Bewilligungen reichlich ersetzt worden. Wirthschaftlich war es auch durchaus gerechtfertigt, häufig sogar nöthig, daß der eigene landwirthschaftliche Betrieb der Dienstleute eingeschränkt wurde, weil aus einer bedeutenden Ausdehnung desselben dem Gutsherrn sehr viel größere Nachtheile, als den Dienstleuten Vortheile erwachsen.

Betrachten wir die heutige Lage der Dienstleute, so ist dieselbe materiell und nach der nominellen Höhe des Einkommens betrachtet im Allgemeinen eine keineswegs unbefriedigende. Allerdings weichen die Contrakte zwischen den Gutsherrn und Dienstleuten in ihren einzelnen Festsetzungen mannigfach von einander ab; aber in ihrem praktischen Resultat kommen sie alle ziemlich auf dasselbe Ziel hinaus. Die Hauptbestimmungen sind gewöhnlich folgende. Der Arbeiter erhält vom Herrn Wohnung, Garten, Kartoffelland, Futter für eine Kuh, häufig freies Brennmaterial sowie freie ärztliche Behandlung und außerdem einen geringen Tagelohn für sich sowie für jeden anderen von ihm gestellten Arbeiter; er hat ferner das Recht, sämmtliche auf dem Gute gebauten Körner-Früchte gegen einen bestimmten Antheil auszudreschen. Dafür muß der Dienstmann an allen Werktagen zur Arbeit kommen, muß zu demselben Zweck einen sogenannten Scharwerker oder Hofgänger mitbringen und sich gewöhnlich auch verpflichten, seine Frau auf Verlangen des Gutsherrn zur Hofesarbeit zu schicken. Die Abweichungen in den einzelnen Contrakten beziehen sich namentlich auf die Größe des den Arbeitern zu eigener Benutzung überwiesenen Landes, auf die als Drescherlohn bewilligte Quote vom Erdrusch, auf die Ausdehnung der Viehhaltung und auf die Höhe des baaren Geldlohnes. Die jeder Familie überwiesene Landfläche pflegt zwischen $\frac{1}{2}$ und 3 Morgen, der Drescherlohn zwischen dem 11. und 16. Scheffel und der Tagelohn zwischen 2 und 4 bis 5 Silbergroschen*) zu schwanken. Betreffs der Viehhaltung wird auf

---

*) Vgl. hierüber auch Schmoller l. c. pg. 184.

einzelnen Gütern jeder Familie die Haltung von einer Kuh, einem Kalbe resp. einer Stärke, zwei Schweinen, häufig auch noch etlichen Schafen zugestanden, wobei der Gutsherr dann für die nöthige Weide sowie das zum Winterfutter erforderliche Heu und Stroh Sorge trägt; auf anderen Gütern ist dagegen der Viehstand der Dienstleute auf ein paar Schweine und etwas Federvieh beschränkt: hier und da halten sie auch statt der ihnen versagten Kuh eine Ziege. Diese Verschiedenheiten in der Stellung der Dienstleute sind meist bedingt durch lokale Gewohnheiten und Bedürfnisse. Ihre materielle Lage ist aber überall so, daß der Arbeiter mit seiner Familie ein gesichertes, wenn auch öfter dürftiges, Auskommen hat, vorausgesetzt daß nicht ungewöhnliche und verhängnißvoll wirkende Umstände eintreten. Zu solchen sind namentlich zu rechnen: das Mißrathen der Kartoffeln oder auch des Getreides, wodurch der Drescherverdienst auf ein Minimum reducirt wird, längere Krankheit des Dienstmannes, eine sehr große Kinderzahl. Der Gutsherr hat ein naheliegendes Interesse daran, daß seine Dienstleute so viel erwerben, um ihre allerdings geringen Lebensbedürfnisse befriedigen zu können. Denn ein Arbeiter, welcher nicht genug verdient, um sich satt essen, sich eine warme Stube und warme Kleidungsstücke verschaffen zu können, verliert nicht nur die Lust, sondern auch die Fähigkeit zu angestrengter körperlicher Thätigkeit. Wird derselbe in Folge schlechter Pflege krank und arbeitsunfähig, so fällt seiner und seiner Familie Unterhaltung dem Gutsherrn zur Last. Es liegt endlich die Gefahr nahe, daß der Dienstmann sich die nöthigsten Lebensbedürfnisse, wie Roggen, Holz, Kartoffeln von den Vorräthen des Gutsherrn stiehlt, wenn letzterer ihm dieselben nicht in genügender Menge freiwillig verabfolgt. Gegen solchen Diebstahl sich zu schützen, ist eine Unmöglichkeit, da in derartigen Fällen alle Dienstleute dem Herrn gegenüber zusammenhalten. Alle diese Gründe müssen jeden sein wahres Interesse kennenden Gutsbesitzer bestimmen, unter allen Umständen die materielle Existenz seiner Dienstfamilien sicher zu stellen. Dadurch wird dem Dienstmann ein Vorzug eingeräumt, wie ihn kaum irgend ein anderer ländlicher oder gewerblicher Arbeiter hat: so lange er arbeitsfähig ist, muß der Gutsherr ihm Arbeit und den nöthigsten Lebensunterhalt gewähren, bei Eintritt der Arbeitsunfähigkeit darf er ihm den letzteren nicht versagen.

Um den Beweis zu führen, daß die materielle Lage der Dienstleute im Allgemeinen eine auskömmliche ist, bemerke ich beispielsweise, daß auf der Domaine Waldau bei Königsberg i. Pr. während meiner Verwaltung derselben (1862—69) jeder Instmann gemäß eines im Jahre 1859 geschlossenen Contraktes folgende Emolumente genoß: freie Wohnung, freie

Weide für eine Kuh, ein Stück Jungvieh und zwei Schweine, das nöthige Stroh und Heu zur Fütterung dieser Thiere für den Winter, ⅚ Morgen Garten- und Kartoffelland, freie Anfuhr von Holz, freie ärztliche Behandlung und Medicin, 12 Scheffel Roggen und außerdem beim Dreschen mit dem Flegel den 11., beim Dreschen mit der Maschine den 13. Scheffel. Dafür mußte er täglich mit noch zwei Scharwerkern, von denen der eine seine Frau sein konnte, zur Arbeit kommen: für jeden Arbeitstag erhielt er selbst im Winter 3, im Sommer 4 Sgr., der erste Scharwerker im Winter 2½, im Sommer 3 Sgr., der 2. Scharwerker Winters und Sommers 4 Sgr. An einer anderen*) Stelle habe ich bereits im Speciellen nachgewiesen, daß der Werth dieser Emolumente sich auf circa 227 Thlr. jährlich beläuft und daß, wenn man von dieser Summe fünfzig Thaler als Unterhalt für den Scharwerker in Abzug bringt, immer noch 177 Thlr. für die Dienstfamilie übrig bleiben. Daß diese Summe aber ausreiche, eine Familie auf dem Lande im nordöstlichen Deutschland zu ernähren, kann dem Sachverständigen nicht zweifelhaft sein**).

Der Beweis hierfür läßt sich auch in der Art beibringen, daß wir ermitteln, in wie weit die Natural-Emolumente zur Bestreitung der Lebensbedürfnisse zulangen und welche der letzteren noch durch den baaren Geldlohn zu bestreiten übrig bleiben.

An Drescherlohn erhielt jede Familie durchschnittlich in jedem Jahre in Waldau circa 36 Scheffel Getreide, wovon ⅔ Wintergetreide; dann empfing sie noch 12 Scheffel Roggen außerdem, so daß sie im Ganzen 48 Scheffel Getreide verdiente. Diese Quantität reicht aber aus, um den Bedarf einer Familie von 6—7 Köpfen an Brotkorn sowie zum Kochen von Suppen ꝛc. vollständig zu decken. Von sämmtlichen Scheunenabfällen (Hinterist, Kaff) erhielten die Dienstleute ¼ und waren im Stande, hiermit sowie mit den Abfällen an Kartoffeln ꝛc. zwei Schweine und einiges Federvieh zu ernähren. Diese Thiere lieferten ihnen den genügenden Bedarf an Fleisch, Speck und Eiern für das ganze Jahr, die Kuh gewährte die nöthige Milch und Butter, das Garten- und Ackerland eine hinreichende Menge Kartoffeln und Gemüse. Bei weitem die meisten Dienstfamilien waren sogar im Stande, aus dem Verkauf überflüssiger Naturalien, wie

---

*) v. d. Goltz, Beitrag zur Geschichte ländlicher Arbeiterverhältnisse im nordöstlichen Deutschland. Berlin bei Wiegandt und Hempel 1864. pg. 33 ff.

**) Lengerke gibt als auskömmlichen Unterhaltsbedarf einer aus 5 Personen bestehenden ländlichen Arbeiterfamilie die Summe von 113 Thalern für den Regierungsbezirk Königsberg und von 115 Thalern für die ganze preußische Monarchie an. l. c. pg. 11—13.

Milch, Butter, Eier, Federvieh, ein Kalb, ein gemästetes Schwein, als Drescherlohn erhaltenen Weizen, sich eine nicht unerhebliche Geldeinnahme zu verschaffen. Zu letzterer kam dann noch der Betrag des Tagelohns, welcher für jede Familie sich auf jährlich ca. 100 Thaler belief. Das baare Geld diente zur Anschaffung von Brenn= und Beleuchtungsmaterial, von Kleidungsstücken, zur Auslohnung des Scharwerkers, zur Beschaffung von Colonialwaaren u. s. w. Für Befriedigung dieser Bedürfnisse reichten die Baarmittel vollständig aus; es blieb sogar immer noch ein sehr bedeutender Theil übrig, um denselben nicht in der Sparkasse, sondern in dem über alles geliebten Branntwein anzulegen.

Ein ähnliches Einkommen wie in Walbau haben die Dienstleute auf vielen anderen Gütern in Ostpreußen und nur auf wenigen sind sie dem Wortlaute ihres Contraktes nach wesentlich schlechter gestellt. Freilich besteht ein großer Unterschied darin, in welcher Qualität die einzelnen Naturalleistungen (Wohnung, Viehfutter ꝛc.) den Arbeitern gewährt werden. Daß übrigens in anderen Theilen des nordöstlichen Deutschlands die Dienstleute ein ähnliches Einkommen genießen, geht u. A. aus einer in den landwirthschaftlichen Annalen des Mecklenburger patriotischen Vereins (Nr. 26 pro 1865) enthaltenen detaillirten Berechnung hervor. Nach derselben stellt sich die gesammte jährliche Einnahme einer ländlichen Dienstfamilie auf ca. 283 Thaler, und wenn man die Unterhaltungskosten für den Hofgänger mit 100 Thalern abzieht, auf 183 Thaler. Die Richtigkeit dieser Angabe läßt sich nicht bezweifeln, da sie auf einer genauen Buchführung basirt und von sehr competenter Seite (von Herrn Schumacher-Zarchlin) aufgestellt ist. Das Gesammt=Resultat der Schumacher'schen Berechnung stimmt ziemlich genau mit dem Ergebniß der von mir in Betreff der Walbauer Dienstleute gemachten Aufstellung überein. Letztere erhalten allerdings an Geld und Naturalien zusammen blos 227 Thlr., während bei Schumacher das Gesammteinkommen mit 283 Thaler abschließt. Die Differenz von 56 Thalern ist aber mehr eine scheinbare als eine wirkliche. Denn Schumacher hat in seiner Berechnung eine Summe von 46 Thalern angesetzt und näher specificirt, welche der Dienstfamilie aus der eigenen weiteren Verarbeitung und Benutzung der ihr Seitens des Gutsherrn gewährten Emolumente erwächst. In der von mir aufgestellten Nachweisung ist dieser unzweifelhaft vorhandene Gewinn nicht mit in Anschlag gebracht worden; ich begnügte mich vielmehr damit, einfach anzuführen, daß dem Instmann aus der Nutzung der gewährten Naturalien bei zweckmäßigem Betrieb ein erheblich höherer Gewinn als die in Anrechnung gebrachten Sätze zufließen muß. Ich gebe gerne zu und will es hiermit ausdrücklich constatiren, daß die Schumacher'sche Art der Berechnung correkter ist als die von mir damals gemachte Aufstellung. Ich habe einerseits den der Arbeiterfamilie aus dem Betrieb der eigenen Wirthschaft zufließenden Erwerb nicht besonders veranschlagt, dafür aber andererseits die aus der Haltung eines Scharwerkers erwachsenden Unkosten sehr niedrig angesetzt. Nehme ich, wie es unzweifelhaft richtiger ist, letztere zu 90 (statt zu 50) Thaler, ersteren zu 40 Thaler an, so stellt sich das Einkommen einer Dienstfamilie folgendermaßen:

  1) Werth der Emolumente und des Geldlohnes 227 Thlr.
  2) Erwerb aus der eigenen Wirthschaft . . .   40 „

                        Summa 267 Thlr.
  ab Unkosten für Haltung des Scharwerkers 90 „

       bleiben für die Arbeiterfamilie selbst 177 Thlr.

Auch in Braunschweig, Hannover und Schleswig-Holstein ist die materielle Lage der Dienstleute, soweit solche in den genannten Ländern vorkommen, eine auskömmliche und im Ganzen gesicherte; sie ist sogar dort eher noch günstiger als in den östlichen Provinzen Preußens*).

Manche berechnen freilich das Einkommen einer Dienstfamilie dem Geldwerthe nach erheblich geringer als die von mir angegeben Summen. Es liegt dies aber bei genauer Erwägung weniger an dem wirklich niedrigeren Einkommen als an der niedrigeren Veranschlagung der gewährten Natural-Emolumente. Häufig stützen sich die Angaben über die Höhe des Einkommens der Dienstleute sowie der ländlichen Arbeiter überhaupt auf die Seitens des preußischen Landes-Oekonomie-Collegiums im Jahre 1848 gesammelten statistischen Erhebungen, welche durch Lengerke bearbeitet und herausgegeben sind**). Nach diesem Schriftsteller bleibt allerdings der Jahresverdienst einer Dienstfamilie hinter den von mir angeführten Sätzen im Durchschnitt nicht unerheblich zurück. Derselbe wird z. B. angegeben aus der Provinz Pommern (a. a. O. Seite 186 ff.) im Kreise Demmin auf 156 Thlr., im Kreise Anklam auf 142 Thlr., im Kreise Randow auf 90—120 Thlr., im Kreise Greiffenberg von 124 bis 180 Thlr. schwankend, im Kreise Schievelbein auf 135 Thlr., in den Kreisen Schlawe, Rummelsburg und Stolpe auf 138 Thlr. u. s. w. Be-

---

    *) Vgl. hierüber: Die Landwirthschaft und das Forstwesen im Herzogthum Braunschweig. Braunschweig bei Schwetschke 1859. Seite 36 ff. Ferner: Festgabe für die XI. Versammlung deutscher Land- und Forstwirthe. Altona 1847. Seite 309.
    **) Die ländliche Arbeiterfrage von v. Lengerke. Berlin 1849.

trachten wir aber die Specifikation dieser Sätze näher, so werden wir finden, daß die Verschiedenheit in der Höhe der Geldeinnahme der Dienstleute in den abweichenden Annahmen über den Geldwerth der einzelnen Naturalien vorzugsweise begründet und daß überhaupt die in dem Lengerke'schen Buche gemachten Angaben über das Geldeinkommen der Dienstleute auf einer Schätzung der Natural-Emolumente beruht, welche, wenigstens für die heutigen Verhältnisse, meist entschieden zu niedrig ist. So z. B. ist der Werth eines Scheffels Roggen gewöhnlich zu 30 Silbergroschen, seltener zu 35 und 40 Sgr. angenommen, der Werth der Miethe für Wohnung incl. Stall zu 6—12 Thlr., des Brennmaterials meist zu 4—6 Thlr. u. s. w. Diese Summen reichen aber bei weitem nicht aus, wenn der Arbeiter die betr. Naturalien von einem Fremden kaufen oder miethen müßte.

Im Großen und Ganzen läßt sich annehmen, daß die Stellung der Dienstleute contraktlich keine so sehr verschiedene ist und daß die ihnen vertragsmäßig zustehenden Einkünfte, sobald dieselben nur in normaler Qualität geliefert und dabei gut verwaltet werden, wohl ausreichen, um den Arbeitern einen ihren Bedürfnissen entsprechenden Lebensunterhalt zu gewähren. Thatsächlich stellt sich die materielle Lage der Dienstleute freilich als eine sehr verschiedene heraus. Dieselbe wird nämlich wesentlich noch durch zwei Umstände bedingt:

1) durch die Beschaffenheit und die Zeit, in welcher der Gutsherr den Arbeitern die contraktlichen Natural-Emolumente zukommen läßt;

2) durch die Art, in welcher die Arbeiter selbst ihr Einkommen verwenden.

Gewöhnlich besteht der bei weitem größere Theil des Einkommens der Dienstleute in Naturalien; die Qualität der letzteren ist contraktlich niemals festgestellt und läßt sich auch der Natur der Sache nach vorher nicht genau bestimmen. Denn die Güte der geernteten Futtermaterialien und Körner, die der Sommerweide, häufig selbst die des Brennmaterials hängt von Umständen ab, welche außerhalb der menschlichen Einwirkung liegen und welche auch im Voraus nicht zu berechnen sind. Deshalb kann bei denselben contraktlichen Bedingungen die Lage der Instleute in dem einen Fall eine sehr günstige, in dem anderen eine ebenso ungünstige sein; ja auf einem und demselben Gute sind die Instleute in diesem Jahre vielleicht im Stande, ihre Lebensbedürfnisse reichlich zu befriedigen, während sie in dem nächsten nur kümmerlich ihr Dasein zu fristen vermögen, wenn ihnen nicht außerordentliche Hülfe zu Theil wird.

Der Fall ist nicht so selten, daß eine Arbeiterfamilie das eine Jahr 40 Scheffel Getreide an Drescherlohn empfängt und 60 Scheffel eigene Kartoffeln erntet, während ihr in dem andern blos 20 Scheffel Getreide und 30 Scheffel Kartoffeln zu Theil werden. Die letztgedachten Quantitäten haben nach der schlechten Ernte des Jahres 1867 die meisten Dienstleute in Ostpreußen sogar nicht einmal erzielt, sondern ihr Drescherverdienst resp. ihre Ernte blieb weit unter denselben, so daß für viele Familien die absolute Unmöglichkeit vorlag, aus ihrem contraktlichen Einkommen ihre Lebensnothdurft zu befriedigen.

Fragen wir, wie sich diesen Mißständen des Dienstleuteverhältnisses gegenüber die Gutsherrn verhalten haben und noch verhalten, so müssen wir zunächst anerkennen, daß bei einem großen Theile derselben sich die Ueberzeugung Bahn gebrochen hat, daß zunächst und vor Allem die materielle Existenz der Arbeiter in einer den Bedürfnissen derselben entsprechenden Weise sicher gestellt werden müsse. Man verschließt sich auch im Allgemeinen der Thatsache nicht, daß das Maß dieser Bedürfnisse ein gegen frühere Zeiten gestiegenes und ein noch immer in allmähliger Steigerung begriffenes ist. Selbst diejenigen Gutsherrn, welche diesen Umstand lieber ignoriren möchten, werden faktisch zur Anerkennung desselben genöthigt durch den häufig eintretenden Mangel an Arbeitern, durch den steigenden Lohn der nicht contraktlich gebundenen (freien) Arbeiter sowie durch das Beispiel intelligenter Nachbarn, welche durch günstige Contracte und humane Ausführung derselben sich mit Leichtigkeit eine hinreichende Anzahl guter Dienstleute zu verschaffen wissen. Man kann deshalb mit Recht behaupten, daß die Lage der Arbeiterfamilien im Laufe der letzten Jahrzehnte eine fortdauernd bessere geworden ist. Theilweise liegt diese Besserung in der Aufstellung günstigerer Contrakte, viel mehr aber in einer wohlwollenderen Ausführung derselben Seitens der Gutsherrn sowie in der gestiegenen landwirthschaftlichen Cultur überhaupt. In letzterer Hinsicht erinnere ich zunächst an die erhöhte Getreideproduktion, welche den Dienstleuten im Drescherlohn zu Gute kommt; ferner an die stattgehabten Meliorationen von Wiesen und Weiden sowie an die Einführung besserer Rindvieh- und Schweine-Racen, welche Maßregeln den Dienstleuten auf vielen Gütern zu ertragsfähigerem Vieh und zu einer reichlicheren Fütterung desselben verholfen haben. Unter dem sogenannten Leutevieh erblickt man heutzutage nicht selten ziemlich gute Kreuzungsprodukte von englischen, holländischen oder anderen edlen Rindviehstämmen, häufiger noch von englischen Schweinen, während man früher dort nur sehr mangelhaftes Landvieh zu sehen gewohnt war.

Es ist ferner hervorzuheben, daß die Mehrzahl der Gutsbesitzer die Verpflichtung oder die Nothwendigkeit anerkennt, in solchen Jahren, in welchen wegen Mißernten oder sonstiger außerordentlicher Unglücksfälle das contraktliche Einkommen der Gutsleute zur Befriedigung von deren Lebensbedürfnissen augenscheinlich nicht zureicht, auf außerordentliche Weise Hülfe zu spenden. Es geschieht dies gewöhnlich in der Art, daß der Gutsherr seinen Leuten die unentbehrlichsten Naturalien vorschußweise oder zu einem wohlfeileren als dem Marktpreise oder unter diesen beiden Vergünstigungen überläßt und es sich dann vorbehält, in späteren besseren Jahren den geleisteten Vorschuß wieder einzuziehen. Zuweilen gibt der Gutsherr auch baare Geldvorschüsse. Dieses System, wenn es nicht mit der nöthigen Vorsicht und Einsicht gehandhabt wird, bringt es dann freilich oft mit sich, daß die Dienstleute mit den Lebensmitteln, welche sie nicht baar zu bezahlen brauchen, in leichtsinniger, verschwenderischer Weise wirthschaften und daß sich ihr Schuldconto bei dem Gutsherrn zu einer Höhe steigert, daß an eine Abtragung nicht mehr zu denken ist. Es gibt Güter, auf welchen alle Dienstleute in dieser Weise fortwährend verschuldet sind und auf welchen sich die Schulden einzelner bis auf 100 Thaler und mehr belaufen. Die Abzahlung derselben findet in solchen Fällen fast niemals wirklich statt; die Tilgung erfolgt gewöhnlich durch den Tod des Schuldners oder dadurch, daß beim Besitzwechsel der neue Gutsherr einen Strich durch die alten Rechnungen macht und verständiger Weise auf die ohnedem nur zum kleinsten Theil mögliche Eintreibung seiner Ausstände bei den eigenen Leuten verzichtet.

Wenn ich es im Vorstehenden anerkannt habe, daß die Mehrzahl der Gutsbesitzer allerdings bestrebt ist, ihren Dienstleuten die nothwendigsten Lebensbedürfnisse selbst unter persönlichen außergewöhnlichen Opfern jeder Zeit zu gewähren, so ist dies doch noch keineswegs bei allen der Fall. Es fehlt vielen noch das Verständniß sowohl wie die Neigung, in angemessener Weise für ihre Arbeiter zu sorgen. Es spricht sich dieser Uebelstand viel weniger in dem Inhalt der mit den Dienstleuten geschlossenen Contrakte als in deren Handhabung aus.

Eine für das Wohlbefinden der Arbeiter überaus wichtige Naturalleistung der Herren ist die Wohnung. Es ist wohl nicht nöthig, an dieser Stelle ausführlich zu erörtern, welchen Einfluß eine gesunde, geräumige und zweckmäßig eingerichtete Wohnung auf das materielle und sittliche Wohlbefinden der arbeitenden Klasse ausübt. Es ist dies so allgemein anerkannt und so häufig öffentlich besprochen worden, daß ich wohl eine hinreichende Bekanntschaft der Leser mit diesem Gegenstande voraussetzen darf. Was speciell die Anforderungen an eine gute ländliche Arbeiterwohnung betrifft, so habe ich dieselben früher an einer anderen Stelle genau erörtert*). Diese Anforderungen sind aber bis heute nur bei einer verhältnißmäßig sehr geringen Zahl von Dienstfamilien-Wohnungen zur Erfüllung gekommen.

Man mag gerne zugestehen, daß gerade in den letzten Jahren Seitens mancher Gutsbesitzer erhebliche Anstrengungen gemacht sind, ihren Leuten eine angemessene Behausung zu verschaffen; aber die Zahl derjenigen Herren ist bei weitem größer, welche weder die Pflicht noch die Neigung verspüren, in ähnlicher Weise vorzugehen. Es gibt noch viele tausende von Arbeiterwohnungen, in welchen die Gesundheit ihrer Insassen auf das Ernstlichste gefährdet ist, welche auch nicht einmal den Schein einer irgendwie behaglichen menschlichen Behausung an sich tragen und in denen es den Bewohnern unmöglich gemacht wird, auch nur den gewöhnlichsten Regeln der Sittlichkeit Rechnung zu tragen. Dies sind nicht hoch genug anzuschlagende Uebelstände; denn ihre Folgen erstrecken sich auf alle Lebensverhältnisse der Arbeiter und erweisen sich auch für den Herrn als sehr empfindlich. Es ist schon beklagenswerth genug, daß die schlechten Wohnungen wesentlich dazu beitragen, daß unter den Kindern der ländlichen Arbeiter eine so ungewöhnlich große Sterblichkeit herrscht und daß die Erwachsenen so häufig schon in den besten Jahren einem frühen Siechthum anheimfallen**). Viel bedauerlicher erscheint aber der Umstand, daß in Folge der ungemüthlichen Wohnung der Arbeiter es leicht vergißt oder verschmäht, in der eigenen Häuslichkeit seine Heimath zu suchen und zu finden. Kann man es dem Manne sehr verdenken, wenn er nach gethaner schwerer Arbeit den Aufenthalt in der dumpfen, schmutzigen oder kalten Stube möglichst abzukürzen sucht und dem Wirthshause zueilt, wo er in Gesellschaft seiner Schicksalsgenossen die sauer verdienten Groschen vertrinkt und seiner Familie entzieht? Oder ist es zu verwundern, daß die Frauen sich keine sonderliche Mühe geben, ihren Stuben ein sauberes, gemüthliches Ansehen zu verleihen, wenn die elende Bauart und die

---

*) v. d. Goltz und Kinzel, Ländliche Arbeiterwohnungen. Königsberg 1865. ppg. 14 — 21.

**) Diese traurigen Erscheinungen haben allerdings noch andere Ursachen, so namentlich die mangelhafte Pflege der Kinder in den ersten Lebensjahren wegen Beschäftigung der Mutter außer dem Hause, zu frühzeitige starke Anstrengung der Frauen nach überstandenem Wochenbett, der reichliche Branntweingenuß; aber die schlechten Wohnungen tragen wesentlich mit zu denselben bei

mangelhafte Instandhaltung dem ganzen Hause schon an und für sich den Stempel der Ungemütlichkeit und Verkommenheit aufgeprägt haben? Die Wohnung ist der Sitz des Familienlebens und ihre Beschaffenheit bedingt mehr oder weniger die Beschaffenheit des letzteren. Ein friedliches, inniges Familienleben aber bietet dem Arbeiter die würdigste und ihn am meisten befriedigende Erholung von des Tages Last und Hitze; dasselbe ist eine Quelle vieler Tugenden und ein Damm wider viele Verirrungen. Bei unseren Dienstleuten ist das Familienleben leider noch sehr wenig entwickelt; die erste Bedingung hierzu sind bessere Wohnungen. Der häufig gemachte Einwand, die Arbeiter legten keinen großen Werth auf gute Wohnungen, sie wüßten dieselben so wenig zu würdigen, daß sie auch die beste Behausung bald ruinirten, ist im Allgemeinen gewiß nicht richtig und wird durch viele Erfahrungen widerlegt. Allerdings läßt sich nicht läugnen, daß die Dienstleute im großen Durchschnitt lieber ein Paar Scheffel Getreide jährlich mehr nehmen und sich mit einer mangelhaften Behausung zufrieden geben als umgekehrt; ebenso, daß sie den Werth einer Wohnung mehr danach beurtheilen, ob sie warm ist und sich leicht heizt, als danach, ob sie gesund und geräumig ist. Aber diese Anschauungen dürfen bei der heutigen Entwickelungsstufe der Arbeiter uns nicht befremden oder gar zu falschen Schlüssen verleiten. Erst diejenigen Familien sind überhaupt im Stande, den wahren Werth einer guten Wohnung zu würdigen, welche einmal eine solche innegehabt haben. Aus meiner eigenen Erfahrung könnte ich eine Reihe von Beispielen als Beweis dafür vorbringen, wie vortheilhaft das Verpflanzen in eine gute Wohnung auf den Sinn für Reinlichkeit, Ordnung und Häuslichkeit wirkte; auch dafür, daß das Vorhandensein einiger zweckmäßig angelegter Arbeiterhäuser auf einem Gute sehr bald ein allgemeines Verlangen der Dienstleute nach solchen erweckt.

Hinsichtlich des Umfanges der Wohnung und der Zahl von deren heizbaren Räumen ist wohl zu berücksichtigen, daß unsere Dienstleute allgemein verpflichtet sind, einen oder gar zwei Scharwerker für den Hofdienst zu halten und daß diese meistentheils gemiethete, also nicht der Familie angehörige junge Mädchen, seltener junge Burschen sind. Im Interesse des Anstandes und der Sittlichkeit ist es nöthig, daß der Scharwerker einen besonderen Schlafraum hat und dieser muß, wenigstens im nördlichen Deutschland, heizbar sein. Letzteres ist aber bis jetzt bei den wenigsten Dienstfamilienwohnungen der Fall.

Weit verwerflicher noch ist die auf vielen Gütern herrschende Sitte, mehrere Familien in eine Wohnung, welche kaum für die einzelne

Familie ausreicht, zusammenzupferchen. Die übeln Wirkungen dieses unnatürlichen Zusammenlebens auf den häuslichen und überhaupt den sittlichen Sinn der Bewohner will ich hier nicht weiter ausmalen, da dieselben Jedem schon von selbst in die Augen springen müssen.

Aber auch bei anderen Naturalleistungen der Gutsherrn an die Dienstleute zeigt es sich, wie verschieden die Contrakte Seitens der ersteren gehandhabt werden und daß der Inhalt eines Contraktes noch nicht allein Aufschluß darüber gibt, ob derselbe den Arbeitern einen angemessenen Lebensunterhalt sichert. Wenn der Gutsherr seinen Leuten ihr Kartoffelland auf einem mageren, kraftlosen oder auf einem nassen Acker zuweist; wenn er deren Vieh auf versumpften, sauren Flächen weiden und sie auf eben solchen das nöthige Heu zur Winterfütterung gewinnen läßt; wenn er den Drescherlohn oder das Deputatkorn von nur halb gereinigtem oder anderweitig mangelhaftem Getreide gibt; wenn er ihnen nicht regelmäßig und rechtzeitig die zustehenden Competenzen verabreicht; wenn er ihnen häufig und wegen kleiner Vergehen Abzüge an dem fälligen Lohne macht: ich sage, wenn alle diese Uebervortheilungen Seitens der Gutsherrn oder auch nur einige derselben ausgeübt werden, so kann der Instmann bei einem noch so günstig lautenden Contrakte doch zu einer jämmerlichen Existenz verurtheilt sein. Daß derartige Fälle aber noch sehr häufig vorkommen, daß viele Gutsbesitzer theils aus wirklicher oder eingebildeter eigener Noth, theils aus krassem Egoismus und mangelnder Gewissenhaftigkeit die ihren Leuten zukommenden Naturalien auf jede Weise zu verkürzen suchen, kann kein mit den faktischen Verhältnissen Vertrauter im Ernst läugnen. Es dürfte Manchem auffallend erscheinen, daß solche Besitzer trotz ihres Verfahrens immer noch Arbeiter finden, welche bei ihnen wohnen bleiben oder gar zu ihnen ziehen. Dieser Umstand findet aber seine Erklärung zunächst in dem Stumpfsinn und der Gleichgültigkeit vieler Dienstleute, welche lieber in ihrer traurigen Lage zurückbleiben, als daß sie ernstliche Anstrengungen zu einer Verbesserung derselben machen; ferner darin, daß in derartigen Verhältnissen die Leute meist stark in der Schuld des Herrn stehen und nicht abziehen können, ohne letztere zu tilgen, wenn sie nicht ihre werthvollste fahrende Habe zurücklassen wollen; weiter darin, daß Gutsherrn, welche ihre Leute gut behandeln und auf gute Leute einen Werth legen, nicht gerne Arbeiter von Gütern nehmen, auf welchen die Tagelöhner durch schlechte Behandlung verdorben sind; endlich aber auch darin, daß es immer noch viele Arbeiterfamilien gibt, welche so heruntergekommen sind oder augenblicklich so große Noth leiden, daß sie lieber auch die ungünstigste

und verrufenste Stelle annehmen, als sich brodlos in der Welt umher=
treiben.

In Folge dieser Verhältnisse finden sich noch heutzutage nicht wenige
Güter, auf welchen die äußere Lage der Dienstleute eine sehr klägliche
ist, so daß sie oft an dem Nothwendigsten Mangel leiden. Namentlich
pflegt dies dort in solchen Jahren der Fall zu sein, in welchen die Kar=
toffeln schlecht gerathen sind oder der Drescherlohn sehr gering ausfällt.
Freilich hat dann auch der Gutsbesitzer selbst eine geringe Ernte und vielleicht
mit Noth zu kämpfen; da kann es um so weniger Wunder nehmen, wenn
hartherzige Herren nichts Außergewöhnliches für ihre Leute thun wollen.
Der Nothstand des Winters 1867/68 in Ostpreußen hat in dieser Be=
ziehung manche lehrreiche Erfahrungen geliefert und mancher Menschen
Herzen in gutem wie im schlimmen Sinne offenbar gemacht. Ueber die
Verpflichtung der Gutsbesitzer in solchen Zeiten der Noth für ihre Leute
in außerordentlicher Weise zu sorgen, werde ich noch später zu sprechen
haben.

Wir ersehen aus Obigem, daß die Lage der Dienstleute trotz der
nicht ungünstigen Contrakts=verhältnisse oft eine sehr bedrängte wird durch
die Art, wie die Herren ihren Verbindlichkeiten nachkommen; in derselben
Weise und vielleicht in noch höherem Grade nachtheilig wirkt aber die
eigene Unwirthschaftlichkeit der Arbeiter selbst. Bei denselben
besteht, wie wir sehen, der größere Theil ihres Einkommens in Natura=
lien und zwar theils in solchen, welche sie von der Herrschaft direkt
empfangen wie Deputatgetreide, Drescherlohn, Viehfutter u. s. w. theils
in solchen, welche sie sich in ihrer eigenen kleinen Wirthschaft produciren,
wie z. B. Milch, Butter, Eier, Federvieh, Kälber oder junge Rinder,
Ferkel, fette Schweine, Kartoffeln, Flachs, Garn, Gespinnste u. s. w.
Diese Naturalien, namentlich die selbsterzeugten, fließen meistentheils den
Leuten nicht regelmäßig das ganze Jahr zu, sondern werden vollständig
oder doch in größeren Quantitäten auf einmal erworben, während wieder
zu anderen Zeiten derartige Erwerbungen ganz ruhen oder doch auf ein
Minimum beschränkt sind, so daß der Arbeiter dann bald auf seinen
geringen Tagelohn angewiesen ist. Damit nun den Dienstleuten das
ganze Jahr hindurch ein ziemlich gleichmäßiger und stets zureichender
Lebensunterhalt gesichert bleibe, ist es vor allen Dingen nöthig, daß sie
selbst mit ihren Naturalien wirthschaftlich umgehen, daß sie den Ueberfluß
der einen Periode zur Deckung des Mangels in einer anderen verwenden.
Dies findet aber leider nur bei den wenigsten in der wünschenswerthen
und nothwendigen Weise statt. Die meisten leben sorglos in den Tag

hinein; haben sie Ueberfluß, so verschwenden sie denselben in oft unglaub=
licher Weise, um nachher desto bitterer zu darben. Ich will dies an
einigen Beispielen klar machen. Eine Dienstfamilie schlachtet zu Weih=
nachten ein fettes Schwein; bei haushälterischer Benutzung würde dasselbe
vielleicht ausreichen, um den Bedarf an Fleisch und Speck bis in den
kommenden Sommer nahezu in genügender Weise zu decken. Statt dessen
wird dasselbe in den nächsten 1—2 Monaten förmlich verpraßt und die
Familie muß sich für die darauf folgende Zeit fast ohne jede animalische
Nahrung behelfen. In anderen Fällen verkauft der Arbeiter ein fettes Schwein
oder ein paar magere Schweine oder ein Rind oder einen Theil des
Drescherlohns, welchen er augenblicklich nicht verwenden kann, oder eine
Quantität der im Ueberfluß geernteten Kartoffeln. Statt den dafür
erzielten Erlös aber zum Ankauf nöthiger Kleidungsstücke oder zur Ver=
besserung seines Wirthschaftsinventars zu verwenden oder denselben in
einer Sparkasse anzulegen, benutzt er das baare Geld, um eine Zeitlang
herrlich und in Freuden zu leben. Die Frau verschleudert dasselbe für
unnöthige Colonialwaaren, Flitterstaat ꝛc., der Mann vertrinkt es in
Branntwein. Leider wird dabei die Rechnung oft ohne den Wirth ge=
macht. Die früher scheinbar im Ueberfluß vorhandenen Lebensbedürfnisse
wie Brotkorn und Kartoffeln, welche man zum Theil für geringe Preise
veräußert hatte, beginnen später zu mangeln und müssen in ohnedem
knappen Zeiten für schweres Geld wieder gekauft oder vom Gutsherrn
geborgt werden. An den gerügten Mängeln leiden die Wirthschaften der
meisten Dienstleute mehr oder weniger. Die letzteren können in dieser
Hinsicht nur mit Kindern verglichen werden, die unbefangen in den Tag
hineinleben, unbekümmert um die ihnen in der Zukunft drohenden Sorgen
und Entbehrungen; aber was bei den Kindern ein heiliges Vorrecht,
wird bei diesen Leuten zu einem beklagenswerthen Unrecht. Dasselbe
findet nur darin eine gewisse Entschuldigung, daß unsere Dienstleute, in
ihrer früheren Abhängigkeit stets als Unmündige behandelt, es in der
kurzen Zeit der Freiheit noch nicht gelernt haben, mit ihrem Eigenthum
so umzugehen, wie es für jeden erwachsenen Menschen und namentlich
für den Familienvater eine sittliche Pflicht ist.

Freilich stellt sich das wirthschaftliche Verhalten der Dienstleute sehr
verschiedenartig dar. Es gibt manche Familien, welche schon ziemlich
gut mit dem Ihrigen umzugehen wissen, welche demgemäß auch das
ganze Jahr hindurch eine nach ihren Ansprüchen und Gewohnheiten aus=
reichende, hier und da selbst behagliche Existenz haben. Diesen gegenüber
steht aber eine viel größere Zahl, welche trotz eines genügenden, zuweilen

sogar reichlichen Jahreseinkommens niemals zu einem geordneten, ge=
sicherten Hausstande gelangt. Man braucht blos einen Blick in die Woh=
nung einer solchen Familie zu werfen um sofort von der Richtigkeit die=
ses Ausspruches überzeugt zu werden. Oft findet man dort nur das dürf=
tigste Haus= und Stubengeräth, welches außerdem noch defect und be=
schmutzt in den verschiedensten Winkeln sich umhertreibt; die Betten, auf
deren gute Ausstattung gewöhnlich noch der meiste Werth gelegt wird,
bestehen aus wenigen, mehr oder minder zerrissenen Stücken; die Fenster=
scheiben sind blind und selten alle unversehrt, die entstandenen Löcher mit
Papier verklebt oder mit Lumpen zugestopft; die Kinder treiben sich halb=
nackt, schmutzig und unbeschäftigt im Zimmer umher oder liegen mitten am
Tage, ohne krank zu sein, im Bett. Unberührt von aller Unordnung und
Unsauberkeit, welche sie um sich sieht und an sich trägt, steht die Frau am
Kamine und kocht für die Familie das Mittagsmahl, welches, mag es
zufällig reichlich oder kärglich sein, immer der unappetitlichen Umgebung,
in der es bereitet wurde, sehr ähnlich ausfällt. Derartige Bilder begegnen
uns vielleicht auf demselben Gute in drei Wohnungen hinter einander.
In der vierten entwickelt sich auf einmal zu unserem Erstaunen ein ganz
entgegengesetzter Anblick. Wir sehen eine reinliche Stube, mit reichlichem
Hausgeräth aller Art ausgestattet, sogar mit einem oder dem anderen
polirten Möbel; die Bettstellen scheinen unter der Last der auf ihnen liegen=
den Federbetten erdrückt zu werden; über denselben, auf dem Betthimmel,
stehen eine Menge bunter Tassen und anderer Geschirre ordnungsmäßig
aufgereiht. Die Kinder, sauber gewaschen und gekämmt, warten ein=
ander oder helfen der Mutter oder spielen zusammen; die Mutter selbst
nicht minder sauber, mit einer weißen Mütze oder einem reinlichen bunten
Tuch über dem glatten Haar, erfüllt still aber geschäftig ihre mannigfachen
Obliegenheiten, welche sie bald an den Heerd zur Besorgung des immer
schmackhaften und kräftigen Mahles, bald unter die Kinder zu mancherlei
Aushülfe und Abwehr, bald in den Stall zur Versorgung der Kuh, der
Schweine und des Federviehs rufen. Fragen wir nach der Ursache dieser
Verschiedenartigkeit in dem Hausstande der Dienstleute auf einem und
demselben Gute, so werden wir finden, daß nicht etwa besondere glückliche
oder unglückliche äußere Verhältnisse dieselbe bedingt haben, sondern daß
sie fast immer in der größeren oder geringeren Wirthschaftlichkeit der
Familie und namentlich der Hausfrau begründet liegt. Letztere spielt
bei den ländlichen Arbeitern und namentlich bei den Dienstleuten eine viel
wichtigere Rolle als bei irgend einer anderen Berufsklasse unserer moder=
nen Gesellschaft. Sie hat nicht nur das vom Manne Erworbene und

ihr Uebergebene im Haushalt angemessen zu verwenden, sondern sie ist im hohen Grade selbst direct miterwerbend. Sie hat einerseits dafür zu sorgen, daß die eingekommenen Naturalien möglichst zweckmäßig benutzt und gleichmäßig auf das ganze Jahr vertheilt werden, andererseits aber auch dafür, daß die Kuh-, Schweine- und Federviehhaltung möglichst gewinnbringend ausfalle. Sie leitet deshalb die Fütterung der Hausthiere, sie besorgt den Milch-, Butter- und Eierhandel, sie verkauft das überzählige Federvieh und giebt meist die entscheidende Stimme bei dem so wichtigen Schweinehandel. Es ist deshalb für das materielle Ergehen einer Dienstfamilie die wirthschaftliche Tüchtigkeit der Hausfrau besonders entscheidend. Um so mehr muß man es beklagen, daß gerade diese Eigenschaft so selten angetroffen wird. Die Frauen unserer Dienstleute sind ihrem Berufe verhältnißmäßig sehr viel weniger gewachsen als die Männer dem ihnen obliegenden.

Das Resultat solcher Zustände ist, daß unsere Dienstleute selbst da, wo sie ein völlig ausreichendes Jahreseinkommen haben, selten behaglich, häufig knapp oder gar kümmerlich leben. Obschon viele bei richtiger Wirthschaftsweise recht wohl im Stande wären sich namentlich in guten Jahren etwas zurückzulegen, so geschieht dies nur selten. Am meisten scheint noch in Mecklenburg, wo allerdings die Dienstleute sich fast durchgängig einer verhältnißmäßig guten materiellen Lage erfreuen, die Sitte des Sparens und des Deponirens der Gelder in die Sparkasse unter den Gutstagelöhnern verbreitet zu sein. Dort üben sie auch in ausgedehnter Weise die Vorsicht und wissen die Mittel zu erübrigen, ihre Mobilien gegen Feuerschaden zu versichern und zwar nach den Angaben Schumachers, mit durchschnittlich 4—500 Thaler, öfters mit 600, zuweilen mit 800 Thaler und mehr*). Es geschieht dies freilich auch anderwärts, aber nur vereinzelt und mit viel geringeren Summen.

Fragen wir nach der Ursache, weshalb sich bei den Dienstleuten so geringe Neigung zeigt, Ersparnisse zu machen, so liegt dieselbe theilweise allerdings in ihrer geringen wirthschaftlichen und sittlichen Entwickelung, zufolge welcher sie die vorhandenen Güter möglichst schnell und ausgedehnt zu genießen suchen, ohne an die Zukunft zu denken. Eine mindestens ebenso große Schuld an dieser traurigen Erscheinung trägt aber der Umstand, daß die Leute keinen hinreichenden Grund zu wissen glauben, weshalb sie sparen sollen; sie haben kein höheres Ziel vor Augen,

---

*) Schumacher-Zarchlin in den landw. Annalen des mecklenb. patriot. Vereins Jahrg. 1865 pg. 213.

welches sie mit Hülfe ihrer Ersparnisse erreichen könnten. Nach Lage unserer heutigen Armengesetzgebung ist der Gutsherr verpflichtet, für seine Leute im Fall des Eintrittes von deren Arbeitsunfähigkeit zu sorgen; dieselben wissen also ihre eigene Existenz bis an ihr Lebensende gesichert. Würden sie erhebliche Ersparnisse machen, so könnte dies zur Folge haben und hat thatsächlich zur Folge, daß der Gutsherr ihnen im Alter keine oder nur eine sehr geringe Unterstützung zu Theil werden läßt. Für ihre Kinder glauben die Dienstleute auch nicht zu sorgen nöthig zu haben; sind dieselben arbeitsfähig, so finden sie überall hinreichenden Verdienst, die arbeitsunfähigen fallen nach Recht und Gesetz dem Gutsherrn zur Last. Sich von letzterem als Ortsarme unterstützen zu lassen, wird in keiner Weise als ein unvermeidliches Uebel angesehen; im Gegentheil drängen sich die Leute danach und suchen auf allerlei Weise ihre Arbeits=unfähigkeit constatiren zu lassen, selbst wenn solche noch gar nicht vorhanden.

Diese Uebelstände würden verschwinden oder wenigstens vereinzelter auftreten, sobald der Instmann ein erstrebenswerthes höheres Ziel vor Augen hätte, welches ihm mit Hülfe seiner Ersparnisse erreichbar wäre. Dieses Ziel kann aber der Natur der Verhältnisse nach für ihn kein anderes sein, als selbst einmal in den Besitz eines Grundeigenthums zu gelangen, wodurch er persönlich eine unabhängigere, wirthschaftlich ebenso eine freiere und behaglichere Existenz zu erreichen im Stande ist. Leider fehlt aber unseren Dienstleuten ein solches Verlangen und zwar aus dem einfachen Grunde, weil die Befriedigung desselben außer dem Bereich der Möglichkeit zu liegen scheint. Es gibt im nordöstlichen Deutschland so gut wie gar keine Grundbesitzungen, deren Erwerb mit den immerhin nur geringen Ersparnissen einer Arbeiterfamilie zu bewerkstelligen wäre.

Es ist unbestrittene Thatsache, daß in denjenigen Gegenden, in wel=chen der käufliche Erwerb oder die Pachtung von kleinen Grundstücken leicht möglich ist, wie im mittleren und südlichen Deutschland Seitens der ländlichen Arbeiter sehr viel mehr gespart wird, als dort, wo die Möglichkeit gar nicht oder nur ausnahmsweise vorhanden ist. Hierdurch erklärt sich auch eine andere sonst auffällige Erscheinung, daß nämlich die Leute auf dem Lande in den östlichen preußischen Provinzen sehr viel früher heirathen, als dies in den westlichen der Fall ist. Dort sehen die ländlichen Arbeiter das Ziel ihres Strebens in der Erreichung einer Dienstmannsstelle, mit deren Annahme die Gründung eines eigenen Haushaltes unzertrennlich verknüpft ist, vollständig erfüllt; hier warten gerade die tüchtigsten jungen Tagelöhner mit dem Heirathen, bis sie die Mittel zum Ankauf oder zur Pachtung eines Grundstücks erübrigt haben.

Die reichlichere Benutzung der Sparkassen Seitens der mecklenburgischen Dienstleute widerspricht der oben gemachten Ausführung keineswegs. Dieselben sparen auch, um sich eine persönlich und wirthschaftlich unabhängigere Stellung zu erringen, aber nicht in der Heimath, wo das kaum möglich ist, sondern jenseits des Oceans*). Die ungemein starke Auswanderung mecklenburgischer Gutsleute während der letzten Jahrzehnte ist eine bekannte Thatsache**); ebenso aber auch, daß grade die wohlhabendsten auswandern und daß viele blos zu dem Zwecke sparen, um in Amerika die eigene Scholle und die damit verbundene Unabhängigkeit zu finden, welche sie in dem eigenen Lande vergeblich suchen würden.

Aehnliche Erscheinungen sind in der Provinz Pommern zu Tage getreten, wo auch die Auswanderung Seitens der ländlichen Tagelöhner eine große ist und wo gerade die besten unter den letzteren Jahre lang nur zu dem Zwecke sparen, um sich jenseits des Meeres eine neue Heimath gründen zu können. Es wurde dort auch einmal von einem sonst wohlwollenden Gutsbesitzer in allem Ernste davor gewarnt, die Dienstleute so gut zu stellen, daß sie im Stande wären, die Mittel zur Auswanderung zu erübrigen.

Im Vorstehenden glaube ich dargethan zu haben, daß die materielle Stellung der Dienstleute an und für sich keine ungünstige ist, daß sie sich aber häufig zu einer ungünstigen, selbst kläglichen gestaltet theils durch die Inhumanität oder Rohheit mancher Gutsherren theils durch die mangelnde Wirthschaftlichkeit der Arbeiterfamilien selbst. Der erstere Uebelstand wird sich voraussichtlich immer mehr verlieren, sowie es jetzt schon ganze Distrikte gibt, in denen alle Gutsbesitzer fast ohne Ausnahme für eine auskömmliche Stellung ihrer Dienstleute Sorge tragen. Diejenigen aber, welche bis jetzt noch das entgegengesetzte Verfahren einschlagen, schaden sich selbst am meisten; ihre Leute fügen ihnen durch Unzuverlässigkeit, Faulheit und ihre Dieberein viel größere Verluste zu, als die Emolumente werth sind, welche sie denselben entziehen oder verkürzen. Ein solches System, lange fortgesetzt, führt zum Ruin des dasselbe handhabenden Herrn, welcher einem klügeren und besseren das Feld räumen muß. Die Unwirthschaftlichkeit der Arbeiterfamilien ist weniger

---

*) Vgl. Landw. Annalen des mecklenb. patriot. Vereins. Jahrg. 1865 pg. 213.
**) Siehe hierüber weiter unten Abschnitt II. dieser Schrift.

leicht zu heben; sie hat ihren Grund in der geringen geistigen und sittlichen Cultur derselben überhaupt.

Wenn wir über den Culturzustand der Dienstleute ein klares Verständniß gewinnen wollen, so müssen wir uns vergegenwärtigen, daß dieselben fast ohne Ausnahme Kinder, Enkel oder höchstens Urenkel von Leuten sind, welche noch zu Ende des vorigen oder zu Anfang dieses Jahrhunderts in dem Zustande großer Unfreiheit sich befanden. Als gutsunterthänige Leute an die Scholle gebunden, der Gerichtsbarkeit und oft der Willkühr ihrer Herren unterworfen, an Unselbstständigkeit und Unterwürfigkeit von Jugend an gewöhnt, ohne oder mit ganz geringer Schulbildung aufgewachsen, befanden sie sich auf einer Culturstufe und in einer Lebensstellung, welche es ihnen weder möglich noch zum Bedürfniß machte, über den Zweck ihres Daseins näher nachzudenken oder um etwas weiteres als um die Befriedigung der dringendsten Lebensnothdurft sich zu bekümmern. Und für letztere mußte ja schließlich auch der Gutsherr sorgen; er war hierzu rechtlich verpflichtet und durch sein eigenes Interesse gezwungen. Dieser Sorge unterzogen sich der Herr oder seine Stellvertreter je nach ihrer Individualität in sehr verschiedener Weise; aber auch im besten Fall kam dabei doch immer nur die leibliche Verpflegung in Betracht, der inneren Entwickelung der Arbeiter wurde wenig oder gar keine Aufmerksamkeit geschenkt. Indessen, wie E. M. Arndt sagt[*], „gut Essen und Trinken, Sattsein, sein Haus wohl bestellt haben, sich mit Weib und Kindern freuen, sind noch kein menschliches Dasein, sondern nur die nothwendigen Bedingungen eines menschlichen Daseins. Des Menschen und des Christen Leben beginnt, wo der Geist rege und wirksam ist". Derselbe Kenner und Freund des deutschen Volkes hat in seinem Buche „Versuch einer Geschichte der Leibeigenschaft in Pommern und Rügen" (Berlin 1803) sehr viele schlagende Beläge dafür beigebracht, daß das ehemalige Unterthänigkeitsverhältniß die Entwicklung der geistigen Kräfte der hörigen Leute fast ganz unterdrückte.

Die Aufhebung der Leibeigenschaft änderte an und für sich natürlich nichts an dem Culturzustande der ihr unterworfen Gewesenen; eine solche Aenderung konnte erst im Laufe der Zeit erfolgen, je nachdem die veredelnden Einflüsse mehr oder minder stark auf die Arbeiterbevölkerung wirkten und in derselben einen besser oder schlechter vorbereiteten Boden

---

[*] Geschichte der Veränderung der bäuerl. und herrschaftl. Verhältnisse in dem vormaligen Schwedischen Pommern und Rügen v. Jahre 1806 bis z. Jahre 1816. Berlin 1817 pg. 21.

fanden. Es ist dies in den einzelnen Landstrichen, Provinzen und Staatsgebieten nicht überall gleich gewesen. Die ursprüngliche Beanlagung der Arbeiter, die unter den Gutsbesitzern herrschende Gesinnung, die kirchlichen und Schulverhältnisse, die staatliche und communale Gesetzgebung, die Dichtigkeit der Bevölkerung, die Nähe von Städten, die Kommunikationsmittel haben hemmend oder fördernd auf den Fortschritt in der Kultur der ländlichen Tagelöhner gewirkt. Wie diese Wirkung im Einzelnen beschaffen gewesen sei, läßt sich heute wohl sehr schwer nachweisen; im Allgemeinen kann man aber annehmen, daß dieselbe mit der Entwicklung der landwirthschaftlichen Verhältnisse überhaupt ziemlich gleichen Schritt gehalten hat. Aehnlich wie letztere in den Provinzen Preußen, Pommern und Posen eine durchschnittlich langsamere und geringere gewesen ist, als in den angrenzenden Theilen des nördlichen Deutschlands, ebenso stehen auch dort die ländlichen Tagelöhner und speciell die Dienstleute auf einer geringeren Entwicklungsstufe als hier. Auch die Nationalität spielt dabei eine Rolle. Die noch in großer Zahl vorkommenden polnischen Leute sind einerseits genügsamer und unterwürfiger, andererseits aber stumpfsinniger, trunksüchtiger und von geringerer Schulbildung als die deutschen. Einen gewissen Beweis für die obigen Behauptungen liefert die Zahl der in den einzelnen preußischen Provinzen eingezogenen Militairpflichtigen, welche nicht lesen und schreiben können. Von den bei dem Landheer in dem Ersatzjahr 1866/67 eingestellten Ersatzmannschaften waren ohne Schulbildung *):

in der Provinz Preußen . .			12,28	Prozent
" " " Posen .			13,80	"
" " " Pommern .			1,19	"
" " " Schlesien .			3,42	"
" " " Brandenburg .			0,81	"
" " " Sachsen . .			0,17	"
" " " Westfalen .			1,63	"
" " Rheinprovinz . .			0,68	"
" " Provinz Hannover . . .			2,28	"
" " " Schleswig-Holstein .			2,21	"
" " " Hessen			0,56	"
" " " Nassau u. Frankfurt .			0,33	"
" " " Lauenburg			1,90	"

*) Centralblatt für die gesammte Unterrichts-Verwaltung in Preußen. Herausg. v. Stiehl. Berlin bei W. Hertz. Jahrg. 1868 pg. 241 und 42.

Aus dieser Nachweisung geht hervor, daß im Allgemeinen die Schulbildung in den nördlichen und östlichen preußischen Provinzen eine geringere ist, als in den südlich und westlich gelegenen, daß sich jedoch eine erheblich mangelhaftere Schulbildung nur in den Theilen der Monarchie zeigt, in welchen ein großer Bruchtheil der Bevölkerung nichtdeutscher Nationalität ist. Denn blos in den Provinzen Posen, Preußen und Schlesien finden wir, daß eine sehr bedeutende Quote der gesammten Bewohnerzahl aus Nichtdeutschen besteht und zwar betrugen*) diese im Jahre 1864 in Posen 54,5 %, in Preußen 29,3 %, in Schlesien 24,3 % aller Einwohner. Genannte 3 Provinzen sind es aber auch, welche nach dem obigen Nachweis in der Schulbildung am tiefsten stehen. Wie sehr letztere von der Nationalität beeinflußt wird, sehen wir namentlich an Schlesien. Dort waren von den Ersatzmannschaften ohne Schulbildung im Regierungsbezirk Oppeln 7,47 %, im Regierungsbezirk Breslau 1,38 %, in dem Regierungsbezirk Liegnitz 0,69 %; dem entsprechend betrug die Zahl der nichtdeutschen Bewohner 1864 im Regierungsbezirk Oppeln 63 %, im Regierungsbezirk Breslau 4,7 %, im Regierungsbezirk Liegnitz 3,4 % der gesammten Bewohner. Ebenso unzweifelhaft wie die Schulbildung der polnischen Bevölkerung eine geringere, steht auch der polnische Arbeiter auf einer niedrigeren Stufe der Entwicklung und Leistungsfähigkeit als der deutsche. Im Uebrigen drückt indessen die Prozentzahl der Ersatzmannschaften ohne Schulbildung nicht hinreichend genau das Maß der gesammten Bildung der ländlichen Arbeiter in den einzelnen Provinzen aus. Das letztere ist vielmehr in weit höherem Grade von einander unterschieden als es nach obigen Zahlen scheinen könnte. Jeder, welcher nothdürftig lesen und schreiben kann, wird unter den Ersatzmannschaften als ein mit Schulbildung Versehener aufgeführt; daß aber der Grad der Schulbildung ein sehr ungleichartiger ist, bedarf wohl keines besonderen Beweises. Es stellt sich thatsächlich denn auch so, daß, wenigstens in Preußen, die ländlichen Arbeiter um so gebildeter sind, je weiter sie nach Süden und Westen wohnen sowie umgekehrt.

Wenn ich im Nachstehenden ein Bild des geistigen und sittlichen Zustandes unserer Dienstleute zu geben versuche, so kann dasselbe nur die durchschnittliche Entwicklungsstufe derselben darstellen; auf die eben vorangegangene Erörterung mich beziehend, bemerke ich ausdrücklich, daß

---

*) cf. Meitzen: Der Boden und die landw. Verhältnisse des preußischen Staates nach dem Gebietsumfang vor 1866. Berlin bei Wiegandt und Hempel 1868 Bd. I. S. 316.

meine Schilderung für manche Bezirke vielleicht als zu ungünstig, für andere aber auch als zu günstig sich erweist.

Um ein richtiges Urtheil zu gewinnen, müssen wir uns den Bildungsgang und die Lebensweise unserer Dienstleute vergegenwärtigen. Dem segensreichen Schulzwange entsprechend, besuchen die Kinder 8—9 Jahre lang die Elementarschule, wo sie vorzugsweise in der Religion, im Lesen, Schreiben und Rechnen unterrichtet werden. Das Schulwesen hat in den letzten Jahrzehnten einen ungemeinen Aufschwung genommen, namentlich durch die bessere Lehrerbildung. In Preußen unterrichten jetzt fast überall an den Dorfschulen gehörig vorgebildete und geprüfte Lehrer; auch in Mecklenburg ist dies auf dem Domanium der Fall, während in den ritterschaftlichen Landestheilen meist noch immer solche Männer zu Lehrern gemacht werden, welche für ihren Beruf durchaus unfähig sind*). Dem besseren Schulunterrichte ist es beizumessen, daß heute die Mehrzahl der aus der Schule Entlassenen des Schreibens und Lesens in größerem oder geringerem Maße kundig ist. Von den älteren Leuten kann man dies weniger sagen, vielmehr gibt es unter denselben noch viele, welche dieser Fertigkeiten entbehren. Zum Theil liegt dies wohl daran, daß sie früher Gelerntes in Folge mangelnder Uebung vergessen, zum größten Theil aber daran, daß sie nie ordentlich Lesen und Schreiben gelernt haben. Dies ist jetzt, Gott sei Dank, besser geworden. Der heutige Schulunterricht würde noch größere Erfolge aufweisen, wenn derselbe in der gesetzlich vorgeschriebenen Regelmäßigkeit vor sich ginge; daß dies leider nicht der Fall, daran sind vorzugsweise die Gutsbesitzer und Bauern Schuld. Beide Klassen der Bevölkerung benutzen in ausgedehntem Maße die noch schulpflichtigen Arbeiterkinder während der vorgeschriebenen Schulzeit zu ländlichen Verrichtungen: zum Jäten, Bearbeiten der Hackfrüchte, Nachlesen bei der Raps- und Kartoffelernte und namentlich zum Viehhüten. Im Regierungsbezirk Königsberg belief sich die Zahl der gesetzlich angemeldeten Hütekinder im Jahre 1867 noch auf über 12,000**). Auf diese Weise kommt es, daß eine große Zahl schulpflichtiger Kinder im Sommer so gut wie gar keinen Unterricht genießt: während des Winters werden sie aber oft durch weite und schlechte Wege oder ungünstige Witterung von demselben abgehalten. Die Lehrer sind kaum in der Lage diesem Uebel zu steuern, selbst wenn sie es wollten. Von dem Gutsherrn, in ihrer ohnehin dürftigen materiellen Existenz abhängig, wagen sie es selten,

---

*) Landw. Annalen des mecklenburg. patriot. Vereins. Jahrg. 1865 pg. 34.
**) Circularverfügung der Kgl. Regierung zu Königsberg vom 14. Juni 1868. Abgd. i. Volksschulfreund von E. Bock. Jahrg. 1868 pg. 120.

demselben auf ihr gutes Recht und ihre Pflicht gestützt, entgegenzutreten,
wenn er die Kinder zu herrschaftlicher Arbeit benutzt. Mancher Lehrer
hat seinen Diensteifer schwer büßen müssen, wenn er es sich herausnahm,
dem Gutsherrn oder dessen Inspector Vorstellungen wegen Entziehung
der Kinder vom Schulunterrichte zu machen. Solchen Mißständen gründ=
lich abzuhelfen, ist selbst der energischen Schulverwaltung in Preußen noch
nicht möglich gewesen.

Die aus der Schule im Alter von 14 Jahren entlassenen Kinder
treten meistentheils bald als Scharwerker in den Dienst bei irgend einer
Arbeiterfamilie, zuweilen auch bei den eigenen Eltern. Als solche haben
sie täglich von Tagesanbruch bis Sonnenuntergang fast ununterbrochen
für die Gutsherrschaft zu arbeiten und müssen außerdem noch zu Hause
für ihren unmittelbaren Brodherrn oder dessen Frau eine Menge von
Obliegenheiten wie Wasserholen u. s. w. erfüllen. Beschäftigt sind sie
auf diese Weise zwar reichlich; aber es bleiben ihnen doch immer noch
Stunden, selbst an Wochentagen, in welchen sie nichts zu thun haben.
Während derselben sind sie sich ganz selbst überlassen, um ihr geistiges
und sittliches Wohl bekümmert sich kein Mensch, obgleich sie noch halbe
Kinder sind. An eine weitere Uebung und Fortbildung in dem während
der Schulzeit Gelernten wird nicht gedacht. Das Familienleben der
Brodherrschaft bietet den Scharwerkern häufig ein nichts weniger als
nachahmenswerthes Vorbild. Die ländliche Arbeit bringt es mit sich,
daß die jungen Leute beiderlei Geschlechts vielfältig in die nächste Be=
rührung mit einander kommen; die rohe und gemeine Gesinnung mancher
Inspektoren steigert noch die Neigung zur Zügellosigkeit namentlich bei
den weiblichen Scharwerkern. Alle diese und andere ähnliche Umstände
tragen dazu bei, daß die Zeit des Scharwerksdienstes für die Mehrzahl
der demselben Obliegenden nicht zur weiteren Erziehung, sondern zur Ver=
wilderung und zum Fallstrick dient. Besonders gilt dies von dem weib=
lichen Theil. Auf diesen muß naturgemäß die mangelnde Zucht und
Sitte viel depravirender wirken, da die weibliche Natur durch das Rohe
und Gemeine viel schneller und nachhaltiger in ihrem innersten Wesen
verletzt wird, als die männliche. Es ist betrübend, aber wahr, daß nur
ein sehr geringer Theil der weiblichen Scharwerker seine Ehre unverletzt
bewahrt, bis er vor den Traualtar tritt. Was aber noch viel schlimmer,
dieser Zustand wird für einen natürlichen gehalten; über den Verlust
ihrer Ehre grämen sich die jungen Mädchen wenig. Es gibt viele
Scharwerkerinnen, die zur Zeit ihrer Heirath bereits ein oder mehrere
Kinder gehabt haben und dies oft von verschiedenen Vätern. Ungerne

schreibe ich dies hier nieder, aber zur Charakteristik der Verhältnisse ist es durchaus nöthig zu wissen; der Lebensgang der jungen Mädchen gibt uns den Schlüssel für die geringe Tüchtigkeit der Hausfrauen.

Auf den **männlichen** Theil der Scharwerker wirkt die unbeaufsichtigte Jugendzeit ebenfalls sehr verderblich, wenn auch nicht in so hohem Grade als bei dem weiblichen. Manches früher Versäumte wird bei dem jungen Manne auch durch die **militairische Dienstzeit** wieder gut gemacht. Während derselben ist er gezwungen, das in der Schule Erlernte aufzufrischen oder das Nichterlernte nachzuholen; er wird an Reinlichkeit, Pünktlichkeit, Ordnung, Gehorsam gewöhnt und fängt an, diese Tugenden als solche zu schätzen; er lernt begreifen, wie viel werth es ist, schon in der Jugend zu allem Guten angeleitet zu werden und sammelt Erfahrungen für die künftige Erziehung eigener Kinder. So wirkt die militärische Dienstzeit auf die meisten unserer ländlichen Arbeiter in hohem Grade günstig ein und unter unseren Dienstleuten zeichnen sie diejenigen, welche Soldat gewesen sind, in der Regel vortheilhaft aus.

Da es bei dem Mangel an Arbeitern sehr leicht ist, eine Stelle als Instmann oder verheiratheter Knecht zu erhalten, so pflegen unsere Scharwerker sehr früh in den Ehestand zu treten: die jungen Männer zuweilen schon vor dem zwanzigsten Jahr, gewöhnlich aber zwischen dem zwanzigsten und vierundzwanzigsten. Die Frauen sind nicht nur verhältnißmäßig, sondern auch absolut gewöhnlich oder doch sehr häufig älter als ihre Männer. Es liegt dies zum großen Theil daran, daß die Männer, wie bereits gesagt, sehr jung sich verehelichen und bei der Wahl ihrer Frauen darauf zu sehen pflegen, daß dieselben kräftig, gesetzt und einigermaßen zuverlässig sind; solche Personen finden sie aber eher unter den älteren als unter den jüngern Mädchen. Die Folge dieses abnormen Altersverhältnisses ist dann, daß die Frau der Dienstleute viel häufiger das Regiment führt als dies bei anderen Berufsklassen der Fall zu sein pflegt.

Der **Ehestand** übt auf beide Betheiligten in der Regel eine gute Wirkung aus. Der Mann hat die Sorge für das Weib und bald die Kinder, welche ihn ernster und häuslicher macht; die Frau tritt in einen ganz neuen verantwortlichen Wirkungskreis, welcher ihr einerseits größere Selbstständigkeit gibt, andererseits aber auch größeren Zwang auflegt, und welcher vor Allem so viel Ansprüche an ihre Arbeitskraft stellt, daß thörigte Gedanken nicht leicht aufkommen können.

Das tägliche Leben unserer Dienstleute ist kein leichtes. Der Mann muß auf vielen Gütern, Sommers und Winters von Sonnenaufgang bis Sonnenuntergang, auf herrschaftliche Arbeit gehen. Während des Winters bleibt ihm hierbei allerdings viel freie Zeit, welche er aber wegen des mangelnden Tageslichtes kaum im eigenen Interesse verwerthen kann. Während des Sommers werden die Männer dagegen durch die herrschaftliche Arbeit so in Anspruch genommen, daß ihnen die Kraft und die Lust fehlt, sich viel um ihre eigene kleine Wirthschaft zu bekümmern; denn selbst in den längsten Tagen dauert auf der Mehrzahl der Güter im nordöstlichen Deutschland die Arbeitszeit für die Männer von Sonnenaufgang bis Sonnenuntergang und wird während der Ernte nicht selten bis in die Nacht hinein fortgesetzt. Dabei läßt man den Leuten oft nicht einmal am Sonntage Ruhe, sondern benutzt sie wenigstens Nachmittags zum Einbringen der Ernte. Wo dies aber auch nicht geschieht, hat der Instmann dennoch am Sonntage im Sommer wenig Ruhe. Alsdann muß er das Heu für sein Vieh werben, sein Kartoffel- und Gartenland bearbeiten, seine kleine Ernte einbringen und sonstige Geschäfte verrichten, zu welchen ihm in der Woche keine Zeit bleibt und zu deren Erledigung die Kraft der Frau allein nicht ausreicht. Letztere hat es im Ganzen noch schwerer als der Mann. Ihr liegt es ob, das Essen zu bereiten, die Kinder zu pflegen, das Vieh zu versorgen sowie die übrigen täglich sich erneuernden Obliegenheiten für die eigene Haus- und Landwirthschaft zu erfüllen; außerdem muß sie auf Verlangen täglich auf herrschaftliche Arbeit gehen. Alle diese Pflichten ordnungsmäßig zu erfüllen, übersteigt weit die Kraft eines einzelnen Menschen. Die traurigen Folgen dieser Ueberbürdung des Weibes sind, außer dem so auffallend frühen Altwerden unserer Dienstfrauen, eine schlechte körperliche und geistige Pflege der Kinder, starke Sterblichkeit der letzteren, Vernachlässigung und schlechte Führung der eigenen Wirthschaft u. s. w. Es ist eine bekannte Thatsache, daß nicht immer die faulen, sondern oft grade die fleißigsten, ordentlichsten Hausfrauen sich am meisten der herrschaftlichen Arbeit zu entziehen suchen, weil sie wohl wissen, daß der geringe Lohn bei letzteren den Schaden nicht ausgleicht, welcher ihnen aus Vernachlässigung des eigenen Haushaltes erwächst.

Aus obiger Darstellung erhellt, daß die Vorbedingungen für die wünschenswerthe Weiterentwicklung unserer Dienstleute keineswegs günstig sind. Vielseitig unterbrochener Schulunterricht, mangelhafte Erziehung im Hause, die Erschwerung eines gemüthlichen Familienlebens durch Ueberbürdung des Mannes und noch mehr der Frau mit herrschaftlicher und eigener Arbeit, der Fortfall der Sonntagsruhe grade während der mühevollsten Zeit: alle diese Mißstände vereinigen sich, um eine geistige und sittliche Hebung der ohnehin dem Fortschritt wenig geneigten Bevölkerung sehr zu erschweren. Daher sieht es denn auch in dieser Beziehung heute noch ziemlich unerfreulich aus.

Um nicht zu weitläuftig zu sein, will ich mich hier auf die Darstellung einiger besonders charakteristischer Zustände beschränken.

Das gesammte Verhalten unserer Dienstleute ist am meisten dem von Kindern vergleichbar, welche zwar von Natur nicht bösartig, die aber ohne Zucht und Pflege aufgewachsen sind. Sie zeigen sich meist willig zur Arbeit und gehorsam gegen des Herrn Befehle bis zur Unterwürfigkeit. In ihren Ansprüchen an feinere Lebensbedürfnisse, welche über die allerdings nöthige Füllung des Magens und eine gewisse Quantität geistigen Getränkes hinausgehen, sind sie sehr genügsam. Diese Genügsamkeit erstreckt sich leider soweit, daß ein schon ziemlich bedeutendes Maß von Unreinigkeit und Unordnung in ihrer unmittelbaren, täglichen Umgebung sie in keiner Weise unangenehm berührt, ja fast zu ihren nothwendigen Lebensbedürfnissen zu gehören scheint. Ihre Sorglosigkeit in Bezug auf die Zukunft könnte manchem Gebildeten beneidenswerth vorkommen und als Muster empfohlen werden. Leider geht dieselbe aber weniger aus Gottvertrauen, als aus einem gewissen Grade geistiger Stumpfheit und Indolenz hervor, welche sich bei allen Handlungen dieser Arbeiterklasse bemerkbar macht. Damit hängt dann die Gewohnheit zusammen, die grade vorhandenen oder erreichbaren Lebensgüter selbst bis zum Uebermaß zu genießen. Dies bezieht sich namentlich auf das Essen und Trinken. Daß die Leute mit den vom Gutsherrn erhaltenen oder in der eigenen Wirthschaft erzielten Naturalien nicht hauszuhalten verstehen, habe ich bereits früher erwähnt; ich füge hier noch, als auf derselben Ursache beruhend, die charakteristische Thatsache hinzu, daß sich während des Sommers unter unseren Gutsleuten so ungewöhnlich viele an Durchfall oder ähnlichen Krankheiten leidende zu finden pflegen. Es rührt dies zumeist daher, daß dieselben in ihrer ungezügelten Begierde noch völlig unreifes Obst, welches dazu in der Regel dem Herrn gestohlen ist, oder bei erhitztem Zustande kaltes Wasser in großen Quantitäten zu sich zu nehmen gewohnt sind. Von den übelsten Folgen zeigt sich diese kindische oder besser thierische Unmäßigkeit beim Branntweingenuß. Diesem fröhnen die meisten Dienstleute in einem höheren Grade, als es ihre materielle Lage eigentlich gestattet und sehr viele auf Kosten ihrer Gesundheit, ihrer körperlichen und geistigen Kräfte, ihres Familienfriedens. Was man durch Bitten und Drohen von den Instleuten nicht erreicht, erhält man oft durch einen Schnaps. Dieser läßt sie ihre Müdigkeit, ihren etwaigen Kummer oder Zorn schnell vergessen, freilich nur um größere Nachtheile herbeizuführen und vor allem auf Kosten desjenigen, was den Menschen zum Menschen macht, des Selbstbewußtseins und der Willensfreiheit. Es ist schon genug über die Folgen der Trunksucht geschrieben und gesprochen worden, als daß ich nöthig hätte, diese wenig erfreuliche Seite unseres heutigen Culturlebens auch noch näher zu charakterisiren. Hier sei nur das Eine erwähnt: die Trunksucht wird nimmermehr verbannt durch die bloße Aufforderung und Verpflichtung der Arbeiter zur Enthaltsamkeit, sondern auf die Dauer wirksam nur dadurch, daß wir den Leuten durch andere bessere und edlere Genüsse dasjenige ersetzen, was sie im Branntwein, wenn auch vergeblich, suchen.

Bei aller Willigkeit zur Arbeit und aller Unterwürfigkeit hegen die Arbeiter doch in der Regel großes Mißtrauen gegen ihren Herrn. Sie glauben selten, daß dieser es wirklich gut mit ihnen meint und selbst jahrelange wohlwollende Behandlung vermag ihnen oft diese Ueberzeugung nicht beizubringen. Der häufige Wechsel der Besitzer und der noch häufigere der Inspectoren trägt dazu bei, daß dies Mißtrauen nicht verschwindet, zumal dasselbe in vielen Fällen nur allzu gerechtfertigt ist. Der alte Fluch, welcher durch den so häufigen und so schreienden Mißbrauch der Leibeigenschaft Seitens der Gutsherrn auf das Verhältniß dieser zu ihren Arbeitern sich gelagert hat, wirkt noch heute fort und unter ihm muß der Unschuldige mit dem Schuldigen leiden. Wohl weiß ich, daß auf einzelnen Besitzungen ein ganz leidliches, vielleicht sogar ein gutes Verhältniß der Dienstleute zu dem Herrn besteht. Dies namentlich auf solchen Gütern, welche seit Generationen in ein und derselben Familie sich befinden und auf welchen nach traditionellem Herkommen und aus angeborenem Adel der Gesinnung stets für die Untergebenen gut gesorgt worden ist. Aber dies sind Ausnahmen, nicht die Regel. Ob die Leute wirklich Vertrauen zu dem Herrn haben, zeigt sich am besten, wenn letzterer etwas fordert, was jenen zum Vortheil gereichen soll, von ihnen zunächst aber Opfer oder wenigstens das Aufgeben alter Gewohnheiten fordert; so z. B. bei Contraktsänderungen, bei Einführung von Versicherungen gegen Viehsterben, Feuerschaden u. s. w. Da muß oft der wohlwollendste Herr die schmerzliche Erfahrung machen, daß wirkliches Vertrauen zu ihm gar nicht vorhanden ist, daß das früher vielleicht scheinbar vorhanden gewesene immer nur soweit gereicht hat, als der unmittelbare Vortheil dem Instmann klar vor Augen lag.

Mit dem Mißtrauen der Dienstleute gegen den Herrn pflegt Hand in Hand zu gehen der Neid unter einander. Es zeigt sich dies namentlich, sobald einmal der Gutsherr sich veranlaßt sieht, irgend einem Arbeiter etwas Besonderes zukommen zu lassen, sei es wegen dessen außerordentlicher Leistungen sei es wegen ungewöhnlicher Nothstände. Der auf diese Weise Bevorzugte muß für die ihm zu Theil gewordene Vergünstigung gewöhnlich so viel bittere Worte Seitens seiner Genossen und namentlich deren Frauen hören, daß er ein anderes Mal lieber auf jene verzichtet. Dem Gutsherrn wird es dadurch sehr erschwert, die fleißigen und sonst tüchtigen Dienstleute auszuzeichnen: auch die allgemeinere Einführung der Accordarbeit wird dadurch zurückgehalten, da es nicht immer möglich ist, alle Leute bei einem Accord heranzuziehen und sich dann die nicht Betheiligten sehr zurückgesetzt fühlen. Der Herrschaft gegenüber halten die Gutsleute allerdings eng zusammen, aus welchem Grunde es auch so schwer fällt, einem von den eigenen Arbeitern verübten Diebstahl auf die Spur zu kommen.

Die Eigenthumsbegriffe unserer Dienstleute sind ganz besonderer Art. Dem Gutsherrn Brennmaterial, Kartoffeln und Viehfutter aller Art, auch wohl Brotgetreide, kurz solche Gegenstände fortzunehmen, die in der eigenen Haushaltung direct verwendet werden können, scheinen die wenigsten für Unrecht zu halten. In dieser Beziehung herrschen bei den Arbeitern sehr communistische Prinzipien. Dagegen kommt es verhältnißmäßig selten vor, daß sie Naturalien stehlen, um dieselben zu verkaufen, oder daß sie andere Gegenstände behufs deren Umsetzung in Geld entwenden. In ihrem Gewissen scheinen sie auch diese beiden Arten von Diebstahl sehr auseinander zu halten und die heimlich weggenommenen Naturalien als etwas ihnen Zukommendes, aber unrechtmäßiger Weise Vorenthaltenes, anzusehen. Daß solches Diebswesen nicht nur an und für sich sehr verwerflich ist, sondern in hohem Grade entsittlichend wirken muß, brauche ich wohl kaum erst zu sagen. Viele Eltern halten systematisch ihre Kinder von früher Jugend dazu an, Kartoffeln und Rüben vom Felde, Futter vom Hofe u. s. w. zu stehlen. Ein Landpfarrer hat vor Kurzem den Ausspruch gethan: „Der Diebstahl ist der Bann, der auf unserer Arbeiterbevölkerung ruht"*).

Ueber den mangelnden Sinn für Ordnung, Reinlichkeit, ein geregeltes Hauswesen, kurz für dasjenige, was die nöthigen Voraussetzungen zu einer gemüthlichen Häuslichkeit bietet, habe ich mich schon vorhin ausgesprochen. Die letztere ist für die meisten unserer Dienstleute ein noch unbekanntes Bedürfniß.

---

*) Zur Arbeiterfrage. Von einem Landpfarrer. Halle bei Pfeffer 1870. pg. 17.

Was die Sittlichkeit im engern Sinne betrifft, so erwähnte ich ebenfalls schon an einer früheren Stelle, daß es damit bei den jungen Leuten, also vorzugsweise bei den Scharwerkern, schlecht bestellt ist. Von geschlechtlichen Vergehungen hält sich fast kein einziger derselben frei. Die hieraus entspringenden Uebelstände treten freilich weniger schreiend zu Tage, als in den großen Städten. Es rührt dies zum Theil aus der gesünderen Lebensweise der ländlichen Bevölkerung her, mehr aber noch aus dem Umstande, daß bis jetzt wenigstens glücklicher Weise das Laster der Unzucht auf dem Lande selten gewerbsmäßig wie in den Städten betrieben wird. In letzteren ist es gewöhnlich das Zeichen sittlicher Versunkenheit, dort mehr die Folge mangelhafter sittlicher und religiöser Erkenntniß.

Höhere, geistige Bedürfnisse sind bei unsern Dienstleuten nur sehr spärlich vorhanden; zum Lesen von Büchern oder zur Theilnahme an Fortbildungsunterricht sind sie nicht leicht zu bewegen. Ihr geistiges Leben ist nicht todt, aber es schläft; eine Erweckung desselben ist schwer, aber liegt nicht außer dem Bereich der Möglichkeit. Denn an natürlichem Verstande und an Interesse für die in ihrem geistigen Horizonte liegenden Gegenstände fehlt es unseren Arbeitern nicht; aber der Verstand ist nicht geübt und nicht geschult, an der Erweiterung ihres Gesichtskreises ist nie umfassend und nachhaltig gearbeitet worden.

Es bleibt nun noch zu untersuchen übrig, wie das Dienstleute-Verhältniß auf den Betrieb der Landwirthschaft einwirke.

In den Dienstleuten hat der Gutsbesitzer eine das ganze Jahr hindurch zu seiner Disposition stehende Summe von Arbeitskräften, welche für den geregelten Betrieb der Wirthschaft ihm sehr zu Statten kommen; sie sind sogar ein unabweisbares Bedürfniß in allen Gegenden, in welchen die Zahl der in den Dörfern zerstreut wohnenden ländlichen Arbeiter eine geringe ist.

Auf der anderen Seite muß beachtet werden, daß die Instleute ungewöhnlich theure Arbeitskräfte sind. Schumacher-Zarchlin hat allerdings durch eine genaue Berechnung ermittelt, daß für mecklenburgische Verhältnisse sich durchschnittlich der Tagelohn eines freien Arbeiters ebenso hoch stellt als die Kosten sich belaufen, welche dem Gutsherrn aus jedem Arbeitstag des Instmanns erwachsen, nämlich auf 22 Schill. oder $13^{3}/_{4}$ Sgr.*)

---

*) Annalen des meckl. patriot. Vereins Jahrg. 1865 pg. 212. Nach mir neuerdings von Herrn Schumacher gewordenen Mittheilungen läßt sich jetzt der Männertagelohn sowohl bei dem freien Arbeiter wie bei dem Instmann im Durchschnitt des ganzen Jahres für Mecklenburg auf 15 Sgr. veranschlagen.

Zu einem ähnlichen Resultat bin ich gelangt bei Vergleichung der Kosten eines Instmannes pro Tag mit dem Tagelohn eines freien Arbeiters in der Provinz Preußen. Auf der Domaine Waldau kostet eine Dienstfamilie, welche täglich 2 Scharwerker stellt, dem Gutsherrn jährlich 227 Thaler und leistet hierfür auf Mannsarbeitstage reducirt ca. 700 der letzteren im Jahre; es betragen also die Kosten für einen Mannsarbeitstag ungefähr 10 Sgr. Dies ist aber auch nahezu der durchschnittliche Tagelohn eines freien ländlichen Arbeiters in der Provinz Preußen; im Sommer steigt derselbe auf 10, 12—15 Sgr., auch wohl noch höher, im Winter sinkt er auf 7—10 Sgr. herab. Insoweit blieben sich die Kosten eines Arbeitstages des Dienstmannes und des freien Arbeiters für den Gutsherrn ziemlich gleich. Der große Unterschied besteht aber darin, daß dem Dienstmann der zuständige Lohn das ganze Jahr hindurch ausgezahlt und er demzufolge auch das ganze Jahr hindurch beschäftigt wird, während der freie Arbeiter blos dann Lohn erhält, wenn seine Arbeit als nothwendig in Anspruch genommen wird. Dadurch tritt in den jährlichen Kosten, welche eine freie Arbeiterfamilie und eine Dienstfamilie dem Arbeitgeber verursacht, eine große Differenz ein. Der Gutsherr braucht beispielsweise während des ganzen Jahres 21,000 Männer-Arbeitstage, davon 14,000 während der 6 Sommer-, 7000 während der 6 Wintermonate. Eine Familie leistet nach dem Vorigen jährlich 700 Mannstage, halbjährlich 350. Um also die nöthigen 14,000 Arbeitstage während des Sommers zu gewinnen, müßten 40 Dienstfamilien gehalten werden, welche (für die Provinz Preußen) jährlich einen Aufwand von 40 × 227 Thlr. = 9,080 Thlr. erfordern.

Bei Haltung freier Arbeiter würden nöthig sein:
14,000 Arbeitstage à 12½ Sgr. = 5833⅓ Thlr.
 7,000   „   à 8½   „   = 1983⅓   „
                      Summa   7816⅔ Thlr.

Im letzteren Falle würden also jährlich 1263⅓ Thlr. an Handarbeitslohn gespart oder mit anderen Worten der freie Arbeiter käme dem Gutsherrn um fast 14 Procent wohlfeiler als der Instmann. In der That stellt sich das Verhältniß wohl noch mehr zu Ungunsten der Haltung von Dienstleuten, da ja auch während des Sommers selbst das Bedürfniß nach Arbeitskräften ein sehr verschiedenes ist und der Landwirth wenn ihm keine freie Arbeiter zur Disposition stehen, sich so viel Dienstfamilien halten muß, daß er selbst während der dringendsten Arbeitszeit sein Bedürfniß nach Menschenhänden wenigstens annähernd befriedigen kann. Diese Nachtheile des Dienstleute=Verhältnisses für den Gutsherrn stellen sich um so größer heraus, je ungünstiger die klimatischen Verhältnisse sind, je länger der Winter und je kürzer der Sommer ist, je mehr sich also der Bedarf an Handarbeit auf eine kurze Zeit des Jahres zusammendrängt. Deshalb sucht man auch die Zahl der eigenen Arbeiterfamilien möglichst zu beschränken; man verzichtet nothgedrungen auf die Einführung oder Ausdehnung sonst vortheilhafter wirthschaftlicher Operationen, wie des Anbaues von Hackfrüchten und Handelsgewächsen, der Sommerstallfütterung ꝛc. Aber trotzdem kann man es nicht vermeiden, daß es im Sommer fast allerwärts an Menschenhänden mangelt, daß aus diesem Grunde jedes Jahr ein Theil der Erndte verloren geht oder verdirbt*) und daß andererseits im Winter übermäßig viele Kräfte vorhanden sind, welche auf Beschäftigung warten und welche man aus Mangel an lohnender Arbeit auf eine mehr oder weniger nutzlose Weise in Thätigkeit zu setzen sich gezwungen sieht. Durch diese Zustände geht dem einzelnen Gutsbesitzer wie dem ganzen Lande ungemein viel an materiellen Gütern verloren. Außerdem aber wirkt es auf die Dienstleute moralisch ungünstig ein und lähmt ihre Arbeitsfähigkeit, wenn sie sehen, daß sie im Winter zu allerlei Arbeiten angestellt werden, welche besser unterblieben oder vortheilhafter auf andere Weise, vielleicht durch Maschinen verrichtet oder endlich ebenso gut und schnell durch eine geringere Anzahl Menschen ausgeführt werden könnten.

Aber es ist noch ein anderer Umstand, welcher es dem Gutsherrn unmöglich macht, die Kräfte seiner Dienstleute in genügender Weise auszunutzen. Die Letzteren stehen alle in den nämlichen contraktlichen Verhältnissen; sie haben gleiche Dienste zu leisten und erhalten gleichen Lohn. Eine Lösung des Vertrages ist nur nach vorausgegangener, meist halbjähriger, Kündigung möglich. Erfolgt dieselbe, so erhält bei dem herrschenden Arbeitermangel der Instmann leicht eine neue Stelle. Sollte ihm letzteres nicht gelingen, so ist der frühere Dienstherr, auf dessen Gut der Arbeiter ortsbehörig, verpflichtet, denselben wieder bei sich aufzunehmen und ihm den nöthigen Lebensunterhalt auf irgend eine Weise zu gewähren. Die Bevorzugung eines Instmannes vor dem anderen wird dem Gutsherrn durch den zwischen den Leuten herrschenden Neid sehr erschwert, fast unmöglich gemacht. Der Instmann selbst hat also auch keine Aussicht, durch vergrößerten Fleiß ein höheres Einkommen oder sonstige Verbesserung seiner Lebenslage zu bewirken. Alle diese Umstände

---

*) Vgl. hierüber weiter unten in Abschnitt II. dieser Schrift.

tragen vereint dazu bei, daß unsere Dienstleute nur ein geringes Interesse an ihrer Arbeit und keinen Antrieb zu erhöhter Thätigkeit haben. Der Fleißige erhält mit dem Faulen gleiche Belohnung und die etwaige Bestrafung des letzteren, die Kündigung, ist nur selten eine wirkliche Strafe. Deshalb leisten auch unsere Dienstleute im Verhältniß zu der langen Arbeitszeit während des Sommers nur wenig; ihre Leistungen sind bei 14—16 stündiger Tagesarbeit durchschnittlich nicht höher, in vielen Fällen niedriger, als die freier Arbeiter bei 10—12 stündiger.

Dies ist aber ein großer Nachtheil sowohl für den Gutsherrn wie für seine Insleute; für letztere ist der Schaden nicht blos ein materieller, sondern auch ein moralischer. Wären die Dienstleute fleißiger, so könnte ohne jeden Nachtheil für den Herrn die Arbeitszeit im Sommer um einige Stunden abgekürzt werden und jene behielten dann mehr Zeit zur Ruhe und zur Besorgung ihrer eigenen Wirthschaft. Durch allgemeine Einführung der Accordarbeit ließe sich allerdings dasselbe Resultat erreichen; aber ich erwähnte schon früher und werde es an einer späteren Stelle noch specieller nachzuweisen haben, daß grade die Eigenthümlichkeit des Dienstleute=Verhältnisses diese Einführung ungemein erschwert.

Bevor ich die Besprechung über die Lage unserer Insleute schließe, muß ich noch auf einen bisher unerörtert gebliebenen, aber sehr bedeutungsvollen Punkt aufmerksam machen, nämlich das Armenwesen. Sowohl in den östlichen preuß. Provinzen wie in den angrenzenden Ländern waren bisher die Besitzer derjenigen Güter, welche eine besondere Gemeinde bildeten, verpflichtet, alle Individuen, welche bei ihnen einige Jahre gewohnt hatten und erwerbsunfähig waren oder geworden waren, mit dem nöthigsten Lebensunterhalte zu versorgen. Zu jenen Gütern gehören aber die bei weitem größere Mehrzahl der nicht bäuerlichen Besitzungen, also diejenigen, auf welchen vorzugsweise die vorhandenen Dienstleute sich befinden. Auch die neueste norddeutsche Bundesgesetzgebung hat hieran im Wesentlichen nichts geändert. Denn das Bundesgesetz vom 6. Juni 1870 bestimmt, daß jeder Bundesangehörige seinen Unterstützungswohnsitz in dem Staate erwirbt, in welchem er zwei Jahre lang ununterbrochen seinen gewöhnlichen Aufenthalt gehabt hat und zwar speciell in demjenigen Ortsarmenverband, welchem sein Heimathsort angehört. Das ergänzende preuß. Landesgesetz vom 8. März 1871 setzt ferner fest, daß die selbstständigen, nicht mit einem Gemeindeverbande vereinigten Gutsbezirke, nach wie vor besondere Ortsarmenbezirke bilden.

An und für sich erscheint es durchaus gerechtfertigt, daß der Gutsherr diejenigen Arbeiter, welche ihm Jahre lang gedient und erwerbs=

unfähig geworden sind, auch fernerhin mit dem nöthigsten Lebensunter=
halt versieht. Aber diese Verpflichtung einerseits und diese Berechtigung
andrerseits führt, vom materiellen wie vom sittlichen Standpunkt aus
betrachtet, für beide Theile zu den allerbedenklichsten Consequenzen. Unsere
Dienstleute wissen ganz genau, daß, sobald sie ihre Erwerbsunfähigkeit
nachweisen, der Gutsherr ihnen den nöthigen Lebensunterhalt darreichen
muß. In Folge dessen halten sie es für vollständig unnöthig, in den
Tagen der Jugend zu sparen, um für die Zeit des Alters einen Noth=
groschen zu besitzen. Ihr Ehrgefühl ist in diesem Punkte auch so gering,
daß sie bestrebt sind, sobald wie möglich in die Klasse der Ortsarmen zu
gelangen. Mir selbst ist es wiederholt vorgekommen, daß ich Arbeiter,
welche wegen angeblicher Arbeitsunfähigkeit Unterstützung beanspruchten,
entschieden zurückweisen mußte, weil sie notorisch noch recht gut leistungs=
fähig waren. Solche Petenten fühlen sich sehr getäuscht und oft beleidigt,
wenn man ihnen eröffnet, man werde sie künftig in Anbetracht ihrer
größeren körperlichen Schwäche von den schweren Arbeiten entbinden, sie
aber zu leichteren Verrichtungen täglich verwenden und ihnen den ent=
sprechenden Lohn zahlen. Es ist ihnen lieber, in Geld oder Emolumenten
täglich 2—3 Silbergroschen in der Gestalt von Almosen zu empfangen,
als mit ihrer Hände Arbeit 4—6 Sgr. zu verdienen. Sie versuchen es
auch oft, bei einem benachbarten Besitzer auf Tagelohn zu gehen, während
sie von dem eigenen Herrn wegen Arbeitsunfähigkeit Almosen empfangen.

Auf der anderen Seite sind die Gutsherrn bestrebt, sich alle Orts=
armen möglichst fern zu halten und sie wenden zur Erreichung dieses
Zieles die verschiedensten Mittel an. Manche nehmen z. B. keinen Inst=
mann zu sich, welcher das fünfzigste Lebensjahr überschritten hat; andere
kündigen wieder jedem, welcher bis zu diesem Alter gelangt ist. Kämen
diese beiden Maßregeln allgemein zur Ausführung, so würde kein Inst=
mann von über 50 Jahren fernerhin sein früheres Dienstverhältniß bei=
behalten können; er müßte Einlieger werden oder sich so lange in der
Welt umherstoßen lassen, bis seine Habe und seine Kraft aufgezehrt sind
und er als Ortsarmer wieder dem Herrn zugewiesen wird, welcher ihn viel=
leicht vor einem oder ein paar Jahren blos wegen seines Alters verstoßen
hat. Beides, namentlich das erstere, kommt auch häufig genug vor. Die aus=
gestoßenen Instleute gehen in ein benachbartes Dorf und miethen sich bei
einem Bauern ein; werden sie nach einer Reihe von Jahren erwerbsunfähig,
so hat die ganze Dorfgemeinde sie zu unterstützen. Die Armenlast der
Dorfschaften ist verhältnißmäßig noch viel höher wie die der selbstständigen
Gutsbezirke, weil die Dorfgemeinde nicht diejenige Einheit und denjenigen

Einfluß bei den Verwaltungsbehörden hat, um einerseits den Zuzug älterer Arbeiter zu beschränken und um andrerseits zweifelhafte oder unberechtigte Ansprüche auf Armenunterstützung zurückzuweisen. Findet dagegen ein ausgestoßener Instmann anderweitig kein dauerndes Unterkommen, so zieht er eine Zeit lang von einem Ort zum andern, bald hier bald dort Arbeit und Brod suchend. Nirgends behält man ihn so lange, daß er eine Unterstützungsberechtigung erwerben könnte; durch das viele Umherziehen und die damit verbundenen verdienstlosen Tage werden seine materiellen Mittel und körperlichen Kräfte erschöpft. Er verliert nun wirklich die Fähigkeit, sich und die Seinigen zu ernähren und die Gemeinde, in welcher er sich grade aufhält, hat nichts Eiligeres zu thun, als ihn so bald als möglich seinem früheren Herrn wieder zuzusenden.

Der Anspruch auf Armenunterstützung verleitet die Dienstleute zum Leichtsinn und zur Indolenz, er schwächt ihre Thatkraft und ihr Ehrgefühl; umgekehrt macht die Verpflichtung zu derselben die Gutsherrn hartherzig und grausam. In letzterer Beziehung sei noch erwähnt, daß viele Besitzer den neu zuziehenden Instleuten nicht gestatten, ihren etwa noch lebenden Vater oder ihre Mutter mitzubringen; Eltern und Kinder, die bisher friedlich zusammen gewohnt hatten, sind daher oft gezwungen, sich zu trennen. Denn dem Instmann ist von seinem früheren Herrn gekündigt, er muß das Gut verlassen; ein neuer Herr will ihn blos nehmen, wenn er ohne seine alten Eltern kommt; es bleibt ihm demnach nur übrig, jene an dem alten Wohnsitz, wo sie unterstützungsberechtigt sind und von wo sie nicht fortgewiesen werden können, ihrem hülflosen Schicksal zu überlassen. Will er dies durchaus nicht, dann muß er so lange suchen, bis er eine Stelle findet, auf der es ihm gestattet ist, die Eltern bei sich zu behalten. Die Auswahl unter solchen Stellen pflegt aber sehr gering zu sein und so wird der Instmann um seiner Eltern willen oft gezwungen, mit einem an und für sich sehr ungünstigen Dienstverhältniß vorlieb zu nehmen. Er lernt dadurch seine Eltern als eine Last betrachten, von der erledigt zu werden ihm als eine Wohlthat vorkommt.

Auch die in Mecklenburg bis vor Kurzem gültigen Ehe- und Niederlassungsbeschränkungen hatten ihren wesentlichen Grund in der gutsherrlichen Verpflichtung zur Armenversorgung. Zu welchen unsittlichen Zuständen*) jene Beschränkungen aber geführt haben, ist männiglich bekannt,

---

*) Dieselben traten namentlich in der großen Zahl der wilden Ehen und der unehelichen Kinder hervor. Das Verhältniß der unehelich Geborenen zu der Gesammtzahl der Geborenen stellte sich in Mecklenburg-Schwerin
im Jahre 1865 wie 1 zu 4

und ich kann mich eines näheren Eingehens auf diese Verhältnisse um so mehr enthalten, als dieselben in Folge der norddeutschen Bundesgesetze, Gott sei Dank, eine wesentliche Besserung erfahren haben.

Die gesetzlich gültige Art der Armenversorgung ruft einen beständigen Kampf zwischen den Dienstleuten und den Gutsherrn hervor; sie bildet eine fortlaufende Quelle des Mißtrauens zwischen zwei Volksklassen, die jede durch ihr eigenes Interesse auf gegenseitiges Vertrauen angewiesen sind; sie schwächt und zerreißt bei den Dienstleuten die heiligen Empfindungen und Bande, welche die Kinder mit ihren Eltern verknüpfen.

Diese großen Mißstände des Armenwesens in den selbstständigen Gutsbezirken können durch das norddeutsche Bundesgesetz vom 6. Juli 1870 und die sich daran anschließenden Landesgesetze nicht gehoben werden. Hierzu ist vor Allem eine Umgestaltung der ländlichen Gemeindeverfassung nothwendig; diese kann und muß bewirken, daß fernerhin „die gutsherrliche Privatkasse und die öffentliche Armenkasse für die Gutsleute nicht mehr identisch sind"*).

Fasse ich das über die Dienstleute Gesagte zusammen, so ergiebt sich Folgendes. Materiell ist ihre Stellung keine ungünstige; sie gewährt ihnen ein für das ganze Jahr gesichertes, für ihre Bedürfnisse zureichendes Einkommen, vorausgesetzt, daß der Gutsherr seinen Verpflichtungen redlich nachkommt und daß die Leute mit dem Ihrigen gut haushalten. Beides namentlich das letztere, ist indeß sehr häufig nicht der Fall. Die Dienst-

im Jahre 1866 wie 1 zu 4,8
" " 1867 " 1 " 5,33
" " 1868 " 1 " 6,0
" " 1869 " 1 " 7,22
" " 1870 " 1 " 7,08.

Hiernach zeigt sich während der letzten Jahre eine sehr erfreuliche Abnahme der unehelichen Geburten. In wie weit dieselbe auf Rechnung des norddeutschen Bundesgesetzes über Aufhebung der polizeilichen Beschränkungen der Eheschließung vom 4. Mai 1868 zu setzen ist, läßt sich schwer bestimmen, da sie offenbar schon vor Erlaß jenes Gesetzes begonnen hatte. Nachweislich hat aber in den Jahren 1868 und 1869 die Zahl der Trauungen ungemein zugenommen und sich demgemäß auch die Zahl der wilden Ehen resp. Concubinate vermindert. Schumacher, der bewährte Kenner der mecklenburg. Arbeiterverhältnisse, sagt über den Einfluß des norddeutschen Ehegesetzes auf die dortigen Zustände: „Jedenfalls ist die Aufhebung der polizeilichen Beschränkungen der Eheschließung nur zu loben. Die anfänglichen Befürchtungen, daß nun eine große Zahl von Ehen voreilig geschlossen würden, haben sich nicht bestätigt. Das Selbstverantwortlichkeitsgefühl scheint glücklicher Weise auch unter der arbeitenden Klasse mehr und mehr zuzunehmen".

*) Schmoller a. a. O. Seite 191.

familien repräsentiren eine sehr kostspielige Arbeitskraft, bei deren Anwendung viel verloren geht zu ihrem eigenen Nachtheil, zum Schaden für den Gutsherrn und für den Nationalwohlstand. Sie geben nicht selten das Haupthinderniß dafür ab, daß das landwirthschaftliche Gewerbe in der für die übrigen Verhältnisse angemessensten Weise betrieben werde. Geistig und sittlich stehen die Dienstleute auf einer niedrigen Stufe; ihre Erhebung auf eine höhere wird wesentlich erschwert durch die eigenthümliche contractliche Verbindung mit einer bestimmten Gutsherrschaft und durch die Aussichtslosigkeit, einmal in eine bessere, selbstständigere Lebensstellung zu gelangen.

Das, was ich bisher über die Dienstleute gesagt habe, bezieht sich indessen nur auf das nordöstliche Deutschland, d. h. auf dasjenige Gebiet, in welchem jene Klasse von ländlichen Arbeitern die vorherrschende ist. Wo, wie im mittleren und südwestlichen Deutschland, die Dienstleute mehr vereinzelt vorkommen und dieselben dann blos einen kleinen Theil der in einer Gutswirthschaft benutzten Arbeitskräfte ausmachen, gestaltet sich ihre Lage und ihr Einfluß auf den Wirthschaftsbetrieb ganz anders. Sie haben dort auch ein für das ganze Jahr gesichertes Einkommen, welches sie freilich mehr in baarem Gelde als in Naturalien zu beziehen pflegen. Außerdem haben sie dort bei Sparsamkeit und Fleiß stets die Möglichkeit vor sich, durch Kauf oder Pachtung eines kleinen Grundstückes eine mehr selbstständige Stellung zu erlangen. Auch fehlt es nicht an Gelegenheit, für den Fall, daß ihnen das feste Dienstverhältniß nicht zusagen sollte, als Einlieger in irgend einem Orte unterzukommen, wo sie das ganze Jahr hindurch im Tagelohn beschäftigt zu werden mit Sicherheit erwarten dürfen. Dadurch wird das Verhältniß der Dienstleute zu dem Herrn, wenn auch nicht rechtlich, so doch faktisch ein viel freieres. Es spricht sich dies auch darin aus, daß die Contrakte zwischen Beiden äußerst mannigfaltig sind. Bald erhält der Arbeiter an Naturalien blos die Wohnung, für welche er oft noch Miethe zahlen muß, und außerdem einen festen Tagelohn; bald empfängt er außerdem noch Brennmaterial, Futter für eine Kuh oder Ziege oder sonstige Emolumente; bald muß er alle Tage auf Arbeit kommen, bald nur eine gewisse Reihe von Tagen u. s. w. Der Inhalt des Contraktes richtet sich eben nicht nach einem allgemein verbreiteten Herkommen, sondern nach den jedesmaligen Bedürfnissen, Wünschen und Anforderungen der beiden ihn abschließenden Parteien. Jeder von beiden kommt dies Verhältniß zu Gute. Der Instmann erlangt das Gefühl größerer Freiheit, da er weiß, daß er in einer selbstgewählten Dienstbarkeit sich befindet; er kann nach Ablauf des Contraktes dieselbe sich abschütteln und als Einlieger oder, wenn er die nöthigen Mittel hat, als Häusler an einem beliebigen andern Orte sich niederlassen. Die Auswahl unter solchen Gegenden, die dem fleißigen Arbeiter dauernde Beschäftigung verheißen, pflegt groß zu sein. Die Möglichkeit, ein eigenes Eigenthum einmal erwerben zu können, macht den Instmann fleißig, sparsam und wirthschaftlich. Der Gutsherr muß dagegen seinerseits denselben gut stellen und ebenso behandeln, wenn er eine tüchtige Familie lange behalten will. Da er nur wenige Dienstfamilien auf dem Hofe hat, so kann es ihm auch im Winter nie an angemessener Arbeit für dieselben fehlen; er genießt im Gegentheil die nützliche Annehmlichkeit, sich in denselben einen Stamm von zuverlässigen, tüchtigen Arbeitskräften bilden zu können, welche ihm stets zur Disposition stehen und welche ganz in seine Wirthschaftsweise eingewöhnt sind.

2. Die Einlieger und Häusler.

Die zweite Klasse der ländlichen Tagelöhner sind die Einlieger d. h. diejenigen, welche in Dörfern oder auch auf Gütern zur Miethe wohnen, aber in keinem festen Contraktsverhältniß stehen, sondern in beliebiger Weise ihre Arbeitskraft verwerthen können. Im nordöstlichen Deutschland scheidet sich diese Klasse der Tagelöhner ziemlich scharf von den Dienstleuten. Dieselben miethen sich gewöhnlich bei irgend einem Bauern ein, welcher ihnen außer der Wohnung auch noch ein Stück Kartoffelland zu überlassen pflegt. Die Miethe für Beides wird ganz oder zum Theil abgearbeitet, indem der Einlieger dem Bauer während der Bestellung, der Ernte, des Saatausbruches und in anderer bringender Arbeitszeit eine bestimmte Anzahl von Tagen unentgeltliche Dienste leisten muß. Im Uebrigen kann er ganz frei über seine Zeit und Kräfte verfügen. Während des Sommers kommt ihm dies Verhältniß sehr zu Statten. So wie die Tagelöhner in den letzten Jahren gestanden haben, kann er mit Leichtigkeit täglich 12—15 Sgr. verdienen: in einzelnen Gegenden und bei besonders dringender Arbeitszeit steigt der Lohn auch auf 20 Sgr., ja bei Accordarbeit zuweilen noch höher. Mir sind selbst aus der Provinz Preußen viele Beispiele bekannt, daß ländliche Tagelöhner viele Wochen hintereinander im Accord täglich 20, 25 ja selbst 30 Sgr. sich erworben haben. Im Durchschnitt des ganzen Jahres läßt sich hier der Mannstagelohn auf 10-11 Sgr. annehmen. Für Mecklenburg gibt Schumacher den Lohn eines freien Arbeiters folgendermaßen*) an:

---

*) Landwirthsch. Annalen des mecl. patriot. Vereins pro. 1865 pg. 212.

während 3 Monate auf 34 Schillinge (21¼ Sgr.).
„ 1 Monates „ 26 „ (16¼ Sgr.).
„ 2 Monate „ 20 „ (12½ Sgr.).
„ 6 „ „ 16 „ (10 Sgr.).

Dies macht im Durchschnitt des ganzen Jahres 22 Schillinge oder 13¾ Silbergroschen, für die 6 Sommermonate allein 14 Schillinge oder 15 Silbergroschen. Die angeführten Zahlen gelten, wie Schumacher ausdrücklich bemerkt, für die das ganze Jahr hindurch in Arbeit stehenden freien Leute. Daß Tagelöhner, welche nur zeitweise oder im Accord beschäftigt werden, namentlich während der Ernte auch in Mecklenburg zuweilen einen mindestens ebenso großen Verdienst haben, wie ich ihn für die Provinz Preußen in denselben Fällen als vorkommend angegeben habe, steht unzweifelhaft fest. Aehnlich stellt sich auch die Lage der Einlieger im übrigen nordöstlichen Deutschland. Während des Sommers haben sie allerwärts einen vollständig auskömmlichen Verdienst, ja sogar einen solchen, daß sie mit Leichtigkeit einen Theil desselben für den Winter zurücklegen könnten. Dies ist namentlich der Fall, wenn keine oder nur wenige Kinder vorhanden sind, oder wenn die Frau sich durch Verwerthung ihrer Arbeitskraft etwas Geld erwirbt.

Während des Winters stellt sich die Lage der Einlieger bei Weitem ungünstiger und zwar um so mehr, je länger derselbe ist. In einzelnen Gegenden finden sie zwar auch in dieser Jahreszeit fortdauernde Arbeit, nämlich dort, wo wie in Mecklenburg die Arbeiterbevölkerung überhaupt eine sehr spärliche ist, oder wo in Folge besonderer lokaler Verhältnisse eigenthümliche Arbeitsgebiete sich während des Winters ihnen eröffnen. Letzteres kommt z. B. oft in der Nähe großer Forsten vor, wo man im Winter viele Leute zum Fällen und Aufarbeiten des Holzes braucht; ferner in Distrikten mit ausgedehntem Flachsbau, dessen Produkte behufs ihrer Verarbeitung zahlreiche Familien Monate lang zu beschäftigen im Stande sind. Aber solche Fälle bilden eine Ausnahme; als Regel darf man wohl gelten lassen, daß die Einlieger während des Winters nicht so viel verdienen, um ihre Lebensbedürfnisse in angemessener Weise befriedigen zu können. Haben sie nun während des Sommers nichts zurückgelegt, so müssen sie im Winter mehr oder weniger darben. Gesellen sich noch andere ungewöhnliche Mißstände hinzu z. B. Mißrathen der selbstgebauten Kartoffeln, hohe Getreidepreise, Krankheiten in der Familie u. s. w. oder ist letztere besonders zahlreich, dann pflegt die Noth einen hohen Grad zu erreichen. Besonders deutlich und ebenso schrecklich hat sich dies in Ostpreußen während des Winters 1867/68 gezeigt. Es waren damals bei dem bekannten Nothstande namentlich die Einlieger, welche am meisten von Hunger und Elend heimgesucht wurden. Im Sommer 1867 hatten sie wenig verdient, weil fremde Arbeiter auf den Gütern wegen andauernd schlechter Witterung oft Wochen lang keine Beschäftigung fanden; ihre Kartoffeln waren ihnen größtentheils verfault und alle Lebensmittel standen in hohem Preise. Die meisten Gutsbesitzer, selbst in großer Noth, beschäftigten während des Winters nur ausnahmsweise andere Arbeiter neben ihren Dienstleuten. Auf diese Art waren demnach die Einlieger ganz sich selbst überlassen und würden in der That schaarenweise haben verhungern und erfrieren müssen, wenn nicht die öffentliche Wohlthätigkeit außerordentliche Anstrengungen zu ihrer Rettung gemacht hätte.

Uebereinstimmend mit dieser Darstellung sind die Berichte, welche Lengerke in seiner Schrift*) über die Lage der Einlieger im nordöstlichen Deutschland gibt. So heißt es dort (pg. 92) über die Einlieger im Regierungsbezirk Königsberg: „Theils wegen mangelnden permanenten Verdienstes, theils wegen Unlust zur Arbeit, bringen es diese Leute selten weiter als bis zur Befriedigung des nothdürftigsten Lebensbedürfnisses, oft nicht einmal so weit. Jedenfalls ist ihre Lage die unsicherste von allen und wird in Noth- und theuren Jahren sofort gefahrdrohend". Aehnlich lautet der Bericht aus dem Regierungsbezirk Danzig (pg. 105): „Die Lage dieser Arbeiterklasse ändert zwar nach der vorhandenen Gelegenheit und der Lust und Fähigkeit zum Verdienste ab; im Ganzen aber erscheint sie als eine gedrückte, unsichere und die Gesammtheit belästigende". In den weiter westlich und südlich liegenden Theilen des nordöstlichen Deutschland wird zwar die Lage der Einlieger etwas günstiger geschildert, aber doch auch noch immer wenig erfreulich. So heißt es aus dem Regierungsbezirk Frankfurt (l. c. pg. 162): „Der Einlieger muß daher sein Getreide zum großen Theil oder ganz kaufen und geräth eben wegen dieses Mißverhältnisses in Bezug auf die unentbehrlichsten Produkte, Kartoffeln und Korn, in theuren Zeiten auch bei fortgehendem Verdienst leicht in Mangel und Noth, was um so häufiger wiederkehren muß, je weniger regelmäßig und ausreichend die Gelegenheit zu gewinnreicher Arbeit vorhanden ist". Auch in Schlesien betrachtet man die Lage der Einlieger in den meisten Distrikten als eine unsichere und kümmerliche. Aus dem Regierungsbezirk Oppeln wird darüber berichtet (l. c. pg. 280): „In Folge der unverhältnißmäßig starken Vermehrung dieser Arbeiter-

---

*) Lengerke: Die ländliche Arbeiterfrage.

klasse, des herrschenden Arbeitsmangels, der eingetretenen Nothjahre befindet dieselbe sich im Allgemeinen in einer mißlichen Lage". Aus anderen Distrikten Schlesiens, wo während des Winters mehr Gelegenheit zu Verdienst sich findet, lauten freilich die Berichte günstiger; so heißt es (l. c. pg. 280) aus dem Kreise Bunzlau: „Der gute fleißige Arbeiter, der mit offenen Augen in der Welt lebt und sich Mühe gibt, jede Arbeitsgelegenheit zu erfassen, hat im Kreise Bunzlau stets Verdienst und braucht nicht in Elend zu versinken, da namentlich im Sommer die Nachfrage nach Arbeitern größer ist, als das Angebot". Als wesentlich noch besser wird die Stellung der Einlieger in der Provinz Sachsen geschildert, von der es unter Anderem heißt (l. c. pg. 343), daß dieselbe zwar in manchen Gegenden eine ungünstigere ist als die der Dienstleute und Häusler, daß sie aber in den meisten Fällen fortlaufende Arbeit und Verdienst finden".

Wir sehen also, daß die Lage der Einlieger im Allgemeinen sich um so gedrückter darstellt, je weiter dieselben nach Norden und Osten wohnen. Dies hat auch seinen natürlichen Grund; denn dort ist der Winter am längsten und strengsten, daher die Zeit zu ununterbrochenem Arbeitsverdienst am kürzesten; auch erfordert der scharfe und lang andauernde Frost einen großen Aufwand an Brennmaterial.

Die so wenig günstige Lebensstellung der Einlieger im nordöstlichen Deutschland hat hauptsächlich darin ihren Grund, daß ihr Verdienst ein unsicherer, ungemein schwankender ist, daß ihnen auch in der Regel die nöthige Umsicht und sittliche Energie abgeht, um den Ueberfluß guter Zeiten zur Deckung des Mangels in schlechten Zeiten zu benutzen. Die letzteren Eigenschaften fehlen zwar auch den Dienstleuten, vielleicht in noch höherem Grade; aber bei diesen ist schon durch ihr Contractsverhältniß gesorgt, daß sie nicht sehr viel auf einmal verdienen und daß auch in Zeiten des niedrigsten Verdienstes letzterer zur Deckung der nöthigsten Lebensbedürfnisse ausreicht. Es ist für alle Einlieger richtig, was bei Lengerke (l. c. pg. 343) von denen der Provinz Sachsen gesagt wird: „daß ihre Verhältnisse überhaupt sich vielfach besser stellen würden, wenn der Mangel an Fleiß, Geschicklichkeit und Sparsamkeit nicht der Erlangung eines austömmlichen und nachhaltigen Verdienstes hemmend in den Weg träte".

Es ergibt sich aus dem Gesagten zur Genüge, daß die Stellung der Einlieger im nordöstlichen Deutschland fast durchweg eine weniger günstige ist als die der Dienstleute. Die naturgemäße Folge dieses Verhältnisses müßte dem Anscheine nach sein, daß die ersteren danach strebten, in die Lage der letzteren zu gelangen.

Vielfach geschieht dies auch, aber keineswegs allgemein. Es fällt dabei ein Vorzug schwer ins Gewicht, welchen die Einlieger haben: die größere persönliche Freiheit und die Möglichkeit, durch besondere Leistungen auch zu einem ungewöhnlich hohen Verdienst zu gelangen. Der Instmann befindet sich immer unter einer gewissen Vormundschaft Seitens des Herrn, welche factisch in noch viel stärkerem Grade ausgeübt wird, als dies nach dem Wortlaut des Contraktes zulässig. Bei wohlwollenden Herrn gereicht solche Bevormundung den Dienstleuten freilich nur zum Vortheil, bei übelwollenden oder unvernünftigen schlägt sie aber auch in das Gegentheil um. Von den Instleuten ein und desselben Gutes erhält ferner der faule und ungeschickte ebenso viel wie der fleißige und geschickte. Beide Gründe wirken dazu mit, daß oft grade die intelligentesten und am meisten leistungsfähigen Arbeiter die zwar unsicherere, aber ihrem Selbstbewußtsein mehr entsprechende Stellung eines Einliegers der eines Instmannes vorziehen. Aber unter der Zahl der Einlieger gibt es auch noch eine ganz andere Klasse von Menschen und diese bildet leider die Mehrzahl. Ich meine diejenigen, welche wegen mangelhafter Leistungsfähigkeit oder wegen unordentlichen Lebenswandels auf keinem Gute mehr ein Unterkommen finden können. Solche haben gewöhnlich schon auf einer Reihe von Gütern ihr Heil versucht, sind auf allen nach kürzerer oder längerer Zeit fortgeschickt worden und sind dabei schließlich so in Verruf gerathen, daß kein Gutsbesitzer sie mehr aufnehmen will und sie sich bei einem Bauern einmiethen müssen. Zuweilen ist es auch nicht mangelnde Brauchbarkeit, welche sie zu letzterem Schritte zwingt, sondern einfach der Umstand, daß es ihnen an Mitteln fehlt, eine Dienststelle anzutreten. Um solche gehörig ausnutzen zu können, müssen sie eine Kuh, ein oder mehrere Schweine, womöglich auch etwas Federvieh besitzen, da ein erheblicher Theil der vom Gutsherrn gewährten Naturalien sich nur durch Verfütterung an diese Thiere angemessen verwerthen läßt. Auch ist die Haltung solcher schon erforderlich, um den anzunehmenden Scharwerker beköstigen zu können. In meiner Praxis habe ich es wiederholt erlebt, daß tüchtige Einlieger deshalb Dienstleute zu werden nicht im Stande waren, weil ihnen die Mittel zur Beschaffung des für die kleine Wirthschaft der letzteren immerhin nöthigen Inventars fehlten.

Die Lage der Einlieger im südwestlichen Deutschland ist eine wesentlich andere. In Folge des dort herrschenden günstigeren Klimas sowie der größeren Entwickelung der Industrie finden daselbst die Einlieger leichter auch während des Winters beständige, lohnende Arbeit. Die

Differenz der Tagelohnhöhe während des Winters und während des Sommers ist auch keine so bedeutende. Da ferner im südwestlichen Deutschland, wie ich schon oben auseinandersetzte, die sogenannten Dienstleute ein viel freieres Contraktsverhältniß zu dem Gutsherrn zu haben, auch mehr in baarem Gelde als in Naturalien ausgelohnt zu werden pflegen, so läßt sich dort kaum eine feste Grenze zwischen den Dienstleuten und den Einliegern ziehen. Es würde z. B. schwer sein zu bestimmen, welcher von beiden Kategorien ein Arbeiter angehört, der auf einem Gute zur Miethe wohnt und verpflichtet ist, dem Gutsbesitzer, so oft es dieser verlangt, für einen vorher vereinbarten Tagelohn Dienste zu leisten. Ein solches Verhältniß ist aber sehr häufig und pflegt dann in der Weise sich zu gestalten, daß der Tagelöhner das ganze Jahr hindurch von seinem Miethsherrn beschäftigt wird; hierüber schließen aber beide Theile gewöhnlich keinen festen Contract. Auf der anderen Seite hat die Lage der Einlieger im südwestlichen Deutschland wieder manche Aehnlichkeit mit derjenigen der Häusler. Beide sind meistentheils frei von jeder ausdrücklichen oder stillschweigenden Verpflichtung, auf einem bestimmten Gute Dienste zu leisten. Sie suchen sich ihre Arbeit, wo sie wollen resp. wo ihnen dieselbe am lohnendsten dünkt. Man faßt daher auch wohl beide Klassen der ländlichen Tagelöhner unter dem Namen **freie Arbeiter** im Gegensatz zu den Dienstleuten zusammen. Um die Stellung derselben richtig zu würdigen, muß ich zunächst auf die Häusler selbst näher eingehen.

Unter Häusler, auch Büdner oder Eigenkäthner genannt, verstehen wir diejenige Klasse von ländlichen Tagelöhnern, welche ein Haus und etwas Land als Eigenthum besitzen, sich auf letzterem aber nicht selbstständig ernähren können, sondern den größeren Theil ihres Lebensunterhaltes durch Lohnarbeit erwerben müssen. Wir finden solche überall in Deutschland vertreten, freilich in den einzelnen Gegenden in sehr verschiedener Zahl. Im nordöstlichen Theile unseres Vaterlandes, in welchem der Großgrundbesitz vorherrscht, wo die Mehrheit der ländlichen Tagelöhner aus Dienstleuten besteht, wo endlich die Gelegenheit zum Erwerb kleiner Landparzellen eine spärliche ist, gibt es naturgemäß auch nur wenig Häusler. Sie haben dort zuweilen blos ein Wohnhaus, gewöhnlich aber noch außerdem etwas Land. Die Fläche des letzteren ist verschieden groß. Es gibt sogenannte Eigenkäthner, welche 10, 20, selbst 30 Morgen besitzen*) und schon kaum mehr zu den ländlichen Arbeitern

---

*) Lengerke l. c. pgg. 75 ff.

zu zählen sind, da sie sich von dem Ertrage ihres Grundstücks, wenn auch meist nur nothdürftig, ernähren können. Diese gehen im Ganzen nur selten und ungerne auf fremde Arbeit. Sie leben lieber als ihre eigenen Herren: es scheint ihnen leichter und angenehmer, bei der Bestellung ihrer kleinen Fläche Landes ein bequemes aber kümmerliches Leben zu führen, als sich durch Tagelohnarbeit einen Nebenverdienst und damit ein reichliches Auskommen zu verschaffen. Es ist diese Erscheinung noch ein Rest der mit der Leibeigenschaft immer verbundenen Anschauung, als ob Arbeit für andere eine Schande und als ob es das Ziel menschlichen Strebens sein müsse, sich sein Brod mit möglichst wenig Arbeit zu verdienen. Das früher von den Gutsherren gegebene Beispiel trägt nun zu deren eigenem Nachtheil eine böse Frucht: noch heute versteht der ländliche Tagelöhner unter dem oft im Munde geführten Ausdruck „einen Herrentag leben", ein Leben was in Nichtsthun sowie in gutem Essen und Trinken besteht.

Die Mehrzahl der Eigenkäthner im nordöstl. Deutschland besitzt freilich eine viel geringere Fläche Landes: 3, 4, 5 bis höchstens 10 Morgen. Auf dieser sind sie nicht im Stande, sich selbstständig zu ernähren; sie müssen vielmehr durch Tagelohnarbeit sich einen großen, oft den größten Theil ihres Lebensunterhaltes erwerben. Hierzu findet sich im Sommer stets reichliche Gelegenheit, wie ich bereits bei Besprechung der Lage der Einlieger auseinandersetze. Im Winter ist diese Gelegenheit nicht überall vorhanden und es kommt daher wohl vor, daß Eigenkäthner, die nicht sparsam und fleißig sind, die außerdem blos eine sehr geringe Fläche Landes besitzen, in Noth gerathen. Es geschieht solches namentlich in Jahren, in welchen die Kartoffelernte schlecht ausgefallen ist, oder die Getreidepreise hoch stehen. Im Uebrigen befinden sich die Eigenkäthner im Durchschnitt in einer erheblich besseren Lage als die Einlieger, wenigstens wenn ihr Besitzthum gar nicht oder nur gering verschuldet ist. Denn sie haben an ihrer eigenen kleinen Wirthschaft immer einen gewissen Rückhalt; dieselbe liefert ihnen meist einen nicht unerheblichen Theil der nöthigsten Lebensbedürfnisse: Kartoffeln, Gemüse, Milch, Eier, Geflügel, ein Schlachtschwein. Man kann deshalb wohl annehmen, daß sich die einigermaßen fleißigen und betriebsamen Eigenkäthner auch im nordöstlichen Deutschland in einer ihren Bedürfnissen entsprechenden Lebenslage befinden. Ihr Wohlergehen hängt aber fast lediglich von ihrem eigenen Verhalten ab und daher ist es leicht erklärlich, daß häufig ihre Stellung eine weniger günstige ist als die der Instleute. Die Existenz der letzteren ist unter allen Umständen gesichert, so lange sie auf einem Gute wohnen und jeder Dienst=

mann, welcher nicht absonderlich faul oder liederlich ist, findet jeder Zeit auf einem oder dem anderen Gute ein Unterkommen. Ein Eigenkäthner dagegen, welcher zu bequem oder zu stolz ist, Tagelohnarbeit zu suchen, kann oft in die bitterste Noth gerathen und Fälle dieser Art gehören durchaus nicht zu den Seltenheiten. Auch andauernde Krankheit des Eigenkäthners kann dieselbe traurige Folge haben, vor welcher der Dienstmann mehr geschützt ist. Es darf uns daher nicht Wunder nehmen, wenn von manchen sonst sachverständigen Beurtheilern die Stellung der Eigenkäthner als nicht erfreulich, auch die Vermehrung dieser Klasse von ländlichen Arbeitern als nicht wünschenswerth angesehen wird. Man kann um so leichter zu einer solchen Ansicht gelangen, als die Häusler ihre Ungebundenheit häufig dazu benutzen, von den ihnen benachbarten Gütern so viel als möglich zu stehlen. Namentlich bilden Brennmaterial, Viehfutter, Kartoffeln und andere Wurzelfrüchte für sie eine sehr angreifbare Waare, so daß die Häusler in manchen Gegenden zu einer wahren Landplage werden. Es würde indessen verkehrt sein, um dieses hier und da auftretenden Uebelstandes willen die erheblichen Vorzüge in der Stellung der Eigenkäthner zu vergessen*). Das Bewußtsein, in Bezug auf ihre Existenz von der eigenen Betriebsamkeit abzuhängen macht die tüchtigeren unter ihnen zu fleißigen, geschickten Arbeitern und sparsamen Wirthen; es hebt ihr Selbstgefühl und läßt sie nach immer Höherem streben.

Je weiter wir in Deutschland von Norden und Osten nach Süden und Westen vorschreiten, desto zahlreicher wird die Klasse der grundbesitzenden ländlichen Arbeiter, desto besser wird auch die Lage der letzteren. Die günstigeren klimatischen und wirthschaftlichen Verhältnisse bedingen schon an und für sich im südwestlichen Deutschland eine vortheilhaftere Stellung der freien Arbeiter, sowohl der Einlieger als auch namentlich der Häusler. Der Winter ist kürzer, die ländlichen Verrichtungen und damit der Bedarf an Arbeitskräften vertheilen sich gleichmäßiger auf das ganze Jahr; die mehr entwickelte Industrie gewährt bei ihrer Vielseitigkeit jeder im landwirthschaftlichen Betrieb nicht benutzbaren Kraft leicht eine

---

*) Der verdienstvolle Koppe, welcher mit einem hervorragenden Verständniß für die Lage der ländlichen Arbeiter eine eben solche Liebe zu dieser Bevölkerungsklasse in sich vereinigte, sagt in Bezug auf die Eigenkäthner: „Wo Freiheit der Personen und der Benutzung des Grund und Bodens von uralter Zeit bestanden hat, da hat sich diese Menschenklasse durch Erbauung der sogenannten Häusler-, Büdner- oder Kathenstellen angesiedelt. Das ist das natürlichste und für beide Theile vortheilhafteste Verhältniß. (Unterricht im Ackerbau und in der Viehzucht. 6. Aufl. 1845. S. 44 und 45.)

angemessene Verwendung. Diese Vortheile kommen allen freien Arbeitern zu Gute. Für die grundbesitzenden ist es noch ein besonderer Gewinn, daß die günstigeren klimatischen Verhältnisse eine sehr intensive und lohnende Benutzung des Bodens ermöglichen. Es geschieht dies namentlich durch den Anbau solcher Gewächse, welche zwar viel Dünger und Arbeit beanspruchen, dafür aber auch einen sehr hohen Rohertrag bringen, wie z. B. Taback, Hanf u. s. w. Arbeitskraft und Dünger kann sich aber der Tagelöhner leicht verschaffen; erstere gewähren er selbst und seine Familienglieder, letzteren die in der eigenen kleinen Wirthschaft sowie auf den Wegen und an manchen anderen Orten gesammelten Abfälle und Auswürfe. Deshalb ist auch die Lage der grundbesitzenden Tagelöhner im südwestlichen Deutschland im Durchschnitt eine zufriedenstellende. Freilich ist sie nicht überall gleich, sondern verschieden sowohl durch die Größe und die Fruchtbarkeit des vorhandenen Grundbesitzes als auch durch die persönlichen Verhältnisse der Arbeiter. Zuweilen ist der Grundbesitz so umfassend, daß er ihnen gestattet, den eigenen Bedarf an Gemüse, Kartoffeln und Futter für eine Kuh zu bauen*); an Stelle der letzteren treten bei kleineren Besitzungen eine oder mehrere Ziegen. In solchen Fällen verwendet der Arbeiter auch einen erheblichen Theil seiner Zeit und Kraft auf Bestellung der eigenen Wirthschaft und der Erwerb durch Tagelohn ist mehr ein Nebenverdienst. Letzterer pflegt ihm aber, so weit er ihn nöthig hat und sucht, nirgends zu fehlen und beide Erwerbsquellen zusammen sind im Stande, ihm eine ausreichende Lebensexistenz zu sichern. Etwas anders gestaltet sich die Lage, wo der Grundbesitz des Tagelöhners nur gering, etwa $1/4$ bis höchstens einen Morgen, groß ist. In diesem Fall gewährt der eigene Betrieb ihm blos einen kleinen Theil seiner Lebensbedürfnisse und er ist für Erwerbung derselben vorzugsweise auf Tagelohnverdienst angewiesen. Zu letzterem ist allerdings gewöhnlich Gelegenheit vorhanden; aber es gibt doch auch Gegenden im südwestlichen Deutschland, wo wenigstens nicht das ganze Jahr hindurch so viel Arbeitskräfte im landwirthschaftlichen Betrieb gebraucht werden, als zur Disposition stehen, und wo es gleichzeitig an anderweitiger lohnender Beschäftigung fehlt. Dies ist z. B. in denjenigen Weinbaudistrikten der Fall**), in welchen, wie meist an der Mosel, die vorhandenen Acker- und Wiesenflächen sehr wenig umfangreich sind, in denen sich deshalb die landwirth-

---

*) Lengerke l. c. pg. 378 ff.
**) Vgl. bei Lengerke l. c. pg. 380 u. 81 den Bericht über die Lage der Häusler im Regierungsbezirk Coblenz.

schaftlichen Arbeiten fast blos auf die beim Weinbau nöthigen beschränken. Letztere nehmen aber nur einen Theil des Jahres in Anspruch und verschaffen in der übrigen Zeit den darauf Angewiesenen keinen Verdienst. Dasselbe gilt für solche Gegenden, die wegen ihrer hohen, gebirgigen Lage ein ungünstiges Klima haben. Letzteres bedingt, ebenso wie im nordöstlichen Deutschland, daß der Bedarf an menschlichen Arbeitskräften in den einzelnen Jahreszeiten ein ungemein verschiedener ist und daß dieselben im Winter häufig vergebens eine lohnende Verwendung suchen. In Folge solcher Verhältnisse kommt es allerdings vor, daß hier und da auch im südwestlichen Deutschland grundbesitzende Tagelöhner in einer materiell ungünstigen Lage sich befinden. Zumal ist dies dann der Fall, wenn das kleine Grundeigenthum hoch verschuldet ist oder wenn Krankheiten oder sonstige außergewöhnliche Unglücksfälle den Arbeiter heimsuchen. Das erstere trifft zwar öfters zu*), bildet aber doch nur in wenigen Gegenden die Regel. Daher können wir mit Recht sagen, daß auch im südwestlichen Deutschland die Lage der Häusler sich wesentlich besser gestaltet als die der Einlieger. Ein Beweis für diese Behauptung liegt auch darin, daß grade die tüchtigsten und fleißigsten Einlieger danach streben, sich Grundbesitz zu erwerben. Gelegenheit hierzu ist bei dem parzellirten Grundbesitz überall vorhanden. Auch kommt es häufig vor, daß Einlieger sich eine mehrere Morgen große Fläche pachten, auf der sie eine Kuh halten und den nöthigen Bedarf an Kartoffeln und Gemüse bauen können. Beides können freilich blos solche Leute, die frühzeitig angefangen haben, Ersparnisse zurückzulegen; denn sowohl zum Pachten wie zum Kaufen gehört ein gewisses Kapital, welches nur ausnahmsweise der ländliche Tagelöhner von Hause aus zu haben pflegt. Leider aber ist das Sparen in der Jugend noch nirgends allgemein Sitte geworden. Wenngleich die Arbeiter im südwestlichen Deutschland es mehr thun als im südöstlichen, so ist es doch auch unter jenen immer nur die geringere Zahl, welche in Folge eigener Ersparnisse es bis zum Erwerbe eines kleinen Grundbesitzes bringt.

Was die Höhe des Tagelohns bei den freien Arbeitern im südwestlichen Deutschland betrifft, so ist derselbe wohl überall so groß, daß die Lebensbedürfnisse der Familie davon bestritten werden können, vorausgesetzt, daß das ganze Jahr hindurch sich Gelegenheit zum Verdienst findet und daß keine besonderen Unglücksfälle eintreten. Es geht dies schon aus den Angaben hervor, welche Lengerke**) über die Lage der freien

---

*) v. Lengerke l. c. pg. 578—80.
**) l. c. pg. 396 ff.

Arbeiter in Westfalen und der Rheinprovinz macht. Seit der Aufstellung jener Angaben sind aber über 20 Jahre verstrichen und gerade im Verlauf dieser Zeit ist der Lohn der ländlichen Arbeiter erheblich gestiegen und hat sich ihre ganze Lage ebenso verbessert. Lengerke gibt z. B. folgende Tagelohnsätze an:

		für den Mann im Sommer. Sgr.	für den Mann im Winter. Sgr.	für die Frau im Sommer. Sgr.	für die Frau im Winter. Sgr.
im Regierungsbezirk	Cöln*)	8—12	6—7	5—6	3—4
„ „	Düsseldorf**)	5—6	4—4½	—	—
„ „	Coblenz†)	8—10	—	6—7	—
„ „	Aachen	8—10	6—8	—	—

Jetzt dagegen stellen sich die Tagelohnsätze für die Männer fast auf das Doppelte, während für Frauen eine weniger erhebliche Steigerung eingetreten ist. Nach einem mir vorliegenden Berichte des Direktors der Sektion Volkswirthschaft in der Lokalabtheilung Köln verdient in dortiger Gegend täglich

	mit Beköstigung im Sommer. Sgr.	mit Beköstigung im Winter. Sgr.	ohne Beköstigung im Sommer. Sgr.	ohne Beköstigung im Winter. Sgr.
der Mann	8—10	6—7½	18—20	13—15
die Frau	5—6	3—4½	10—12	7½—9

Bei Uebernahme von Accordarbeiten, zu welchen häufig Gelegenheit vorhanden, steigert sich der tägliche Verdienst des Mannes auf 25 bis 35 Sgr., der Frau auf 12—15 Sgr., beides ohne Beköstigung.

Ein ähnliches Resultat weisen die Angaben des Landrath v. d. Goltz für den Kreis Mettmann (Regierungsbezirk Düsseldorf) nach††). Gemäß derselben beträgt dort der Tagelohn außer der Beköstigung:

1) in der Erntezeit bei beständiger Arbeit für Männer 12—20 Sgr., für Frauen 7½—10 Sgr. Im Accord wird für Wintergetreide 18 bis 20 Sgr., für Sommergetreide und Gras 15—20 Sgr. Mähelohn pro Morgen gezahlt. Für Leute, welche nur in der Erntezeit herangezogen

---

*) l. c. pg. 384.
**) Excl. Beköstigung l. c. pg. 386. Die Beköstigung läßt sich noch auf denselben Werth wie der Geldlohn anschlagen, so daß der Tagelohn zusammen 10—12 resp. 8—9 Sgr. betrüge.
†) l. c. pg. 380.
††) Statistische Darstellung des Kreises Mettmann ꝛc. Langenberg 1864. pg. 68.

werden, steigt der Lohn bis um die Hälfte höher und in der Rapsernte muß zuweilen wohl außer der Kost 1 Thlr. bis 1⅓ Thlr. gegeben werden.

2) Außer der Erntezeit im Sommer bei zehnstündiger Arbeit für Männer 12—15 Sgr., für Frauen 6—9 Sgr.

3) Im Winter bei 8—10 stündiger Arbeit für Männer 7—12 Sgr. für Frauen 4—7 Sgr.

Aus dem Regierungsbezirk Koblenz weiß ich theils aus eigener Erfahrung theils aus zuverlässigen Angaben zu berichten, daß dort in derselben Gegend, wo noch im Jahre 1852 im Sommer der Tagelohn für Männer 8½ Sgr. betrug, letzterer jetzt auf 16—17 Sgr. gestiegen ist; ebendaselbst erhalten jetzt die Männer im Winter 12 Sgr., die Frauen im Sommer 7—8 Sgr., im Winter 6 Sgr.

Meitzen*) gibt folgende Tagelohnsätze an:
im Regierungsbezirk Düsseldorf erhält der Mann:

  beim Mähen . . . . 15—24 Sgr.
  bei anderen Erntearbeiten . . . 10—23 „
  „ sonstigen Sommerarbeiten . 10—18 „
  im Winter . . . . 7—12½ „

im Regierungsbezirk Cöln erhält der Mann:

  beim Mähen . . . . . . 20—40 Sgr.
  bei anderen Erntearbeiten . . . 10—20 „
  „ sonstigen Sommerarbeiten . 10—16 „
  im Winter . . . . 6—12 „

Diese Sätze sind im Ganzen etwas niedriger als die eben für den Bezirk der Lokalabtheilung Köln und den Kreis Mettmann angeführten; es liegt dies daran, daß sowohl in der Umgegend von Köln als im Kreise Mettmann durchschnittlich etwas höhere Löhne gezahlt werden als in den ganzen Regierungsbezirken Cöln und Düsseldorf. Ich glaube nicht fehlzugreifen, wenn ich den durchschnittlichen Mannestagelohn für beide Bezirke auf 15 Sgr. annehme.

Vergleichen wir obige Löhne mit den Preisen der nothwendigsten Lebensmittel, so ergibt sich, daß der Arbeiter wohl im Stande ist, seine Bedürfnisse angemessen zu bestreiten. Der Preis des Roggens, des wichtigsten Nahrungsmittels, belief**) sich im Durchschnitt der Jahre 1837—60

---

 *) Meitzen, Der Boden und die landwirthsch. Verhältnisse des preuß. Staates Bd. II. S. 113 und 14.
 **) Meitzen, Der Boden und die landwirthsch. Verhältnisse des preuß. Staates. Bd. IV. pg. 253 und 259.

im Regierungsbezirk Köln auf 61,16 Sgr. pro Scheffel,
„ „ Düsseldorf „ 61,08 „ „ „
in beiden zusammen auf etwa 61,1 Sgr.

Der Mannstagelohn von 15 Sgr. entspricht demnach fast ¼ Schffl. Roggen; bei 300 Arbeitstagen verdient ein Mann jährlich 150 Thlr. oder 73,6 Schffl. Roggen. Dieser Betrag reicht freilich nicht aus, um den Lebensunterhalt einer ganzen Arbeiterfamilie bestehend aus Mann, Frau und 3—4 Kindern, vollständig befriedigen zu können. Hierzu sind vielmehr nach den heutigen Verhältnissen mindestens 100 Scheffel Roggen erforderlich. Aber man kann auch annehmen, daß die Familie des Arbeiters einen Theil der gemeinsamen Lebensbedürfnisse selbst erwirbt. Diese Quote läßt sich auf die Hälfte des Verdienstes des Familienhauptes, also in obigem Fall auf 75 Thlr. oder 36,8 Schffl. Roggen veranschlagen, so daß der ganze Erwerb sich auf 225 Thlr. oder 110,4 Scheffel stellt.

Vergleicht man den hier berechneten Jahresverdienst mit dem der Dienstleute im östlichen Deutschland, so gelangt man zu folgenden Resultaten. Auf der Domaine Waldau beträgt das jährliche Einkommen einer Arbeiterfamilie, ausschließlich der durch die Haltung des Scharwerkers erwachsenden Einnahmen und Ausgaben auf 177 Thlr. Im Regierungsbezirk Königsberg kostete*) der Scheffel Roggen in den Jahren 1837—60 durchschnittlich 44,66 Silbergroschen; das Jahreseinkommen einer Dienstfamilie hat also einen Werth von 118¾ Schffl. Roggen. Nach den gemachten beiden Aufstellungen würde das Einkommen eines freien Arbeiters in der Rheinprovinz hinter dem Einkommen eines Instmannes in der Provinz Preußen, auf Roggen reducirt, noch um 8—9 Schffl. zurückstehen. Dabei ist jedoch nicht zu übersehen, daß bei dem Einkommen des freien Arbeiters blos der verdiente Geldlohn in Anschlag gebracht wurde, nicht aber der Erwerb, welchen sich der Tagelöhner aus dem Betrieb der eigenen kleinen Wirthschaft verschafft. Ein solcher ist aber fast ausnahmslos vorhanden; denn es gibt wenige freie Arbeiter in der Rheinprovinz, welche nicht etwas Land in Pacht oder eigenem Besitz haben und welche sich nicht etwas Nutzvieh, sei es auch nur eine Ziege, ein Schwein oder einiges Geflügel, hielten. Außerdem ist zu bedenken, daß in der Rheinprovinz die Gelegenheit zu Accordarbeit schon häufig vorhanden, und daß sich dann der Verdienst des Mannes weit über den gewöhnlichen Tagelohn erhebt.

---

*) Meitzen l. c. Bd. IV. S. 205.

Die Betrachtung der Tagelohnsätze in der Provinz Westfalen führt uns zu ähnlichen Ergebnissen. Nach den von Meitzen gemachten verschiedenen Angaben stellt sich dort der Mannestagelohn durchschnittlich:

für den Regierungsbezirk Minden auf etwa 12 Sgr.
„ „ „ Münster „ „ 14 „
„ „ „ Arnsberg „ „ 15 „

also für die ganze Provinz auf etwa $13^{2}/_{3}$ Sgr.

Die Roggenpreise betrugen im Durchschnitt der Jahre 1837--60*)
im Regierungsbezirk Minden 59,00 Sgr. pro Scheffel
„ „ Münster 56,42 „ „ „
„ „ Arnsberg 60,25 „ „ „

in der ganzen Provinz 58,66 Sgr. pro Scheffel.

In Westfalen würde also der Mann durch seinen Lohn allein täglich 0,23 Scheffel Roggen, bei 300 Arbeitstagen jährlich $136^{2}/_{3}$ Thlr. oder 69,90 Scheffel Roggen verdienen. Dieser Erwerb ist allerdings etwas, nämlich um 2,62 Procent geringer, als der für die Rheinprovinz berechnete. Es hängt dies mit der bereits früher besprochenen Thatsache zusammen, daß das Vorhandensein einer ausgedehnten Industrie auf die Steigerung des ländlichen Tagelohns einwirkt und daß die Industrie in der Rheinprovinz im Ganzen entwickelter ist als in Westfalen.

Die süddeutschen Staaten, Baden, Würtemberg und Baiern bieten von den obigen nicht sehr abweichende Resultate.

Dem Generalsekretair der landwirthschaftlichen Centralstelle im Großherzogthum Baden, Dr. Funk, verdanke ich u. A. folgende Mittheilungen.

Es stellt sich dort der Mannstagelohn im Sommer auf 48 Kreuzer bis 1 fl. 12 Kr., beim Mähen noch etwas höher, im Winter auf 30 bis 48 Kr., durchschnittlich also auf etwa $52^{1}/_{2}$ Kr. oder 15 Sgr. Der Centner Roggen kostet in Baden durchschnittlich etwa 5 Gulden, der preußische Scheffel demnach 4 Gulden. In Baden würde also der Mann täglich 15 Sgr. oder 0,216 Scheffel (17,28 Pfd.) Roggen, bei 300 Arbeitstagen jährlich 150 Thlr. oder 65,40 Schffl. Roggen verdienen.

In Würtemberg und Baiern steht der ländliche Tagelohn im Ganzen fast ebenso hoch als in Baden. Schon für das Jahr 1853 wiesen die Tabellen des statistischen Bureaus für das Königreich Baiern nach, daß der Tagelohn beim Landbau im Geldanschlage aller Naturalbezüge sich im Durchschnitt der ganzen Monarchie für den Mann auf 33 Kreuzer, für die Frau auf 26 Kreuzer belaufen. Diese Angaben sind freilich für die damalige Zeit

---

*) l. c. Bd. IV. S. 271.

etwas hoch gegriffen, aber innerhalb der letzten 20 Jahre sind auch in Baiern die ländlichen Tagelöhne mindestens um 50 % in die Höhe gegangen, so daß der Mannstagelohn im Durchschnitt wohl auf 40—45 Kr. anzunehmen ist*).

Würtemberg hält, wie geographisch, so auch in Bezug auf die Höhe des Tagelohnes die Mitte zwischen Baiern und Baden; ich glaube nicht fehlzugreifen, wenn ich die Höhe des Mannstagelohnes daselbst im Durchschnitt des ganzen Jahres mit 45 Kreuzer in Anschlag bringe.

Nehmen wir nun den Preis des Centner Roggens für Würtemberg und Baiern zusammen auf durchschnittlich 4½ Gulden oder 270 Kreuzer an, so würde der Mannstagelohn etwa 16—17 Pfd. oder 0,20—0,212 Scheffel Roggen werth sein. Der jährliche Verdienst des Mannes würde sich im Durchschnitt auf 60,0 bis 63,6 Scheffel Roggen belaufen**).

Im Allgemeinen läßt sich annehmen, daß der Mannstagelohn im mittleren und südlichen Deutschland zwischen 15 und 20 Pfd. Roggenwerth oder $1/5$—$1/4$ Scheffel Roggen sich bewegt. Der höhere Satz findet sich mehr in den westlichen, der niedere in den östlichen Gebieten. Es liegt dies daran, daß dort die Industrie mehr Arbeitskräfte absorbirt und daß der Arbeiter höhere Lebensansprüche macht.

Nur in wenigen Landstrichen möchte der Tagelohn unter $1/5$ Scheffel Roggen stehen. Beispielsweise gilt dies in einzelnen Districten Schlesiens, in welchen die Bevölkerung sehr zahlreich und ebenso genügsam ist.

Vergleicht man obige Sätze mit dem Verdienst der freien Arbeiter im nordöstlichen Deutschland, so gelangt man zu folgenden Resultaten.

Nach den S. 43 gemachten Angaben beläuft sich der Mannstagelohn in der Provinz Preußen auf durchschnittlich 10½ Sgr. Der Scheffel

---

*) Vgl. über die Tagelohnverhältnisse in Baiern die Festgabe für die Mitglieder der XXIII. Versammlung deutscher Land- und Forstwirthe, erschienen unter dem Titel: „Die Landwirthschaft in Baiern." 2. Auflage. München 1862. Seite 302—310.

**) Ueber die Lohnsätze in Schlesien gibt eine auch in anderer Hinsicht sehr instruktive Abhandlung des Geheimraths Jacobi im Jahrgang 1868 der Zeitschrift des Königl. preuß. statist. Bureaus näheren Aufschluß. Derselbe sagt dort (pg. 328) „Als allgemeines Durchschnittsergebniß läßt sich annehmen: der Tagesverdienst eines Mannes beträgt bei 12stündiger Arbeitszeit und dauernden Beschäftigung auf dem Lande für gewöhnliche Arbeiten 8 Sgr., für schwere Arbeiten 12½ Sgr." Der Durchschnitt ist also 10¼ Sgr. Nach demselben Schriftsteller betrug der Durchschnittspreis des Scheffels Roggen während der Jahre 1848—1867 in der betreffenden Gegend 58⅓ Sgr. Der Mannstagelohn beläuft sich dort also blos auf etwa 0,174 oder etwas über $1/6$ Scheffel Roggen.

Roggen kostete hier während der Jahre 1837—60 durchschnittlich 44,42 Silbergroschen*) der Tagelohn repräsentirt also einen Werth von nahezu ¼ Scheffel Roggen. Noch höher stellt sich der Roggenwerth des Tagelohnes in Mecklenburg, wenn wir denselben dort auch nur zu 14 Sgr. (Seite 35) annehmen. Ueber die Marktpreise in Mecklenburg liegen mir zwar keine bestimmten Angaben vor; aber da in den preußischen Provinzen Pommern und Brandenburg der Durchschnitts-Marktpreis für den Scheffel Roggen auf 51 Sgr. sich stellt**), so können wir denselben auch für Mecklenburg in ungefähr gleicher Höhe annehmen. Der Mannstagelohn repräsentirt dort also den Werth von ¼ — ⅓ Schffl. Im Großen und Ganzen dürfen wir demnach, ohne fehlzugreifen, den Mannstagelohn für das nordöstliche Deutschland auf ¼ Schffl. Roggen annehmen.

Nach diesem Resultat möchte es scheinen, als ob im nördlichen Deutschland die ländlichen Arbeiter besser situirt sind als im südlichen; denn der Mann verdient hier, nach Roggenwerth gerechnet, blos ¼ bis ⅕ Scheffel. Trotzdem kann es keinem Zweifel unterliegen, daß in der That die landwirthschaftlichen Tagelöhner des südlichen Deutschlands sich in einer besseren Lebenslage befinden, als die des nördlichen. Es hat dies einen doppelten Grund. Einmal braucht der Arbeiter in jenen Gegenden eine viel geringere Quote seines Einkommens, um die unabweisbaren Lebensbedürfnisse zu befriedigen. Das gelindere Klima bringt es mit sich, daß er weniger Nahrungsstoffe, namentlich kohlenstoffhaltige, zu sich zu nehmen nöthig hat, um die erforderliche Körperwärme zu erzeugen; aus derselben Ursache sind seine Ausgaben für Bekleidung und Feuerungsmaterial geringer. Dieser Unterschied ist zwischen dem Norden und Süden Deutschlands sehr erheblich; besonders fällt dies in die Augen, wenn man bedenkt, daß der bei weitem größte Theil des Einkommens eines Arbeiters lediglich auf Beschaffung der täglichen Nothdurft an Nahrung, Kleidung und Brennmaterial verwendet werden muß. Da bei dem süddeutschen Arbeiter die hierfür erforderliche Quote, wie schon gesagt, viel geringer ist, als bei dem norddeutschen, so kann jener das Erübrigte verwenden, um mehr als das Nothwendigste sich zu beschaffen: er wohnt, ißt, trinkt und kleidet sich besser, er fühlt das Bedürfniß nach feineren Lebensgenüssen, welche dem norddeutschen Arbeiter noch gänzlich fremd sind.

---

*) Meitzen a. a. O. Bd. IV. pg. 271.
**) Meitzen l. c. pg. 271.

Fürs Zweite ist der süddeutsche Arbeiter wirthschaftlicher. Er hält sein Verdienst mehr zu Rathe, verschwendet weniger in den Zeiten des Ueberflusses und braucht deshalb in den Zeiten der Noth weniger zu darben. Der Sachkundige kann daher durchaus keinen Zweifel darüber haben, daß der norddeutsche Arbeiter trotz des verhältnißmäßig ebenso hohen oder höheren Verdienstes in einer entschieden ungünstigeren Lebenslage sich befindet, als der süddeutsche. Der tiefere Grund hiervon liegt allerdings in der höheren geistigen und sittlichen Bildung des letzteren.

Es mag den süddeutschen Landwirthen eigenthümlich erscheinen, wenn ich den Kulturzustand ihrer Arbeiter als einen vorgeschrittenen bezeichne, während sie selbst über diesen häufig bittere Klagen führen.

Wie im übrigen Europa, so hat auch in Deutschland die Cultur von Süden und Westen allmählig nach Norden und Osten sich verbreitet. Dies gilt für alle Schichten der Bevölkerung, namentlich aber für die Arbeiter, auf welche die bildenden Elemente nur sehr langsam Einfluß gewinnen. Die frühere Einführung des Christenthums, das engere Zusammenleben der Menschen, die größere Anzahl der Städte, die besseren Verkehrswege mußten es nothwendig bewirken, daß im südwestlichen Deutschland auch der ländliche Arbeiter viel früher und in höherem Grade auf der Bahn geistiger und sittlicher Fortbildung voranschritt als im nordöstlichen. Dazu kam noch ein anderer Umstand. Im mittleren und südlichen Deutschland hat nie die Leibeigenschaft so allgemein und drückend auf der niederen ländlichen Bevölkerung geruht, als im nördlichen Deutschland. Dort ist immer ein größerer Theil der Bauern von derselben verschont geblieben und auch die Arbeiter bestanden nicht lediglich aus Leibeigenen. Es gab unter der niederen ländlichen Bevölkerung stets eine bedeutende Anzahl freier Leute und in Folge dessen war auch die Behandlung der unfreien eine mildere und humanere. Letztere wurden im südlichen Deutschland weniger in Unmündigkeit und Unterwürfigkeit gehalten, als im nördlichen, wo der Gutsherr auf seinem meist ausgedehnten Gebiete ziemlich unumschränkt über Land und Leute gebot. Die Folgen dieses verschiedenen Verhältnisses sind noch heute sehr wohl sichtbar. In Mittel- und Süddeutschland zeigt sich der Arbeiter in seinem ganzen Benehmen freier, er ist selbstbewußter und weniger unterwürfig gegen den Herrn; sein geistiger Horizont ist weiter und nach geistiger Nahrung fühlt er ein größeres Bedürfniß; er besitzt gleichzeitig ein richtigeres Urtheil über seine eigene Lebensstellung und giebt sich mehr Mühe, dieselbe zu verbessern. Letzteres zeigt sich namentlich darin, daß er wirthschaftlicher ist sowie zugänglicher und anstelliger, wenn es sich um neue auf sein eigenes Wohl berechnete Einrichtungen handelt.

Auch die sittlich-religiöse Bildung und Erkenntniß ist bei dem süddeutschen Arbeiter eine tiefere als bei dem norddeutschen. In Folge dessen kommen weniger geschlechtliche Vergehungen vor, die Trunksucht ist nicht so allgemein, er zeigt geringere Rohheit, wie er sich andererseits auch einer rücksichtsvolleren Behandlung durch seine Vorgesetzten erfreut.

Die genannten Unterschiede in dem Bildungsgrade zeigen sich noch mehr bei dem weiblichen als bei demmännlichen Geschlechte. Die Frauen und Mädchen im südlichen Deutschland sind weit sauberer, ordentlicher, in ihrem ganzen Wesen feiner und weiblicher als die des nördlichen; die Mütter sind wirthschaftlicher, können sich auch mehr um ihre eigene Wirthschaft kümmern, da sie seltener auf Tagelohnarbeit gehen. Letzterer Umstand bedingt dann wieder, daß die ganze Häuslichkeit eine geordnetere, gemüthlichere und daß das Familienleben mehr entwickelt ist.

Am meisten vorgeschritten in ihrem ganzen Kulturzustande sind im südlichen Deutschland diejenigen ländlichen Arbeiter, welche ein eigenes Haus und dabei etwas Land besitzen. Diese Thatsache kann als allgemein gültig angenommen werden; ihre Richtigkeit ist durch zahllose Erfahrungen bestätigt. Sie gibt uns auch den Fingerzeig an die Hand auf welchem Wege vorgegangen werden muß, wenn man den ländlichen Arbeitern in durchgreifender Weise helfen will.

Wenn ich in Vorstehendem die geistige und sittliche Bildung der süddeutschen Tagelöhner so entschieden hervorgehoben habe vor derjenigen der norddeutschen, so will ich damit keineswegs sagen, daß die ersteren sich in einem vollkommenen oder auch nur befriedigenden Zustande in dieser Hinsicht befinden. Im Gegentheil gibt es auch bei ihnen noch große Mängel und Schäden. Es sind dies im Allgemeinen dieselben, welche ich als bei den norddeutschen vorhanden angegeben habe, nur daß sie in gemilderter Form hervortreten. Unwirthschaftlichkeit, Neigung zum übermäßigen Genuß spirituöser Getränke, Mißtrauen gegen den Herrn, Indolenz, Versündigungen gegen das sechste Gebot und andere Untugenden finden wir auch in dem süddeutschen Arbeiterstande noch häufig und in höherem Grade, als es mit dem Wohle desselben auf die Dauer verträglich ist.

Für die Richtigkeit der Thatsachen, daß gewisse Schäden unter der arbeitenden Klasse mit der ganzen Culturentwicklung derselben untrennlich verknüpft sind, geben mir auch die Beobachtungen einen Beleg, welche ich auf einer kürzlich ausgeführten Reise in den russischen Ostseeprovinzen und in russisch Litthauen zu machen Gelegenheit hatte. Dort und namentlich in letztgenanntem Landstrich ist die Leibeigenschaft bedeutend später abgeschafft, als in den meisten deutschen Ländern. Aus diesem und aus anderen hier nicht weiter zu erörternden Gründen stehen die ländlichen Arbeiter in ihrer geistigen Entwicklung viel tiefer, als die Arbeiter selbst des nordöstlichen Deutschlands. Sie thun dies trotzdem daß sie als Letten resp. Litthauer in mancher Beziehung entschieden besser beanlagt sind, wie die Arbeiter des nordöstlichen Deutschlands und obwohl sie Seitens der deutschen Gutsbesitzer im Allgemeinen besser behandelt wurden, als es in unserem Vaterlande zu Zeiten der Leibeigenschaft der Fall war. Daß die dortigen Tagelöhner eine geringere Schulbildung haben, als die unsrigen, ist wohl leicht erklärlich: die Gelegenheit eine solche zu erwerben, war eben viel ungünstiger. Dieselben stehen aber auch auf einer viel niedrigeren wirthschaftlichen Entwicklungsstufe. Ihr Tagelohn ist in Folge der dünnen Bevölkerung und anderer Umstände ein ungemein hoher, im Verhältniß zum Preis der nothwendigsten Lebensbedürfnisse so hoch wie nur irgendwo in Deutschland. Trotzdem leben sie sehr schlecht. Sie wissen weder mit dem Gelde noch mit den ihnen zufließenden Naturalien richtig zu wirthschaften; wenn sie etwas haben, bringen sie es schnell durch, um dann in anderen Zeiten Noth zu leiden. Dabei sind ihre Bedürfnisse ungemein gering, namentlich in Betreff der Wohnung und Nahrung. Am liebsten wohnen sie in Häusern ohne Schornstein und dann mehrere Familien in einem Zimmer zusammen; dies ist nach ihren Begriffen gemüthlicher. Ihr Hausgeräth besteht nur aus dem Allernothdürftigsten, mit welchem sich bei uns die Ortsarmen nicht zufrieden geben würden. Die ihnen etwa zugetheilten Aecker bewirthschaften sie schlecht, ihr Vieh pflegen sie höchst mangelhaft. Zur Arbeit zeigen sie sich zwar willig, aber sie sind lässig dabei und ungeschickt. In Folge der unzureichenden Ernährung fehlen ihnen auch die Körperkräfte zu starker, dauernder Anstrengung. Ein Fabrikbesitzer in Riga, welcher unter seinen Arbeitern, Deutsche, Letten und Russen beschäftigt, hat die Erfahrung gemacht, daß erstere schon allein in Bezug auf körperliche Kraftentwickelung das Meiste leisten. Die Ursache hiervon schreibt er wohl nicht mit Unrecht dem Umstande zu, daß jene sich am besten ernähren und dies können sie, bei dem für alle gleichen Lohn, nur dadurch, daß sie wirthschaftlicher und einsichtiger sind.

Ein gewisser Fortschritt zum Bessern, ist schon jetzt bei dem ländlichen Arbeiter der russischen Ostseeprovinzen zu verspüren: allmählig erweitert sich sein geistiger Horizont, sein Selbstgefühl wächst, seine Lebensansprüche steigen. Augenblicklich ist derselbe aber noch ebenso weit hinter dem Tagelöhner der östlichen preußischen Provinzen zurück, als letzterer hinter dem des mittleren und südlichen Deutschlands. Die Wahrnehmung dieser Thatsache hat wesentlich dazu beigetragen, meine Hoffnung in Bezug auf eine fernere Fortentwickelung der ländlichen Arbeiter namentlich im nordöstlichen Deutschland zu stärken. Denn die letzteren haben unzweifelhaft nach Aufhebung der Hörigkeit, also vor höchstens 60 Jahren, im besten Falle auf dem Standpunkte sich befunden, welchen jetzt die Arbeiter der baltischen Provinzen einnehmen und die süddeutschen Tagelöhner standen damals kaum höher als jetzt die norddeutschen. Wenn das verflossene halbe Jahrhundert einen solchen Fortschritt zum Bessern gebracht hat, sollten wir für das folgende nicht einen ebenso großen erwarten dürfen? Freilich handelt es sich für die Zukunft um Beseitigung anderer Mängel und Schäden, theilweise sogar solcher, die als ein Resultat bisher gemachter Errungenschaften zu betrachten sind.

Es liegt in der menschlichen Natur und in den menschlichen Verhältnissen begründet, daß alle in der Cultur gemachten Fortschritte auch wieder von Uebelständen begleitet sind; besonders gilt dies von solchen Fortschritten, welche mehr der treibenden Gewalt der äußeren Umstände als dem selbstbewußten Streben des Volkes oder einer Volksklasse ihren Ursprung verdanken. Deshalb darf es nicht Wunder nehmen, wenn wir dort, wo die ländliche Arbeiterbevölkerung am entwickeltsten sich zeigt, bei derselben gewisse Mängel sich geltend machen, welche bei unentwickelteren Zuständen gar nicht oder weniger stark hervortreten. So kommt es im westlichen und südlichen Deutschland nicht so gar selten vor, daß die Tagelöhner wenig willig und gehorsam den Befehlen ihrer Herren gegenüber sind; daß sie oft die Sache besser zu verstehen glauben als ihre Vorgesetzten; daß sie in Betreff des Lohnes, der Verpflegung und der sonstigen Behandlung unberechtigte Ansprüche erheben; daß sie für Putz- und andere Luxusgegenstände oder auch für Vergnügungen z. B. Tanzbelustigungen mehr Geld ausgeben, als sie ihren Verhältnissen nach dürften. Alle diese Mängel hängen mehr oder weniger eng mit den früher geschilderten Culturfortschritten zusammen; aber deshalb sind sie nicht unzertrennlich damit verbunden. Sie können vielmehr beseitigt werden, ohne daß man das errungene Gute gleichzeitig aufgibt.

Die äußeren Verhältnisse und der Grad der inneren Entwickelung bei den ländlichen Arbeitern im südlichen und westlichen Deutschland sind natürlich nicht überall gleichmäßig. Dieselben zeigen vielmehr mancherlei Abweichungen. Letztere sind begründet in den Eigenthümlichkeiten der einzelnen Stämme, in den Einflüssen, welche die Staatsgewalt und die Kirche in den verschiedenen deutschen Ländern auf die Arbeiter ausgeübt haben, in der abweichenden Entwickelung der Verkehrsverhältnisse, in der Art des landwirthschaftlichen Gewerbebetriebes, in der Dichtigkeit der Bevölkerung und in manchen anderen hier nicht näher auszuführenden Umständen. Auf alle diese Verschiedenheiten in der Lage der ländlichen Arbeiter hier einzugehen, ist nicht möglich. Es würde dies zu Untersuchungen führen, welche die Grenzen dieser Schrift weit überschreiten und welche für den Zweck derselben doch nur ein untergeordnetes Interesse haben. Denn das Bild, welches ich über die Lage der ländlichen Arbeiter im Süden und Westen unseres Vaterlandes entworfen habe, ist, wie ich glaube, im Allgemeinen ein zutreffendes*); es genügt auch für die Beantwortung der Frage, nach welcher Richtung hin und mit welchen Mitteln eine Besserung der bestehenden Zustände erstrebt werden müsse. Die im Einzelnen vorhandene Mannigfaltigkeit der letzteren gebietet uns freilich, alle vorzunehmenden Reformen nach den lokalen Zuständen modificirt anzuwenden.

Im nordöstlichen Deutschland zeigen die Arbeiterverhältnisse ein viel gleichmäßigeres Bild als im südwestlichen; deshalb können auch dort die Verbesserungen nach einem mehr einheitlichen Maßstabe vorgenommen werden.

3. Das Gesinde.

Eine eigenthümliche Stellung nimmt unter den ländlichen Arbeitern das Gesinde ein. Als solches gelten im Allgemeinen diejenigen Personen, welche für eine bestimmte Reihe von Dienstleistungen engagirt sind und von ihrer Herrschaft einen festen Jahreslohn, gewöhnlich auch freie Station (Essen und Wohnung) empfangen. Es läßt sich freilich das Gesinde oft schwer von den Dienstleuten scheiden. So befinden sich die verheiratheten Viehwärter, Pferdeknechte u. s. w., welche Jahreslöhnung sowie Naturaldeputat erhalten und einen eigenen Hausstand führen in einer wirthschaftlichen Lage, welche derjenigen der Dienstleute viel ähnlicher ist als der des eigentlichen Gesindes. In Bezug auf sie gilt daher auch, mit gewissen sich von selbst ergebenden Einschränkungen, alles dasjenige, was über die Instleute bereits gesagt wurde. Zu dem Gesinde im engeren Sinne des Wortes sind blos solche Personen zu rechnen, welche keinen eigenen Hausstand haben, sondern die vollständige Ver-

---

*) Manche Ergänzungen wird dieses Bild noch in den Abschnitten II. u. III. durch verschiedene Mittheilungen finden, welche ich hier zu Vermeidung von Wiederholungen übergehen zu müssen glaube.

pflegung von ihrer Brodherrschaft und daneben einen jährlichen Geldlohn empfangen. Die Natur ihrer Stellung bringt es mit sich, daß sie, wenige Ausnahmen abgerechnet, unverheirathet sind und daß sie ihr Verhältniß blos als ein Uebergangsstadium betrachten. Letzteres verdient auch keineswegs Tadel, da jeder Mensch, Mann oder Weib, bestrebt sein muß sich einen eigenen Heerd zu gründen*). Als Gesinde im eigentlichen Sinne des Wortes sind auch die Scharwerker zu betrachten. Ihr Dienstherr ist freilich nicht der Gutsbesitzer, sondern dessen Arbeiter; hierdurch wird ihre Stellung, über welche ich mich bereits ausgesprochen habe, eine wesentlich andere als die Lage des bei dem Gutsherrn in unmittelbarem Dienst befindlichen Gesindepersonals. Von letzterem soll hier allein die Rede sein.

Das Gesinde besteht fast ausschließlich aus jüngeren Leuten, welche in diesem Verhältniß bis zu ihrer gewöhnlich erfolgenden Verheirathung bleiben; dieselben befinden sich meist in einem Alter von 15—25 Jahren. Ihre Stellung zu dem Arbeitgeber ist eine viel mehr gebundene als die des Tagelöhners; sie müssen, außer der zur Ruhe und zum Essen nothwendigen Zeit immerwährend mit ihrer ganzen Kraft dem Herrn zur Disposition stehen; auch wissen sie sich unter beständiger Aufsicht. Auf der anderen Seite wird ihnen in der Regel eine bessere Verpflegung zu Theil, als die übrigen Arbeiter sich dieselbe verschaffen können; es fließen ihnen mitunter auch nicht unbeträchtliche Nebeneinkünfte zu. Aber diese Vortheile sind nicht im Stande die mit dem Gesindedienst verknüpfte Freiheitsbeschränkung in den Augen der arbeitenden Klasse wieder auszugleichen. Daher kommt es, daß die Neigung zum Gesindedienst mit der Zeit eine immer geringere wird; sie nimmt in gleichem Verhältniß ab, als die Werthschätzung der persönlichen Freiheit wächst. Schmoller hat für den preußischen Staat nachgewiesen, daß die Zahl der Gesindepersonen auf dem Lande nicht nur im Verhältniß zu den übrigen Arbeitern, sondern sogar absolut heutzutage eine geringere geworden ist, als sie früher war**). Die Arbeitgeber müssen jetzt viele Geschäfte durch Tagelöhner verrichten lassen, für welche sie ehedem das Gesinde benutzten. Da sie

---

*) Koppe sagt hierüber sehr richtig: „Der Mensch hat zu der häuslichen Freiheit und zu dem Familienleben ein unwiderstehliches Verlangen. Die beste Speisung und Behandlung, die ledigen Personen in einem Dienste zu Theil wird, halten sie nicht ab, jenes Verlangen zu verwirklichen. Sie gehen freudig einem Zustande vieler Entbehrungen entgegen, blos um die Freude zu haben, täglich oder wöchentlich einige Stunden mit Frau und Kindern zusammen und in einem engen Stübchen Herr und frei zu sein." (l. c. pg. 43.)

**) l. c. S. 176 ff

letzteres jedoch nicht durchaus entbehren können und das Angebot von Gesinde in einem stärkeren Grade abgenommen hat als die Nachfrage, so ist in den letzten Jahrzehnten eine noch in fortwährendem Zunehmen begriffene Steigerung der Gesindelöhne eingetreten. Diese, in Zusammenhang mit den übrigen vergrößerten Ansprüchen der Dienstboten, mußten um so mehr die Gutsbesitzer veranlassen, jene so weit als möglich durch Tagelöhner zu ersetzen*).

Die auf Abnahme des Gesindes gerichtete Entwickelung hemmen zu wollen, würde ein vergebliches und in der Regel auch verkehrtes Bemühen sein. Insofern dieselbe eine Abnahme der Scharwerker in sich schließt, ist sie sogar sehr segensreich; denn diesem, fast in jeder Hinsicht verderblichen Institut, kann man nicht früh genug den Untergang wünschen. Aber auch der Ersatz gewisser bei der Gutsherrschaft in unmittelbarem Dienst stehender Gesindepersonen durch Deputatisten oder Tagelöhner kann in vielen Verhältnissen zweckmäßig sein; so z. B. wenn man statt der unverheiratheten Viehwärter und Pferdeknechte, die von dem Arbeitgeber beköstigt werden, verheirathete Leute engagirt, welche ihren eigenen Hausstand führen. Letztere sind durchschnittlich älter und zuverlässiger als erstere. Die durch ihre Haltung meist verursachten Mehrkosten gleichen sich in Folge dessen reichlich wieder aus: zudem werden durch ihre Familienglieder dem Gutsbesitzer häufig viel werthvolle und nicht sehr theure Arbeitskräfte zugeführt.

Eine gewisse Anzahl von Gesindepersonen wird man bei dem ländlichen Gewerbebetrieb aber stets halten müssen. Namentlich gilt dies in Betreff der Mägde, welche zur Besorgung der Kühe, der Milchwirthschaft sowie zur persönlichen Bedienung unentbehrlich scheinen. Der Mehrbedarf an weiblichem Dienstpersonal im Verhältniß zum männlichen findet darin seine Ausgleichung, daß eine erhebliche Quote der jungen Männer durch den Militärdienst mehrere Jahre dem ländlichen Gewerbe entzogen wird.

Da das Gesinde aus denselben Schichten der Bevölkerung hervorgeht, wie die übrigen ländlichen Arbeiter, so steht es mit jenen auch auf der nämlichen Stufe der Entwickelung. Was ich über die Culturstufe gesagt habe, welche die Tagelöhner in den einzelnen Theilen Deutschlands einnehmen, gilt daher in gleicher Weise auch von den Dienstboten.

Im Nordosten sind sie genügsamer und williger, aber ungebildeter und leistungsunfähiger als im Südwesten.

---

*) Vgl. Roscher: Grundlagen der Nationalökonomie. 5. Aufl. 1861. S. 136 ff.

Das ganze Verhältniß zwischen dem Gesinde und der Gutsherrschaft hat indessen in den letzten Jahrzehnten insofern eine erhebliche Umgestaltung erlitten, als es ein viel loseres geworden ist. Früher machten beide gewissermaßen eine Familie; aus es war dies sogar bei den großen Gutsbesitzern der Fall, wenn diese auch nicht, ähnlich den Bauern, mit ihren Dienstboten an einem Tische aßen. Die Familienzugehörigkeit der letzteren sprach sich z. B. darin aus, daß sie selten ihren Dienst wechselten, daß die Herrschaft sich um ihre persönlichen Verhältnisse bekümmerte, für die Ausstattung der Mägde bei deren Verheirathung mehr oder weniger sorgte, daß der Lohn nicht blos in Geld, sondern häufig noch in Kleidungsstücken und Aussaat von Lein bestand u. s. w. Auf der anderen Seite betrachtete das Gesinde die Angelegenheiten der Dienstherrschaft als seine eigenen und nahm in seiner Weise an dem Leid und der Freude derselben Theil. Freilich bestand ein so gutes gegenseitiges Verhältniß blos dort, wo die Gutsbesitzer und deren Familien von wohlwollenden und sittlichen Grundsätzen in Bezug auf Behandlung der Dienstboten geleitet wurden; wo dies nicht der Fall war, bestand die Zugehörigkeit des Gesindes zum Herrn einfach darin, daß ersteres der Willkür des letzteren sich fast schutzlos preisgegeben sah. Heutzutage ist dies anders geworden. Aus der Familienzugehörigkeit hat sich ein reines Vertragsverhältniß herausgebildet, in welchem der eine Theil für einen bestimmten Lohn und für seine Naturalverpflegung dem anderen Theil seine Leistungen auf gewisse Zeit zur Disposition stellt. Der Herrschaft fehlt meist die Neigung, sich um die Dienstboten mehr, als das eigene Interesse erheischt, zu bekümmern und letztere sind so eifersüchtig auf ihre Selbstständigkeit, daß sie sich von Anderen nicht mehr als sie durchaus müssen, bevormunden lassen wollen. Dazu kommt noch das Mißtrauen des Gesindes, selbst gegen die wohlwollenden Absichten ihrer Gebieter. Aeußerlich zeigen sich die Folgen des veränderten Verhältnisses darin, daß die Knechte und Mägde selten lange in einem und demselben Dienst bleiben, ja daß es in manchen Gegenden, so zu sagen, zum guten Tone bei jenen geworden ist, oft die Herrschaft zu wechseln, auch wenn gar keine äußere Veranlassung dazu vorliegt; ferner darin, daß die Dienstboten in Bezug auf Lohn, Verpflegung und persönliche Behandlung sehr viel mehr Ansprüche machen, als früher. Namentlich über die letztgenannte Thatsache werden Seitens der Landwirthe heutzutage sehr lebhafte Klagen laut; dieselben sind mit dem Gesinde im Großen und Ganzen viel weniger zufrieden als mit den Tagelöhnern. Daß solche Klagen nicht ohne Berechtigung sind, gebe ich gerne zu; aber auf der anderen Seite liegt es in der natürlichen Ent=

wickelung, daß die Ansprüche auch der Dienstboten in Bezug auf Lohnhöhe, die Qualität der Beköstigung und die persönliche Freiheit stetig wachsen. Diesem Umstande muß die Herrschaft Rechnung tragen, wenn sie gutes Gesinde haben will. Daß letzteres seinen Dienst jetzt so häufig wechselt, ist allerdings eine keineswegs erfreuliche Erscheinung; nur dann erscheint sie wünschenswerth, wenn der Wechsel von dem Dienstboten behufs seiner vielseitigeren Ausbildung vorgenommen wird, was freilich nur in den selteneren Fällen der bewegende Grund ist. Ein öfters zur Anwendung gebrachtes und durchaus zu billigendes Mittel, das Gesinde zu längerer Dienstzeit zu bewegen, besteht darin, daß man ihm gleich beim ersten Engagement für jedes folgende Dienstjahr eine bestimmte Lohnerhöhung zusichert. Auf die Erreichung desselben Zweckes wirken alle sonstigen Maßregeln hin, welche dem Dienstboten äußere Vortheile gewähren resp. in Aussicht stellen oder welche ihm Vertrauen und Liebe zu seiner Herrschaft einzuflößen im Stande sind. Welche Aufgaben im Einzelnen den ländlichen Dienstboten gegenüber zur Erfüllung kommen müssen, kann ich erst erörtern, wenn ich die zur Lösung der Arbeiterfrage überhaupt zu unternehmenden Schritte bespreche.

II.
Die Uebelstände und Gefahren, welche für Gegenwart und Zukunft in den heutigen Arbeiterverhältnissen liegen.

Nachdem ich im Vorstehenden eine Darstellung der Lage unserer ländlichen Arbeiter gegeben, will ich zunächst untersuchen, ob dieselbe eine derartige ist, daß eine fortschreitende, gedeihliche Entwicklung sowohl des Arbeiterstandes selbst, als auch des ganzen landwirthschaftlichen Gewerbes gesichert erscheint oder ob dieselbe für Gegenwart und Zukunft mit Uebelständen und Gefahren verknüpft ist*).

Nach dem bisher Erörterten dürfen wir die materielle Lage der ländlichen Arbeiter im Ganzen als eine wenigstens nicht grabezu ungünstige bezeichnen. Es gilt dies namentlich für das südwestliche Deutschland. Es sind dort im Allgemeinen die Tagelohnsätze so hoch und es ist die Gelegenheit zu angemessenem Verdienst so häufig, daß der zur Arbeit Befähigte und Willige selten in Noth geräth. Nur einzelne Gebirgsgegenden, in welchen der landwirthschaftliche Betrieb wegen der Magerkeit des Bodens und der Länge des Winters nur verhältnißmäßig wenige Arbeitskräfte und diese auf kurze Zeit in Anspruch nimmt, möchten hiervon eine Ausnahme machen. Aber selbst in diesen Gegenden hat es der Arbeiter meist in der Hand, sich eine bessere materielle Existenz zu sichern, wenn er sich nämlich entschließt, entweder seinen Wohnsitz in den benachbarten fruchtbaren, der Arbeitskräfte bedürftigen, Thalgegenden aufzu-

---

*) Die gegenwärtigen Uebelstände der ländlichen Arbeiterverhältnisse sind zwar schon im vorigen Abschnitt mehr oder weniger berührt; ich glaube aber, dieselben hier im Zusammenhang und durch anderweitige Mittheilungen vervollständigt noch einmal kurz darstellen zu müssen.

schlagen oder doch wenigstens daselbst für einen Theil des Jahres sich Beschäftigung zu suchen. Fast allerwärts machen auch die ländlichen Tagelöhner der Gebirgsdistrikte von diesen Mitteln Gebrauch und wandern namentlich zur Erntezeit in großen Schaaren in die Thäler hinab, wo sie reichen Verdienst finden.

Am günstigsten ist im südwestlichen Deutschland offenbar die Lage der Häusler und dann die der kleinen Pächter, besonders wenn sie so viel Land inne haben, daß sie eine Kuh darauf ernähren und den eigenen Bedarf an Kartoffeln und Gemüse bauen können. Aber auch die Lage der Einlieger kann in der Regel als eine gesicherte betrachtet werden, sofern nicht außergewöhnliche Umstände eine Aenderung derselben herbeiführen; solche sind z. B. abnorme Theuerung der unentbehrlichsten Lebensmittel, andauernde Krankheit des Familienvaters oder mehrerer anderer Familienglieder, eine große Zahl kleiner Kinder. Der Eintritt dieser oder ähnlicher Ereignisse bedroht stets die materielle Existenz der Einlieger und wenn sie länger anhalten, auch die der Häusler. Denn es gibt auch im westlichen Deutschland nur eine verhältnißmäßig kleine Anzahl von ländlichen Arbeitern, welche in günstigen Zeiten einen Theil ihres Verdienstes zurücklegen, um für ungünstige einen Nothpfennig zu haben. Am meisten geschieht dies noch von Seiten junger unverheiratheter Leute, welche öfters Jahre hindurch eine gewisse Quote ihres bedeutenden Tage- oder Jahrlohnes erübrigen, um die ersparte Summe bei ihrer Verheirathung zur Gründung des Hausstandes, zur Pachtung oder zum Ankauf eines Grundstückes zu verwenden.

Daß die Existenz der meisten Arbeiterfamilien auch im südwestlichen Deutschland durch jeden außergewöhnlichen Unglücksfall gefährdet wird, ist jedenfalls kein normaler Zustand: so lange derselbe andauert, können wir nicht sagen, daß die materielle Lage der ländlichen Arbeiter eine befriedigende ist. Denn sobald derartige Unglücksfälle in einer Gegend allgemein auftreten, wie dies z. B. bei einer abnormen Theuerung des Getreides oder der Kartoffeln geschieht, geräth ein großer Theil der ländlichen Tagelöhner in die traurige Lage, nicht mehr selbstständig durch den eigenen Arbeitsverdienst die nöthigsten Subsistenzmittel beschaffen zu können und sie sind auf die Wohlthätigkeit Anderer oder auf unredlichen Erwerb angewiesen: beides ist aber ein großes Uebel. Daher bleibt es noch eine in der Zukunft zu lösende Aufgabe, die ländlichen Arbeiter äußerlich und innerlich zu befähigen, in günstigen Zeiten so große Ersparnisse zu machen, daß sie den in ungünstigen eintretenden Mangel decken können.

Im nordöstlichen Deutschland ist die materielle Lage der ländlichen Arbeiter im Allgemeinen weniger befriedigend als im südwestlichen. Die zahlreichste Klasse derselben, die Dienstleute, sind allerdings bei wohlwollenden Herren so gestellt, daß sie selbst in Zeiten ungewöhnlicher Unglücksfälle ihre unentbehrlichsten Lebensbedürfnisse befriedigen können; hierfür zu sorgen, haben die Gutsbesitzer nicht nur die rechtliche Verpflichtung, sondern es gebietet ihnen dies schon das eigene Interesse. Dagegen gibt es noch unzählige Dienstleute, welche die ihnen zustehenden Competenzen in so mangelhafter Beschaffenheit erhalten oder mit denselben so schlecht zu wirthschaften verstehen, daß sie sich in einem dauernden Nothstande befinden. Wenn ein solcher auch von den Arbeitern selbst oft wenig lebhaft gefühlt wird, so ist er trotzdem vorhanden. Oder müssen wir es nicht als ein Uebel betrachten, wenn viele Dienstleute in Wohnungen leben, welche kaum den Ansprüchen an einen erträglichen Viehstall genügen; wenn ihre hauptsächlichste Nahrung aus Kartoffeln, Brod und Branntwein besteht; wenn zu einem gemüthlichen Familienleben ihnen jede Möglichkeit fehlt? Das geringe Bewußtsein der Arbeiter von den Mängeln ihrer äußeren Lebenslage darf uns nicht dazu verführen, jene überhaupt zu ignoriren. Denn es muß ja unsere Aufgabe sein, bei der arbeitenden Klasse das Bedürfniß nach einer menschenwürdigen Existenz zu erwecken, wo es noch nicht vorhanden sein sollte. Es läßt sich auch nicht in Abrede stellen, daß die Bedürfnisse unserer Dienstleute in den letzten Jahrzehnten sehr gestiegen und noch immer im Steigen begriffen sind. Eine Unterdrückung derselben dadurch, daß wir die Mittel zu ihrer Befriedigung verweigern, ist aus selbstverständlichen Gründen weder räthlich noch auch möglich; im Gegentheil müssen wir die Bedürfnisse der Arbeiter in der Weise und Richtung zu steigern suchen, daß dadurch ihr wahres Wohl gefördert und verhindert wird, daß sie ihre Befriedigung in Lebensgenüssen suchen, welche mit ihrem leiblichen oder geistigen Gedeihen unverträglich sind.

Wenn schon die materielle Lage der Dienstleute im nordöstlichen Deutschland eine keineswegs genügende ist, so gilt dies noch mehr von der Lebensstellung der Einlieger. Vielen fehlt jede Sicherheit der äußeren Existenz; bei ihnen kann man mit weit größerer Berechtigung als bei manchen Dienstleuten von einem permanenten Nothstande sprechen, der sich namentlich in jedem Winter auf's Neue geltend macht. In rechter Weise hauszuhalten und zu sparen verstehen nur wenige; die Mehrzahl wird deshalb nicht nur durch jeden außergewöhnlichen Unglücksfall in eine sehr üble Lage versetzt, sondern jeder Winter legt ihr in Folge des mangelnden oder geringen Verdienstes harte Entbehrungen auf.

Auch die materielle Lage der Häusler im nordöstlichen Deutschland ist keine befriedigende, wenngleich eine entschieden bessere als die der Einlieger. Bei ihrer geringen Wirthschaftlichkeit sind auch sie leicht großer Noth ausgesetzt, wenn einmal die Kartoffelernte schlecht ausgefallen ist oder die Getreidepreise hoch stehen oder ein ungewöhnlich strenger Winter sich eingestellt hat. Sie befinden sich dann in üblerer Lage als die meisten Dienstleute, während in gewöhnlichen Zeiten ihre Lebensstellung eine günstigere ist.

Es kann nach der obigen Darstellung keinem Zweifel unterliegen, daß die äußere Existenz unserer ländlichen Arbeiter im Großen und Ganzen keine solche ist, wie wir dieselbe wünschen und anstreben müssen. Nur wenige unter ihnen können mit einer gewissen Sicherheit in die Zukunft blicken: es sind dies diejenigen Häusler, deren Besitz unverschuldet und groß genug ist, um die nothwendigsten Lebensbedürfnisse der Familie daraus zu ziehen; dann allerdings auch noch die Dienstleute, deren Herren stets für sie in ausreichender und angemessener Weise sorgen. Aber der wirthschaftliche Zustand der letzteren ist keineswegs ein normaler, auch kein auf die Dauer haltbarer. Denn der Arbeiter kann und darf nicht immer unter der Vormundschaft des Arbeitsgebers bleiben; er muß vielmehr dahin gebracht werden, selbst für die Befriedigung seiner Lebensbedürfnisse zu sorgen. Das Bewußtsein von dieser ihm obliegenden Pflicht giebt ihm allein die Lust und die Fähigkeit, seine Kräfte nach allen Richtungen in angemessener Weise zu verwerthen.

Prüfen wir den geistigen und sittlichen Zustand unserer ländlichen Arbeiterbevölkerung, so ist dieser noch weniger zufriedenstellend als ihre materielle Lage. Es läßt sich freilich nicht in Abrede stellen und ich hebe es als eine erfreuliche Erscheinung hervor, daß die innere Entwickelung der ländlichen Arbeiter im Laufe dieses Jahrhunderts bedeutende Fortschritte gemacht hat. Ihre größere persönliche Freiheit, die bessere Behandlung Seitens der Herren, der gründlichere Schulunterricht, der rationellere landwirthschaftliche Betrieb, welcher erhöhte Anforderungen an die Handarbeiter stellte; alle diese Umstände trugen dazu bei, die ländlichen Tagelöhner kenntnißreicher, geschickter, für geistige und sittliche Eindrücke empfänglicher zu machen. Namentlich zeigt sich dies im südwestlichen Deutschland, wo von jeher die Cultur der niederen Volksklassen eine größere war und wo die eben erwähnten Umstände auch in erhöhtem Maße wirksam waren. Es giebt dort schon manche ländliche Arbeiter, welche denjenigen Grad geistiger und sittlicher Bildung haben, den man von ihnen zu erwarten und wünschen berechtigt ist, welche die ihnen übertragenen Geschäfte mit

Sorgsamkeit und innerem Verständniß ausführen und welche ihren Verpflichtungen als Familienväter in jeder Beziehung treu nachkommen. Aber diese bilden bis jetzt noch die Ausnahme. Der Hauptmasse der ländlichen Arbeiter fehlt es auch im südwestlichen Deutschland noch an der erforderlichen inneren Reife. Fast aller Orten werden berechtigte Klagen der Landwirthe laut, daß die meisten Tagelöhner zu wenig Lust zur Arbeit und zu wenig Verständniß für dieselbe zeigen; daß sie steter Beaufsichtigung bedürfen; daß sie übermäßig große Ansprüche machen; daß sie endlich mit ihrem hohen Verdienste nicht hauszuhalten verstehen und denselben, statt Ersparnisse zu machen, zu unnützen Ausgaben verwenden. Dabei ist namentlich der Einfluß zu beachten, welchen in industriellen Bezirken die Fabrikarbeiter auf die ländlichen ausüben. Die erstern haben im Durchschnitt einen höheren Verdienst, aber ihre Lebensbedürfnisse sind auch, nicht nur in entsprechendem, sondern noch in gesteigertem Maße größere; sie treiben deshalb in vielen Dingen einen unberechtigten Luxus. An schwere Arbeiten sind die wenigsten gewöhnt, ihre Leistungsfähigkeit beschränkt sich auf ein sehr geringes Gebiet. Ohne strenge Beaufsichtigung pflegen sie nur bei Accordlöhnung fleißig zu sein; das Zusammenarbeiten vieler Menschen, verschiedenen Alters und Geschlechtes, in engen Räumen und überhaupt die ganze Lebensweise, macht die Fabrikarbeiter einerseits geistig regsamer und entwickelter, andrerseits aber auch körperlich unkräftiger und verführt viele zur Leichtfertigkeit und Unsittlichkeit. Diese Zustände können natürlich nicht ohne Rückwirkung auf die ländlichen Arbeiter bleiben, zumal in manchen Gegenden ein Theil der Glieder ein und derselben Familie seinen Erwerb in Fabriken sucht, während ein anderer Theil landwirthschaftlicher Beschäftigung sich zuwendet. Die Folgen der vielfach engen Berührung zwischen beiden Klassen von Arbeitern sind verschiedenartige. Auf der einen Seite haben die Löhne der landwirthschaftlichen Tagelöhner eine Steigerung erfahren, ihre geistige Regsamkeit hat zugenommen, die Accordarbeit ist allgemeiner geworden; auf der andern Seite sind aber die Ansprüche der ländlichen Arbeiter in einem höheren Grade gewachsen, als dies sich mit ihrem eigenen Wohle verträgt; sie sind weniger willig zu angestrengter Thätigkeit; ihre Zuverlässigkeit und Solidität in dem Berufs- wie in dem eigenen häuslichen Leben hat vielfach gelitten. Die meisten Landwirthe betrachten den Einfluß der Fabrikarbeiter auf die ländliche Bevölkerung als einen vorwiegend ungünstigen; in wie weit mit Recht, möchte schwer zu entscheiden sein, da sich die verschiedenartigen Einwirkungen schwer vergleichen und noch schwerer in feste Zahlengrößen bringen lassen. So viel aber dürfen wir als bestimmt annehmen und darauf kommt es hier an, daß die Entwicklung der Industrie manche Uebelstände für die ländliche Arbeiterbevölkerung mit sich gebracht hat, welche unsere volle Aufmerksamkeit verdienen. Es wäre ebenso thöricht als vergeblich, wollte der Landwirth einer Ausdehnung der Fabriken seinerseits Widerstand leisten; er darf dies in seinem eigenen Interesse um so weniger, als für viele Gegenden die Errichtung industrieller Etablissements das einzige Mittel zu sein scheint, der Landwirthschaft die zu ihrem weiteren Aufschwung nöthigen Arbeitskräfte zuzuführen. Aber gerade für diese Gegenden ist es Aufgabe, die Uebelstände der nahen Verbindung zwischen ländlichen und industriellen Arbeitern klar zu erkennen und denselben möglichst vorzubeugen.

Die geistige und sittliche Entwicklung der ländlichen Arbeiter im nordöstlichen Deutschland läßt noch mehr zu wünschen übrig wie im südwestlichen Deutschland. Sie sind dort zwar williger zur Arbeit und genügsamer in ihren Ansprüchen an eine gute Behandlung Seitens des Herrn, sowie in ihren Anforderungen an die Annehmlichkeiten des Lebens überhaupt; sie sind an eine längere Arbeitszeit gewöhnt, leisten auch in manchen schweren Arbeiten mehr. Dagegen ist ihr ganzer Bildungsstandpunkt ein niedrigerer; sie sind roher in ihren Sitten und Anschauungen, indolenter und nachlässiger in ihren eigenen Angelegenheiten sowohl wie in der Erfüllung ihrer Verbindlichkeiten gegen den Herrn; ihre Leistungsfähigkeit in allen, eine gewisse Geschicklichkeit erfordernden Arbeiten ist gering, ihr wirthschaftlicher Sinn wenig entwickelt; für die edleren Freuden des Lebens, namentlich der Häuslichkeit, haben sie kaum ein Verständniß. Daß solche Zustände in hohem Grade unbefriedigende und für die Dauer unhaltbare sind, bedarf keines weiteren Beweises.

Unter den Mängeln in der Lage unserer ländlichen Arbeiterbevölkerung, welche ich so eben kurz charakterisirt habe, hat zunächst diese selbst zu leiden. Freilich ist sie sich der Mißstände ihres Daseins nur in geringem Grade bewußt, aber nichts desto weniger sind dieselben vorhanden. Es wird auch früher oder später die Zeit eintreten, in welcher der Arbeiter erkennt, was ihm fehlt und er versucht dann voraussichtlich seine Lage durch Mittel zu verbessern, deren Anwendung das Wohl der Arbeitgeber und des ganzen landwirthschaftlichen Gewerbes ernstlich zu gefährden im Stande ist. Wenn ich von einer solchen zukünftigen Eventualität spreche, so ist die Vermuthung derselben keineswegs eine Ausgeburt schwarzsehender Phantasie, sondern die Folge einer ganz nüchternen Betrachtung der Entwickelung unserer Arbeiterverhältnisse überhaupt. Die Bewegung, welche jetzt die industriellen Arbeiter namentlich in Deutschland, England,

Frankreich und in der Schweiz erfaßt hat und welche darauf ausgeht, nicht nur die materielle Lage der arbeitenden Klasse zu verbessern, sondern der letzteren sogar die höchste politische Gewalt zu verschaffen, um mit Hülfe derselben die ganze staatliche Verwaltung und Gesetzgebung nach deren Sinn umzugestalten: diese Bewegung, sage ich, wird früher oder später auch an die ländlichen Arbeiter herantreten und vielen derselben dann verführerisch genug vorkommen. Vereinzelte Versuche in dieser Richtung sind bereits bei Gelegenheit der letzten Wahlen zum norddeutschen Reichstage gemacht worden. Bis jetzt haben freilich die ländlichen Arbeiter den Lockungen der Socialdemokraten wenig Gehör geschenkt; ob dies aber auch in Zukunft so sein wird, ist eine andere Frage. Es kann nicht ausbleiben, daß die Vermischung der ländlichen mit den industriellen Arbeitern eine immer größere wird und daß sich damit die Gedanken, Wünsche und Hoffnungen, welche diese bewegen, sich auch jenen mittheilen. Hierzu wird namentlich die Ausübung des allgemeinen, direkten Wahlrechtes das ihrige beitragen. Wir dürfen fest darauf rechnen, daß es auch den ländlichen Arbeitern bald allgemein zum Bewußtsein kommt, von welchem entscheidenden Gewichte ihre Stimmen bei allen Wahlen in Gegenden mit vorherrschend ländlicher Bevölkerung sind. Dieses Bewußtsein wird sie zum Nachdenken über die Fragen bringen, welche in den gesetzgebenden Versammlungen zur Entscheidung kommen, und wird in ihnen das Bestreben wachrufen, die ihnen durch das Wahlrecht verliehene Macht auch zu ihrem eigenen Besten zu verwerthen. Selbst wenn die ländlichen Arbeiter von der Theilnahme an öffentlichen Angelegenheiten sich fern halten wollten, so würden sie dies auf die Dauer nicht können. Denn Männer aller Parteien betrachten heutzutage schon die ländliche Arbeiterbevölkerung als ein fruchtbares Feld ihrer politischen Thätigkeit und es gibt wohl kaum einen Gutsbesitzer, der vollständig auf jede Beeinflussung seiner Leute bei Gelegenheit der Wahlen verzichtete. Darin ist auch keineswegs ein Unrecht zu erblicken; im Gegentheil wird es jeder redlich denkende Herr für Pflicht halten, seinen Arbeitern die eigene Ansicht über die zu wählende Person mindestens in deutlicher Weise kund zu thun, da er sich selbst doch eine viel größere politische Einsicht als seinen in der Bildung ihm weit nachstehenden Untergebenen zutrauen muß. Eine solche Verpflichtung liegt um so unzweifelhafter vor, als je länger desto mehr politische Agitatoren auftreten werden, welche auch die ländlichen Arbeiter mit verführerischen Lockungen auf ihre Seite zu ziehen suchen. Vor allem wird dies von der social-demokratischen Partei geschehen, welche ja hauptsächlich für das Wohl der arbeitenden

Klasse zu kämpfen vorgibt. Wenn dieselbe bis jetzt der ländlichen Bevölkerung ziemlich fern geblieben ist, so liegt dies daran, daß sie bei den industriellen Arbeitern ein dankbareres Feld ihrer Thätigkeit zu finden hofft und mit dieser vorläufig noch genug zu thun hat. Vielleicht wartet sie auch, bis ihre Gesinnungsgenossen im Osten erst mehr Terrain gewonnen und ihr den Weg gezeigt haben. Denn nirgends hat die socialistische Agitation so unverhüllt und so erfolgreich ihre Thätigkeit der ländlichen Bevölkerung zugewendet als grade in Rußland. Dieselbe knüpft an die altrussische Institution der Feldgemeinschaft, zufolge deren jede männliche Seele eines Dorfes oder doch mindestens jeder verheirathete Mann einen gleichen Antheil an der Dorfmark hat. Je nachdem sich die Zahl der Familienväter verändert, erleidet auch die Zahl und Größe der einzelnen Besitzungen eine Veränderung; zur gleichmäßigen Durchführung der letzteren findet von Zeit zu Zeit eine ganz neue Vermessung und Vertheilung des Landes statt. In der allgemeinen Durchführung dieses communistischen Prinzipes der Feldgemeinschaft erblickt die socialistische Partei in Rußland das Heil der Menschheit. Sie hält es für die providentielle Mission des russischen Volkes, auch das übrige Europa mit jener Institution zu beglücken, deren allgemeine Einführung nach ihrer Ansicht mit einem Schlage und in der zweckmäßigsten Weise die ganze sociale Frage lösen wird. Wie thöricht diese Anschauungen auch sein mögen, so verdienen sie doch unsere volle Aufmerksamkeit. Denn dieselben spuken nicht nur in den Köpfen weniger exaltirter Menschen, sondern sie haben schon einen sehr merkbaren Einfluß auf die Gesetzgebung und Verwaltung Rußlands ausgeübt. Eine in den Spitzen der russischen Regierung sehr stark vertretene Partei arbeitet mit Bewußtsein darauf hin, die Feldgemeinschaft auch in dem westlichen Rußland, namentlich in den Ostseeprovinzen sowie in den litthauischen und polnischen Distrikten einzuführen, um von da aus Propaganda für dieselbe in dem übrigen Europa zu machen. Als Beleg hierfür lasse ich eine Stelle aus der trefflichen Abhandlung „Die Feldgemeinschaft der russischen Landgemeinden" von J. Frühauf*) folgen:

„Diese Ansichten sind in den tonangebenden Kreisen der nationalen Demokratie Moskaus und Petersburgs allgemein verbreitet, und selbst einzelnen leitenden Staatsmännern nicht fremd. Eine hervorragende Persönlichkeit dieser Partei äußerte sich über diese „„Mission"" des russischen Volkes folgendermaßen: „„Daß diese und keine andere die Auf-

---

*) Arbeiterfreund. Zeitschrift des Centralvereins in Preußen für das Wohl der arbeitenden Klassen. VII. Jahrgang. 1869. pg. 366 und 67.

gabe unseres Volkes ist, geht aus unserer gesammten Geschichte hervor. Alle Versuche, welche auf russischer Erde zur Bildung eines aristokratischen Staatswesens gemacht wurden, sind an sich selbst zu Grunde gegangen. So die aristokratischen Städterepubliken von Nowgorod und Pskow, welche von den Czaaren gebrochen wurden, denen wir die russische Staatseinheit verdanken, und welche bei ihrem Werke wesentlich durch das niedere Volk und die in jenen Republiken politisch rechtlosen Knechte unterstützt wurden: so der Versuch der Gründung einer Oligarchie unter der Kaiserin Anna. Als nach der Thronbesteigung des gegenwärtigen Monarchen unser Volk von den Fesseln der Knechtschaft befreit und die gesammte Nation in liberale Bahnen geführt wurde, haben wir es mit allem Möglichen versucht, mit der Herstellung einer Constitution, zu welcher die Regierung gedrängt werden sollte, mit freier Presse, mit Herstellung eines Rechtszustandes nach westeuropäischem Muster u. s. w. Nichts ist uns gelungen, ja der Staat lief Gefahr, in ein revolutionär-kosmopolitisches Chaos aufgelöst zu werden. Dieser Boden war noch zu starr, die Früchte einer so verfeinerten Kultur zu tragen. Erst der polnische Aufstand hat uns wieder zur Besinnung gebracht und zu unseren providentiellen Aufgaben zurückgeführt. Mit dem Institut des Gemeindebesitzes und der Negation des individuellen Eigenthums an Grund und Boden haben wir allenthalben in der Welt das Gebundene zu lösen. Mit Polen und Litthauen haben wir den Anfang gemacht und dadurch den revolutionären Adel zu Boden geworfen: wir werden nicht ruhen bis das Princip des Gemeindebesitzes hier und in allen westlichen Provinzen unseres Reiches zur Anerkennung gebracht und bis in die letzten Consequenzen durchgeführt ist. Der Absolutismus, den wir noch vor wenigen Jahren thörichter Weise anfeindeten, ist die geeignetste Staatsform zur Durchführung dieses Princips. Ein Rechtsstaat würde uns die Hände binden und in der Aktion gegen die privilegirten und aristokratischen Gesellschaftsklassen geniren. Erst wenn die alte Gesellschaft marzellirt ist, können wir jene strengen Rechtsformen brauchen, welche in Deutschland und namentlich in Preußen dazu ausgebeutet werden, die niederen Klassen unter das Joch der Eigenthümer und Kapitalisten zu beugen. Ich halte Ihre Schultze-Delitzsch ꝛc., so hoch ich sie persönlich achte, für die gefährlichsten Feinde der modernen Gesellschaft, weil sie die Formen des Liberalismus dazu benutzen, die Besitzlosen zu Gunsten der Eigenthümer zu unterwerfen. Lassalle ist die einzige bedeutende Erscheinung, welche Westeuropa in den letzten Jahrzehnten hervorgebracht hat. Unser Gemeindebesitz, der Jedem die Möglichkeit bietet, durch Eintritt in eine Landgemeinde Antheil an

Grund und Boden zu gewinnen, ist die Erfüllung dessen, was dieser große Mann und seine Vorläufer angestrebt haben. Haben wir dieses Princip erst in Rußland selbst vollständig durchgeführt, so werden wir mit seiner Hülfe den Erdkreis unterwerfen. Alle Proletarier und Besitzlosen Westeuropas sind unsere natürlichen Verbündeten"".

Bei der Regulirung der gutsherrlich=bäuerlichen Verhältnisse, welche seit etwa 10 Jahren im russischen Litthauen und Polen im Gange ist, haben die Ansichten der Socialisten=Partei einen wesentlichen Einfluß ausgeübt; es geht dies schon aus dem obigen Citat hervor. Die Ausführung der im Jahre 1861 zu diesem Zwecke erlassenen Gesetze, deren Mäßigung im Allgemeinen nur anerkannt werden muß, erlitt durch den polnischen Aufstand des Jahres 1863 eine Sistirung. Nach Niederwerfung desselben bekam die Socialistenpartei innerhalb der maßgebenden Kreise ein großes Uebergewicht und setzte wiederholt Modificationen der Regulirungsgesetze durch, zufolge welcher zwar noch nicht die Feldgemeinschaft eingeführt wurde, welche aber doch eine sehr empfindliche Schädigung der großen Grundbesitzer zu Gunsten der Bauern und der ländlichen Tagelöhner veranlaßten. Noch immer haben die gesetzgeberischen und administrativen Experimente auf diesem Gebiete in jenen Landen nicht aufgehört. Dieselben wirken um so verderblicher, als sie neben vielem Verkehrten auch manches Gute enthalten und dadurch nicht nur auf die große Masse, sondern auch auf den gebildeteren Theil des Volkes einen sehr bestechenden Einfluß ausüben.

Wie weit die socialistische Partei Rußlands in der Realisirung ihrer Projecte behufs allgemeiner Vertheilung des Grundbesitzes gelangen wird, entzieht sich jeder menschlichen Berechnung. Nach Lage der Sache scheint es mir aber als höchst wahrscheinlich, daß sie noch lange nicht am Ziele ihrer Wege ist und daß ihr Einfluß sich mit der Zeit viel mehr als jetzt auch bei uns fühlbar machen wird. An Gesinnungsgenossen fehlt es ihr ja jetzt schon in unserem Vaterlande nicht. Früher oder später werden dieselben unzweifelhaft den Versuch machen, den ländlichen Arbeitern das verführerische Trugbild einer allgemeinen Landvertheilung vorzuhalten. Es wäre sträflicher Leichtsinn, wollten wir diese Thatsache ignoriren; im Gegentheil gilt es, dieselbe klar ins Auge zu fassen und die Mittel zu bedenken, welche uns vor den Folgen der socialistischen Agitationen sicher stellen können. Auf diese Mittel selbst werde ich erst später im Einzelnen eingehen; hier sei im Allgemeinen nur bemerkt, daß sie blos darin zu finden sind, daß wir dem ländlichen Arbeiter eine ihn wirklich befriedigende Existenz verschaffen. Bis jetzt hat er eine solche nur in unvoll=

kommenem Maße und ich glaube durch die vorstehende Erörterung hierfür den Nachweis geliefert zu haben.

Die besprochenen Mängel treffen aber nicht nur den Arbeiter sondern sie wirken auch auf den **landwirthschaftlichen Betrieb** und also auf die **Arbeitgeber** zurück. Letztere haben keineswegs Veranlassung zu dem Wunsche, es möchten die ländlichen Arbeiterverhältnisse völlig unverändert bleiben; im Gegentheil liegt eine Besserung derselben in ihrem eigensten dringenden Interesse.

Wie wenig die Landwirthe in der That mit dem die menschliche Arbeitskraft betreffenden Theile des ländlichen Betriebes zufrieden sind, geht aus den zahlreichen Klagen hervor, welche nach dieser Richtung hin laut werden. Dieselben concentriren sich namentlich auf 3 Punkte: auf die **geringe Menge**, auf den **hohen Preis** und auf die **mangelhafte Beschaffenheit** der zur Disposition stehenden Arbeitskräfte.

Ein **Mangel an Tagelöhnern** stellt sich namentlich in den Gegenden heraus, in welchen die Dienstleute den vorherrschenden Theil derselben ausmachen, in welchen also wenig freie Arbeiter existiren. Es ist dies auch ganz natürlich. Denn bei den Opfern, welche das Unterhalten einer Dienstfamilie dem Gutsherrn auferlegt, ist letzterer gezwungen, die Zahl solcher Familien auf das nothwendigste Maß zu beschränken. Es kann daher nicht ausbleiben, daß in denjenigen Zeiten, in welchen der Betrieb besonders zahlreiche Menschenhände verlangt, dieselben oft nicht in der nöthigen Menge herbeizuschaffen sind. Es kommt hinzu, daß es den Dienstleuten selbst immer schwerer fällt, für den von ihnen zu stellenden **Scharwerker (Hofgänger)** geeignete Individuen zu finden. Während derselbe eine erwachsene kräftige Person sein soll, ist er häufig ein schwächlicher, halberwachsener Knabe oder ein eben solches junges Mädchen, welche natürlich nicht das leisten können, was von ihnen eigentlich erwartet wird und gefordert werden könnte. Alle Strenge, welche manche Herren anwenden, um die Dienstleute zum Halten leistungsfähigerer Scharwerker zu zwingen, scheitert in der Regel an der absoluten Unmöglichkeit, solche in genügender Zahl zu erhalten. Es könnte bei oberflächlicher Betrachtung auffallend erscheinen, daß der Mangel an Scharwerkern größer ist, als der an Dienstleuten selbst; dennoch stellt sich diese Thatsache als ein natürliches Ergebniß der Verhältnisse heraus. Die Lage eines Scharwerkes kann nur als eine sehr traurige bezeichnet werden. Er ist der Dienstbote einer Familie, die selbst in einem sehr untergeordneten dienenden Verhältniß sich befindet, die in dürftiger Lage lebt, auf einer sehr niedrigen Stufe menschlicher Gesittung steht und in der Regel nur darauf sieht, wie sie den Scharwerker am billigsten erhalten und am höchsten ausnutzen kann. Als natürliche Folge dieser unglücklichen Situation tritt dann der Umstand ein, daß Niemand gerne Scharwerker werden will und wer es ist, möglichst bald aus diesem Verhältniß herauszukommen sucht. Die Kinder der Dienstleute wandern lieber nach den Städten, um sich dort als Gesinde zu vermiethen oder ein Handwerk zu erlernen oder einen anderen Verdienst zu suchen, als daß sie sich als Scharwerker verdingen; selbst bei den eigenen Eltern pflegen sie auf diesem Posten nicht lange auszuhalten. Wer aber einmal Scharwerker geworden ist, sucht aus diesem Verhältniß möglichst bald loszukommen, was auch für die Wenigsten schwer hält. Jeder junge, arbeitstüchtige Bursche findet, wenn er sich verheirathet, leicht eine Stelle als Instmann auf einem Gute und es ist natürlich, daß er diese in jeder Hinsicht bessere Lage der eines Scharwerkers vorzieht. Denn, während er früher der Diener eines Dieners war, wird er jetzt wenigstens Diener eines Herrn und selbst der Herr eines Dieners. Die Mehrzahl der Instleute verheirathet sich daher schon mit dem 18. bis 24. Lebensjahr. Für den Scharwerksdienst bleiben vorzugsweise blos die jungen, körperlich noch nicht vollkräftigen Leute sowie mit erheblichen Gebrechen oder noch schlimmerem Uebel behaftete ältere Personen weiblichen Geschlechtes zurück, welchen es nicht gelungen ist, einen Mann zu erhalten, wiewohl die meisten mit solchen wiederholentlich im engsten Verhältniß gestanden haben.

Die zum Wirthschaftsbetriebe eigentlich nöthigen Arbeitskräfte, welche durch die Dienstleute und ihre Scharwerker nicht gedeckt werden, kann man im nordöstlichen Deutschland auch selten durch sogenannte freie Arbeiter in hinreichender Zahl beschaffen. Von letzteren gibt es überhaupt eine verhältnißmäßig nur geringe Menge, da blos wenig Tagelöhnern die Gelegenheit und Möglichkeit offen steht, eine Häuslerstelle zu erwerben, und da die Lage der Einlieger eine im Ganzen wenig beneidenswerthe ist.

Der Mangel an Arbeitern wird noch erhöht durch die massenhaften Auswanderungen, welche in dieser Bevölkerungsklasse stattfinden. Namentlich gilt dies für Mecklenburg, wo die Auswanderung betrug:

in den Jahren 1840—50 : 19,052 Seelen, also pro Jahr 1905
„ „ „ 1850—60 : 53,112 „ „ „ „ 5311
„ „ „ 1861—64 : 23,070 „ „ „ „ 5767

Summa: 95,234 Seelen.

Von diesen kommen annähernd auf:
Städte und Kämmereigüter 11,5 Prozent
das Domanium . . . . 31,1 „
ritterschaftliche Güter . . 57,4 „

Allein in den Jahren 1861 und 62 wanderten aus den letztgenannten 2,70 % also der 37ste Theil aller Einwohner aus und gehörten dieselben zum bei weitem größten Theil der Klasse der ländlichen Arbeiter an*).

Allerdings herrschten in Mecklenburg bis zum Erlaß der norddeutschen Bundesgesetze über die Freizügigkeit und die Freiheit der Eheschließung ganz besondere Verhältnisse, namentlich auf den Rittergütern, welche dem Arbeiter trotz der im Ganzen nicht grade ungünstigen materiellen Stellung das Leben dort zu verleiden wohl geeignet waren. Aber auch aus den preußischen Provinzen des nordöstlichen Deutschlands findet eine nicht unerhebliche Auswanderung ländlicher Arbeiter statt; besonders ist dies in Pommern der Fall. Es wanderten in Pommern aus:**)

im Jahr 1862 . . . 3280 Personen
„   „   1863 . . . 3682   „
„   „   1864 . . . 2747   „

Summa: 9709 Personen,

also im Durchschnitt jedes Jahres 3236 Personen. Diese gehörten aber nach Lage der dortigen Verhältnisse unzweifelhaft zum größten Theile dem Stande der ländlichen Arbeiter an, wiewohl die statistischen Tabellen hierüber keinen genügenden Nachweis liefern. Jene 3236 Personen repräsentiren 0,22 % der Civilbevölkerung Pommerns im Jahre 1864. Die Klagen der pommerschen Gutsbesitzer über die zahlreiche Auswanderung der ländlichen Arbeiter sind bekannt und datiren bereits aus dem Anfang der fünfziger Jahre dieses Jahrhunderts. Daß dieselben aber wenig fruchten, beweist der Umstand, daß die Auswanderung im Großen und Ganzen eher zu- als abnimmt, denn beispielsweise betrug dieselbe dort im Jahre 1860 nur 1537 Personen†). In den übrigen östlichen preußischen Provinzen ist die Auswanderung im Verhältniß zur gesammten

---

*) Diese Zahlen sind entnommen aus der Abhandlung „Die mecklenburgische Auswanderung" in „Unsere Zeit". Neue Folge. 2. Jahrgang. pg. 347 ff. Vgl. hierüber auch die Landw. Annalen des mecklenburg. patriot. Vereins. Jahrgang 1865; es sind dort in zahlreichen Abhandlungen und Gutachten die Ursachen des Arbeitermangels und vorzüglich der Auswanderung besprochen.

**) Preuß. Statistik. Berlin 1867. X. pg. 18, 25, 37.

†) Jahrbuch für die amtliche Statistik des preuß. Staats. Berlin 1863. I. Jahrgang. pg. 108.

Einwohnerzahl erheblich geringer; sie betrug in den Provinzen Preußen, Posen, Brandenburg und Schlesien während der Jahre 1862 — 64 durchschnittlich jährlich 3742 Personen*). Diese Zahl ist indeß immer bedeutend genug, um beachtet zu werden; denn der größte Theil jener Ausgewanderten gehörte dem landwirthschaftlichen Gewerbe an.

Auch noch andere Abzugsquellen neben der Auswanderung tragen dazu bei, den Mangel an ländlichen Arbeitern empfindlich zu machen. Jugendliche Kräfte ziehen in bedeutender Menge alljährlich nach den Städten, um dort als Gesinde sich zu vermiethen, Fabrikarbeit oder sonstige Beschäftigung und Verdienst sich zu suchen. Besonders üben die großen Städte wie Berlin, Hamburg u. s. w. eine gewaltige anziehende Kraft auf die ländliche Bevölkerung aus. Von ersterer Stadt ist es statistisch nachgewiesen, daß die dort vorhandenen Einwohner blos zur Hälfte aus geborenen Berlinern, zur anderen Hälfte dagegen aus Zugezogenen bestehen und daß das Wachsthum Berlins fast ausschließlich auf Rechnung der neu anziehenden Bevölkerung erfolgt. Ebenso steht es fest, daß in Preußen die Zahl der Stadtbewohner im Verhältniß zur Zahl der Landbewohner beständig zunimmt, sowie daß die Menge der größeren Städte wächst, während die der kleineren Städte geringer wird. Alle diese Thatsachen deuten darauf hin, daß eine beständige Bewegung der ländlichen Bevölkerung nach den Städten zu stattfindet**). Jeder, welcher längere Zeit auf dem Lande gelebt hat, wird die Richtigkeit dieser Behauptung durch Beispiele eigener Erfahrung bestätigen können. Das norddeutsche Bundesgesetz über die Freizügigkeit hat der Wanderung der Arbeiter vom Lande nach der Stadt eine noch größere Ausdehnung gegeben. Namentlich deutlich tritt dies in Mecklenburg hervor, wo bisher die Niederlassung in den Städten sehr erschwert war. Es kann nun nicht meine Aufgabe sein, an dieser Stelle auseinanderzusetzen, welche Ursachen dem Zug der Landbewohner nach den Städten zu Grunde liegen; auch will ich mich hier nicht darüber aussprechen, in wie fern jene Erscheinung in Rücksicht auf das gesammte Volkswohl als eine erfreuliche oder unerfreuliche betrachtet werden muß: es liegt mir vielmehr bloß daran, hier constatirt zu haben, daß die Städte beständig eine große Menge der ursprünglich ländlichen Arbeitskräfte absorbiren und dadurch den Mangel an letzteren immer empfindlicher werden lassen. Der gleiche Uebelstand macht sich übrigens auch in anderen Ländern geltend; am meisten in England, wo die städtische Bevölkerung auf Kosten der ländlichen in einem so hohen Maße zugenommen hat, daß

---

*) Preuß. Statistik l. c. — **) Nähere Angaben hierüber finden sich in den Jahrgängen 1867 und 1868 des Berliner städtischen Jahrbuches.

man nur durch die ausgedehnteste Anwendung der Maschinenarbeit den landwirthschaftlichen Betrieb in regulärem Gang erhalten kann. In Frankreich ist die Zahl der Landbewohner procentisch zwar eine sehr viel höhere als in England; aber auch dort zeigt sich eine beständige Verminderung derselben zu Gunsten der Städte und man betrachtet dies allgemein als einen großen Uebelstand für das landwirthschaftliche Gewerbe, welchem man größere Aufmerksamkeit, als bisher geschehen, zuwenden müsse*).

Ferner sucht ein großer Theil ländlicher Arbeiter seine Kräfte durch anderweitige Beschäftigung z. B. an Eisenbahn=, Straßen= oder Wasserbauten, bei der Ziegelei= oder Torffabrikation zu verwerthen. Wenn er dies in der Nähe seiner Heimath nicht kann, so verläßt er letztere auch auf Wochen und Monate und zwar oft gerade in der Zeit, in welcher die landwirthschaftlichen Arbeiten am dringendsten sind. Aus Westfalen, Lippe, Hannover ziehen auf diese Weise jährlich tausende von Arbeitern nach allen Theilen des nördlichen Deutschlands sowie auch nach Holland, um als Ziegel= oder Torfstreicher einen hohen Lohn zu verdienen. Auch in den nordöstlichen Provinzen Preußens und anderen Gegenden Deutschlands wird mehr oder minder darüber geklagt, daß so viele Arbeitskräfte, welche der Landwirthschaft eigentlich angehören, sich derselben entziehen. Als Handlanger bei städtischen Bauten, als Grubenarbeiter, in Ziegeleien, bei Chausseen und an Eisenbahnen finden sie einen höheren Verdienst. Diese wandernden ländlichen Arbeiter sind wohl zu unterscheiden von denen, welche sich in jugendlichem Alter nach den Städten begeben, um dort ihren Lebensberuf zu suchen. Letztere sind unverheirathet und gründen sich meist an dem neuen Wohnsitz eine feste Heimath. Erstere sind größtentheils verheirathet; sie lassen ihre Familien, wenn sie auswärts auf Arbeit gehen, zurück und weilen bei denselben in der Regel nur während des Winters. Werden sie oder die Ihrigen erwerbsunfähig, so hat die ländliche Heimathsgemeinde, welche doch keinen oder nur einen geringen Nutzen von ihrer Arbeitskraft zog, die Armenlast zu tragen.

Die Klagen über Mangel an ländlichen Tagelöhnern ist fast in ganz Deutschland allgemein; freilich im nördlichen und nordöstlichen Deutschland größer und berechtigter als im südlichen und südwestlichen; geringer in den Gegenden mit entwickelter Industrie als in solchen, wo dieselbe ganz fehlt oder nur wenig vertreten ist. Die Ursachen des größeren Arbeitermangels im nördlichen Deutschland liegen zunächst an den klimatischen

---

*) Vgl. Generalbericht über die französische Ackerbau=Enquête ꝛc. v. J. de Monny de Mornay. Deutsch bearbeitet v. Dr. Baur, Dr. Rawack u. Dr. Filly. Berlin bei Wiegandt u. Hempel. 1871. pg. 61 ff.

Verhältnissen. Der kürzere Sommer und der längere Winter bedingen eine größere Zusammendrängung der landwirthschaftlichen Arbeiten auf einen kleinen Zeitraum. Hierzu kommt, daß das eigenthümliche Dienstleuteverhältniß es nicht räthlich erscheinen läßt, mehr Arbeiterfamilien bei sich aufzunehmen, als man auch während des Winters angemessen beschäftigen kann; die Zahl der freien Arbeiter im nördlichen Deutschland ist aber aus bereits erörterten Ursachen verhältnißmäßig nur gering.

Die Industrie führt der Landwirthschaft namentlich dadurch Kräfte zu, daß die Frauen und Kinder industrieller Arbeiter zeitweise bei dem landwirthschaftlichen Betrieb Verwendung finden. Ueberall wo in vorherrschend landbautreibenden Districten ein Industriezweig eröffnet wird, siedeln sich bald die erforderlichen Menschen zu dessen Ausübung an und diese kommen der Landwirthschaft in nicht geringem Grade zu Gute. Auf der anderen Seite pflegt allerdings die industrielle Thätigkeit eine Erhöhung auch der ländlichen Arbeitslöhne herbeizuführen; aber dies ist lediglich eine Folge der höheren Lebensansprüche, welche der industrielle Arbeiter macht und mit seinem Lohne auch befriedigen kann. Diese übertragen sich mehr oder weniger auch auf die ländlichen Tagelöhner und ihnen muß der Landwirth Rechnung tragen, wenn er seinen Bedarf an Arbeitskräften befriedigt sehen will.

Den Klagen über den Mangel an Arbeitern schließen sich die über ihre Kostspieligkeit an; dieselben werden im nordöstlichen Deutschland ebenso laut wie im südwestlichen, wennschon ihre Berechtigung und Begründung für beide Gebiete keine ganz gleiche ist. In letzterem war die Steigerung der Arbeitslöhne während der jüngstverflossenen Jahrzehnte eine procentisch höhere, während in ersterem die effective Arbeitsleistung dem Gutsherrn theurer zu stehen kommt und zwar theils wegen der Eigenthümlichkeit des Dienstleute-Verhältnisses theils wegen der geringeren Leistungsfähigkeit der Arbeiter überhaupt.

Die den Dienstleuten im nordöstlichen Deutschland gewährten Competenzen an Geld und Naturalien haben sich im Laufe der letzten 25—30 Jahre ihrem Nominalwerthe nach im Ganzen wenig verändert. Nach v. Thünen (isolirte Staat II, 2 pag. 16) betrug das Einkommen einer Dienstfamilie auf dem Gute Tellow in den Jahren 1833—47 im Durchschnitt jährlich ca. 196 Thlr., dem Gutsherrn kostete sie ca. 159 Thlr. Dabei ist angenommen, daß kein Hofgänger gehalten wird, sondern daß die Frau des Dienstmanns in Arbeit geht und ⅔ so viel Arbeitstage als der Mann leistet. Nach Schumacher betrug im Jahre 1863/64 das Einkommen einer Dienstfamilie in Zarchlin jährlich 283 Thlr., dem Gutsherrn kostete sie 236 Thlr.; dabei ist aber angenommen, daß ein Hofgänger gehalten wird, während für die Frau nur 65 Arbeitstage in Ansatz gebracht sind*). Bringt man als Kosten für den Hofgänger auch nur 87 Thlr. in Abzug — statt 100 Thlr. wie Schumacher annimmt — so ergäbe sich, daß das Einkommen der mecklenburgischen Dienstleute anscheinend in den letzten Jahrzehnten sich überhaupt nicht vermehrt hat; dem entsprechend also auch nicht die Kosten, welche dem Gutsherrn aus der Haltung einer Dienstfamilie erwachsen. Doch würde dies kein ganz richtiger Schluß sein, nicht einmal für die mecklenburgischen und noch weniger für die Dienstleute des übrigen nördlichen Deutschlands. Allerdings haben sich nominell die Competenzen der Dienstleute während der letzten Jahrzehnte im Ganzen wenig erhöht, was besonders für die Gegenden gilt, wo wie in Mecklenburg, dieselben schon seit langer Zeit im Allgemeinen günstig gestellt waren. Die reelle Aufbesserung in der Lage der Dienstleute besteht aber wesentlich darin, daß ihnen die contraktlich zustehenden Natural-Emolumente jetzt in durchschnittlich viel besserer Qualität als früher verabfolgt werden z. B. Wohnung, Land, Viehfutter, Getreide. Auch war man in den Gegenden, in welchen früher die Dienstleute ungünstige Contrakte hatten, dieselben allmählig zu bessern gezwungen, um nur die nöthige Anzahl von Arbeitskräften sich zu sichern. Man kann deshalb wohl mit Recht behaupten, daß heutzutage eine Dienstfamilie dem Gutsherrn mehr kostet, als noch vor etwa 20 Jahren; aber diese Mehrkosten stehen nicht im Vergleich zu der Steigerung der Tagelöhne der freien Arbeiter.

Ich glaube nicht sehr fehlzugreifen, wenn ich annehme, daß im Laufe der letzten 20—30 Jahre der Geldlohn der ländlichen Arbeiter um durchschnittlich mindestens 50 Prozent gestiegen ist. Für einzelne Gegenden mag dies zu viel sein, für andere ist es aber auch entschieden zu wenig; ferner hat sich der Lohn für die weiblichen Arbeiter etwas weniger erhöht wie der für die männlichen. Schon Viebahn**) nimmt im Jahre 1862 an, daß in den letzten 10—20 Jahren die ländlichen Arbeitslöhne um mindestens $1/3$ gestiegen sind; diese Annahme ist aber für die heutige Zeit nicht mehr ausreichend. Lengerke†) gibt im Jahre 1848 für die Provinz Preußen den Mannstagelohn bei freien Arbeitern auf 4, 6, 8 und höchstens 10 Sgr., den Frauentagelohn auf 3—6 Sgr. an; jetzt beträgt jener 8—15 Sgr., während dieser sich auf 5, 6, höchstens 9 Sgr. beläuft. Die stattgehabte Erhöhung läßt sich beim Mannstage-

---

*) S. o. S. 11. — **) Statistik des zollvereinten und nördlichen Deutschlands. Berlin bei Reimer. 1862. II. S. 600. — †) Die lbl. Arbeiterfrage pg. 91 und 101.

lohn auf 50-60 %, beim Frauentagelohn auf 50 % veranschlagen. Aus der Rheinprovinz habe ich schon oben*) nachgewiesen, daß dort in verschiedenen Distrikten der Mannstagelohn in den letzten 20 Jahren von 6, 8, 10 bis höchstens 12 Sgr. auf 14-20 Sgr. und bei der jetzt so vielfach üblichen Accordarbeit selbst auf 25—30 Sgr. gestiegen ist, während der Frauentagelohn eine Erhöhung von 3, 4 bis höchstens 7 Sgr. auf 6, 8, 10 bis höchstens 12 Sgr. erfahren hat. Bei jenem läßt sich eine durchschnittliche Steigerung von 100 % bei diesem von 75—100 % annehmen**) Aehnliche Nachweise ließen sich aus anderen Gegenden Deutschlands liefern. So berichtet die Festgabe der XXIII. Versammlung deutscher Land- und Forstwirthe†), daß in Baiern sowohl die Tage- wie die Gesindelöhne in den letzten Jahrzehnten sich um das Doppelte gesteigert haben. Namentlich sind die Landwirthe derjenigen Bezirke, in welchen eine ausgebreitete Industrie herrscht, in der Nothwendigkeit gewesen, die Tagelöhne bedeutend zu erhöhen, um sich die nöthige Anzahl von Arbeitskräften zu sichern. Es hat dies um so empfindlicher auf den landwirthschaftlichen Betrieb eingewirkt, als der Bedarf an Handarbeit trotz vermehrter Anwendung von Maschinen erheblich gestiegen ist.

Da nach dem Mitgetheilten in den letzten Jahrzehnten der Aufwand für die Dienstleute weniger zugenommen hat als der Tagelohn für die freien Arbeiter und da erstere im nordöstlichen Deutschland die Mehrzahl der landwirthschaftlichen Arbeitskräfte ausmachen, so läßt sich mit Recht behaupten, daß die Klagen der Landwirthe über den steigenden Preis der Handarbeit im südwestlichen Deutschland begründeter sind als im nordöstlichen. Dies um so mehr, als nach den gemachten Angaben auch der reine Geldlohn in letzterem Gebiete procentisch keine so erhebliche Erhöhung gefunden hat, als in ersterem.

Viebahn spricht an der vorhin citirten Stelle die Ansicht aus, daß die Steigerung der Tagelöhne in der Steigerung der Lebensmittelpreise ihren Grund habe. Theilweise ist dies wohl richtig, aber keineswegs vollständig. Denn die Preise der nothwendigsten Lebensbedürfnisse sind lange nicht in demselben Verhältniß gewachsen, als die Tagelöhne. Die Zunahme der letzteren ist nämlich wesentlich veranlaßt einerseits durch die vermehrte Nachfrage nach Arbeitern, andererseits durch die gesteigerten Lebensansprüche der letzteren. Für seinen Tagelohn kann der Ar-

---

*) pg. 163 ff. — **) Noch kürzlich theilte mir ein renommirter Landwirth aus dem Kreise Coblenz mit, daß er jetzt im Durchschnitt 16—17 Sgr. Mannstagelohn geben müsse, während er vor etwa 20 Jahren in derselben Wirthschaft durchschnittlich nur 8½ Sgr. gezahlt habe. — †) a. a. O. Seite 305.

beiter jetzt seine Bedürfnisse viel besser resp. viel mehr Bedürfnisse befriedigen als ehemals. Es geht dies schon hervor aus der Vergleichung der Lohnhöhe mit dem Preise der nothwendigsten Lebensmittel. Thär nimmt für seine Zeit an*), daß der Mannstagelohn schwanke zwischen $3/24$ und $5/24$ Scheffel Roggen und im Durchschnitt $4/24$ oder $1/6$ Scheffel (13,3 Pfd.) Roggen betrage; als Weibertagelohn nimmt er $1/8$ Scheffel Roggen an. Nun habe ich bereits oben nachgewiesen**), daß heutzutage der Mannstagelohn sich auf mindestens $1/4 - 1/5$ Scheffel oder 15—20 Pfd., also im Durchschnitt auf 17,5 Pfd. Roggen belaufe. Es hat somit nach Roggenwerth berechnet, der Mannstagelohn eine Steigerung von 4,2 Pfd. oder von 30 % erfahren; dies will gewissermaßen sagen, daß der ländliche Arbeiter jetzt seine Lebensansprüche um 30 % besser befriedigen kann als ehemals. Freilich ist der Roggenpreis kein unbedingt gültiger Maßstab für den Preis aller Bedürfnisse einer Arbeiterfamilie; aber seine annähernde Gültigkeit kann nicht in Frage gestellt werden. Denn der Roggen bildet nicht nur in dem größten Theil Deutschlands das hauptsächlichste Nahrungsmittel für die arbeitende Klasse auf dem Lande, sondern von seinem Preise hängt auch wesentlich der Preis der übrigen Getreidearten sowie überhaupt der nothwendigsten Bedürfnisse einer Arbeiterfamilie ab.

Der Geldlohn des Gesindes hat eine noch viel stärkere Erhöhung erfahren, als der Tagelohn; für die letzten 30 Jahre kann man dieselbe auf mindestens 100 Procent veranschlagen. Theilweise liegt dies in der bereits früher (S. 64) erörterten Thatsache, daß die Neigung zum Gesindedienst bei der arbeitenden Bevölkerung sehr abgenommen hat; theilweise aber auch darin, daß der baare Geldlohn nur den kleineren Theil des ganzen Gesindelohnes ausmacht, während der größere Theil in dem gewährten freien Lebensunterhalt besteht. Die um 100 Proc. gestiegene Geldlöhnung des Gesindes drückt deshalb noch nicht eine gleiche Steigerung des gesammten Lohnes aus. Allerdings hat auch die Art der Verpflegung des Gesindes im Laufe der letzten Jahrzehnte eine Verbesserung erfahren, aber diese läßt sich nicht auf 100, sondern höchstens auf 50 Procent veranschlagen. Ich kenne z. B. Gegenden, in welchen vor 20 Jahren der Lohn für einen Knecht 30 Thaler, der Werth seiner Verpflegung 80 Thaler betrug; jetzt beläuft sich ersterer auf 60 Thaler, letzterer auf 120 Thlr. Der baare Geldlohn ist in diesem Falle um 100 Procent, der

---

*) Leitfaden zur allgemeinen landwirthschaftlichen Gewerbslehre. Berlin bei Gerold 1815. S. 7. — **) Seite 57 u. 58.

Werth des freien Unterhaltes um 50 Procent, der gesammte Gesindelohn um 63,6 Procent gestiegen. Ich glaube nicht zu irren, wenn ich für den **ganzen** Gesindelohn eine Zunahme von 60—70 Procent während der letzten 20 bis 30 Jahre durchschnittlich in Deutschland annehme*).

Die Klagen über die mangelhafte Beschaffenheit der landwirthschaftlichen Arbeiter sind zwar allgemein, aber sie zeigen sich doch sehr verschieden nach Grad und Art. Im nördlichen Deutschland treten sie viel stärker auf und beziehen sich namentlich auf die geringe Leistungsfähigkeit, die Indolenz, die Trunksucht und den Hang zum Stehlen, während sie im südlichen Deutschland weniger laut werden und sich mehr auf die hohen Ansprüche der Leute hinsichtlich des Lohnes, der Beköstigung, des Arbeitsmaßes und der Arbeitsdauer sowie der persönlichen Behandlung erstrecken. Daß die ganze sittliche und geistige Bildung der Tagelöhner im nordöstlichen Deutschland noch auf einer sehr tiefen Stufe steht, habe ich bereits angeführt. Hierunter leiden aber nicht nur diese selbst, sondern ebenso sehr die Wirthschaften, in denen sie beschäftigt sind. Die Verluste, welche dem Gutsherrn dadurch zugefügt werden, daß der Arbeiter die ihm aufgetragenen Geschäfte nicht mit Sorglichkeit erfüllt, daß er das zu wartende Vieh roh behandelt, daß er während des Dienstes öfters in trunkenem Zustande sich befindet, daß er Naturalien der verschiedensten Art widerrechtlich sich aneignet u. s. w., sind ungemein groß, wenn sie auch nicht zahlenmäßig festgestellt werden können. Die geringe Leistungsfähigkeit der Tagelöhner bezieht sich namentlich auf diejenigen Arbeiten, welche eine größere Geschicklichkeit und Sorgfalt erfordern wie z. B. alle Gartenarbeiten, die Cultur der Wurzel- und Handelsgewächse. Die Differenz der Leistung nach Quantität und Qualität eines norddeutschen und eines süddeutschen Arbeiters bei solcher Beschäftigung ist unglaublich groß; bei der Cultur der Hackfrüchte bringt jener mindestens das Doppelte wie dieser in derselben Zeit zu Stande und macht es dabei noch viel besser. Die Ursache hiervon liegt keineswegs allein daran, daß man im nördlichen Deutschland bis jetzt weniger an derartige feinere Arbeiten gewöhnt ist, sondern wesentlich auch daran, daß dort überhaupt der Bildungsstandpunkt

---

*) Die bereits citirte französische Ackerbau-Enquête klagt auch für Frankreich über den Mangel an ländlichen Arbeitern und über die Steigerung des Lohnes. Die Zunahme des Lohnes wird für die letzten 30 Jahre im Allgemeinen auf 30 bis 50 % geschätzt. Für den Norden Frankreichs giebt jedoch Baur in seiner Schrift „nordfranzösische Landwirthschaft" ehemalige und jetzige Tagelohnsätze an, welche auf eine Steigerung von ca. 60 % während der letzten 25 Jahre schließen lassen. (A. a. O. S. 62.)

der ländlichen Tagelöhner ein niedrigerer ist als im südwestlichen Deutschland. Mit demselben wachsen freilich auch die Ansprüche der Arbeiter nach jeder Richtung hin und daher sind die oben erwähnten Klagen der Landwirthe im Südwesten unseres Vaterlandes wohl begreiflich. Früher war man allerwärts gewöhnt, jegliches Gesinde, verheirathet oder unverheirathet, ebenso die unverheiratheten Tagelöhner mit „Du", die verheiratheten Tagelöhner mit „Ihr" oder auch in der dritten Person des Singularis (Er resp. Sie) anzureden. Jetzt lassen sich die Leute vielfach eine solche Anrede nicht mehr gefallen; die verheiratheten und ebenso die unverheiratheten nicht mehr ganz jungen Personen wollen mindestens mit „Ihr" oder gar mit „Sie" (3. Person Pluralis) angesprochen werden. Wenn die Art der Anrede auch an und für sich gleichgültig ist, so hängt mit derselben doch die ganze sonstige Behandlung der Leute zusammen. Der Arbeitgeber sieht sich genöthigt, in jeder Beziehung größere Rücksicht auf dieselben zu nehmen, wenn er sie behalten will: er muß ihnen bessere Kost reichen, sofern letztere überhaupt gegeben wird; er muß die Arbeitszeit abkürzen; er darf sie nicht so viel und so hart schelten. Zahlenmäßig läßt sich dies am Besten an der Arbeitszeit nachweisen. Im nordöstlichen Deutschland dauert dieselbe in der Regel während des Sommers von Sonnenaufgang bis Sonnenuntergang, also im Juni und Juli etwa von 3 Uhr Morgens bis 9 Uhr Abends, mit zusammen höchstens 2½ bis 3 stündiger Unterbrechung, demnach im Ganzen mindestens 15 Stunden. Im südwestlichen Deutschland pflegte schon früher die Arbeitszeit selbst während der längsten Tage nicht länger als von Morgens 5 bis Abends 8 Uhr zu dauern, also bei 2—3 stündiger Unterbrechung für die Essens- und Ruhezeit, zusammen 12—13 Stunden. Jetzt ist hier die Arbeitszeit im Sommer nicht länger als 10—11 Stunden und steigt höchstens ausnahmsweise an einigen Erntetagen auf 12 Stunden.

Die Klagen der Landwirthe über den Mangel an Arbeitskräften, über deren hohen Preis und ihre mangelhafte Beschaffenheit sind zweifellos begründet; denn durch diese Zustände, deren Existenz nicht abzuleugnen ist, wird der landwirthschaftliche Betrieb schwieriger und kostspieliger. Dabei bin ich mir sehr wohl bewußt, daß manche Klagen der Landwirthe über ihre Leute entweder ganz unberechtigt oder doch übertrieben sind. Sie machen Anforderungen an letztere, welche nach den obwaltenden Verhältnissen unvernünftig sind und welche sie selbst vielleicht in ähnlicher Lage am wenigsten zu erfüllen geneigt oder geeignet sein würden. Bei meiner Darstellung habe ich mir aber auch nicht die Anschauungen derjenigen Herren, welche am heftigsten über ihre Leute zu klagen pflegen, zum Maßstab genommen; sonst würde ich ein viel schwärzeres Gemälde haben entwerfen müssen. Aber selbst bei sehr maßvoller Auffassung der obwaltenden Verhältnisse müssen wir zugestehen, daß der Gutsherr hinsichtlich Beschaffung von hinreichenden und geeigneten Arbeitskräften sich gewöhnlich in schlimmer Lage befindet. Hierunter leidet aber nicht er allein, sondern es leidet mit ihm das ganze landwirthschaftliche Gewerbe und also der wichtigste Faktor des Volkswohlstandes. Die ganze Organisation des landwirthschaftlichen Betriebes im nördlichen und nordöstlichen Deutschland geht von der Voraussetzung aus, daß die menschlichen Arbeitskräfte wenig zahlreich und wenig intelligent sind. Eine ausgedehnte Kultur solcher Gewächse, deren Pflege viel Arbeit erfordert, scheitert hier meistentheils an diesem Umstande; aus demselben Grunde wird häufig die Sommerstallfütterung des Rindviehes nicht eingeführt, wo sie im Uebrigen zweckmäßig wäre; viele nothwendigen Meliorationen müssen unterbleiben; die wichtigsten und nöthigsten Maschinen verschaffen sich nur sehr langsam Eingang, weil es an Leuten fehlt, welche die erforderliche Intelligenz zu ihrer Handhabung besitzen; die Ernte der Feldfrüchte und des Wiesenheu's wird so eilig und oberflächlich vorgenommen, daß Vieles im Freien zurückbleibt, anderes später zu Hause verderben muß. Die ungünstigen klimatischen Verhältnisse tragen zwar eine Mitschuld an diesen Uebelständen; aber ihre schädliche Einwirkung könnte sehr beschränkt, häufig ganz und gar beseitigt werden, wenn man über mehr und bessere Arbeiter zu disponiren hätte. Wenn berichtet wird*), daß in Mecklenburg in einem Jahre 21,000 Last Korn aus Mangel an Arbeitern auf dem Felde umgekommen und damit ein Kapital von ca. 3 Mill. Thaler verloren gegangen sei, so ist dies eine Angabe, deren Kontrolle zwar schwierig oder unmöglich, die aber selbst keineswegs unwahrscheinlich erscheint. Denn der Regierungsbezirk Königsberg hat im Jahre 1867 sehr viel mehr als obige Summe dadurch verloren, daß die Landwirthe nicht genug Arbeitskräfte besaßen, um die wenigen regenfreien Tage zur Einerntung ihrer Produkte recht ausnutzen zu können. Es sind dort ca. $4^{1}/_{4}$ Mill. Morgen Ackerland, von denen man etwa die Hälfte, 2 Mill. Morgen als mit Getreide und anderen Körnerfrüchten bestellt annehmen kann. Sehr gering veranschlagt ist aber allein durch mangelnde Arbeitskraft im Durchschnitt mindestens 1 Scheffel an Körnern pro Morgen auf dem Felde umgekommen; es würde dies für den Regierungsbezirk Königsberg einen

---

*) Mecklenburgische Auswanderung in „Unsere Zeit". Leipzig bei Brockhaus 1866 Neue Folge II, 1 pg. 357

Gesammtverlust von 2 Millionen Scheffel Körner oder nach den damaligen Preisen von 4—5 Millionen Thaler repräsentiren. In geringerem Grade kommen solche Verluste aber jedes Jahr dadurch vor, daß es unmöglich ist, mit den vorhandenen geringen Arbeitskräften die Ernte mit der nöthigen Sorgfalt vorzunehmen. Ich glaube nicht zu irren, wenn ich annehme, daß im Regierungsbezirk Königsberg durchschnittlich auf jeden Morgen, der mit Körnerfrüchten bestellt ist, mindestens ¼ Schffl. alljährlich durch das mangelhafte Ernteverfahren zu Grunde geht; dies repräsentirt aber in jedem Jahre eine Summe von ½ Mill. Scheffel Körner, welche einen Werth von durchschnittlich ¾ Mill. Thaler besitzen.

Diese wenigen Beispiele genügen, um zu beweisen, daß in der That der Mangel an Arbeitskräften nicht nur die Resultate des einzelnen landwirthschaftlichen Betriebes sehr beeinträchtigt, sondern auch empfindlich auf die gesammte landwirthschaftliche Produktion einwirkt. Aehnliche üble Folgen oder noch schlimmere führt auch die mangelhafte Beschaffenheit und der hohe Preis der menschlichen Arbeitskräfte herbei; letzterer besonders in der Richtung, daß die Betriebskosten auf ein ungewöhnliches Maß anwachsen und eine immer steigende Quote des Rohertrages in Anspruch nehmen.

Die bisherige Erörterung hat nun wohl zur Genüge dargethan, daß die dermaligen ländlichen Arbeiterverhältnisse keineswegs befriedigend sind, weder für die Arbeiter selbst noch auch für die Landwirthe und die Entwickelung des landwirthschaftlichen Gewerbes. Jenen fehlt es vielfach an dem nöthigen Lebensunterhalt und namentlich an der Sicherheit ihrer Existenz sowie an dem wünschenswerthen Grade geistiger und sittlicher Bildung; diese sind gezwungen, zur Herbeischaffung der unentbehrlichsten Arbeiter ungewöhnlich hohe Opfer zu bringen und trotzdem wegen mangelnder Menschenkräfte viele Maßregeln zu unterlassen, welche in ihrem eigenen und dem Interesse des ganzen Volkes eigentlich geboten erscheinen. Dabei ist das Verhältniß zwischen beiden Theilen keineswegs ein günstiges: auf Seiten der Arbeiter herrscht vielfach Unzufriedenheit, Mißtrauen und Neid; auf Seiten der Herren ebenfalls Unzufriedenheit sowie ein geringes Wohlwollen gegen die Untergebenen und ein noch geringeres Verständniß und Interesse für deren Bedürfnisse. Diese Uebelstände fordern dringende Abhülfe. Wird letztere nicht rechtzeitig gewährt, so ist nicht nur ein bedauerlicher Stillstand in der Entwickelung des landwirthschaftlichen Gewerbebetriebes, sondern es sind auch Bewegungen innerhalb der ländlichen Arbeiterklasse zu befürchten, welche auf das gesammte sociale und politische Leben unseres Volkes einen unheilvollen Einfluß auszuüben vermögen.

III.
Mittel zur Lösung der ländlichen Arbeiterfrage.

1. Allgemeines.

Bevor ich die Mittel selbst bespreche, welche eine Besserung der ländlichen Arbeiterverhältnisse herbeizuführen geeignet erscheinen, muß ich einige Worte über die Grundsätze vorausschicken, welche mich bei der nachfolgenden Erörterung geleitet haben.

Zunächst ist festzuhalten, daß jede Lösung der ländlichen Arbeiterfrage von den einmal gegebenen, historisch gewordenen Zuständen ausgehen muß. Dies gilt nicht nur in Bezug auf die Arbeiter selbst, sondern auch in Bezug auf die Arbeitgeber und den ganzen landwirthschaftlichen Gewerbebetrieb. Am meisten ins Gewicht fällt freilich die Lage der ersteren und zwar besonders der Grad ihrer wirthschaftlichen, geistigen und moralischen Entwickelung; deshalb habe ich es mir auch angelegen sein lassen, im Vorhergehenden ein möglichst klares Bild hiervon zu geben. Es wird aber jede den Arbeiterstand hebende Reformbestrebung wirkungslos oder gar nachtheilig sein, wenn dieselbe Anforderungen an die Landwirthe oder deren Gewerbetrieb stellt, welche mit dem Interesse dieser gar nicht oder nur unter unverhältnißmäßig großen Opfern vereinbar sind. Die vorübergehende Erfüllung solcher Ansprüche würde schließlich nur zum Nachtheil der Arbeiter selbst ausschlagen.

Wenn man obigen Gesichtspunkt als richtig anerkennt, so ergibt sich als natürliche Folge, daß dieselben Verbesserungen der ländlichen Arbeiterverhältnisse nicht überall verwendbar sind. Denn es ist nicht nur der Bildungsstandpunkt der Arbeiter wie ihrer Herren ein sehr verschiedener, sondern es macht auch der Betrieb des landwirthschaftlichen Gewerbes in den einzelnen Theilen Deutschlands sehr abweichende Ansprüche grade an die Organisation der menschlichen Arbeitskräfte. Jene sind bedingt durch Verhältnisse, welche sich ganz oder doch zum großen Theil dem menschlichen Einfluß entziehen, so namentlich durch das Klima, den Boden, die geographische Lage, die Communications- und Absetzwege. Es wäre Thorheit oder doctrinäre Verblendung, wollte man solche, einmal gegebenen Zustände ignoriren und die Arbeiterverhältnisse überall nach gleichem Maßstabe reformiren.

Es ist ferner der Unterschied klar ins Auge zu fassen, welcher zwischen den beim landwirthschaftlichen Gewerbe und den in den sogenannten Handwerken oder bei der Industrie Beschäftigten besteht und welcher sich auf die Abweichungen zwischen diesen beiden großen Gruppen der wirthschaftlichen Thätigkeit eines Volkes gründet. Das landwirthschaftliche Gewerbe ist, wie wir eben sahen, in der Art seiner Ausübung von den mannigfaltigsten äußeren Umständen abhängig und muß sich nach denselben verschieden gestalten; es bedingt ferner eine gewisse räumliche Zerstreuung der Arbeitskräfte und gestattet nie die Concentration derselben in großen Massen auf einem Punkte; es braucht weiter nicht das ganze Jahr hindurch gleiche Mengen von Arbeitern, vielmehr ist der Bedarf an solchen im Sommer erheblich größer als im Winter; die ländliche Arbeit begünstigt endlich im Allgemeinen das körperliche Wohlbefinden der sie Ausübenden, wenn keine Ueberlastung der Kräfte stattfindet. In Bezug auf alle diese Punkte bewegt sich die Industrie unter anderen, mehr oder weniger entgegengesetzten Verhältnissen. Es ist daher nicht zulässig, diejenigen Reformen, welche in Bezug auf die industriellen Arbeiter zweckmäßig scheinen oder sich bereits als solche bewährt haben, auch ohne Weiteres auf die ländlichen übertragen zu wollen; ebenso kann für letztere diese oder jene Einrichtung heilsam sein, welche für erstere sich nicht paßt. Auf der anderen Seite haben beide Volksklassen in ihrer Lebenslage viele Aehnlichkeit. Es werden daher manche Verbesserungen, welche in der Stellung der einen stattgefunden auch für die andere anwendbar sein. Da nun zu Gunsten der industriellen Arbeiter bereits mancherlei Reformen und noch mehr Vorschläge zu solchen gemacht sind, so gilt es wohl zu prüfen, in wie weit dieselben auch eine Hebung der ländlichen Arbeiter herbeizuführen geeignet erscheinen oder nicht.

Die Ueberzeugung von der Richtigkeit der eben entwickelten Thatsachen bedingt es, daß ich bei Besprechung der für die Lage der ländlichen Arbeiter anzustrebenden Verbesserungen mich von der Hingabe an die gewöhnlichen Doctrinen frei halten zu müssen glaube, mit welchen diese ober jene Partei die ganze Arbeiterfrage lösen zu können vermeint. Dieselben enthalten alle mehr oder weniger Wahrheit; aber ist die bedingungslose und allseitige Anwendung irgend einer dieser Doctrinen meines Erachtens schon in Bezug auf die industriellen Arbeiter unzulässig, so gilt dies in noch viel höherem Grade in Bezug auf die ländlichen. Je weniger deshalb meine Vorschläge die völlige Befriedigung irgend einer derjenigen Parteien zu finden geeignet sind, welche heutzutage die Lösung der Arbeiterfrage auf ihr Programm geschrieben haben, um so mehr hoffe ich, daß dieselben den mannigfachen realen Bedürfnissen der ländlichen Arbeiter und des landwirthschaftlichen Gewerbes Rechnung tragen.

Wenn es sich um die sociale Hebung einer ganzen, nach Millionen zählenden Bevölkerungsklasse handelt, deren Lebenslage eine Menge der verschiedenartigsten Uebelstände aufweist, so kann selbstverständlich keine einzelne Maßregel im Stande sein, diese Mängel gänzlich zu beseitigen. Solches um so weniger, wenn, wie es hier der Fall ist, die vorhandenen Nothstände nicht blos in äußeren Verhältnissen, sondern vor Allem in der ganzen geistigen und sittlichen Entwicklung derjenigen Menschen begründet sind, welchen geholfen werden soll. Jede Reform auf socialem Gebiet hat zur unumgänglichen Voraussetzung, daß denjenigen, für welche sie berechnet ist, auch die Fähigkeit beiwohnt, dieselbe in ihrer Zweckmäßigkeit zu erkennen und demgemäß zu benutzen.

Wie dem Kinde eine Nuß ohne Werth ist, wenn es den darin enthaltenen köstlichen Kern nicht kennt oder wenn es die Schaale nicht zu zerbrechen weiß, um zu der Frucht zu gelangen, so verliert auch jedes auf Verbesserung der arbeitenden Klasse gerichtete Project seine Bedeutung wenn jener selbst die rechte Würdigung und Verwendung eines solchen verschlossen bleibt. Wie das Kind die für seine Zwecke unbrauchbare, Nuß fortwirft oder unbeachtet läßt, so geht der Arbeiter im günstigen Fall theilnahmlos selbst an den besten auf sein Wohl gerichteten Rathschlägen und Unternehmungen vorüber, deren Bedeutung oder Anwendung ihm unverständlich erscheint. Im ungünstigen Fall nimmt er die dargebotene Gabe zwar an, aber macht von derselben einen verkehrten Gebrauch, wodurch seine Lage verschlimmert statt verbessert und wodurch, was das Uebelste ist, ein berechtigtes Mißtrauen gegen jedes Reformprojekt wachgerufen wird.

2. Hebung der geistigen und sittlichen Bildung.

Aus den eben entwickelten Gründen muß jedes auf die Hebung der Lage der ländlichen Arbeiter gerichtete Bestreben vorzugsweise die **geistige und sittliche** Hebung derselben im Auge haben. Wir müssen dieser Bevölkerungsklasse die Erkenntniß ihrer eigenen Noth und der Mittel zu deren Abhülfe verschaffen; wir müssen ihren Willen nach der Richtung hin kräftigen, daß sie aus eigener Ueberzeugung und energisch an der Vervollkommnung ihrer Lebensstellung arbeite. Man mißverstehe mich hierbei nicht. Es liegt mir ferne, solchen Agitationen das Wort zu reden, welche sich damit beschäftigen, den ländlichen Arbeitern Vorträge über ihre ungünstige Lage zu halten, sie mit Unzufriedenheit und Mißtrauen gegen ihre Herren zu erfüllen und ihnen alle möglichen Rathschläge behufs Abhülfe der vorhandenen Nothstände zu geben. Solche Bestrebungen richten mehr Unheil an, als sie Nutzen stiften. Es gilt vielmehr zunächst und vor Allem, die **allgemeine geistige und sittliche Bildung** der Arbeiter zu heben, damit sie überhaupt erst befähigt werden, ihre wirkliche Lebenslage zu erkennen und die Mittel zu deren Hebung richtig zu würdigen und zu benutzen. Alle Maßregeln und Anstalten, welche dieses Ziel im Auge haben, werden am sichersten und nachhaltigsten den ländlichen Arbeitern wirklich helfen. Durch den vielleicht langsamen Erfolg derselben darf man sich nicht irre machen lassen; denn es ist überdies unmöglich, die Nothstände einer ganzen Volksklasse in kurzer Zeit gänzlich zum Verschwinden zu bringen.

Die Natur der Sache bringt es mit sich, daß diejenigen Einwirkungen auf die geistige und moralische Bildung der Arbeiter am erfolgreichsten sein werden, welche dieselben von Jugend auf und durch das ganze Leben hindurch fortwährend begleiten. Daher ist einerseits die **Schulbildung** andrerseits der **tägliche Verkehr der Gutsherrn** oder ihrer Stellvertreter mit den Arbeitern von so großer Bedeutung.

Außerhalb der Grenzen meiner diesmaligen Aufgabe liegt es, die Organisation der **ländlichen Elementarschulen** in ihrem ganzen Umfang zu besprechen; ich kann hier nur auf diejenigen Punkte aufmerksam machen, welche hauptsächlich für die Bildung des Arbeiterstandes von Bedeutung sind. Hierbei ist nun vor Allem wichtig, daß der Unterricht in allen seinen Zweigen von einem **sittlich-religiösen Geiste** getragen sei. Denn jeder Unterricht, namentlich der an die Jugend ertheilte, hat mindestens ebenso sehr die moralische Erziehung als die Beibringung positiver

Kenntnisse zum Zweck. Als einen sehr großen und verderblichen Irrthum muß man es betrachten, wenn von Lehrern oder anderen auf die Unterweisung der Jugend einflußreichen Personen nur der letztgenannte Punkt einseitig oder doch vorzugsweise ins Auge gefaßt wird. Die Behandlung eines jeden Lehrgegenstandes, namentlich in der Volksschule, kann sittlich oder unsittlich sein, je nach den Grundsätzen, von welchen dieselbe ausgeht. Es gilt dies keineswegs blos von der Religion, sondern auch von dem Lesen, Schreiben, der Geschichte und der Naturkunde. Bei allen diesen Disciplinen muß der Stoff so ausgewählt und gehandhabt werden, daß nicht nur eine Bereicherung der Kenntnisse und Fertigkeiten der Schüler stattfindet, sondern daß auch ihre sittliche Erkenntniß gefördert, das Unterscheidungsvermögen für das Gute und Edle vermehrt, die Willenskraft zur Vollbringung des letzteren gestärkt wird. Selbst der so mechanisch scheinende Rechenunterricht läßt nach dieser Richtung hin eine vortheilhafte Ausnutzung oder umgekehrt einen Mißbrauch zu. Jeder Lehrer und Pädagoge, der schon mit Ernst an dem allseitigen Wohle seiner Zöglinge gearbeitet hat, wird mich in dem eben Gesagten verstehen und mir zustimmen. Es ist keineswegs meine Ansicht, daß jeder Unterricht von Moralpredigten begleitet werden soll; deren so häufige Wiederholung würde nur das Gegentheil von dem bezweckten Erfolg erreichen. Wohl aber glaube ich, daß jede Lehre den Eindruck berücksichtigen muß, welchen sie auf das Gemüth und die Willensrichtung des Kindes ausübt und dafür zu sorgen hat, daß derselbe die Sittlichkeit und Gottesfurcht nicht beeinträchtige, sondern stärke und vermehre. In erhöhtem Maße gilt dies von dem Religionsunterricht selbst. Eine die positiven Wahrheiten der Religion läugnende oder Zweifel über dieselben anregende Lehrweise ist für das kindliche Gemüth entschieden schädlich. Deshalb betrachte ich es als eine berechtigte und nothwendige Forderung, daß der Religionsunterricht sich innerhalb derjenigen Grenzen bewege, welche geboten sind durch die Lehren der kirchlichen oder religiösen Gemeinschaft, in der die Kinder sich befinden. Scheinen die Lehrer hierfür aus irgend einem Grunde nicht geeignet, so muß der Religionsunterricht in die Hände der Geistlichen oder anderer berufener Vertreter der Kirche gelegt werden. In wie weit dieser Fall jetzt schon eingetreten, verdient die ernsteste Erwägung. Denn es würde von der übelsten Rückwirkung auf die sittliche Bildung unserer ländlichen Jugend sein, wenn dieselbe in den Lehren der Religion von Männern unterrichtet werden sollten, welche an diese Lehren selbst nicht glauben. Die Wichtigkeit dieser Thatsache wird von Vielen leider unterschätzt; sie meinen, es sei genügend, wenn die Lehrer nur angehalten würden, den Kindern die positiven Wahrheiten der Religion schulmäßig beizubringen, gleichviel, ob sie selbst von denselben überzeugt sind oder nicht. Man zwingt dadurch die Lehrer oft zu einer Heuchelei, welche leicht in den Kindern, wenn nicht dieselbe Untugend, so doch Gleichgültigkeit oder Widerwillen gegen dasjenige erweckt, was ihnen das Heiligste zu sein und den sichersten Halt für das ganze Leben zu verleihen bestimmt ist.

Der profane Unterricht in der ländlichen Elementarschule soll sich vorzugsweise auf Lesen, Schreiben und die Elemente des Rechnens erstrecken; eine gewisse Kenntniß resp. Fertigkeit in diesen Dingen ist auch für den geringsten Arbeiter, welcher seinen Beruf vollständig erfüllen will, heutzutage nothwendig. Der stoffliche Inhalt der genannten Lehrgegenstände muß so ausgewählt werden, daß er die Kinder in der Erkenntniß dessen, was zu ihrem gegenwärtigen und zukünftigen Lebens= und Berufskreise gehört, so viel als möglich fördert. Dazu ist vor Allem nöthig, daß man nur solche Lese= und Rechenbücher dem Unterrichte zu Grunde legt, welche dieser Anforderung zu entsprechen geeignet sind. Hierin wird aber grade bei den ländlichen Elementarschulen noch sehr gefehlt. Die in denselben benutzten Bücher sind meist von Schulmännern verfaßt, welche von den Anschauungen und realen Bedürfnissen der niederen ländlichen Bevölkerung keine Kenntniß haben oder dafür kein Verständniß besitzen. Daher kommt es, daß z. B. der naturkundliche Inhalt der Lesebücher schon überhaupt sehr dürftig zu sein und daß derselbe, soweit er vorhanden, Dinge zu behandeln pflegt, welche den Landkindern theils bekannt sind, theils für ihren künftigen Beruf nutzlos erscheinen müssen. Eine reichliche Bemessung und zweckentsprechende Auswahl des naturkundlichen Stoffes in den Lesebüchern ist aber grade für die Heranbildung eines tüchtigen ländlichen Arbeiterstandes von großer Wichtigkeit. Aehnlich verhält es sich mit den in den Landschulen zur Benutzung kommenden Rechenbüchern. Der stoffliche Inhalt ihrer Aufgaben müßte so ausgewählt werden, daß er dem täglichen Leben der Landbevölkerung entspricht und daß er die Kinder in die Elemente des landwirthschaftlichen Gewerbebetriebes, soweit sie diese als künftige kleine Grundbesitzer oder ländliche Arbeiter kennen müssen, auch wirklich einführt. Hierdurch würde der Rechenunterricht ungleich interessanter und fruchtbringender werden, ohne daß sein eigentlicher Zweck im Mindesten eine Beeinträchtigung erlitte. Statt dessen quält man die ländliche Jugend meist mit Aufgaben, welche vielleicht für städtische Verhältnisse passend sein mögen, welche für jene aber keinen lebendigen Inhalt haben, sondern nur todte Zahlen repräsentiren. Ich läugne nicht, daß man grade in den letzten Jahren bestrebt gewesen ist, den Lehrbüchern, hier und da auch den Rechenbüchern, einen für ländliche Elementarschulen angemessenen Inhalt zu geben, aber das bisher in dieser Beziehung Geleistete und wirklich zur Anwendung Gebrachte bleibt noch weit hinter den berechtigten Ansprüchen zurück.

Wird in dem Schreib=, Lese= und Rechenunterricht der passende Stoff in der richtigen Weise verarbeitet, so erscheint die so oft aufgestellte Forderung, in den Elementarunterricht die Geographie, Geschichte und namentlich die Naturkunde als besondere Lehrgegenstände aufzunehmen, von viel geringerer Wichtigkeit. Denn dasjenige, was von denselben für die ländliche Jugend wissenswerth ist, kann recht gut gleichzeitig mit dem Unterricht in den eigentlichen Elementarfächern gelehrt werden. Für die Mehrzahl der Landschulen im nordöstlichen Deutschland, deren Schüler meist von Hause aus eine geringe Bildung haben, deren geistige Entwickelung auch durch das Familienleben wenig gefördert wird, muß es sogar als eine nachtheilige Zersplitterung der lehrenden und lernenden Kräfte betrachtet werden, wollte man die genannten Realfächer als besondere Unterrichtsgegenstände daselbst einführen. Es ist dies nur in den vorgeschritteneren Elementarschulen möglich, in welchen auch bei Beschränkung der dem Lesen, Schreiben und Rechnen gewidmeten Zeit dennoch eine genügende Kenntniß in diesen Fächern erzielt wird. Wer die unbedingte Einführung der Naturkunde als einen abgesonderten Unterrichtsgegenstand in unseren Landschulen fordert, kennt offenbar nicht den niedrigen Standpunkt, auf welchem sich eine große Anzahl derselben hinsichtlich ihrer Lehrer und Schüler befindet; dieser kann aber nicht durch Vermehrung der Lehrfächer gehoben werden, er erfordert vielmehr die möglichste Beschränkung auf das durchaus Nothwendige.

Wenn ich verlange, daß die ländliche Elementarschule in ihrem gesammten Unterricht auf den praktischen Lebens= und Berufskreis, gegenwärtigen wie zukünftigen, Rücksicht nehme, so ist damit nicht ausgesprochen, daß sie eine Art von landwirthschaftlicher Fachschule werden soll, welches Verlangen von Manchen schon aufgestellt worden ist. Ein solches widerspricht dem Wesen und den Zielen der elementaren Schulbildung. Denn diese soll dem Kinde diejenigen Kenntnisse und Grundsätze zu eigen machen, welche bei der Erfüllung eines jeden Lebensberufes als unumgänglich nothwendig erscheinen. Weil nun grade dies am leichtesten geschieht, wenn der Unterricht an die tägliche Erfahrung der Kinder anknüpft, so erscheint es nicht nur zulässig, sondern sogar geboten, daß der Lesestoff in den ländlichen Elementarschulen großentheils den im landwirthschaftlichen Gewerbebetrieb vorkommenden oder auf denselben einflußreichen

Erscheinungen entnommen wird. Dies ist aber keineswegs mit der Forderung identisch, daß man in der Landschule eigentliche Landwirthschaftslehre treiben soll; letztere muß vielmehr grundsätzlich ausgeschlossen bleiben.

Besonders zwei Umstände sind es, welche daran Schuld tragen, daß die ländlichen Elementarschulen zum größten Theil noch nicht das leisten, was man von ihnen, auch namentlich behufs Heranbildung eines tüchtigen Arbeiterstandes, zu fordern berechtigt ist. Ich meine die unzulängliche Vorbildung der Lehrer und den mangelhaften, unregelmäßigen Schulbesuch Seitens der Kinder.

Es ist noch nicht lange her, daß selbst in Preußen, wo doch unter den deutschen Ländern verhältnißmäßig am meisten für den Elementarunterricht geschehen, die Mehrzahl der angestellten Schulmeister überhaupt keine regelmäßige Ausbildung zu ihrem Beruf empfangen hatten; es wurden für diesen Posten größtentheils ausgediente Unteroffiziere oder Handwerker, die nebenbei ihr Metier betrieben, ausgewählt. Die ersten eigentlichen Seminare wurden in der zweiten Hälfte des vorigen Jahrhunderts gegründet und in größerem Maßstabe begann man mit Errichtung solcher erst nach den Freiheitskriegen. Auch heute reichen die bestehenden Anstalten dieser Art keineswegs aus, um die zur Besetzung aller Schulstellen nöthigen Männer zu liefern. In Folge dieser Verhältnisse sind die Behörden noch immer in der Lage, den Elementarunterricht häufig Kräften anvertrauen zu müssen, von denen sie sich selbst sagen, daß sie eigentlich nicht die erforderliche Qualifikation hierzu besitzen. Namentlich leiden die Landschulen hierunter. Denn die tüchtigsten Lehrer wenden sich vorzugsweise den Städten zu, wo sie ein höheres Einkommen und ein angenehmeres Leben haben. Aber selbst jetzt, da die obere Schulverwaltung einen möglichst niedrigen Maßstab bei Beurtheilung der Qualifikation zum Lehrerberuf anzulegen gezwungen ist, sieht sie sich außer Stande, alle Schulstellen zu besetzen. Manche derselben bleibt Monate, ja Jahre lang unbesetzt und die Kinder erhalten entweder gar keinen oder nur sehr lückenhaften Unterricht durch sogenannte Wanderlehrer. Die sociale und ökonomische Stellung der Landschulmeister ist eine so wenig anlockende, daß der Zudrang zu diesem Beruf ein im Verhältniß zum Bedarf viel zu geringer bleibt. Außerdem findet er größtentheils aus den von Hause aus ungebildetsten Schichten der Bevölkerung statt, wodurch natürlich die Erfolge selbst der rationellsten Lehrerbildungsanstalten sehr beeinträchtigt werden. Der letztere Umstand erfährt bei Weitem nicht die gebührende Berücksichtigung; man giebt Vieles den Seminarien Schuld, was an dem Material liegt, mit welchem diese es häufig zu thun haben. Aus denjenigen

Seminarien, welche wie die am Rhein und überhaupt im westlichen und mittleren Deutschland besser vorgebildete Zöglinge erhalten, gehen auch viel tüchtigere Lehrer hervor, als aus denen, welche, wie die im östlichen Deutschland, es meist mit Schülern zu thun haben, die für ihren künftigen Beruf in jeder Beziehung noch fast gänzlich unvorbereitet sind. Selbst bei einem dreijährigen Seminarkursus ist es nur ausnahmsweise möglich, aus dem unkultivirten Sohn eines unserer Dienstleute, welcher vorher blos die Dorfschule und den durchschnittlich höchstens zwei Jahre währenden Präparandenunterricht bei einem Elementarlehrer absolvirt hat, einen seinem Berufe ausreichend gewachsenen Schulmann zu machen.

Wollen wir unseren künftigen Arbeitern eine bessere Vorbildung verschaffen, so müssen wir vor Allem den Lehrern eine günstigere sociale und ökonomische Stellung gewähren, damit es auch andern jungen Leuten als denen aus den niedersten Schichten der Bevölkerung als wünschenswerth erscheint, sich dem Lehrerberuf zu widmen. Hierauf hinzuwirken, sind neben dem Staat vor allem die Gemeinde und deren einzelne Glieder verpflichtet. Den letzteren liegt es vorzugsweise ob, den Lehrern eine angemessene Lebenslage zu verschaffen; sie können dies auch ohne besonders große Opfer zu bringen. Wenn nur erst die zu Leistungen an den Lehrer resp. die Schule verpflichteten Besitzer jene immer rechtzeitig und in guter Qualität gewährten, so würde schon viel gewonnen sein. Statt das Schulgebäude und die Lehrerwohnung stets in gutem baulichen Zustande zu erhalten, statt das Schulland rechtzeitig und gut zu bestellen, statt das zu liefernde Futter, Getreide, Holz ꝛc. in angemessener Beschaffenheit und an den vorgeschriebenen Terminen zu gewähren, geschieht in einer großen Zahl von Landgemeinden das direkte Gegentheil von diesem Allem. Würden die Gemeindeglieder wetteifern, wie es ihre Pflicht wäre, dem Lehrer die zuständigen Competenzen in möglichst vollkommener Weise zufließen zu lassen, so verlören die so häufigen Klagen über das geringe Einkommen der Lehrer den größten Theil ihrer Berechtigung. Dies geschieht aber leider in den wenigsten Gemeinden; im Gegentheil benutzen viele Gutsbesitzer die Macht, welche ihnen durch die thatsächlichen Verhältnisse über die Lehrer gegeben ist, um dieselben in Abhängigkeit und Unterwürfigkeit zu halten. Es ist dies ein sehr wichtiges und vielleicht das entscheidende Moment bei Beurtheilung der Frage, ob die Naturalabgaben an die Lehrer in Geldabgaben zu verwandeln seien oder nicht.

Noch viel mehr liegt es in der Hand der Gemeindeglieder resp. der Gutsbesitzer, die sociale Stellung der Landschullehrer zu verbessern.

Dieselben befinden sich leider oft in einer sehr unbehaglichen Lage. Der Umgang mit den Tagelöhnern und den kleinen meist ungebildeteren bäuerlichen Wirthen genügt ihnen selbstverständlich nicht, während sie von den gebildeteren oder größeren Gutsbesitzern nicht als Ihresgleichen angesehen zu werden pflegen. So nehmen die Lehrer eine Zwitterstellung in den Gesellschaftsklassen auf dem Lande ein, welche für sie selbst und für ihren Beruf von unheilvoller Wirkung ist. Der bei ihnen so häufig vorkommende, in mangelhafter Bildung begründete Stolz wird durch die ihnen Seitens der Gutsbesitzer zu Theil werdende Nichtachtung nur noch gesteigert; sie werden zur Erfüllung ihres Berufes unlustig und eignen sich eine Bitterkeit an, welche den Erfolg ihrer unterrichtenden und erziehenden Thätigkeit auf das Wesentlichste beeinträchtigt. Dies ist ein großes Uebel, welchem nur gesteuert werden kann, wenn die gebildeten Klassen der Landbevölkerung es sich zur Aufgabe machen, die Lehrer mit der ihrem schweren und hohen Beruf gebührenden Achtung zu behandeln und zu sich emporzuziehen, statt dieselben sich selbst oder dem Verkehr mit dem ungebildeten Theil der Landbevölkerung zu überlassen. Ein großer Theil unserer Lehrer würde jetzt viel besser sein und viel mehr leisten, wenn man von ihrem ersten Eintritt in das Schulamt an sich derselben in dieser Weise angenommen hätte. Man darf einen jungen Lehrer nicht danach betrachten und behandeln, was er augenblicklich ist, sondern nach dem, was sich bei guter Fürsorge aus ihm machen läßt.

Die Vorbildung der Lehrer auf den Seminarien läßt auch noch Manches zu wünschen übrig. Es muß allerdings als eine unumgängliche Forderung betrachtet werden, daß auf diesen Anstalten nicht nur streng auf Zucht und Ordnung gehalten, sondern daß auch der ganze Unterricht von einem christlichen Geiste getragen wird. Dies schließt aber nicht aus, daß man den Zöglingen innerhalb der nothwendigen Schranken möglichste Freiheit läßt; daß man sie an selbstständiges Denken und Aussprechen ihrer Gedanken, auch wenn dieselben mit den Seitens der Lehrer ausgesprochenen nicht ganz conform sind, gewöhnt und daß man jeder Art von Heuchelei streng entgegenarbeitet. Das Ziel des Seminarunterrichts ist, nicht allein kenntnißreiche und methodisch geschulte Lehrer, sondern auch charaktervolle Männer zu erziehen, welche ihre Freiheit würdig zu gebrauchen und Andere zum Gebrauch derselben anzuleiten verstehen. Der letztere Gesichtspunkt wird leider noch viel zu wenig beachtet, obwohl er mindestens so wichtig ist als der erstere. Auch das preußische Regulativ für den Unterricht in den evangelischen Schullehrer-Seminarien der Monarchie vom 1. October 1854 trägt dieser Forderung nur in mangelhafter Weise Rücksicht. Es kommt darin*) freilich folgender Passus, welchem ich nur vollständig beistimmen kann, vor: „Der letzte Zweck des Seminar-Unterrichtes ist nicht, daß der Zögling lerne, sondern daß durch das im Unterricht vermittelte Lernen und Gelernte Leben geschaffen und der Zögling seinem Beruf gemäß herangebildet werde zu einem Lehrer für evangelisch-christliche Schulen, welche die Aufgabe haben, mitzuwirken, daß die Jugend erzogen werde in christlicher, vaterländischer Gesinnung und häuslicher Tugend." Aber dieser Satz drückt die an die Charakterbildung der Seminaristen zu stellenden Anforderungen doch nur theilweise und einseitig aus; der sonstige Inhalt des Regulativ's verleitet leicht zu der irrigen Ansicht, als ließe sich eine bestimmte sittliche und religiöse Richtung den Zöglingen allein durch die Methode und den stofflichen Inhalt des Unterrichtes sowie die Disciplin mit Erfolg beibringen. Daß dies die wahre Meinung der jetzigen Leiter des preußischen Volksschulwesens ist, glaube ich zwar nicht; daß man aber bei der Ausbildung der Seminaristen häufig von solchen verkehrten Grundsätzen ausgeht, kann wohl kaum bezweifelt werden. Es zeigt sich dies darin, daß man die Zöglinge so streng von der Außenwelt abschließt, ihre persönliche Freiheit auf ein ungemein geringes Maß beschränkt und daß man bei Beurtheilung ihrer Tüchtigkeit auf die Aeußerungen ihrer religiösen Gesinnung ein mehr wie zulässiges Gewicht legt oder doch zu legen scheint. Dadurch werden dieselben zu wenig angeleitet, ihre Freiheit richtig zu gebrauchen; von dem Zwange des Seminars befreit, finden viele ihre Befriedigung darin, sich möglichst wenig um ihr Amt zu kümmern und auf ihrem Dorfe den großen Herrn zu spielen, wenn sie nicht gar positiv schlechte Streiche ausüben. Noch bedenklicher ist, daß viele Seminaristen sich während ihres Aufenthaltes in der Anstalt um wirklicher oder vermeintlicher Vortheile willen zu religiöser Heuchelei verleiten lassen, welche sie dann später als lästige Maske, soweit es der Vorgesetzten wegen thunlich erscheint, abwerfen. Ferner sind die geschilderten Uebelstände wenigstens mit daran Schuld, daß so viele Lehrer einen ihrem Beruf wenig entsprechenden Lebenswandel führen und daß der größte Theil unter ihnen dem positiven Christenthum so ferne, ja feindlich gegenübersteht.

Ein anderer Mangel der Seminare wenigstens hinsichtlich der Landschullehrer ist, daß sie dieselben in Bezug auf die Bedürfnisse des länd-

---

*) Die drei preuß. Regulative vom 1., 2. und 3. October 1854 über Einrichtung des evangelischen Seminar-Präparanden und Elementarschul-Unterrichtes. Herausgegeben von F. Stiehl. 7. Aufl. Berlin bei W. Hertz S. 8.

lichen Gewerbes und der ländlichen Bevölkerung zu wenig unterrichten. Hierzu gehört nicht, daß Landwirthschaftslehre als eine besondere Disciplin vorgetragen werde, wohl aber gehört hierzu, daß bei Behandlung der übrigen Fächer auf das landwirthschaftliche Gewerbe eine größere Rücksicht als bisher genommen werde. Hierzu eignet sich namentlich die Naturkunde, welcher freilich mehr Zeit als wöchentlich zwei Stunden, wie es das preußische Regulativ vorschreibt, gewidmet werden müßten. Auch die Beschäftigung der Seminaristen mit Garten= oder Feldarbeit erfordert eine weitere Ausdehnung. Ueber die wünschenswerthen Verbesserungen unseres Seminarunterrichtes nach dieser Richtung hin habe ich mich bereits anderwärts*) so ausführlich ausgesprochen, daß ich mich hier des Eingehens auf Einzelnheiten wohl entschlagen darf. Bei der jetzt so gewachsenen Zahl von Lehrerbildungsanstalten möchte es sich wohl empfehlen, einen Theil derselben lediglich für künftige Landschullehrer zu bestimmen und demgemäß zu organisiren.

Der zweite Uebelstand, welcher den Erfolg des Elementarunterrichts auf dem Lande erheblich beeinträchtigt, ist der unregelmäßige Schulbesuch Seitens der dazu verpflichteten Jugend. Ich habe hierauf bereits Seite 28 hingewiesen. Die während des Sommers durch Viehhüten und andere ländliche Arbeiten, im Winter durch die schlechte Witterung von dem regelmäßigen Schulbesuch abgehaltenen Kinder sind vorzugsweise aus dem Stande der ländlichen Arbeiter. Denn diese haben es am meisten nöthig, auf solche Weise sich etwas Geld zu verdienen sowie sie auf der anderen Seite am wenigsten in der Lage sich befinden, durch ausreichende Bekleidung ihre Kleinen vor den Unbilden der Witterung zu schützen. Die Behörden haben in Preußen bereits ihr Möglichstes gethan, um dem Unwesen der Hütekinder zu steuern; es sind dieserhalb wiederholt einschränkende Verfügungen und Verbote Seitens der einzelnen Provinzial=Regierungen ergangen, aber ohne daß diese bis jetzt einen nennenswerthen Erfolg gehabt hätten. Die Ausführung derselben scheitert an dem Widerstand der Landwirthe selbst. So stellte noch im vorigen Jahre ein landwirthschaftlicher Verein in Ostpreußen bei der dortigen landwirthschaftlichen Centralstelle den Antrag, dieselbe möge um Aufhebung einer Regierungsverfügung petitioniren, zufolge welcher künftighin nur noch

---

*) Bericht über den landwirthschaftlichen Unterricht an den Schullehrer=Seminarien der Schweiz nebst Vorschlägen zur Organisation desselben in den preußischen Seminarien. Annalen der Landwirthschaft in den königl. preuß. Staaten. Bd. LIII. S. 287 ff.

Kindern, die bereits das 11. Lebensjahr vollendet, die Erlaubniß zum
Hüten oder Dienen gewährt werden soll. Diesem Antrag wurde freilich
keine Folge gegeben; aber nach wie vor gehen tausende von Kindern eines
regelmäßigen Schulunterrichtes verlustig, weil sie von den kleinen und
großen Besitzern zu ländlichen Arbeiten während eines großen Theils des
Sommers benutzt werden. Es läßt sich nun allerdings nicht leugnen,
daß die Kinderarbeit dem landwirthschaftlichen Betrieb sehr zu Statten
kommt; denn dieselbe ist viel wohlfeiler und oft ebenso wirksam als die
Arbeit Erwachsener. Aber trotzdem stellt sie ein großes Uebel dar, welches
durchaus beseitigt werden muß, wenn die Klasse der ländlichen Tagelöhner eine solche Bildung empfangen soll, wie sie in ihrem eigenen
Interesse und in dem des landwirthschaftlichen Gewerbes erforderlich ist.
Es hat daher seine volle Berechtigung, wenn die Staatsregierung an dem
Princip festhält, daß die Erlaubniß zum Hüten oder Dienen nur solchen
Kindern gegeben werden soll, welche mindestens das 11. oder auch das
12. Lebensjahr vollendet und sich bereits eine genügende Kenntniß oder
Fertigkeit im Lesen, Schreiben, Rechnen und in der Religion erworben
haben. Dem Bedürfniß der Landwirthe nach Arbeitskräften und dem
der Tagelöhner, sich durch ihre Kinder einen Erwerb zu verschaffen, wird
schon dadurch eine gewisse Befriedigung gewährt, daß während des Sommers und Herbstes in den Landschulen eine lange Ferienzeit üblich ist,
welche nach den lokalen Verhältnissen in diejenigen Perioden gelegt werden kann und auch wirklich gelegt zu werden pflegt, in denen der landwirthschaftliche Betrieb die meisten Arbeitskräfte bedarf. Scheint dies
noch nicht genügend, so würde es ernstliche Erwägung verdienen, ob man
nicht die Schulzeit während des Sommers blos auf den Vormittag beschränken soll. Der ganze Nachmittag, welcher ja grade für die landwirthschaftlichen Arbeiten der wichtigere Theil des Tages ist, bliebe dann den
Kindern frei. In manchen Gegenden ist dieser sogenannte Halbtags-
unterricht schon Sitte und noch kürzlich hat sich ein bewährter Schul-
mann*) für die allgemeine Einführung des bloßen Vormittagsunterrichtes
während des ganzen Jahres in der Elementarschule ausgesprochen. Meines
Erachtens wäre sehr viel gegen unsere jetzigen Zustände gewonnen, wenn
es durch den Fortfall des Nachmittagsunterrichtes ermöglicht werden
könnte, daß nun die schulpflichtigen Kinder annähernd vollständig und
regelmäßig jeden Vormittag die Schule besuchten. Die Erreichung dieses

---

*) E. Reichenau: Der Fortbildungsunterricht, im Anschluß an die Volksschule
als Mittel der Volkserziehung. Berlin 1869 bei W. Herz. S. 16 u. 17.

Zieles ist auch keineswegs sehr unwahrscheinlich; denn bei Freigabe des ganzen Nachmittags würden die Gründe, welche allenfalls eine Beschäftigung der Kinder mit ländlicher Arbeit während der Schulstunden rechtfertigen können, hinfällig werden, und die Behörden würden mit Strenge auf den allgemeinen Besuch des Vormittagsunterrichtes halten können.

Zu einer möglichst vollkommenen Ausbildung der ländlichen Jugend ist aber der regelmäßige Besuch der **Elementarschule** nicht ausreichend. Denn dieser erstreckt sich höchstens auf die Periode vom 6—14. Lebensjahr; die erste Kinder- und die Jünglingszeit bleiben davon unberührt. Wollen wir geistig und sittlich in wünschenswerther Weise gebildete ländliche Arbeiter haben, so bedarf die Elementarschule einer Ergänzung einerseits in der **Kleinkinder-** andererseits in der **Fortbildungsschule**.

Ueber die Vorzüge von Kleinkinderschulen und Kindergärten im Allgemeinen brauche ich mich hier wohl nicht auszulassen, sondern kann dieselben als bekannt voraussetzen. Für den ländlichen Arbeiterstand ist diese Institution wichtiger und nothwendiger als für irgend eine andere Klasse der Bevölkerung. Denn unsere Taglöhnerfrauen sind schon um des Gelderwerbs willen darauf angewiesen, häufig sogar contraktlich verpflichtet, während eines großen Theiles des Jahres auf fremde Arbeit zu gehen; sie müssen dann ihre kleinen Kinder ohne Aufsicht im Hause zurücklassen, wenn nicht etwa eine alte Mutter oder sonstige alte Verwandte in der Familie sich befindet. Die größeren Kinder können nur ausnahmsweise die Pflege der kleineren übernehmen, da sie entweder zur Schule gehen oder auch Tagelohnarbeit verrichten müssen. Selbst in denjenigen Fällen, in welchen die Hausfrau nicht dem Gelderwerb nachgeht, ist sie behufs Bestellung der eigenen kleinen Wirthschaft vielfach gezwungen, ihre Wohnung auf längere Zeit zu verlassen, während welcher die Kleinen jeder Aufsicht und Pflege entbehren. Dadurch wird nicht nur die normale körperliche Entwickelung der letzteren sehr beeinträchtigt, sondern vor allen Dingen ihre geistige und sittliche Bildung sehr vernachläßigt. Es ist unseren Tagelöhnerkindern leider nur zu gut anzumerken, daß ihnen in der zarten Jugend die wohlthätigen Eindrücke gefehlt haben, welche die Mutter in ihr Herz zu pflanzen die Aufgabe hat. Eine größere Befreiung der Frauen von fremder Arbeit, welche überdies aus noch anderen Gründen empfehlenswerth ist, könnte diesem Uebel einigermaßen steuern; aber diese Befreiung läßt sich jedenfalls nur ganz allmählig bewerkstelligen und würde trotzdem nicht vollständig zu dem gewünschten Ziele führen. Denn die Frauen der ländlichen Tagelöhner sind größtentheils nicht einmal im Stande, dem Geist und Gemüth der Kinder die rechte Nahrung in genügender Weise zu geben; sie selbst haben sie nicht in ihrer Jugend empfangen und verstehen es auch nicht, die Bedürfnisse des kindlichen Herzens zu würdigen. Deshalb bleibt die Einrichtung von Kleinkinderschulen auf dem Lande unter allen Umständen eine Nothwendigkeit. Leider finden sich solche aber bis jetzt nur sehr vereinzelt. Für ihre erste Einrichtung und Unterhaltung müßte in den geschlossenen Gutsbezirken der Gutsherr, in anderen Fällen die Gemeinde sorgen. Später würde es dann möglich und auch sehr wünschenswerth sein, wenn die Eltern der Kinder selbst durch ein geringes, monatlich zu zahlendes Schulgeld, sich an den Unterhaltungskosten mit betheiligten. Letztere bestehen außer in der Beschaffung eines geräumigen, im Winter zu heizenden Locales, vornehmlich in den für die Lehrerin selbst zu machenden Aufwendungen; außerdem in der Beschaffung einiger Hülfsmittel zum Unterricht und zum Spielen. In einem mir bekannt gewordenen Fall hat die Lehrerin 60 Thlr. Gehalt und völlig freie Station, in einem anderen 100 Thlr. Gehalt und außerdem nur freie Wohnung erhalten; dort war sie verpflichtet, ihre überflüssige Zeit der Frau des Gutsherrn zur Aushilfe in häuslichen Verrichtungen zur Disposition zu stellen, hier konnte sie dieselbe nach eigenem Gutdünken, namentlich zur Erwerbung eines kleinen Nebenverdienstes, verwenden. Die Beschaffung der nöthigen Räumlichkeiten für die Schule und die Wohnung der Lehrerin läßt sich auf dem Lande meist mit sehr geringen Unkosten bewerkstelligen; die sonstigen Aufwendungen, also das Gehalt und die Verpflegung der Lehrerin, Heizung des Schullokals sowie Beschaffung von Lehrmitteln und Spielzeug, werden mit durchschnittlich 150 Thalern für's Jahr wohl zu bestreiten sein. Diese Summe fällt gegen die großen Vortheile, welche eine Kleinkinderschule bietet, nicht in's Gewicht. Abgesehen von dem erheblichen Interesse, welches der Gutsherr daran haben muß, daß seine künftigen Arbeiter von frühester Jugend auf an Ordnung, Reinlichkeit und Arbeitsamkeit gewöhnt werden, gewährt ihm die Kleinkinderschule schon sofort den Gewinn, daß er nun die verheiratheten Frauen leichter und ausgedehnter zu ländlichen Arbeiten heranziehen kann.

Die Urtheile über die guten Erfolge der auf dem Lande bereits eingerichteten Kleinkinderschulen, mögen sie von einzelnen Gutsherren oder von Gemeinden ausgegangen sein, lauten durchweg sehr günstig. Wenn trotzdem bis jetzt nur wenige solcher Anstalten bestehen, so liegt dies an der auch auf anderen Gebieten unleugbar auftretenden Thatsache, daß die Landbevölkerung durch alle ihre Klassen hindurch im Großen und Ganzen eine viel zu geringe Meinung von der Nützlichkeit und Nothwendigkeit einer gründlichen und geregelten Bildung hat. Der Bauer sowohl wie der große Gutsbesitzer sind selten geneigt, hierfür irgend erhebliche Opfer zu bringen; am wenigsten, wenn solche nicht ihnen, sondern ihren Arbeitern in erster Linie zu Gute kommen.

Die Einrichtung von Kleinkinderschulen ist jetzt dadurch sehr erleichtert, daß bereits eine große Anzahl von Anstalten gegründet ist, die sich mit Ausbildung von Lehrerinnen für dieselben resp. von Kindergärtnerinnen beschäftigen*); es ist daher an tüchtigen Persönlichkeiten dieser Art durchaus kein Mangel.

Gute Kleinkinderschulen bilden eine sehr wichtige Ergänzung und Unterstützung der Elementarschule. Sie bereiten in sehr wirksamer Weise auf letztere vor, indem sie ihr Schüler liefern, die bereits an Reinlichkeit, Ordnung und Gehorsam gewöhnt sind, auch die Anfangsgründe des elementaren Wissens in sich aufgenommen haben. Wo Kleinkinderschulen bestehen, ist es ferner möglich, die Schüler ein Jahr später als es sonst zu geschehen pflegt, in die Dorfschule zu schicken; dadurch wird letztere eher vor Ueberfüllung bewahrt und der Lehrer kann bei der geringeren Zahl von Schülern größere Erfolge erzielen. Endlich macht es eine am Ort bestehende Kleinkinderschule möglich, den jüngeren, etwa 6—8jährigen schulpflichtigen Kindern auch im Winter bei ungünstigem Wetter einen regelmäßigen Unterricht angedeihen zu lassen, was ohne eine solche in dem häufig vorkommenden Fall unthunlich ist, daß die Elementarschule sich weit vom Wohnsitz der ländlichen Arbeiter entfernt befindet. Dies gilt für die zahlreichen Ortschaften und Gutsbezirke, welche der Kosten wegen keine eigene Elementarschule für sich haben oder beschaffen können, für welche aber die Einrichtung einer so viel geringeren Aufwand erforderlichen Kleinkinderschule wohl zu erreichen wäre.

Die weitere Ausbildung der aus der Landschule entlassenen jungen Leute hat die Fortbildungsschule zu übernehmen. Die Nothwendigkeit derselben liegt theils darin begründet, daß der Elementarunterricht

---

*) Ueber das Wesen der Kindergärten und über die zur Ausbildung von Kindergärtnerinnen bestehenden Anstalten gibt näheren Aufschluß der Arbeiterfreund (Organ des Centralvereins in Preußen für das Wohl der arbeitenden Klassen). Jahrgang 1863, S. 253—55 u. 464; Jahrg. 1864, S. 174—81; Jahrg. 1866, S. 273—87; Jahrg. 1870, S. 213 u. a. a. Stellen. Für Kleinkinderlehrerinnen besitzen wir bis jetzt fünf Bildungsanstalten: zu Kaiserswerth in der Rheinprovinz, zu Darmstadt, zu Nonnenweier in Baden, zu Groß-Heppach bei Stuttgart und zu Frankenstein in Schlesien. Vgl. Fliegende Blätter des Rauhen Hauses pro 1871. Hauptblatt No. 8.

nicht im Stande ist, selbst die für den künftigen ländlichen Arbeiter dringend wünschenswerthen Kenntnisse zu übermitteln; theils darin, daß die mit 13 oder 14 Jahren aus der Schule Entlassenen die erlernten Kenntnisse und Fertigkeiten größtentheils wieder vergessen, wenn sie nicht noch einige Zeit darin geübt werden.

Der landwirthschaftliche Fortbildungsunterricht hat wesentlich den Zweck, den bereits im praktischen Leben stehenden jungen Leuten die Anwendung des elementaren Wissens auf die tägliche Arbeit zu lehren. Er muß daher vorzugsweise in Schreiben, Lesen und Rechnen bestehen, aber der stoffliche Inhalt dieser Gegenstände ist den Vorkommnissen des landwirthschaftlichen gewerblichen Lebens zu entnehmen. Es wird daher der Lese- und Schreibunterricht an ein populäres landwirthschaftliches Lehrbuch, der Rechenunterricht ebenso an ein landwirthschaftliches Rechenbuch zu knüpfen sein; auch ist die Fortbildungsschule dazu da, um die jungen Leute mehr in die Naturkunde und deren Anwendung auf das landwirthschaftliche Gewerbe einzuführen, als die Elementarschule dies vermag.

Ueber den Werth des in der Schule Gelernten kann der aus ihr entlassene vierzehnjährige Dorfjunge unmöglich ein zutreffendes Urtheil haben. Deshalb scheint es wichtig, die jungen Leute noch bis zu ihrem 17. oder 18. Lebensjahr an einem geregelten Unterricht theilnehmen zu lassen. In diesem Alter sind sie schon viel eher im Stande, die Nothwendigkeit der Schulbildung zu würdigen und hierdurch sowohl mehr geneigt als befähigt, die erlangten Kenntnisse durch fortgesetzte Anwendung und Uebung festzuhalten. Schon aus manches ältern ländlichen Arbeiters Munde habe ich ein Bedauern darüber aussprechen gehört, daß er in der Schule nicht ordentlich sprechen, schreiben und rechnen gelernt, oder das Gelernte durch mangelnde Uebung vergessen habe.

Der Fortbildungsunterricht, welcher der Natur der Sache nach nur an Winterabenden oder allenfalls an Sonntagnachmittagen ertheilt werden kann, hat auch noch den großen Vortheil, daß er die jungen Leute vor dem zu häufigen Besuch des Wirthshauses und vor Müßiggang, welcher vieler Laster Anfang, einigermaßen bewahrt. Er lehrt sie, an edleren Erholungen Vergnügen finden und dies ist ein unberechenbarer Gewinn für's Leben.

Ländliche Fortbildungsschulen bestehen in einzelnen Theilen Deutschlands schon in bedeutender Anzahl, so namentlich in Würtemberg, Baden, Hessen, Baiern, der preußischen Rheinprovinz, vereinzelt auch in Ostpreußen und Schlesien. Dieselben sind aber bisher hauptsächlich blos von den Söhnen der bäuerlichen Besitzer besucht worden. Es würde von großem

Gewinn sein, könnte man ihnen eine allgemeinere Verbreitung verschaffen und sie auch für die jungen Leute aus dem ländlichen Arbeiterstande mehr nutzbar machen. Das letztere stößt insofern auf Schwierigkeiten, als die betreffenden Personen größtentheils schon selbst für ihren Lebensunterhalt sorgen müssen: sie gehen auf Tagelohnarbeit, dienen als Knechte bei Gutsbesitzern oder als Scharwerker bei Dienstleuten. Wenn indeß der Fortbildungsunterricht sich blos auf einige wöchentliche Abendstunden im Winter beschränkt, so läßt sich der Besuch derselben Seitens der jungen ländlichen Arbeiter recht wohl ohne empfindliche Schädigung der Dienstherrn bewerkstelligen. Einer gewissen Nöthigung wird es hierbei freilich meist bedürfen. In Würtemberg ist der landwirthschaftliche Fortbildungsunterricht unter gewissen Bedingungen schon obligatorisch; es bestanden dort im Winter 1869/70*): 200 freiwillige landwirthschaftliche Fortbildungsschulen mit 4067 Schülern, 563 obligatorische Winterabendschulen mit landwirthschaftlichem Unterricht mit 10,738 Schülern.

Es verdient ernsteste Erwägung, ob nicht überall in Deutschland die landwirthschaftlichen Fortbildungsschulen obligatorisch eingeführt und auch die jungen Leute aus dem Arbeiterstande zum Besuche derselben auf 2 bis 3 Jahre verpflichtet werden sollen. Eine erhebliche Störung des landwirthschaftlichen Gewerbebetriebes würde bei gutem Willen der Arbeitsherren hierdurch nicht eintreten; jedenfalls würde eine solche gar nicht in Betracht kommen gegen den unberechenbaren Gewinn, welcher den Landwirthen aus den besser vorgebildeten Arbeitern erwächst.

Näher auf die Organisation des landwirthschaftlichen Fortbildungsunterrichtes an dieser Stelle einzugehen, halte ich um so weniger für nöthig, als über denselben Gegenstand schon von mir und Anderen mehrfach in erschöpfender Weise gehandelt ist**). Auch ist bereits anderweitig zur Genüge dargethan, auf welche Weise eine allgemeinere Ver-

---

*) Wochenblatt für Land- und Forstwirthschaft. Herausgegeben von der kgl. Würtemb. Centralstelle für Landwirthschaft. No. 45 pro 1870.

**) Vgl. über die Organisation und die Erfolge der landwirthschaftlichen Fortbildungsschulen u. A.: 1) Ueber landw. Fortbildungsschulen u. s. w. von Dr W. Pabst. Wien 1867. W. Braumüller. 2) Zur Statistik und Kritik des niederen landwirthschaftlichen Unterrichts in Deutschland von Dr. C. Oehmichen. Leipzig 1868. Reichenbach'sche Buchhandlung. 3) Organisationsplan für landw. Fortbildungsschulen von Dr Frh. v. d. Goltz in der landw. u. forstw. Zeitung für die Provinz Preußen pro 1868. No. 36—38 und in der landw. Dorfzeitung für die östl. Provinzen des preuß. Staats pro 1871. No. 3 u. 4.

breitung und erfolgreichere Wirksamkeit dieses Unterrichtes herbeigeführt werden könne. Hierzu gehört vor allen Dingen eine bessere Vorbildung der Landschullehrer, welche theils durch eine veränderte Richtung des Seminarunterrichtes theils durch besondere landwirthschaftliche Lehrkurse für Landschullehrer zu erreichen ist*).

Eine bessere Schulbildung ist zunächst und vor Allem nöthig, wenn wir dem ländlichen Arbeiter gründlich helfen wollen. Denn die in dem ersten Theil dieser Schrift besprochenen Mängel der ökonomischen Lage und des sittlichen Zustandes unserer Arbeiter sowie ihrer Leistungsfähigkeit sind großentheils in der unvollkommenen Bildung derselben begründet; wenigstens können sie ohne eine Hebung der letzteren nicht beseitigt werden. Leider erkennen sehr viele Gutsherren diese Thatsache nicht an; manche derselben versteigen sich sogar zu Aeußerungen von ganz entgegengesetzter Tendenz wie z. B.: „die Arbeiter brauchten nicht mehr als bisher zu lernen, sie seien schon viel zu klug, vermehrte Bildung mache sie nur anspruchsvoller und weniger lenksam". Landwirthe, welche solche Ansichten hegen, werde ich freilich durch meine vorstehende Darlegung von ihrem Irrthume nicht überzeugen; sie werden erst zur richtigen Einsicht gelangen, wenn es zu spät ist d. h. wenn die Ungebildheit oder Rohheit ihrer Arbeiter den Boden ihrer eigenen Existenz zu untergraben beginnt. Meine Worte sollen deshalb auch nur denjenigen gelten, welche wirklich ein Herz für die ländlichen Arbeiter haben und mit Ernst sich darüber klar zu werden suchen, durch welche Mittel denselben geholfen werden kann. Unter den wohlwollenden Männern dieser Art gibt es gewiß viele, welche bisher über den tiefen inneren Zusammenhang zwischen der Schulbildung und der ganzen socialen Lage unserer ländlichen Arbeiter noch nicht nachgedacht haben oder welchen wenigstens die genügende Einsicht in das Wesen des Volksunterrichtes abgeht, um die Wege ausfindig zu machen, auf welchen letzterer zum Besten der Arbeiterklasse umgestaltet und erweitert werden könne. Die Rücksicht auf die notorisch sehr große Zahl solcher Landwirthe bestimmte mich namentlich, die Grundsätze, welche für die Bildung der heranwachsenden Arbeiterbevölkerung maßgebend sein müssen, mit einiger Ausführlichkeit zu erörtern.

Wie sehr vermehrte Bildung auf Erhöhung der Leistungsfähigkeit bei der arbeitenden Klasse wirkt, wie sehr also jene auch den Arbeitgebern

---

*) Ueber ersteren Punkt vergleiche man meine bereits Seite 102 citirte Abhandlung. Die landw. Lehrkurse für Landschullehrer sind namentlich in Würtemberg und Hessen mit Erfolg durchgeführt.

zu Gute kommt, dafür lassen sich viele thatsächliche Beweise beibringen. Besonders interessant und instructiv sind in dieser Beziehung die Mittheilungen von Tellkampf über die Fabriken von Lowell in Nordamerika. Die Mehrzahl der dort beschäftigen Arbeiter und Arbeiterinnen sind aus dem gebildeten Mittelstand und besitzen deshalb eine derartig große Leistungsfähigkeit, daß einerseits sie selbst einen so hohen Lohn erwerben, um davon beträchtliche Ersparnisse zurücklegen zu können, andererseits die Unternehmer sehr glänzende Geschäfte machen*). In Bezug auf die ländlichen Arbeiter hat Schmoller es zahlenmäßig darzulegen versucht**), daß dieselben im mittleren und westlichen Deutschland in Folge ihrer größeren Bildung auch viel mehr leisten als im östlichen. Der erbrachte Beweis ist zwar, wie der genannte Schriftsteller selbst zugibt, kein ganz vollständiger und stricter, da bei demselben Faktoren mit in Rechnung zu ziehen sind, welche sich einer genauen Feststellung entziehen. Er wird aber zu einem unwiderleglichen gemacht, wenn wir ihn zusammenhalten mit den thatsächlichen Erfahrungen aller Landwirthe, welche sowohl im Westen wie im Osten unseres Vaterlandes praktisch gewirthschaftet haben. Diese werden es einstimmig bezeugen, daß die Arbeiter in jener Gegend auf der einen Seite mehr und Besseres leisten, auf der anderen weniger durch Nachlässigkeit oder Unverstand verderben als die Arbeiter in den hier gelegenen Landestheilen; sie werden es auch einräumen, daß jene Mehrleistung fast ausschließlich auf Rechnung der größeren Bildung zu schreiben ist.

Ein zweites Hauptmittel, den geistigen und sittlichen Zustand der Arbeiter zu heben, liegt in der Art, in welcher der Gutsbesitzer oder dessen Stellvertreter mit denselben täglich verkehren. Vor allen Dingen müssen die Vorgesetzten ihren Untergebenen ein gutes Beispiel durch einen in jeder Beziehung unanstößigen Lebenswandel darbieten. In wie weit dies thatsächlich geschieht, überlasse ich der Beurtheilung der sachkundigen Leser. Jedenfalls kann man von den Arbeitern keine Pflichttreue, Arbeitsamkeit, Enthaltung von Trunk oder anderen Ausschweifungen erwarten, wenn die Gutsherrn oder Inspektoren sich derselben Tugenden nicht ebenfalls befleißigen oder wenn sie sogar ihre Untergebenen zu den entgegengesetzten Fehlern und Lastern verleiten. In dieser Beziehung wird noch sehr viel gesündigt und es bewahrheitet sich in traurigem Sinne das Sprüchwort: „wie der Herr so der Diener".

---

*) Ueber die Fabrikindustrie und die Arbeiterverhältnisse in Nordamerika und England. Arbeiterfreund pro 1870. S. 146 ff.
**) l. c. S. 174 u. 175.

Es ist die nicht abzuläugnende Pflicht des Arbeitsgebers, seine Arbeiter zu erziehen, sie geistig und sittlich fortzubilden. Hierzu genügt keineswegs allein das gute Beispiel persönlich untadelhaften Lebenswandels, sondern es ist gleichzeitig eine stetige auf humanen, sittlichen Grundsätzen basirte Einwirkung nothwendig. Durch den täglichen Verkehr, durch die Art des Befehlens, auch des Scheltens, durch die Theilnahme an dem persönlichen Ergehen der Einzelnen und ihrer Familien, durch eine rechtzeitige unverkürzte Gewährung des zuständigen Verdienstes an Geld und Naturalien: durch alle diese und ähnliche Handlungen muß es der Gutsherr beweisen, daß ihm das Wohl seiner Untergebenen am Herzen liegt und daß er die menschliche Würde in ihnen achtet. Nur dann kann er darauf rechnen, daß die Arbeiter Vertrauen zu ihm fassen und daß seine Rathschläge und Maßregeln zu deren Besten auf einen fruchtbaren Boden fallen. Wie häufig scheitert die Durchführung selbst der bestgemeinten Absichten daran, daß der Gutsherr es nicht verstanden hat, den Arbeitern Vertrauen gegen seine Person einzuflößen.

Zur Erziehung der Untergebenen gehört ferner, daß der Vorgesetzte dieselben in jeder Weise zu belehren sucht. Demgemäß soll sich der Gutsherr nicht damit begnügen, blos seine Befehle auszutheilen, sondern er soll den Arbeitern womöglich den Zweck und das Ziel der landwirthschaftlichen Geschäfte so weit klar machen, als es die Fassungskraft der Leute überhaupt zuläßt: diese ist aber größer, wie es die Meisten annehmen. Durch solches Verfahren erweitert man nicht nur die Kenntnisse der Arbeiter, sondern man macht sie vor Allem leistungsfähiger. Es ist eine ganz verkehrte Ansicht, wenn Manche meinen, es käme bei der Behandlung und Verwendung ländlicher Tagelöhner blos darauf an, dieselben an militärische Disciplin, an stricte Ausführung der gegebenen Befehle zu gewöhnen. Zucht und Ordnung sind freilich nöthig; aber wenn man wirklich gute Arbeiter haben will, so muß man dieselben zu denkenden Menschen machen, welche über den Zweck und die Tragweite dessen was sie thun, sich einigermaßen Rechenschaft zu geben vermögen. Von dem ländlichen Arbeiter sollte man eigentlich annehmen, daß er gebildeter und intelligenter sei als alle übrigen. Denn seine Beschäftigung ist so ungemein mannigfaltig und muß so häufig nach den äußeren Umständen, z. B. der Witterung, des Bodens u. s. w. verändert werden, daß ihre vollkommene Ausführung eine große geistige Beweglichkeit und Vielseitigkeit erfordert. Trotzdem sind die ländlichen Arbeiter geistig viel weniger entwickelt, als die in anderen Gewerben beschäftigten. Es liegt dies, wenn auch nicht allein, so doch theilweise daran, daß es den wenigsten Gutsbesitzern, Inspektoren u. s. w.

in den Sinn kommt, die allgemeine und gewerbliche Bildung ihrer Untergebenen im täglichen Verkehr zu fördern. Viele derselben haben noch immer die leidige Gewohnheit, durch wenig passende Scheltworte das erreichen zu wollen, was sie durch eine ruhige Zurechtweisung oder vernünftige Belehrung viel schneller und vollkommener erlangen würden. Ich will davon gar nicht reden, daß noch so häufig auf dem Lande die körperliche Züchtigung als Mittel der Strafe und Besserung angewendet wird; diese verfehlt um so mehr ihre Wirkung, als sie in der Regel nicht das Resultat einer sachgemäßen Ueberlegung, sondern einer leidenschaftlichen Aufwallung ist. Dadurch verliert der Vorgesetzte an Achtung in den Augen der Untergebenen und man darf sich nicht wundern, wenn letztere dieselbe Münze herausgeben, in welcher sie gelohnt worden sind. Wo solche Vorkommnisse stattfinden und leider ist dies noch häufig der Fall, da muß man freilich für die nächste Zukunft auf eine Besserung der ländlichen Arbeiterverhältnisse Verzicht leisten.

Eine gründliche Schulbildung der Jugend und ein angemessener täglicher Verkehr des Gutsherrn mit den Erwachsenen sind die hauptsächlichsten Mittel, welche eine Hebung des geistigen und sittlichen Zustandes der ländlichen Arbeiterbevölkerung herbeizuführen vermögen. Aber es gibt auch noch einige andere Maßregeln resp. Einrichtungen, welche die Erreichung desselben Zieles zu unterstützen geeignet erscheinen. Hierin gehört z. B. die Gründung von **Volksbibliotheken**, die **Freigebung der Sonn- und Festtage** von jeglicher herrschaftlichen Arbeit, eine angemessene Einwirkung der Kirche auf die arbeitende Klasse.

Während der langen Winterabende hat der ländliche Tagelöhner so gut wie nichts zu thun; er verbringt dieselben meist mit Schlafen oder mit dem Besuch des Wirthshauses. Beides wirkt auf sein körperliches und geistiges Befinden zum mindesten nicht wohlthätig, oft sehr nachtheilig ein. Wie viel besser wäre es, wenn er ein unterhaltendes oder belehrendes Buch läse, welches seine geistige Thätigkeit anregte, ihm Stoff zum Nachdenken gäbe, welches ihn vielleicht befähigte, der täglichen Arbeit mit mehr Lust und Erfolg obzuliegen, ihn auch in den Stand setzte, die Ausbildung seiner Kinder zu leiten und zu unterstützen! Es gibt unter unseren ländlichen Arbeitern viele, welche gerne ein gutes Buch lesen, wenn man es ihnen in die Hand gibt; sie selbst vermögen freilich nicht, sich ein solches auszuwählen und haben noch weniger Lust, die Anschaffungskosten dafür aufzuwenden. Für den Gutsherrn ist aber beides sehr leicht. Denn es gibt heutzutage eine große Anzahl guter, für den Bildungsgrad der ländlichen Arbeiter angemessener Bücher, welche gleichzeitig verhältnißmäßig sehr wohlfeil fand. Die Anschaffungskosten ersetzen sich auch materiell vollkommen dadurch, daß die Leute häuslicher, nüchterner, nachdenkender werden. Besonders wirksam muß sich die Einrichtung einer Volksbibliothek dort erweisen, wo bereits eine landwirthschaftliche Fortbildungsschule besteht. An solchen Orten sind die Arbeiter schon als Jünglinge daran gewöhnt worden, einen Theil ihrer freien Zeit mit geistiger Beschäftigung zuzubringen; sie haben auch Kenntnisse genug gesammelt, um Schriften, welche die Naturkunde und Landwirthschaftslehre populär behandeln, mit Interesse zu lesen und zu verstehen. Mit einem Aufwand von 20 Thalern zur Gründung und einem jährlichen Zuschuß von 5—10 Thalern zur Unterhaltung läßt sich recht gut eine Volksbibliothek für die Arbeiter eines Gutsbezirkes einrichten. Die Verleihung der Bücher müßte zunächst unentgeltlich geschehen; haben die Leute sich erst an das regelmäßige Lesen derselben gewöhnt, so empfiehlt es sich, ein geringes Leihgeld, etwa 2—4 Pfennige für die 14tägige Benutzung eines Buches zu erheben. Es hat dies weniger den Zweck, einen kleinen Beitrag für die Unterhaltung und Vergrößerung der Bibliothek zu gewinnen, als vielmehr den Werth der ganzen Einrichtung in den Augen der Arbeiter zu erhöhen; denn das mit Opfern erkaufte Gut wird stets mehr geschätzt als das umsonst erhaltene. Die Zahl der bis jetzt für ländliche Arbeiter eingerichteten Volksbibliotheken ist leider noch sehr gering; doch sind mir mehrere solche bekannt, welche zum Theil schon eine längere Reihe von Jahren zur Zufriedenheit der Herren wie der Arbeiter bestehen.

In der Anlage A habe ich ein „Verzeichniß von Büchern, die sich für ländliche Volksbibliotheken eignen", gegeben. Mit demselben beabsichtige ich Denjenigen, welche solche Bibliotheken einrichten wollen, einen gewissen Anhalt zu geben. Es liegt mir jedoch fern, zu behaupten, daß außer den genannten Schriften nicht noch viele andere, für den gleichen Zweck passende, vorhanden sind.

Ein an die Volksbibliothek sich anschließendes Mittel, die Bildung der Arbeiter zu fördern und ihr geistiges Interesse zu wecken, würde darin bestehen, den Arbeitern im Winter während eines oder zweier Abende in der Woche etwas vorzulesen, das Vorgelesene zu besprechen oder etwas zu erzählen. Es könnte dies von den Gutsbesitzern, Inspektoren, Lehrern, Geistlichen geschehen, sei es, daß eine dieser Persönlichkeiten die Sache in die Hand nimmt oder daß sie sich abwechselnd daran betheiligen. Eine solche Einrichtung würde eine modificirte Nachahmung der in vielen Städten bestehenden Arbeiterbildungsvereine sein. Wo Fortbildungsschulen existiren, dürften diese eine wünschenswerthe Anknüpfung darbieten. Bei mehreren in Ostpreußen bestehenden Fortbildungsschulen haben ältere Leute, die schon längst selbstständige bäuerliche Besitzer und Familienväter waren, an dem Unterricht als Zuhörer dauernd theilgenommen, denselben auch durch ihre Fragen und die Mittheilung eigener Erfahrungen belebt. Es liegt kein Hinderniß vor, weshalb dies nicht auch von Seiten ländlicher Arbeiter geschehen sollte. Freilich würde sich auf die Dauer eine solche Mischung junger und älterer Leute, von denen jene als Schüler, diese als Zuhörer figuriren, nicht empfehlen, vielmehr würde man später den ältern Leuten eine besondere Stunde oder einen besonderen Abend zweckmäßiger Weise einräumen. Aber die Fortbildungsschule ist immer als ein gutes Mittel zu betrachten, um zu einem Arbeiterbildungsverein zu gelangen. Letzterer würde für die ländlichen Arbeiter ungefähr dasselbe zu leisten berufen sein, was die in der Rheinprovinz in so großer Anzahl vorhandenen und mit so bedeutendem Erfolg wirkenden Bauerncasinos zum Wohle der kleinen Grundbesitzer bezwecken.

Das Aufgeben der Sonntagsarbeit ist ebenfalls eine Forderung, welche im Interesse des geistigen und sittlichen Gedeihens der ländlichen Tagelöhner gestellt werden muß. Leute, welche die ganze Woche über angestrengt thätig sind, bedürfen der Sonntagsruhe, wenn sie nicht verkümmern und dem Lastthiere gleich werden sollen. Namentlich darf der Gutsherr an Feiertagen keine Leistungen von seinen Arbeitern fordern, soweit solche nicht durch die allerdings nöthige Wartung und Fütterung der Thiere bedingt sind. Die Dienstleute und die grundbesitzenden Tagelöhner haben ohnedem Sonntags noch genug mit Besorgung ihrer eigenen kleinen Wirthschaft zu thun. Diese allein nimmt sie schon oft mehr in Anspruch, als es für ihr eigenes allseitiges Wohlergehen wünschenswerth ist; dem gegenüber muß man es gradezu als Barbarei bezeichnen, wenn der Gutsherr die Leute am Sonntag ohne zwingende Nothwendigkeit für seine eigenen Zwecke ausnutzt. Dennoch geschieht solches vielfach, häufig wird sogar die Verpflichtung zur Feiertagsarbeit contraktlich ausbedungen. Um gerecht zu sein, muß man berücksichtigen, daß im landwirthschaftlichen Gewerbebetrieb allerdings Fälle eintreten, in denen es gewissermaßen geboten erscheint, irgend ein Geschäft am Sonntage vornehmen zu lassen. Als selbstverständlich gilt dies bei dem Eintritt außerordentlicher Unglücksfälle wie Feuersbrunst, Ueberschwemmung, Lebensgefahr für ein Hausthier u. s. w., in denen schon Christus selbst, vom strengen Standpunkte des mosaischen Gesetzes aus, die Sabbathsarbeit für zulässig erklärt. Aber auch von solchen Ausnahmen abgesehen, kommt es z. B. im landwirthschaftlichen Leben nicht selten vor, daß während der Erntezeit es vielleicht die ganze Woche oder mehrere Tage hindurch so viel geregnet hat, daß eine Einbringung der Ernte unmöglich war. Das Getreide, auf dessen Ertrag nicht nur der Besitzer, sondern auch die Tagelöhner für ihren Lebensunterhalt angewiesen sind, beginnt schon auszuwachsen; das Heu, von welchem das herrschaftliche wie der Leute Vieh den künftigen Winter ernährt werden soll, fängt an zu verfaulen: da klärt sich plötzlich am Sonnabend der Himmel auf, die im Verderben begriffenen Felderzeugnisse werden schleunigst umgewendet und anderweitig bearbeitet, um ihnen die zum Einbringen nöthige Trockenheit zu verleihen; sie werden auch wirklich so weit gebracht, daß sie bei günstigem Wetter am folgenden Tage in die Scheune gefahren werden können. Wenn unter solchen Vorgängen ein warmer, regenfreier Sonntag folgt, dann kann man es wohl keinem Besitzer verdenken, wenn er in seinem und seiner Leute Interesse an demselben die Ernte vornehmen läßt Dieser Fall trat für Ostpreußen in dem beispiellos nassen Sommer 1867, welchem das in ganz Europa bekannt gewordene Nothjahr folgte, wiederholt ein. Mit Ausnahme einer durchweg guten Augustwoche fielen die meisten regenfreien Tage auf die Sonnabende und Sonntage. Wäre an den letzteren nie und nirgends geerntet worden, so würde die Noth im darauf folgenden Winter noch viel größer geworden sein. Ich selbst habe mich damals gegen meine Grundsätze mehrmals entschließen müssen, am Sonntage einfahren zu lassen und habe dadurch einen erheblichen Theil der Ernte gerettet, welcher sonst verloren gegangen wäre. Hierzu hielt ich mich verpflichtet, theils weil ich nicht eigenes, sondern Staats-Eigenthum zu verwalten hatte, theils und hauptsächlich deshalb, weil die Tagelöhner durch den ihnen zukommenden Drescherlohn zur Befriedigung ihrer bringendsten Lebensbedürfnisse auf die Ernte angewiesen waren. In solchen und ähnlichen Fällen, in denen die Existenz des Besitzers und der Arbeiter von der Sonntagsarbeit abhängt, kann man dieselbe als Ausnahme wohl für berechtigt halten; aber um so mehr gilt es darüber zu wachen, daß die Ausnahme nicht Regel wird, wie es leider noch auf vielen Gütern der Fall ist. Auch darf man seine Leute nie zur Sonntagsarbeit zwingen, sondern sie hierzu nur heranziehen, wenn sie selbst damit einverstanden sind oder es gar wünschen.

Aber es genügt nicht allein die herrschaftliche Arbeit an Festtagen abzuschaffen, sondern man muß den Tagelöhnern auch möglichst die Gelegenheit nehmen, diese Tage zur Besorgung eigener wirthschaftlicher Geschäfte zu benutzen. Demgemäß ist es Pflicht des Gutsbesitzers, seinen Leuten an Wochentagen diejenigen Gespannkräfte zu bewilligen, welche er ihnen zur Herbeischaffung von Holz, zur Bestellung des Dienstlandes, zum Einfahren des selbst geernteten Getreides oder Heu's ohnedem zu geben verbunden ist. Auch dürfte es sich empfehlen, mindestens die Frauen und in dringenden Fällen auch die Scharwerker so weit von der herrschaftlichen Arbeit zu befreien, daß der Tagelöhner die eigene Feldarbeit an den Werktagen beschicken lassen kann. Es genügt hierzu, wenn der Frau oder, falls diese von Hause unabkömmlich ist, dem Scharwerker ein Tag in jeder Woche freigegeben wird. Das Unwesen der Sonntagsarbeit ist übrigens blos im nordöstlichen Deutschland herrschend, nämlich überall da, wo die Dienstleute das Hauptcontingent der ländlichen Arbeiter ausmachen. Im südwestlichen Deutschland kommt es viel seltener vor; hier geben sich die meisten Tagelöhner zur Arbeit an Feiertagen gar nicht her. Sie sind gewohnt, an denselben die Kirche zu besuchen oder auch der häuslichen Ruhe innerhalb der Familie zu pflegen; am Nachmittag gehen sie bei gutem Wetter spazieren oder sitzen im Freien, besuchen freilich auch oft das Wirthshaus und den Tanzboden. Im nordöstlichen Deutschland hat der ländliche Arbeiter den Sonntag noch gar nicht als solchen benutzen gelernt; den Tag über arbeitet er meist für den Gutsherrn oder für sich, am Abend liegt er im Wirthshause. Für ihn ist es also nicht damit abgethan, daß man ihm die Feiertage frei gibt, sondern man muß ihn dieselben auch richtig benutzen lehren. Hierzu gehört, daß man den Arbeiter zum regelmäßigen Kirchenbesuch zu gewöhnen sucht, daß man ihm durch Volksbibliotheken und Bildungs=vereine geistige Nahrung zuführt, daß man ihm durch Gewährung einer gesunden, freundlichen Wohnung, welche mit einem Gärtchen verbunden ist, den Aufenthalt im eigenen Daheim angenehm macht. Die Natur und das Klima bieten im nordöstlichen Deutschland ohnehin so wenig Annehmlich=keiten, daß es doppelt nothwendig ist, dem Hause wenigstens einen ge=müthlichen Anstrich zu verleihen. Dennoch geschieht hierfür ungemein wenig, in den meisten Gegenden gar nichts.

Wenn die Landwirthe im nordöstlichen Deutschland die Sonntags=arbeit mit der Kürze des Sommers und überhaupt mit den ungünstigen klimatischen Verhältnissen entschuldigen wollen, so kann man dies aller=dings als einen Milderungsgrund, aber keineswegs als eine Rechtfertigung für ihr Verfahren gelten lassen. Nach göttlichen und menschlichen Gesetzen gebührt dem Arbeiter der Sonntag als Ruhetag; denselben darf man ihm nicht rauben. Jeder Landwirth hat die Pflicht, bei dem Kauf eines Gutes sowie bei der Einrichtung seines Betriebes es von vorne herein als fest=stehend zu betrachten, daß er an jedem siebenten Tage über keine Arbeits=

kräfte außer über die zur Wartung des Viehes durchaus erforderlichen, disponiren kann. Thut er dies, so wird er finden, daß sich ohne Sonntagsarbeit sehr wohl auskommen läßt. Es gibt ja auch glücklicherweise im nordöstlichen Deutschland schon viele Gutsbesitzer, welche nie am Sonntage Feldarbeit vornehmen lassen; von keinem derselben ist noch je gehört worden, daß er dadurch im regelmäßigen Betrieb seiner Wirthschaft gehindert worden wäre. In den russischen Ostseeprovinzen sowie in Russisch-Litthauen ist es unerhört, daß an Sonn- oder Feiertagen ländliche Beschäftigungen vorgenommen werden, obwohl dort das Klima ungünstiger ist als irgendwo bei uns und obwohl, namentlich in letzterer Gegend, selbst die deutschen und evangelischen Besitzer eine Menge katholischer und russischer Feiertage mitfeiern müssen, von denen viele grade in die bringendste Arbeitsperiode fallen.

Daß die Kirche die Berechtigung und Verpflichtung hat, an der geistigen und sittlichen Fortbildung der Arbeiter sich zu betheiligen, kann wohl als selbstverständlich betrachtet werden. In welcher Weise dies auszuführen ist, will ich hier nicht näher erörtern, da ich noch an einem anderen Orte dieser Schrift die Stellung der Geistlichen zur ländlichen Arbeiterfrage überhaupt zu besprechen gedenke.

Eine größere intellektuelle und moralische Bildung scheint mir das unumgänglich nothwendige Fundament zu sein, von welchem aus erst eine durchgreifende und nachhaltige Hebung des ländlichen Arbeiterstandes erwartet werden kann. Leider wird diese Wahrheit von Vielen übersehen oder doch nicht genug gewürdigt; sie glauben, es käme wesentlich nur darauf an, den Tagelöhnern eine ausreichendere und mehr gesicherte äußere Existenz zu gewähren. Dem gegenüber habe ich aber schon oben nachgewiesen, daß die ungenügende wirthschaftliche Lage der Arbeiter, namentlich der Dienstleute, großentheils daher rührt, daß es ihnen an der nöthigen Einsicht und sittlichen Kraft gebricht, um mit ihren Mitteln gut hauszuhalten. „Nicht der reiche Mann ist reich, sondern der gute Wirth ist reich" sagt ein altes, wahres Sprichwort, welches auf den wenig Bemittelten fast noch mehr Anwendung findet als auf den Wohlhabenden. Umgekehrt sollen freilich auch alle materiellen Verbesserungen in der Lage der arbeitenden Klasse dazu dienen und benutzt werden, ihre Intelligenz und Sittlichkeit zu heben. Wenn ich jene nunmehr bespreche, so werde ich immer wieder darauf zurückkommen müssen, daß es nöthig ist, bei jedem äußeren Vortheil, welchen wir den Arbeitern gewähren, gleichzeitig deren innere Fortentwickelung mit zu berücksichtigen und zu befördern.

3. Gewährung eines sicheren und ausreichenden Einkommens.

Die Maßregeln, welche einen Fortschritt in der materiellen Existenz der ländlichen Arbeiter bezwecken, werden im Wesentlichen auf die Erreichung der nachbenannten Ziele gerichtet sein müssen:

1) den Arbeitern ein quantitativ und qualitativ besseres Einkommen zu verschaffen;

2) ihnen gewisse Vortheile zu gewähren, welche zwar keine direkte Vermehrung des Einkommens, wohl aber eine Erhöhung des Lebensgenusses bewirken;

3) sie anzuleiten und zu befähigen, mit ihrem Einkommen besser zu wirthschaften;

4) sie in den Stand zu setzen, bei eintretender Arbeitsunfähigkeit, bei vorübergehender Arbeitslosigkeit oder sonstigen Unglücksfällen in der Regel ohne fremde Unterstützung ihren Lebensunterhalt in angemessener Weise bestreiten zu können.

—

In dem ersten Abschnitte dieser Schrift glaube ich schon zur Genüge dargethan zu haben, daß sowohl die Natural- wie die Geld-Löhnung der ländlichen Arbeiter im Allgemeinen eine ausreichende ist. Man kann sogar mit Fug und Recht behaupten, daß der im Durchschnitt gewährte Arbeitslohn im Verhältniß zu den Leistungen der Tagelöhner und zu den Erträgen des landwirthschaftlichen Gewerbes ein ziemlich hoher ist. Wenn es sich deshalb um eine Verbesserung des Einkommens der Arbeiter handelt, so kommt hier, wenigstens für die meisten Gegenden Deutschlands, keine direkte Steigerung des Lohnes in Betracht; eine solche läßt sich auch keineswegs willkürlich ohne Nachtheil herbeiführen. Aber selbst wenn letzteres der Fall wäre, möchte es nicht gerathen sein darauf hinzuarbeiten, da der landwirthschaftliche Tagelohn in den letzten Jahrzehnten eine derartig steigende Tendenz entwickelt hat und noch immer verfolgt, daß vieler Orten der gesunde Fortschritt des landwirthschaftlichen Gewerbebetriebs in Frage gestellt wird. Eine Verbesserung des Einkommens der ländlichen Arbeiter kann man deshalb nur dadurch zu erreichen suchen, daß man ihnen die zuständigen Naturalien in der ihren Bedürfnissen entsprechendsten Weise gewährt und daß man sie zu höheren Arbeitsleistungen befähigt.

Nur bei den Dienstleuten bilden die Naturalien eine erhebliche Quote des Einkommens; ihre Existenz hängt wesentlich von der Menge und Güte derselben ab. Deshalb muß es auch als selbstverständlich gelten, daß der Gutsherr die Naturalien in solcher Beschaffenheit und Quantität, welche für einen angemessenen Lebensunterhalt einer Arbeiterfamilie noth= wendig erscheinen, unter allen Umständen liefert. Hierzu gehört zunächst, daß die Dienstleute eine geräumige, gesunde und freundliche Wohnung erhalten, daß ihnen ausreichendes und gutes Futter für ihr Vieh gewährt, daß das Deputatgetreide und der Drescherlohn in normaler Beschaffenheit verabreicht wird u. s. w. In dieser Hinsicht kann der Gutsherr ungemein viel zur Besserung der wirthschaftlichen Lage seiner Arbeiter beitragen, ohne daß er selbst besonders große Opfer bringt. Wie manche Erleichte= rungen und Vortheile würden denselben schon gewährt werden, wenn man die Wohnungen, namentlich in Bezug auf die Dächer, Fenster und Oefen bei eingetretenen Schäden stets sofort und gut reparirte, wenn man den Arbeitern ihren Acker und Garten rechtzeitig bestellen und ebenso ihre kleine Ernte einfahren ließe! Geschähe solches allerseits, was aber leider nicht der Fall, so wäre zwar schon viel gewonnen, aber noch keineswegs das zu erstrebende Ziel erreicht. Denn bei der gewissenhaftesten Contrakts= erfüllung Seitens des Gutsherrn kann doch in Jahren des Mißwachses, wenn z. B. der Drescherlohn oder die Kartoffelernte sehr gering ausfällt und dabei gleichzeitig das Viehfutter besonders knapp oder verdorben ist, bei den Dienstleuten Noth eintreten. Selbstverständlich darf dann der Gutsherr seine Arbeiter nicht hungern lassen, es würde dies schon seinem eigenen Interesse widersprechen. Aber auch die bei wohlwollenden Be= sitzern meist beliebte Art, den Leuten in solchen Fällen vorschußweise Na= turalien zu verabfolgen und den Geldwerth derselben ihnen in das Schuld= buch einzutragen, gewährt nur eine sehr mangelhafte Abhülfe. Denn jede Schuld der Arbeiter an den Herrn ist von großem Uebel und hindert jene an einer haushälterischen Verwaltung ihres Einkommens. Die Wirkungen einer solchen sind je nach der Individualität der betreffenden Personen verschieden. Die leichtsinnigen unter ihnen denken, da sie doch einmal in Schulden steckten, käme es auf eine Vergrößerung derselben nicht an und wirthschaften wo möglich noch schlechter als früher; die ängstlichen lassen sich durch das Gefühl, daß es ihnen voraussichtlich nie möglich wird, ihren Verpflichtungen nachzukommen, niederdrücken und von jeder energischen Anstrengung abhalten. Aus diesen Gründen sollte es der Gutsherr so sehr wie möglich vermeiden, daß seine Leute in Schulden gerathen. Tritt bei einzelnen oder allen Familien vorübergehende Noth ein, so ist es besser, den Leuten durch außerordentliche Unterstützungen zu Hülfe zu kommen z. B. durch unentgeltliche oder wohlfeile Darreichung von Viehfutter, Kartoffeln und Brotgetreide. Noch empfehlenswerther, wiewohl nicht immer durchführbar, ist es, wenn der Besitzer in solchen Fällen seinen Arbeitern zu einem größeren Verdienst z. B. durch Gewährung hoher Accordlöhne verhilft. Alsdann behalten die Leute das für sie so wichtige Bewußtsein, durch eigene Arbeit ihren Lebensunterhalt zu erwerben, während sie sonst das niederdrückende Gefühl haben, Almosenempfänger zu sein. Ersteres flößt ihnen auch thatsächlich viel mehr Vertrauen und Dankbarkeit gegen den Herrn ein, als letzteres, wenn es gleich zuweilen anders scheint.

Für den Gutsbesitzer hält es allerdings oft schwer, seinen Dienstleuten auch nach Mißjahren ein zureichendes Einkommen zu sichern, da er in solchen Zeiten ja selbst einen Ausfall am Wirthschaftsertrage zu haben pflegt. Trotzdem wird er sich dieser Verpflichtung nicht entziehen können; es zwingen ihn hierzu nicht nur die Grundsätze der Moral, sondern auch die Nothwendigkeit, seine Arbeiter möglichst bei Gesundheit und Kräften zu erhalten. Damit will ich aber keineswegs sagen, daß er den Dienstleuten auch in ungünstigen Jahren dieselben Naturalien verabreichen soll wie in günstigen; im Gegentheil ist es aus vielen Gründen wünschenswerth und billig, daß die Arbeiter von den Schwankungen der landwirthschaftlichen Erträge einigermaßen mit berührt werden. Nur dadurch gewinnen sie Interesse an dem Wirthschaftsbetrieb, daß sie an den guten wie an den schlechten Erfolgen desselben mehr oder weniger theilnehmen. Es dient auch zu ihrer sittlichen wie wirthschaftlichen Erziehung, daß sie es lernen, in günstigen Jahren den Ueberfluß richtig zu gebrauchen, in ungünstigen ihre Bedürfnisse einzuschränken. Deshalb würde es verkehrt sein, die Contrakte mit den Dienstleuten so abzuschließen, daß sie jedes Jahr ein an Güte und Menge ganz gleiches Deputat — so weit dies überhaupt möglich ist — empfangen, daß sie also nicht mehr auf den schwankenden Ertrag aus dem Erdrusch, der Kuhhaltung und des Ackerlandes angewiesen sind. Der Gutsherr soll in Zeiten der Noth insoweit für seine Arbeiter sorgen, daß diese zwar die Noth empfinden, aber darunter nicht dauernden Schaden leiden.

Es gibt freilich Mittel, welche geeignet sind, die durch schwankende Ernten bedingten Ausfälle in dem Einkommen der Dienstleute auszugleichen, ohne daß der Gutsherr wesentliche Opfer bringt. Dieselben bestehen darin, daß der Ueberfluß guter Zeiten in irgend einer Weise zur Deckung des Mangels in schlechten Zeiten verwendet wird. Hierüber habe ich später noch zu sprechen.

Die den Dienstleuten von dem Gutsherrn gewährten Naturalien legen dem letzteren so große Opfer auf, daß es wohl eine Untersuchung verdient, ob die Darreichung derselben überhaupt zweckmäßig und ob, bejahenden Falls, nicht wenigstens einige Aenderungen in ihrer Art oder Menge wünschenswerth sind. Was den ersten Punkt betrifft, so muß ein Doppeltes berücksichtigt werden; einmal, welchen Einfluß die theilweise Naturallöhnung auf die Lage der Arbeiter überhaupt hat und fürs andere, in wie weit der den Dienstleuten aus den Naturalien fließende Vortheil in einem richtigen Verhältniß steht zu dem aus der Hingabe derselben dem Gutsherrn erwachsenden Verlust.

Die theilweise Naturallöhnung hat unstreitig eine große Berechtigung, namentlich dort, wo der große Güterbesitz vorherrscht, wo die Communikationsmittel mangelhaft sind und wo der Markt für die gewöhnlichen Lebensbedürfnisse ein beschränkter ist. In solchen Gegenden muß der Arbeiter die unentbehrlichsten Existenzmittel wie Wohnung, Brennmaterial Kartoffeln, Brotgetreide, Milch u. s. w. in irgend einer Weise vom Arbeitgeber geliefert erhalten, weil er sie käuflich gar nicht oder nur mit großen Schwierigkeiten erwerben könnte. Es ist aber viel besser, daß diese Naturalien einen Theil des festen Lohnes ausmachen, als daß der Arbeiter sie jedes Mal vom Herrn kaufen muß; letzteres würde zu vielen Unzuträglichkeiten Veranlassung geben und zu dem berüchtigten Trucksystem, wie es bei der Industrie früher vielfach angewendet wurde, nur allzuleicht führen. Deshalb wird eine theilweise Naturallöhnung vieler Orten gar nicht zu vermeiden sein. Dieselbe aber hat auch aus einem anderen Grunde sehr wesentliche positive Vortheile. Der Arbeiter lernt dadurch selbst einen kleinen landwirthschaftlichen Betrieb zweckmäßig zu führen. Von dem Ertrage seines Acker- resp. Gartenlandes sowie seiner Milchhaltung und von der Benutzung der daraus erzielten Erzeugnisse hängt seine materielle Existenz größtentheils ab; er ist also durch das eigene Interesse darauf hingewiesen, bei seiner Wirthschaftsführung möglichst geschickt und sorgfältig zu Werke zu gehen. Wenn man es nun als das zu erreichende Ziel in der Entwickelung der ländlichen Arbeiterverhältnisse betrachtet, die Mehrzahl der verheiratheten Tagelöhner zu kleinen Grundbesitzern oder Pächtern zu machen*) so muß es uns natürlich auch als ungemein wichtig, ja nothwendig erscheinen, daß jeder Arbeiter einen kleinen landwirthschaftlichen Betrieb mit Vortheil zu leiten verstehen lerne. Durch denselben ist der Tagelöhner überdieß in den Stand gesetzt, sich durch Fleiß und Geschicklichkeit

---

*) Hierüber siehe später in diesem Abschnitt No. 7.

einen nicht unerheblichen Nebenverdienst zu erwerben; auch kann die Hausfrau ihre Zeit vortheilhaft ausnutzen, ohne daß sie ihre sonstigen häuslichen und mütterlichen Pflichten versäumt. Aus diesen Gründen scheint mir das Fortbestehen der theilweisen Naturallöhnung bei den Dienstleuten auch dort sehr wünschenswerth, wo sie der sonstigen Verhältnisse wegen nicht grade nothwendig wäre. Hiermit sind aber gewisse Aenderungen in der meist üblichen Art und Weise ihrer Gewährung nicht ausgeschlossen. Dieselben müssen nach der Richtung hin erfolgen, daß die einerseits gewährte Leistung mit dem andrerseits erlangten Vortheil in einem möglichst angemessenen Verhältniß steht. Als Princip hierbei ist festzuhalten, daß alle solche Naturallieferungen fortfallen sollen, welche dem Arbeiter zu seiner Existenz nicht nothwendig sind oder welche demselben nicht einen größeren Nutzen bringen können, als der Verlust des Herrn durch ihre Darreichung beträgt. Daher ist es auch nur zu billigen, wenn den Dienstleuten die früher häufig und noch jetzt vereinzelt übliche Haltung von Pferden oder Zugochsen genommen und wenn das ihnen gewährte Ackerland auf eine zum Anbau des eigenen Bedarfes an Kartoffeln, Gemüse und Flachs ausreichende Fläche beschränkt wird. Denn die eigene Wirthschaft der Arbeiter ist zu klein, um darauf Zugvieh mit Vortheil beschäftigen zu können und es verträgt sich mit einem geregelten größeren Betriebe nicht, wenn derselbe auf die Gespannkräfte der Tagelöhner angewiesen ist. Ebenso wenig empfiehlt es sich, den Dienstleuten ein so umfangreiches Stück Ackerland zuzutheilen, daß sie ihren Bedarf an Getreide und Stroh selbst darauf erbauen können. Durch die Bestellung und Aberntung der hierzu nöthigen, in viele kleine Parzellen getheilten Fläche wird der übrige Betrieb viel zu sehr gestört und der Ertrag ist durchschnittlich ein viel geringerer, als wenn dasselbe Land mit dem sonstigen Gutsareal einer gleichen Behandlung unterliegt. Es empfiehlt sich deshalb viel mehr, daß der Herr seinen Leuten den Bedarf an Stroh und Getreide als ein fires Deputat oder in Form von Drescherlohn liefert. Anders stellt sich die Sache in Betreff des zum Anbau von Kartoffeln, Gemüse und Flachs bestimmten Landes. Der Ertrag dieses hängt vorzugsweise von der darauf verwendeten Handarbeit ab, welche recht gut von den Frauen und Kindern der Dienstleute geleistet werden kann. Durch eine fleißige und angemessene Verwendung derselben ist hier den Arbeitern die Gelegenheit geboten, ihr Einkommen wesentlich zu erhöhen, ohne daß der Gutsherr darunter Schaden leidet. Deshalb würde eine Entziehung dieses Landes durchaus unzweckmäßig sein. Als Maßstab für die Größe der den Dienstleuten zu gewährenden Fläche muß der Bedarf einer Familie an den darauf zu bauenden Gewächsen dienen;

je nach der Güte des Bodens werden 1—2 Morgen für diesen Zweck genügen. Eine solche Fläche ist auch nicht zu umfangreich, um nicht von den Angehörigen des Dienstmanns bestellt werden zu können, vorausgesetzt, daß der Gutsherr die zur Bestellung und Ernte etwa nöthigen Gespannkräfte hergibt.

Eine andere sehr wichtige Naturaleinnahme fließt den Dienstleuten aus der Kuhhaltung zu. Man kann annehmen, daß dort, wo ein einigermaßen ausreichendes Futter gewährt wird, die Kuh durchschnittlich im Jahr 1200 Quart Milch liefert, welche Quantität bei einem Preise von 1 Sgr. pro Quart die Summe von 40 Thalern repräsentirt; außerdem hat das Kalb, welches die Kuh jedes Jahr zu bringen pflegt, einen Werth von mindestens 2 Thalern, so daß der Gesammtgewinn aus der Kuhhaltung sich auf 42 Thaler beläuft. Es würde nun verkehrt sein, den Arbeitern die Kühe zu nehmen und ihnen dafür etwa eine andere Entschädigung zu geben, wie es hier und da versucht worden ist. Denn das denselben gewährte Futter hat einen viel geringeren Werth als die erzeugte Milch; es kann dies auch nicht anders sein, da letztere das Produkt des Futters plus der auf die Pflege u. s. w. der Thiere verwendeten Arbeit ist. Das gesammte Jahresfutter einer Leutekuh beträgt, auf Heu reducirt, im besten Fall 80 Centner; letztere haben aber dort, wo das Quart Milch 1 Sgr. gilt, höchstens einen Werth von ca. 27 Thlr., namentlich, wenn die Kühe im Sommer auf die Weide gehen und die Werbung des Winterfutters dem Arbeiter selbst obliegt. Der Dienstfamilie fließt also bei dieser Annahme durch die von ihr ausgeübte Wartung der Kuh ein jährlicher Gewinn von 15 Thalern zu, ohne daß dem Gutsherrn daraus ein Nachtheil erwächst. Diese Thatsache spricht unwiderleglich dafür, daß den Dienstleuten die Kuhhaltung zu gestatten ist. Es entstehen aus derselben freilich manche Unbequemlichkeiten für den Gutsherrn, auf deren nähere Erörterung ich mich hier nicht einlassen will, da sie materiell von geringer Bedeutung sind. Für den Arbeiter hat die Kuhhaltung den einzigen Uebelstand, daß der Ertrag derselben kein durch das ganze Jahr gleichmäßiger ist, ja daß er zeitweise vollständig versiegt. Diese beiden Thatsachen haben manche Gutsbesitzer zu dem Entschluß veranlaßt, ihren Dienstleuten die Haltung der eigenen Kuh zu untersagen und ihnen dafür täglich eine bestimmte Quantität Milch zu verabfolgen, etwa im Winter 1—2, im Sommer 2—3 Quart. Ein solches Verfahren muß aber unbedingt als ein Mißgriff bezeichnet werden. Denn zunächst entgeht den Arbeitern dadurch der Gewinn, welcher ihnen aus der eigenen Wartung der Kühe erwächst; blos die nachlässigen, welche wegen mangelhafter Pflege der

Thiere auch einen geringern Ertrag aus denselben erzielten, stehen sich bei solcher Maßregel möglicher Weise besser. Außerdem spricht aber für die eigene Kuhhaltung der Dienstleute der bereits erwähnte Umstand, daß dieselben es durchaus lernen müssen, einen kleinen ländlichen Betrieb selbst mit Nutzen zu führen. Statt den Arbeitern das Vieh zu entziehen, sollte der Gutsherr lieber alle Mühe darauf verwenden, ihnen eine bessere Wartung desselben zu lehren. Aus dem angeführten Grunde scheint es mir auch nicht wünschenswerth, wenn die Leutekühe in dem herrschaftlichen Stall stehen und dort gemeinsam durch besonders angestellte Personen gefuttert und gepflegt werden. Für dieses häufig angewendete Verfahren läßt sich freilich geltend machen, daß das Futter dabei im Durchschnitt besser ausgenutzt und daß der Dünger rationeller behandelt werden kann; aber diese nicht abzuläugnenden Vortheile sind geringer, als der Nachtheil, daß der Arbeiter die bei der eigenen Viehhaltung zu beobachtenden Rücksichten selbst nicht kennen und ausüben lernt. Zudem wird das Leutevieh auf dem herrschaftlichen Hofe nie so sorgsam gepflegt, wie es der fleißige und geschickte Arbeiter zu thun pflegt; letzterer verliert also, während allerdings der faule und ungeschickte gewinnt.

Auch eine beschränkte Schweinehaltung wird den Dienstleuten zugestanden werden müssen. Denn sie gewinnen in ihrer Haushaltung und durch die Abfälle beim Dreschen eine Menge Futtermaterialien, welche zweckmäßiger Weise blos an Schweine verwerthet und welche von dem Gutsherrn entweder gar nicht oder doch blos sehr niedrig ausgenutzt werden können. Anders stellt sich die Sache bei der Schafhaltung. Diese wirft den Dienstleuten einen nur ganz geringen Vortheil ab; auf der anderen Seite fügt sie dem Gutsherrn oder benachbarten Schafbesitzern dadurch großen Schaden zu, daß sie den Anlaß zum Ausbruch von Pocken-Epidemieen gibt. Deshalb ist es vollständig gerechtfertigt, wenn man dieselbe den Dienstleuten nicht gestattet.

Einen nicht ganz unerheblichen Verlust pflegt allerdings die Viehhaltung der Arbeiter dem Herrn zu bereiten; derselbe geht aus der unrationellen Behandlung des von dem Leutevieh erzeugten Düngers hervor. Jeder Dienstmann hat für denselben gewöhnlich einen besonderen Platz dicht bei seiner Wohnung; dort liegt der Dünger aber meist so ungünstig, daß er seinen werthvollsten Theilen nach sich entweder in die Luft verflüchtigt oder in Form von Jauche fortfließt. Diesem Uebelstande ließe sich indessen abhelfen, wenn man größere gemeinsame Düngerstätten anlegte und alle umliegenden Dienstleute nöthigte, den Dünger ihres Viehes, auch andere Auswurfstoffe und sonst nicht verwerthbare

Abfälle, dorthin zu bringen und rationell zu behandeln. Dadurch würde noch der weitere ungemein große Erfolg erzielt, daß man die nächste Umgebung der Arbeiterwohnungen, welche jetzt gewöhnlich höchst unappetitlich ist, von grobem Schmutz und schädlichen Ausdünstungen rein erhielte. Mir ist noch kein Fall bekannt, in welchem mit einer solchen überaus zweckmäßigen und wenig kostspieligen Einrichtung vorgegangen wäre.

Der Gutsherr kann sehr viel dazu bei tragen, daß dem Dienstmann aus seinem Naturaldeputat ein erhöhtes Einkommen zufließt, ohne selbst irgend nennenswerthe materielle Opfer zu bringen. Dies namentlich dadurch, daß er den Arbeiter lehrt, die Milchhaltung rationeller zu betreiben und das gewährte Land besser auszunutzen. Ich will nur auf einige wenige Punkte hinweisen. Wie viel könnten die Dienstleute gewinnen, wenn sie stets Kühe von milchreicher und Schweine von sehr mastfähiger Race hielten, auch wenn sie zur Fütterung der ersteren einen Theil ihres Landes mit Rüben bestellten und wenn sie angeleitet würden, den Ertrag ihres Ackers weniger **ausschließlich** in den immerhin unsicheren Kartoffeln zu suchen und dafür mehr Möhren und Steckrüben zu bauen; denn letztere beiden Gewächse dienen gleichzeitig als menschliche und als thierische Nahrung und haben dabei gewöhnlich einen ganz angemessenen Verkaufspreis. Solche und ähnliche Umänderungen in der Naturalwirthschaft der Dienstleute lassen sich zwar nicht mit einem Male bewerkstelligen, aber der Gutsherr kann sie bei gutem Willen recht wohl im Laufe der Jahre durchführen und zwar ohne eigene erhebliche Geldopfer. Es geschieht in dieser Richtung aber leider noch äußerst wenig, so gut wie gar nichts.

Aus der vorstehenden Erörterung geht es klar hervor, daß die theilweise Naturallöhnung, abgesehen von ihren anderen Vorzügen*), ein sehr wesentliches Mittel bietet, das Einkommen der Dienstleute zu erhöhen, ohne Anderen entsprechende Einbußen aufzuerlegen. Freilich müssen aber zu diesem Zwecke, wie ich bewiesen zu haben glaube, mancherlei Aenderungen in der Art und der Benutzungsweise des Naturaldeputates vorgenommen werden. Zu beseitigen ist dasselbe nur insoweit, als es dem Gutsherrn erheblicheren Schaden wie dem Arbeiter Vortheil bringt.

Es könnte nun die Frage aufgeworfen werden, ob nicht dort, wo reine Geldlöhnung stattfindet, eine theilweise Umwandlung derselben in Naturallöhnung wünschenswerth ist. Dies muß aber entschieden verneint werden. Denn in denjenigen Gegenden, in welchen die ländlichen Ar-

---

*) Die Vorzüge einer theilweisen Naturallöhnung, auch in sittlicher Beziehung, sind treffend auseinandergesetzt von Schmoller. l. c. S. 197 ff.

beiter blos in Geld gelohnt werden, pflegen sie auch nicht auf dem Gute des Brotherrn selbst, sondern in benachbarten Dörfern zu wohnen, wo es nicht an Gelegenheit fehlt, die nothwendigsten Lebensbedürfnisse käuflich zu erwerben. Zudem lassen sich die wesentlichsten Theile der Naturallöhnung, wie Behausung, Viehfutter, Brennmaterial, Ackerland, zu beiderseitigem Nutzen nur dann gewähren resp. ausnutzen, wenn der Arbeiter innerhalb der Grenzen des seinem Arbeitgeber gehörenden Gutsareals wohnt. Eine Einführung derselben bei den sogenannten freien Arbeitern scheint demnach unthunlich. Allerdings ist es auch für diese wünschenswerth, einen eigenen kleinen landwirthschaftlichen Betrieb zu haben: aber die Gewährung desselben kann nicht in Form von Arbeitslohn, sondern muß in einer anderen Weise erfolgen, über welche ich später mich äußern werde.

Ein anderes Mittel, das Einkommen der ländlichen Tagelöhner zu erhöhen, beruht in der allgemeineren Einführung der Accordarbeit. In der Industrie hat dieselbe ja bereits als Stückarbeit eine ausgebreitete Anwendung und fast ausnahmslose Geltung gefunden, soweit dies der Natur der Sache nach überhaupt möglich ist. Bei dem landwirthschaftlichen Gewerbe stößt die Accordarbeit auf größere Schwierigkeiten, weil bei diesem keine solche Arbeitstheilung möglich ist wie bei der Industrie, weil ferner die vorzunehmenden Arbeiten zu häufig und zu schnell wechseln und weil endlich ein und dieselbe Arbeit eine sehr verschiedene Menge Zeit und Kraft erfordert je nach den augenblicklichen Verhältnissen, unter denen sie stattfinden muß. Die aufgeführten Hemmnisse sind zwar oft sehr groß, aber doch bei der Mehrzahl der landwirthschaftlichen Verrichtungen nicht unüberwindlich.

Man kann annehmen, daß der ländliche Arbeiter im Accord durchschnittlich mindestens $1/4-1/3$ mehr leistet als im Tagelohn, ohne daß ein größerer Zeitaufwand oder eine der Gesundheit schädliche körperliche Anstrengung erforderlich ist. Diese Mehrleistung kommt ihm selbst fast ausschließlich zu Gute. Denn der Herr wird stets den Accordsatz nach dem gewöhnlichen Resultat der Tagelohnarbeit feststellen müssen. Wenn ein Mann beispielsweise 12 Sgr. Tagelohn erhält und dabei täglich 2 Morgen abmäht, so wird der Accordsatz für das Mähen eines Morgens 6 Sgr. betragen müssen. Im Accord mäht derselbe Arbeiter aber mindestens $2 1/2$, vielleicht 3 Morgen; er verdient also täglich 15—18 Sgr. oder $1/4-1/2$ Mal mehr wie im Tagelohn. Dem Gutsherrn erwachsen hieraus keine Verluste, sondern im Gegentheil verschiedene Vortheile. Zunächst werden die wirthschaftlichen Arbeiten schneller und frühzeitiger beendet, was ja allein schon von großem Werthe ist und oft das ganze Resultat des Betriebes auf das Entscheidendste beeinflußt. Sodann spart der Gutsbesitzer an Arbeitskräften; er kann also entweder überhaupt weniger Tagelöhner halten oder, wenn er dies nicht will, die disponibel gewordenen Kräfte zu nützlichen wirthschaftlichen Operationen verwenden, welche sonst hätten unterbleiben müssen. Dies ist namentlich dort wichtig, wo die ländlichen Arbeiter schwer in der nöthigen Anzahl zu bekommen sind oder wo der Gutsherr, um nur im Sommer die erforderlichen Leute zu haben, während des Winters unnütz viele Menschen zu beschäftigen und zu unterhalten gezwungen ist.

Der aus der Accordlöhnung fließende Mehrverdienst stellt in seinem ganzen Umfange eine Erhöhung des Einkommens der Arbeiter dar. Die Besorgniß, daß der Gutsherr mit der Zeit in demselben Maße, als der Accordverdienst den Tagelohnverdienst übersteigt, auch die Accordsätze herabdrücken könnte, zeigt sich nach der Erfahrung als vollständig unbegründet. Allerdings kommt es vor, daß bei einzelnen Arbeiten der Accordsatz von seiner ursprünglichen Höhe herabgeht und zwar tritt dies zuweilen bei solchen ein, in denen die Leute noch vollständig ungeübt sind und welche im Accord zu verrichten sie nur dann eine Neigung haben, wenn sie auch bei geringer Leistung einen hohen Verdienst erwarten dürfen. In einem derartigen Fall ist der Arbeitgeber gezwungen, um die Stückarbeit überhaupt durchführen zu können, Anfangs einen ungewöhnlich großen Accordsatz zu bewilligen; bei wachsender Geschicklichkeit und Leistungsfähigkeit der Leute wird er den letzteren zu ermäßigen im Stande sein, ohne daß die Arbeiter in ihrem Einkommen verkürzt werden. In der angedeuteten Weise muß man z. B. verfahren, wenn man die Tagelöhner zum ersten Mal zur Fabrikation von Ziegeln oder Torf, zur Herstellung von Draingräben oder zu andern Arbeiten benutzt, deren Verrichtung im Accord ganz besonders wünschenswerth erscheint. Bei den gewöhnlichen landwirthschaftlichen Geschäften pflegt mit der Zeit keine Verringerung, sondern eine Erhöhung der Accordsätze einzutreten, da dieselben mit den steigenden Tagelöhnen gleichen Schritt halten müssen. Umgekehrt bewirkt aber gewöhnlich die Einführung der Stückarbeit ein allmähliges Wachsen der Tagelohnsätze. Denn gewisse landwirthschaftliche Verrichtungen und oft gerade die schwierigsten werden stets im Tagelohn vorgenommen werden müssen; zu diesen findet man aber nur dann geeignete und willige Leute, wenn man denselben bei guter Leistung einen Lohn garantirt, welcher von dem Verdienst der Accordarbeiter nicht allzusehr verschieden ist.

Bei einzelnen landwirthschaftlichen Operationen wird die Accord=

löhnung ziemlich allgemein angewendet, z. B. beim Dreschen; bei andern greift sie auch schon immer mehr um sich, so beim Mähen, beim Bearbeiten der Herbstfrüchte, beim Anfertigen und Reinigen von Gräben u. s. w. Im südwestlichen Deutschland oder überhaupt dort, wo freie Arbeiter vorherrschen, hat sie sich schon viel größere Verbreitung verschafft als im nordöstlichen, wo das Dienstleuteverhältniß üblich ist. Letzteres setzt der allgemeineren Durchführung der Accordlöhne eigenthümliche Schwierigkeiten entgegen.

Der Geldlohn macht nur einen und zwar gewöhnlich den geringeren Theil des gesammten Lohnes der Dienstleute aus; jener ist daher einmal überhaupt niedrig und dann auch nicht nach der Leistungsfähigkeit der verschiedenartigen Arbeitskräfte, sondern nach der Stellung normirt, welche dieselben in der Familie oder contraktlich einnehmen. So erhält der Dienstmann vielleicht blos 3 bis 4 Sgr. Tagelohn auf demselben Gute, wo der freie Arbeiter 10 bis 12 Sgr. empfängt; ferner beträgt der Tagelohn des Scharwerkers oder der Dienstfrau oft ebenso viel oder mehr als derjenige des Mannes, obwohl die Leistungsfähigkeit des letzteren viel bedeutender ist. Da nun die Verhältnisse nicht selten es geboten erscheinen lassen, daß freie Arbeiter mit Dienstleuten oder letztere mit ihren Scharwerkern resp. Frauen gleichzeitig bei derselben Accordarbeit beschäftigt werden, so entstehen in solchen Fällen erhebliche Schwierigkeiten bei der Feststellung des Accordsatzes oder der gerechten Vertheilung des Accordverdienstes. Man ist gezwungen, für dieselbe Leistung den verschiedenen Arbeitern eine ganz verschiedene Vergütigung zu bewilligen; hiedurch erwächst aber leicht Unzufriedenheit und Abneigung gegen die Accordlöhnung überhaupt. Bei den Scharwerkern kommt noch ein besonders erschwerender Umstand hinzu. Diese erhalten von dem Dienstmann, welchem sie zugehören, außer freiem Unterhalt einen festen Tageslohn, wofür jenem der für die Scharwerksarbeit Seitens des Gutsherrn bewilligte Tagelohn zufließt. Werden nun Scharwerker im Accord beschäftigt, so kommt der daraus erzielte Verdienst ebenfalls ihrem unmittelbaren Brodherrn zu; jene werden aber keine Neigung haben, sich mehr als gewöhnlich anzustrengen, wenn ihnen kein Nutzen daraus erwächst. Es kann daher die Accordlöhnung bei Scharwerkern nur dann mit Erfolg angewendet werden, wenn der daraus fließende Mehrverdienst wenigstens theilweise auch ihnen selbst ausgehändigt wird. Dies in der Praxis durchzuführen, ist aber keineswegs leicht und wirft ein nicht unerhebliches Gewicht mit in die Waagschale, wenn es sich um Entscheidung der Frage handelt, ob nicht das Institut der Scharwerker überhaupt zu beseitigen sein möchte.

Gegen die Accordlöhnung lassen sich allerdings auch einige Bedenken geltend machen; einmal kann dadurch die Qualität der Arbeitsleistung beeinträchtigt werden und zweitens ist es möglich, daß der Arbeiter durch die Aussicht auf vermehrten Gewinn sich zu Anstrengungen verleiten läßt, welche seinem körperlichen und geistigen Wohlbefinden Eintrag thun. Aber hiergegen ist zu erwidern, daß man im landwirthschaftlichen Betriebe immer nur eine beschränkte Anzahl von Arbeiten im Accord ausführen lassen wird, nämlich solche, welche leicht zu beaufsichtigen und hinsichtlich ihrer Qualität auch nach vollständig erfolgter Leistung gut zu beurtheilen sind. Sehr viele Verrichtungen müssen stets im Tagelohn vorgenommen werden; ein und derselbe ländliche Arbeiter wird deshalb immer nur einen Theil des Jahres im Accord beschäftigt sein. Auch wirkt eine zeitweise sehr große Anspannung der Kräfte auf das Wohlbefinden der ländlichen Arbeiter viel weniger ungünstig als auf das der industriellen. Denn die Beschäftigung jener, weil sie meist in freier Luft stattfindet, ist an und für sich schon eine gesundere; außerdem gewähren dem landwirthschaftlichen Arbeiter die langen Winterabende die nöthige Ruhe und Erholung von den Strapatzen des Sommers.

Eine zweckmäßigere Art der Naturallöhnung und die allgemeinere Einführung der Accordarbeit scheinen mir die wesentlichsten Mittel zu sein, durch welche eine direkte Vermehrung des Einkommens der ländlichen Arbeiter zunächst versucht werden muß. Die Geldlöhne stehen schon jetzt so hoch, daß eine weitere Steigerung derselben sich nur schwer mit den Interessen des landwirthschaftlichen Gewerbes und also auch der Arbeiter selbst vereinigen läßt. Dieselbe ist nur in demjenigen Maße wünschenswerth aber auch nothwendig, als die Leistungsfähigkeit der ländlichen Arbeiter eine größere wird; alles, was die letztere hebt, führt früher oder später auch eine Erhöhung des Einkommens herbei.

4. Die Veredelung des häuslichen und geselligen Lebens.

Die befriedigende äußere Existenz der arbeitenden Klasse ist aber damit noch nicht gesichert, daß man ihr die Mittel bietet, den Bedürfnissen an Wohnung, Kleidung und Lohnung in entsprechender und immer vollkommenerer Weise zu genügen. Der Mensch ist eben kein Pferd oder Ochse, welche blos zu dem Zweck Futter und Pflege erhalten, um arbeiten zu können und welche sich ganz wohl befinden, wenn ihnen nur die nöthige Ruhe gelassen wird, um ihre Nahrung zu sich zu nehmen und neue körperliche Kräfte zu sammeln. Auch der roheste und ungebildetste Arbeiter bedarf außerdem noch mancherlei, wenn er sich wohl fühlen und eine menschenwürdige Existenz führen soll. Dahin gehört vor Allem der freie, gesellige Verkehr mit Seinesgleichen, namentlich innerhalb der Familie. Nichts ist mehr als das Familienleben im Stande, die edlen Keime, welche im Menschenherzen verborgen sind, zu wecken und zu pflegen; in ihm findet der Mann die Erholung von der schweren Arbeit des Tages und die Kraft zu neuer Thätigkeit, in ihm die reinsten und schönsten Freuden und den stärksten Antrieb zur Ausübung der höchsten Tugend, der sich selbst verleugnenden Liebe, welche andrerseits wieder eine Quelle der edelsten Freuden in sich birgt. Es ist deshalb im eigentlichen Sinne des Wortes eine Unmenschlichkeit, dem Arbeiter die Möglichkeit eines gemüthlichen Familienlebens zu entziehen, wie es noch häufig geschieht, und es muß als heiligste Pflicht betrachtet werden, die Hindernisse, welche jenem entgegenstehen, zu beseitigen. Der Mittelpunkt und eigentliche Sitz des Familienlebens ist das Haus. Deshalb gilt es vor Allem, dem Arbeiter eine behagliche Wohnung zu verschaffen, in welcher er im Kreise der Seinigen mit Vergnügen weilen kann. Diesen überaus wichtigen Punkt habe ich bereits vorher öfters berührt und unterlasse hier deshalb nähere Ausführungen.* Nur das Eine will ich an dieser Stelle noch sagen, daß keine durchgreifende Besserung der ländlichen Arbeiterverhältnisse denkbar scheint, wenn dieselbe sich nicht auf Gründung einer behaglicheren Häuslichkeit stützt. Hierzu gehört zunächst freilich eine angemessene Wohnung; dann aber auch die nöthige Zeit und Ruhe, um die Wohlthaten des Familienlebens genießen zu können. Diese verschafft der Arbeitgeber seinen Leuten theils dadurch, daß er ihnen die Feiertage zur freien Disposition überläßt, theils dadurch, daß er auch an Werktagen die Arbeitszeit auf ein angemessenes Maß beschränkt. Erstgenannten Punkt habe ich bereits ausführlich (S. 114) erörtert und in Bezug auf den zweiten ebenfalls schon angegeben (S. 88), daß in den letzten Jahrzehnten im Allgemeinen eine Reduktion der Arbeitszeit bei dem ländlichen Betriebe stattgefunden hat. Aber dieselbe ist, wenigstens im nordöstlichen Deutschland, während des Sommers immer noch zu lang und überschreitet auf vielen Gütern jedes zu billigende Maß. Wenn die Arbeiter Morgens um 3 Uhr ihre Thätigkeit beginnen und dieselbe bis Abends 9 oder 10 Uhr, mit Ausnahme der im Ganzen 2 bis 3 Stunden währenden Essens- und Ruhezeiten, beständig fortsetzen sollen, so ist dies eine Forderung, welche an keinen Menschen vernünftiger Weise gestellt werden dürfte. Der für den Gutsherrn dadurch beabsichtigte Gewinn ist auch ein illusorischer. Denn je ungebührlicher die Arbeitszeit ausgedehnt wird, desto weniger energisch können und müssen die Leute während derselben thätig sein. Es liegt dies schon in dem beschränkten Maß der physischen Kraft des Menschen, aber auch in der psychologischen Thatsache begründet, daß jedes Uebermaß als unausbleibliche Folge Ekel und Unlust erzeugt. So sehen wir es denn auch durch die Erfahrung bestätigt, daß die ländlichen Arbeiter im südwestlichen Deutschland trotz der während des Sommers um 2 bis 4 Stunden kürzeren Arbeitszeit im Durchschnitt mindestens eben so viel täglich leisten als die Arbeiter im nordöstlichen Deutschland; ich glaube sogar, ein bis in's Detail angestellter Vergleich würde noch zu Gunsten der ersteren ausfallen.

Als das höchste Maß der von einem Tagelöhner billiger Weise zu fordernden täglichen Leistung möchte ich 12 volle Arbeitsstunden bezeichnen. Es würden diese etwa in die Zeit von Morgens $1/_2 6$ bis Abends 8 Uhr mit $2^1/_2$ stündiger Unterbrechung zur Ruhe resp. zum Essen fallen; natürlich werden aber bei Bestimmung über die Termine des Beginnes und des Aufhörens der Arbeit sowie über die Ruhepausen lokale Gewohnheiten und Bedürfnisse entscheidend mitwirken. Aber selbst eine zwölfstündige Arbeitszeit würde auf die Dauer zu lang sein; sie erscheint auch im landwirthschaftlichen Gewerbe nur für eine kurze Periode, etwa für die 4—6 Wochen der dringendsten Erntegeschäfte gerechtfertigt. Als Regel müßte in dem landwirthschaftlichen Gewerbe während des Sommers eine 11 stündige Arbeitszeit gelten; dieselbe würde etwa von Morgens $1/_2 6$ bis Abends 7 Uhr, mit $2^1/_2$ stündiger Unterbrechung währen. Im mittleren und südlichen Deutschland werden auch schon vielfach diese Grenzen eingehalten; ebenso in den westlichen Theilen des nördlichen Deutschlands*). Daß der Betrieb des landwirthschaftlichen Gewerbes an einzelnen Tagen im Jahre eine längere Ausdehnung der Arbeitszeit dringend wünschenswerth macht, ist freilich unbestreitbar. So z. B. wenn die Witterung ungünstig zu werden droht und die Ernte eines bestimmten Feldes nur bei Verlängerung der Arbeitszeit rechtzeitig zu bewerkstelligen ist, oder wenn in einem sehr nassen Sommer einmal ein paar regenfreie Tage eintreten. In solchen Ausnahmefällen unterliegt es keinem Bedenken, die Arbeitszeit um einige Stunden zu verlängern, vorausgesetzt, daß man die Mehrleistung noch besonders vergütigt.

---

*) So pflegt in Holstein die Arbeitszeit während des Sommers regelmäßig nur von Morgens 6 Uhr bis Abends 6 Uhr, mit $1^1/_2$ Stunden Mittagsruhe, zu dauern Vgl. Festgabe für die Mitglieder der XI. Versammlung deutscher Land- und Forstwirthe. Altona 1847. S. 310.

Während des Winters kann die Arbeitszeit in der Regel nicht länger dauern, als es hell ist; sie bleibt deshalb an den kürzesten Tagen weit unter dem Normalmaß von 11 Stunden. Dies kann aber keinen Grund abgeben, die Arbeitszeit im Sommer entsprechend zu erhöhen. Denn nur in beschränktem Maaße dient die Ruhe des Winters dazu, dem Tagelöhner die Kraft zu außergewöhnlichen Anstrengungen während des Sommers zu verleihen. Außerdem hat der Tagelöhner gerade während des Sommers am meisten mit der Besorgung der eigenen kleinen Wirthschaft zu thun und hierzu darf man ihm die Zeit und die Kraft nicht vollständig rauben.

Im nordöstlichen Deutschland wird man nicht umhin können, die Arbeitszeit erheblich einzuschränken; bisher ist dies nur in wenigen Fällen und in geringem Maße geschehen. So müßte die Arbeit vor dem ersten Frühstück, also von Morgens 3—1/26 Uhr gänzlich fortfallen. Diese belästigt die Leute sehr, ohne nur einen einigermaßen entsprechenden Nutzen zu schaffen. Denn die Tagelöhner pflegen in dieser Zeit ganz unbeaufsichtigt zu sein, und glauben ein gewisses Privilegium zum Faullenzen zu besitzen. Auch noch andere Gründe, namentlich die Rücksicht auf die Gespannkräfte, lassen den Werth der Arbeit vor dem Frühstück als wenig bedeutend erscheinen. Wo man dieselbe aufhebt, kann man natürlich von den Leuten während der übrigen Tageszeit eine größere Leistung als bisher beanspruchen. Dieselbe wird auch nicht ausbleiben und der erzielte Vortheil wichtiger sein als der erlittene Verlust. Wo die Arbeit an den langen Sommertagen noch bis 9 oder gar 10 Uhr Abends zu dauern pflegt, muß selbstverständlich auch eine erhebliche Beschränkung eintreten. Es kann dieselbe aber blos allmählig im Laufe der Jahre stattfinden, da die Arbeiter eine plötzlich und in großem Maßstabe ihnen gewordene Erleichterung wohl verkehrt auffassen könnten. Die Reduktion der Arbeitszeit darf um so schneller erfolgen, je mehr man sieht, daß die begonnene Einführung derselben auf den Fleiß der Tagelöhner günstig einwirkt.

Man wird mir vielleicht entgegnen, daß die klimatischen Verhältnisse im nordöstlichen Deutschland eine längere Arbeitszeit als im südwestlichen während des Sommers nothwendig machen. Diesem Einwurf kann ich aber nur eine sehr beschränkte Berechtigung zuerkennen. Allerdings drängen sich dort wegen der kürzeren Vegetationsperiode die ländlichen Geschäfte sehr viel mehr wie hier und im Nordosten sind daher große Leistungen der Arbeiter während des Sommers besonders wünschenswerth; aber ich habe schon oben nachgewiesen, daß man solche nicht erzielt, wenn man die Arbeitszeit ungebührlich ausdehnt. Die Mehrzahl der Landwirthe scheint dies freilich anzunehmen, indessen irrthümlicher Weise. Die ungünstigeren Verhältnisse des nordöstlichen Deutschlands scheinen mir nur die Berechtigung in sich zu schließen, in der bringendsten Ernteperiode an den wenigen Tagen, auf welche sich das Einfahren der Körnerfrüchte hauptsächlich zusammendrängt, eine Ausdehnung der Arbeitszeit um einige Stunden gegen entsprechende Vergütigung regelmäßig vorzunehmen. Geschieht dies während des Sommers an im Ganzen etwa 8 oder 14 Tagen, so kann man allerdings eine erhebliche und nutzbringende Mehrleistung erzielen. Denn vorübergehend ist eine außerordentliche Anstrengung der menschlichen Kräfte möglich, widerspricht auch keineswegs den Interessen der Arbeiter oder sittlichen Grundsätzen. Man wird zudem allerwärts die Leute willig finden, in der Ernte an einzelnen Tagen Außerordentliches zu leisten, wenn man ihnen während der übrigen Zeit die nöthige Ruhe gönnt.

Die Verkürzung der Arbeitszeit hat, wenn auch nicht lediglich, so doch wesentlich den Zweck, dem Tagelöhner die Möglichkeit zu gewähren, sich den gemüthlichen Freuden des Familienlebens und des geselligen Verkehrs mehr hinzugeben. Viele unserer ländlichen Arbeiter sind freilich noch so wenig an solche Freuden gewöhnt, daß sie dieselben erst genießen lernen müssen. Hierzu kann nun der Gutsbesitzer außerdem sehr vieles beitragen, wenn er bei passenden Gelegenheiten festliche Zusammenkünfte seiner Arbeiter und deren Familien veranstaltet. Ein auf dem Lande noch allgemein übliches Fest ist das Erntefest. Die Feier desselben besteht aber auf den meisten großen Gütern darin, daß den Arbeitern eine bestimmte Quantität Branntwein, Bier, im südlichen Deutschland etwa auch Wein, verabfolgt und an irgend einem Abend resp. in irgend einer Nacht bei Musik und Tanz verzehrt wird. Der Gutsherr zeigt sich bei derselben gewöhnlich nur ganz vorübergehend; es ist ihm dies auch kaum zu verdenken, da die Festlichkeit sehr lärmend und roh, auch mit vielseitiger Betrunkenheit und nicht selten mit Schlägerei verbunden zu sein pflegt. Er sieht ihr sogar oft mit einigem Bangen entgegen und freut sich, wenn sie vorüber ist, ohne besonders ärgerliche Spuren hinterlassen zu haben. Eine würdige, edle Feier des Erntefestes findet nur ausnahmsweise statt, wenn gleich ich zugeben muß, daß dieselbe im südlichen Deutschland nicht so lärmend und roh betrieben wird, wie fast durchgängig im nordöstlichen. Aber im Allgemeinen haben es die ländlichen Arbeiter noch nicht gelernt, gemeinsame Feste fröhlich und doch würdig zu feiern. Sie sind körperlich und geistig zu steif und roh hierzu. Da ist es denn Sache des Gutsherrn, ihnen hülfreich an die Hand zu gehen, ihnen zu zeigen, wie man sich gesellig unterhalten und vergnügt sein kann, auch ohne zu schreien, zu toben und sich zu betrinken. Ein vorzügliches Mittel und wohl das Beste hierzu ist, wenn man die Kinder der ländlichen Arbeiter von Jugend auf, also sowohl in der Kleinkinder= wie in der Elementarschule daran gewöhnt, gemeinsame Spiele im Freien vorzunehmen und an solchen sich zu erfreuen. Wer dies in der Jugend gelernt hat, findet auch im Alter noch Vergnügen daran, den Spielen und Wettkämpfen der Jugend zuzuschauen. Letztere muß aber bei jedem wahren Volksfeste den Mittelpunkt bilden. Auch unsern steifen und ziemlich rohen, aber keineswegs gemüth= und herzlosen ländlichen Arbeitern gewährt es ein großes Vergnügen, wenn sie die kleine und die bereits herangewachsene Jugend, jede in ihrer Art, in ordnungsmäßiger Weise mit Spielen, turnerischen Uebungen, Singen und Tanzen sich beschäftigen sehen. Sie freuen sich dabei der Geschicklichkeit, Gewandtheit, Kraft oder Schönheit ihrer Kinder, ohne sie zu beneiden; sie selbst sitzen lieber bei ihrem Glase Bier und Wein, rauchen ihren Tabak und unterhalten sich mit ihren Nachbarn über das bunte Bild vor ihren Augen, welches ihnen gleichzeitig Gelegenheit genug gibt, die Familienangelegenheiten des Dorfes zu besprechen. Dies gewährt den Müttern und Vätern hinreichenden Zeitvertreib und zwar in würdigster Art. Deshalb muß jedes Volksfest im Wesentlichen zu einem Kinderfest sich gestalten. Ein solches sollte der Gutsherr nicht nur zur Erntefeier, sondern auch noch bei anderen passenden Gelegenheiten veranstalten. In der Regel müssen diese Feste in den Sommer fallen, da sie sich in vollkommener Weise blos im Freien, am besten im Walde begehen lassen. Die hierdurch erwachsenden Kosten sind auch nicht sehr bedeutend, wenn eben das Trinken mehr in den Hintergrund tritt, als dies bei den Erntefesten gewöhnlich der Fall ist.

Ein Fest müßte freilich der Gutsherr auch im Winter mit seinen Leuten feiern: das **Weihnachtsfest**. Zu diesem sollte er, wenn irgend möglich, alle seine Arbeiter und deren Familien um den gemeinschaftlichen Weihnachtsbaum versammeln, ihnen die Bedeutung des Festes nahe legen, wenigstens den Kindern kleine Gaben bescheeren und von Letzteren Weihnachtslieder anstimmen lassen. Es bietet freilich grade eine solche gemeinsame Weihnachtsfeier große Schwierigkeiten der mannigfachsten Art; aber sie ist auch wieder wie kein anderes Fest geeignet, die Herzen der Arbeiter mit denen der Herrschaft in Vertrauen und Liebe zu verbinden.

Solche von dem Gutsherrn veranstaltete Feste müssen nun wieder dazu dienen, dem Arbeiter zu lehren, wie er im eigenen Hause Feste zu feiern hat und wie er mit Seinesgleichen einen geselligen Verkehr unterhalten kann, der eine andere Befriedigung gewährt, als er sie im Saufen und Toben zu finden gewohnt ist. Es würde etwas ungemein Großes erreicht sein, wenn man es dahin bringen könnte, daß dem ländlichen Arbeiter das Familienleben der Mittelpunkt seiner liebsten Erholung, seiner reinsten Freuden und daß ihm jede rohe und gemeine Geselligkeit verleidet würde. Hierzu wird er aber erst durch mannigfache Erfahrung und Uebung gelangen und solche ihm zu verschaffen ist Pflicht der Arbeitsherrn. Letztere erkennen dies freilich bei uns nur ausnahmsweise an, während in England die Landwirthe es in der letzten Zeit schon allgemeiner einzusehen beginnen, daß sie selbst für eine würdigere Feier der Erntefeste und überhaupt für eine eblere Geselligkeit unter ihren Leuten Sorge zu tragen verpflichtet sind*).

Für städtische und industrielle Arbeiter sind zur Förderung eines angemessenen geselligen Verkehrs an manchen Orten schon bei uns, viel häufiger aber noch in England, umfassende Maßregeln mit dem besten Erfolg ergriffen worden. Dabei denke ich namentlich an die Einrichtung von eigenen Häusern zu gemeinschaftlichen Zusammenkünften; in denselben ist die Gelegenheit und Räumlichkeit geboten zum Lesen, Unterrichten, Abhalten von Vorträgen und Versammlungen; es gibt dort Speise-, Tanz-, Musiksäle u. s. w.**) In dem gleichen Umfang kann aus verschiedenen Gründen für ländliche Arbeiter natürlich etwas Aehnliches nicht geschaffen werden. Aber in einfacherem und kleinerem Maßstabe ließen sich jene Einrichtungen recht gut auch auf dem Lande durchführen; besonders dort, wo die Arbeiter schon eine etwas größere Bildung haben. Es verlohnte sich wohl, daß die Gutsbesitzer über diesen Punkt etwas nachdächten und sich zunächst einige Kenntniß von den Leistungen verschafften, welche auf diesem Gebiete in den Städten bereits stattgefunden haben.

5. Die wirthschaftliche Benutzung des Einkommens.

Ich komme nunmehr zur Besprechung derjenigen Mittel, welche dazu dienen sollen, den ländlichen Arbeiter zu einer wirthschaftlichen Benutzung seines Einkommens zu befähigen. Wie schlecht es hiermit noch bestellt ist, habe ich bereits früher (S. 19 ff.) erörtert. Namentlich gilt dies von den Dienstleuten, deren Einkommen ein viel unregelmäßigeres ist als das der freien Arbeiter, welche reinen Tagelohn beziehen. Aber

---

*) V. A. Huber: Sociale Fragen. VII. Die Arbeiterfrage in England. Nordhausen, Förstemann's Verlag. 1869. S. 38.
**) V. A. Huber, a. a. O. S. 36 ff.

auch bei Letzteren ist ja der Verdienst insofern oft kein gleichmäßiger, als viele im Sommer einen sehr hohen, im Winter einen sehr niedrigen Lohn erhalten; zeitweise sind manche sogar jeder Erwerbsquelle beraubt. Dagegen ist bei den meisten ländlichen Arbeitern der gesammte Jahresverdienst so groß, daß sie, wenn nicht besondere Unglücksfälle eintreten, ihren Bedürfnissen gemäß davon leben können. Es zeigt sich deshalb als höchst wünschenswerth, ja nothwendig, sie zu einer wirthschaftlichen Benutzung ihres Einkommens zu befähigen. Als das wirksamste Mittel zu diesem Zweck ist die Beförderung ihrer allgemeinen geistigen und sittlichen Bildung zu betrachten. Denn die Geschichte aller Völker und Berufsklassen liefert den Beweis, daß mit einer niederen allgemeinen Bildungsstufe auch eine unwirthschaftliche Benutzung der nothwendigsten Lebensbedürfnisse verbunden zu sein pflegt; auf ihr fehlt es den Menschen an der erforderlichen Voraussicht und der nöthigen Selbstbeherrschung, den Ueberfluß guter Zeiten zur Deckung des Mangels in schlechten Zeiten aufzubewahren. Es kann daher mit Sicherheit erwartet werden, daß alle zur Hebung der Bildung der ländlichen Arbeiter mit Erfolg angewendeten Maßregeln auch die wirthschaftliche Tüchtigkeit derselben erhöhen. Ueber diese Maßregeln habe ich mich bereits früher ausgesprochen; es bleibt mir hier nur übrig, darauf hinzuweisen, daß es durchaus nöthig ist, die Einflüsse des Unterrichtes und der sonstigen Belehrung ausdrücklich auch zu dem Zweck geltend zu machen, um eine größere Wirthschaftlichkeit der ländlichen Arbeiter zu erzielen. Gelegenheiten und Mittel hierzu sind reichlich vorhanden.

Bei den Dienstleuten, deren Einkommen großentheils aus Naturalien besteht, hat aber der Gutsherr auch die Veranlassung und Macht, direkt deren wirthschaftliche Thätigkeit zu beeinflussen und zu reguliren. Vor allen Dingen darf er durch seine eigene Handlungsweise den Leuten die zweckmäßige Verwaltung ihres Einkommens nicht erschweren. Dies geschieht aber, wenn er es ihnen unmöglich macht, rechtzeitig ihr zugewiesenes Land zu bearbeiten und die kleine Ernte einzubringen; wenn er Lohn und Deputat nicht regelmäßig darreicht, so daß die Arbeiter zum Borgen gezwungen sind; wenn er so mangelhafte Wohnungen anweist, daß darin die Vorräthe an Kartoffeln, Getreide, Mehl, Brod u. s. w. nicht mit Sicherheit vor dem Verderben bewahrt werden können.

Es hat ferner der Gutsherr, soweit es überhaupt angängig, dafür zu sorgen, daß den Dienstleuten die Natural-Emolumente möglichst gleichmäßig das ganze Jahr hindurch zufließen. Soweit dieselben in einem festen Quantum an Getreide oder Kartoffeln bestehen, sollen sie jedes Mal auf höchstens ein Quartal ausgegeben werden; bei sehr verschwenderischen Familien scheint sogar eine monatliche Vertheilung gerechtfertigt. In Bezug auf den Drescherlohn soll der Gutsherr ebenfalls Sorge tragen, daß dieser sich wenigstens auf den ganzen Winter gleichmäßig repartirt. Wo es der Wirthschaftsbetrieb nöthig erscheinen läßt, das Getreide größtentheils in einer kurzen Periode hinter einander auszudreschen, hat deshalb der Gutsherr die Pflicht, seinen Leuten den ganzen Drescherlohn nicht ebenfalls in dieser Zeit zu verabfolgen, sondern er muß denselben auf eine so lange Frist vertheilen, als er für den Bedarf der Arbeiter auszureichen bestimmt und fähig ist*). Mancher wird vielleicht sagen, dies sei eine Bevormundung und Beschränkung der persönlichen Freiheit und deshalb nicht zu billigen. Solche rein doctrinären Einwürfe müssen aber vor der praktischen Nothwendigkeit verstummen. Ich gönne und wünsche den ländlichen Arbeitern jede nur mögliche Selbstständigkeit und Freiheit; aber man darf nicht vergessen, daß dieselben in vielen Dingen die volle Freiheit noch gar nicht zu benutzen verstehen, daß sie zu ihrem Gebrauch erst erzogen werden müssen. Daß letzterer Zweck stets im Auge gehalten werde, ist bei Beurtheilung der ganzen ländlichen Arbeiterfrage sehr wichtig. Man erreicht ihn freilich nur langsam und unter vielen Opfern. Deshalb ist es auch nicht zu verwundern, wenn ein Theil der Landwirthe dafür hält, man müsse die Arbeiter ganz ihre eigenen Wege gehen, ein anderer wieder, man müsse sie stets den Willen des Herrn als zwingende Nothwendigkeit empfinden lassen. Beides ist verkehrt; unsere Aufgabe ist es vielmehr, die Arbeiter zu einem vernünftigen Gebrauch der Freiheit zu erziehen und wir dürfen daher nur insoweit irgend einen Zwang über sie ausüben, als derselbe zur Erreichung dieses Zweckes unumgänglich erforderlich erscheint.

Der Gutsherr kann den Dienstleuten auch dadurch zu Hülfe kommen, daß er ihnen den nicht direkt zur Verwendung kommenden Theil der Natural=Emolumente oder der eigenen Wirthschaftserzeugnisse zu einem angemessenen Preise abkauft oder ihnen beim Verkauf derselben an Dritte wenigstens behilflich ist. Die Gelegenheit hierzu findet sich sehr häufig. Die Dienstleute erhalten z. B. als Drescherlohn nicht selten Körnerfrüchte, welche sie zu ihrem eigenen Consum zweckmäßiger Weise nicht verwenden können oder auch nicht verwenden wollen. Ein Verkauf derselben an

---

*) Hierfür spricht auch schon der Umstand, daß die Arbeiter in ihrer Wohnung selten einen Raum besitzen, in welchem sie größere Mengen Getreide längere Zeit so aufbewahren können, daß dieselben vor dem Verderben geschützt sind.

Dritte ist schwierig und meist mit Unkosten verknüpft, da er in der Regel nur am nächsten Marktorte erfolgen kann. In solchem Fall soll der Gutsherr derartige Produkte seinen Leuten entweder direkt abkaufen und zwar zu dem Marktpreise oder er soll den Drescherlohn der Arbeiter auf Rechnung derselben zusammen mit den ihm selbst gehörenden Körnerfrüchten gleicher Art verkaufen.

Weiter erzielen die Dienstleute oft in ihrer eigenen kleinen Wirthschaft gewisse Produkte, welche sie nicht consumiren, sondern theilweise oder vollständig zu Geld machen wollen; so z. B. fettgemachte Schweine, Kälber, Hühner, Eier, Milch, Butter, auch wohl überflüssige Kartoffeln, wenn der Ertrag der letzteren besonders reichlich ausgefallen ist. Bei der Verwerthung solcher Erzeugnisse haben die Dienstleute mit Schwierigkeiten zu kämpfen, welche nicht selten den ihnen aus dem Verkauf eigentlichen zukommenden Gewinn erheblich schmälern. Sie selbst kennen den Marktpreis ihrer Produkte gewöhnlich nicht genau und werden deshalb leicht von den herumziehenden oder in der Stadt ihnen auflauernden Aufkäufern betrogen. Bringen sie selbst ihre Erzeugnisse nach dem nächsten Marktorte, so büßen sie durch Verlust an Zeit, Abnutzung von Kleidungsstücken u. s. w. einen großen Theil ihres kleinen Erlöses wieder ein. Diese Uebelstände kann der Gutsherr dadurch mehr oder weniger beseitigen, daß er seinen Arbeitern ihre wirthschaftlichen Erzeugnisse entweder selbst abkauft oder ihnen doch bei dem Verkauf derselben behülflich ist. Hinderlich wird ihm dabei freilich das meist herrschende Mißtrauen der Dienstleute sein; sie wollen nicht gerne die Einnahmen der eigenen Wirthschaft dem Gutsherrn offenbaren, weil sie fürchten, derselbe möchte daraus einen Grund herleiten, sie künftig schlechter zu stellen. Das mangelnde Vertrauen kann nun zwar nicht auf einmal beseitigt werden; aber das sicherste Mittel, es allmählig zum Verschwinden zu bringen, liegt eben darin, daß der Herr sich in uneigennütziger, aufopfernder Weise der Interessen seiner Leute annimmt.

Mehr noch wie bei dem Verkauf ihrer Erzeugnisse pflegen die ländlichen Arbeiter bei dem Einkauf oder der Selbstfabrikation gewisser Lebensbedürfnisse zu verlieren. Sie brauchen im Laufe des Jahres nicht unerhebliche Quantitäten an Salz, Kaffee, Cichorien, Zucker, Beleuchtungsmaterial. Diese kaufen sie immer in kleinen Mengen bei dem Krämer im Dorf, der meist zugleich einen Ausschank hat. In Folge dessen müssen sie zunächst ihre Bedürfnisse um vielleicht 50—100 Prozent theurer bezahlen, als wenn sie dieselben in der nächsten Stadt und in größeren Quantitäten kauften. Ferner gibt der häufige Besuch des Schanklokals verführerische Gelegenheit, Branntwein entweder an Ort und Stelle zu genießen oder mit nach Hause zu nehmen. Endlich verleitet die bereitwillige Zuvorkommenheit des Krämers die Arbeiter dazu, mehr Geld auszugeben, als sie besitzen; sie fangen an, Schulden zu machen und haben damit den ersten Schritt zu ihrem wirthschaftlichen Ruin gethan, welcher oft den sittlichen nach sich zieht. Aehnliche Uebelstände treten bekanntlich auch in den Städten, wenn auch etwas modificirt, zu Tage. Man hat denselben dort durch die sogenannten Consumvereine abzuhelfen gesucht, deren segensreiche Wirkungen so oft und genügend constatirt sind, daß ich dieselben nicht näher auseinander zu setzen brauche. Auf dem Lande scheinen dieselben noch nöthiger, da hier die Concurrenz zu fehlen pflegt, welche auch im kleinsten Detailverkauf auf die Preisforderungen mäßigend einwirkt. Auf dem Lande ist der Krämer vielfach Monopolist oder hat doch nur mit einigen wenigen Concurrenten zu thun, mit welchen er sich trotz des Brodneides leicht darüber verständigt, daß sie mit ihren Preisen sich immer auf einer gewissen Höhe erhalten wollen. Sollte ein solches Abkommen auch nicht ausdrücklich geschlossen sein, so handeln die betreffenden Personen doch stillschweigend, gewissermaßen instinctiv, ebenso als ob es wirklich geschlossen wäre.

Wo die Arbeiter auf dem Gute selbst wohnen, kann der Besitzer sehr viel dazu beitragen, daß seine Leute die gewöhnlichen, käuflich zu erwerbenden Lebensbedürfnisse billiger und in besserer Qualität erhalten, als der Krämer sie darzubieten pflegt. Es ist für ihn in den meisten Fällen wohl durchführbar, jene Viktualien im Großen anzukaufen und dann im Kleinen an seine Arbeiter zu dem Selbstkostenpreise, natürlich unter Abzug des aus dem Transport und der Vertheilung selbst erwachsenden Aufwandes wieder abzugeben. Der Gutsherr hat alsdann nicht einmal nöthig, aus der eigenen Kasse einen Vorschuß zur ersten Erwerbung der betreffenden Gegenstände zu machen. Denn jeder Kaufmann in der Stadt creditirt ihm ohne weitere Bedingungen die entnommenen Waaren auf so lange Zeit, als zum Verkauf derselben an die Arbeiter erforderlich ist. Wünschenswerth erscheint es allerdings, daß die Tagelöhner die zur Erwerbung ihrer Lebensbedürfnisse im Großen erforderliche Summe vorher zusammenbringen und daß jene bei dem Kaufmann in der Stadt sofort baar bezahlt werden. Der Gutsherr ist dann bei dem Geschäfte nur insoweit betheiligt, daß er die äußere Leitung desselben zum Vortheile seiner Leute in die Hand nimmt. Eine solche Maßregel kann allerdings blos dort ohne Schwierigkeit durchgeführt werden, wo die Arbeiter bereits gewohnt sind, Ersparnisse zu machen und in einer gemeinsamen Ver=

sicherungs-, Hülfs- oder Spar-Kasse anzulegen. Gehören Institutionen dieser Art für die Dienstleute auch noch zu den Seltenheiten, so finden sie sich doch schon auf mehreren Gütern*); ich möchte daher den betreffenden Besitzern es wohl zur Erwägung anheimgeben, ob und in wie weit das Vorhandensein von den Arbeitern gemeinsamen Fonds zur Bildung solcher Consumvereine benutzt werden könne. Auf der Domaine Sillium in Hannover hat der dortige Pächter, Herr Rüster, die wohlthätige Einrichtung getroffen, daß die disponibeln Bestände der von ihm schon seit vielen Jahren begründeten Hülfskasse (s. Anlage B.) zum Ankauf von Oel, Kaffee, Graupen und anderen Lebensbedürfnissen für seine Tagelöhner verwendet werden. Die Kasse gibt die Mittel zur Anschaffung der Victualien im Großen her; den Verkauf derselben im Kleinen an die Arbeiter findet nur gegen Baarzahlung und mit einem geringen Preisaufschlage statt, so daß die Kasse wieder in den unverkürzten Besitz der gemachten Vorschüsse gelangt.

Wo keine Fonds existiren, welche den Arbeitern gemeinsam gehören, muß der Gutsherr das ganze Geschäft des Ein- und Verkaufs auf eigene Rechnung übernehmen; die Gefahr eines etwa eintretenden materiellen Verlustes ist dabei so gering, daß sie gar nicht in Betracht gezogen zu werden verdient.

Natürlich dürfen die Arbeiter niemals gezwungen werden, sich an der gemeinsamen Beschaffung von Lebensbedürfnissen zu betheiligen oder die von dem Gutsherrn zum Detailverkauf erworbenen auch wirklich für einen bestimmten Preis demselben abzunehmen. Bei irgend zweckentsprechender Durchführung der vorgeschlagenen Maßregel muß der Vortheil für den Tagelöhner ein so auffälliger sein, daß er nicht lange anstehen wird, von derselben umfassenden Gebrauch zu machen.

Wo die ländlichen Arbeiter nicht auf dem Gute ihres Brodherrn, sondern außerhalb in Dörfern wohnen, läßt sich die besprochene Form eines Consumvereins, welche eine Art latenter Genossenschaft darstellt, nicht wohl anwenden. Hier bleibt in der Regel nichts anderes übrig, als daß die Arbeiter aus eigener Initiative Consumvereine gründen oder sich an bereits bestehende Genossenschaften dieser Art anschließen. Die Zahl der letzteren in Deutschland ist schon sehr groß**): sie wurden ins Leben

---

*) Hierüber siehe weiter unten S. 143 ff.

**) Nach dem „Jahresbericht über die auf Selbsthülfe gegründeten Erwerbs- und Wirthschaftsgenossenschaften für 1870" beliefen sich die für das Jahr 1869 der Anwaltschaft für das Genossenschaftswesen bekannt gewordenen Consumvereine in Deutschland auf 627.

gerufen nach den von Schultze-Delitzsch zuerst gegebenen Anregungen und Vorschriften. Die vorhandenen Consumvereine haben ihren Sitz allerdings vorzugsweise in Städten, während sie auf dem Lande eine nur geringe Verbreitung gefunden haben. Am meisten ist dies noch in der preußischen Rheinprovinz der Fall gewesen, wo schon eine nicht ganz unbedeutende Zahl von ländlichen Consumvereinen existirt. Aber auch diese waren bisher mehr zu Gunsten des kleinen Grundbesitzers, des Bauern, als zu Gunsten des ländlichen Arbeiters thätig; sie haben ihre Aufmerksamkeit vorzugsweise auf Beschaffung von landwirthschaftlichen Betriebsmitteln, wie Saatgut, Dünger, Maschinen, dagegen weniger auf den Vertrieb der nothwendigsten Lebensbedürfnisse gerichtet. Es ist dies auch ganz natürlich; denn die Mitglieder jener Vereine waren und sind meistentheils keine ländlichen Arbeiter, sondern lediglich Grundbesitzer, für die eine genossenschaftliche Erwerbung von landwirthschaftlichen Betriebsmitteln offenbar viel wichtiger sein mußte als eine eben solche von den gewöhnlichen Bedürfnissen an Nahrung und Kleidung. Indessen liegt kein Grund vor, weshalb die ländlichen Consumvereine nicht auch diesen besonderen Wünschen und Anforderungen der Tagelöhner nachkommen könnten und sollten; es scheint solches um so gerechtfertigter, als ja dort, wo jene existiren, ein großer Theil der ländlichen Arbeiter gleichzeitig Grundbesitzer ist. Ein sehr erfreulicher Anfang in der bezeichneten Richtung ist dadurch gemacht worden, daß man die seit einigen Jahren in großer Zahl sich verbreitenden ländlichen Darlehnskassenvereine auch für die Zwecke von Consumvereinen heranzuziehen versucht hat. Ueber die Darlehnskassen-Vereine selbst werde ich später noch zu sprechen haben; hier sei beiläufig blos bemerkt, daß dieselben nicht nur Grundbesitzer, sondern auch ländliche Tagelöhner in großer Zahl zu ihren Mitgliedern zählen. Es existiren in den Kreisen Neuwied und Altenkirchen bereits etwa 20 Darlehnskassenvereine, welche gleichzeitig die Bildung von Consumvereinen in der Form von Untergenossenschaften statutenmäßig zulassen. Dabei werden jedoch die Geschäfte der Darlehnskassenvereine und der Consumgenossenschaften in der Rechnung sowohl wie in der Kasse vollständig und zwar grundsätzlich von einander getrennt, so daß niemals die etwaigen Verluste der einen auch die anderen treffen können. Die Statuten, welche das beiderseitige Verhältniß regeln, finden sich abgedruckt in der Schrift von K. v. Langsdorff „Ländliche Credit- und Consumvereine"*). Soweit die

---

*) Neuwied 1871, bei Strüber. S. 58—61. Diese Schrift ist ein Separat-Abdruck aus der rheinischen Wochenschrift für Land- und Volkswirthschaft, welche in dem gleichen Verlag erscheint.

bis jetzt verflossene kurze Zeit überhaupt ein endgültiges Urtheil gestattet, hat sich die Verbindung der Darlehnskassen und der Consum-Vereine durchaus bewährt. Die weitere Verbreitung dieser Institution ist daher bringend zu wünschen. Dabei muß im Interesse der ländlichen Arbeiter darauf hingewirkt werden, daß sich Untergenossenschaften bilden, welche den Bedürfnissen jener ganz besonders Rechnung tragen d. h., welche sich vorzugsweise mit der gemeinsamen Beschaffung der nothwendigsten Lebensbedürfnisse abgeben.

Wo die Anlehnung an einen Darlehnskassenverein nicht möglich ist, muß man allerdings selbstständige Consumgenossenschaften zu bilden und diese auch für die Arbeiterbevölkerung nutzbar zu machen suchen. Als Anhalt können hierbei die **Betriebsmaterial-Beschaffungsvereine** dienen, welche in der Rheinprovinz, namentlich im Regierungsbezirk Trier, vor etwa Jahresfrist ins Leben gerufen wurden, als es sich um Beseitigung des durch Mißernte und Krieg unter der ländlichen Bevölkerung aufgetretenen Nothstandes handelte. Für dieselben wurde auf einer am 16. Januar 1871 in Kreuznach stattgehabten Versammlung von Vertretern der nothleidenden Distrikte ein Normalstatut*) angenommen, nach welchem sich jetzt schon viele einzelne Vereine gebildet haben. Ihr Zweck ist keineswegs blos der, landwirthschaftliche Betriebsmaterialien im engeren Sinne des Wortes, also z. B. Saatgut, Dungmittel u. s. w. zu beschaffen, sondern sie sollen gleichzeitig auch den genossenschaftlichen Bezug der gewöhnlichen Lebensbedürfnisse wie Nahrungsmittel, Kleidungsstoffe und Heizmaterialien ermöglichen. Letzteres ist für die ländlichen Arbeiter offenbar das wichtigere. Um dies Ziel zu erreichen, ist es also zunächst nöthig, die Tagelöhner möglichst zahlreich zur Theilnahme an jenen Vereinen zu bewegen; es kann dann nicht ausbleiben, daß dieselben den speciellen Bedürfnissen und Wünschen der Arbeiter auch gerecht werden. Die Statuten legen hierfür kein Hinderniß in den Weg; im Gegentheil sind sie absichtlich so gefaßt, daß den betreffenden Vereinen die ausgedehnteste Wirksamkeit möglich gemacht ist.

Diejenigen Mittel, welche ich als zur Hebung der materiellen Lage der ländlichen Arbeiter geeignet angegeben habe, sollen nun zunächst dazu dienen, denselben für gewöhnliche Zeiten eine ausreichende und bessere Existenz als bisher zu sichern. Sie haben auch den weiteren Zweck, den

---

*) Dasselbe findet sich abgedruckt in der rhein. Wochenschrift für Land- und Volkswirthschaft, No. 3 und 4 pro 1871, sowie in der eben citirten Schrift von Langsdorff S. 53—56.

Arbeitern die Möglichkeit zu gewähren, für außerordentliche Unglücksfälle einen Sparpfennig zurückzulegen. Aus der früheren Darstellung ist wohl zur Genüge ersichtlich, daß bereits heutzutage viele Tagelöhner im Stande sind, von ihrem Verdienst einen Theil zu erübrigen, wie dies ja auch thatsächlich hier und da geschieht. Wie viel mehr muß Solches also angängig sein, wenn durch allgemeinere Einführung der Accordarbeit, durch eine zweckmäßigere Art der Naturallöhnung, durch größere Wirthschaftlichkeit entweder das Einkommen der Arbeiter direkt vermehrt oder doch die unnützen Ausgaben vermindert werden! Es würde indessen nur einen geringen praktischen Erfolg haben, wollte man die Arbeiter einfach dadurch zum Sparen bewegen, daß man ihnen die hierzu erforderlichen Mittel darreicht. Man muß ihnen vielmehr bestimmte Zwecke und Ziele vorhalten, deren Erreichung ihnen wünschenswerth und mit Hülfe der zu machenden Ersparnisse möglich erscheint. Dieselben werden theils ganz specieller Natur sein und sich auf Ersatz des durch besondere Unglücksfälle angerichteten Schadens beziehen, theils werden sie sich im Allgemeinen darauf richten, ein Kapital zu sammeln, welches für jede etwa eintretende Nothzeit eine Sicherung der äußeren Existenz gewährt. Je nach den verschiedenen Zwecken, welche durch das Sparen erreicht werden sollen, muß auch die Art und Weise desselben eine abweichende sein.

Diejenigen Unglücksfälle, welche hauptsächlich die materielle Lage der ländlichen Arbeiterbevölkerung bedrohen, sind Brandschäden, Viehsterben, andauernde Arbeitsunfähigkeit oder der Tod des Familienhauptes; gegen die nachtheiligen Folgen dieser muß sie sich vor allen Dingen zu schützen suchen.

Die Versicherung gegen Feuerschaden wird am einfachsten bei einer der bereits bestehenden, auf Gegenseitigkeit oder auf Actien gegründeten Feuer-Versicherungs-Gesellschaften bewirkt. Besondere Genossenschaften unter den Tagelöhnern eines Gutes oder mehrerer benachbarter Güter zu diesem Zwecke zu gründen, ist der Natur der Sache nach unzulässig. Die Nothwendigkeit der Versicherung des Mobiliarvermögens der Arbeiter gegen Brandschaden brauche ich wohl nicht erst zu beweisen. Jenes besteht vorzugsweise aus Hausgeräthen, Betten, Kleidungsstücken, Vorräthen von Lebensmitteln und Vieh. Die genannten Gegenstände stellen gewöhnlich das einzige Hab und Gut des Arbeiters dar; ihr Verlust macht ihn zum Bettler und unfähig, ohne fremde Hülfe seine und seiner Familie Existenz weiterhin zu fristen. Außerdem ist die Gefahr eines Brandunglücks für die ländlichen Arbeiter besonders groß. Denn dieselben wohnen meist in Häusern, welche aus leicht feuerfangenden Ma=

terialien gebaut sind; sie beherbergen in denselben viele schnell entzündbare Vorräthe z. B. Heu, Stroh, Holz; sie müssen im Winter zur Besorgung des Viehes oft mit Licht hin- und hergehen; bei ausgebrochenem Feuer fehlt es gewöhnlich an schneller und umfassender Hülfeleistung. Alle diese Umstände machen die Versicherung gegen Brandschaden für den ländlichen Arbeiter einerseits in hohem Grade wünschenswerth, während sie andererseits dieselbe vertheuren. Denn es ist natürlich, daß die Feuer-Versicherungs-Gesellschaften von den ländlichen Arbeitern, namentlich wenn dieselben in nicht massiven oder gar mit Stroh gedeckten Häusern wohnen, eine hohe Versicherungsprämie erheben. Letztere ist indessen keineswegs so groß, daß sie für die Tagelöhner unerschwinglich wäre oder daß dieselben sich dadurch auch nur von der Versicherung ihres Mobiliars dürften abhalten lassen. Denn die Prämie steigt doch schlimmsten Falls auf 5 pro Mille, also auf 15 Sgr. pro 100 Thaler Versicherungssumme. Im Durchschnitt beträgt aber der Werth des Mobiliars eines ländlichen Arbeiters nicht mehr wie 250 Thaler, wofür also höchstens eine Versicherungsprämie von jährlich 1¼ Thaler zu entrichten wäre. In den meisten Gegenden gehört diese Versicherung gegen Feuerschaden bei den ländlichen Tagelöhnern noch zu den Ausnahmen, obwohl sie überall vereinzelt, in manchen Distrikten auch allgemein vorkommt. Letzteres z. B. in Mecklenburg*). Auf der Domaine Waldau war während der späteren Jahre meiner Administration jede Instmannsfamilie mit 100 Thaler versichert, von welcher Summe 25 Thaler auf Hausgeräthe und Möbel im engeren Sinne des Wortes, 75 Thaler auf Betten, Kleider und Leinenzeug kamen. Die Prämie betrug 5 pro Mille oder im Ganzen 15 Sgr. Ihr Vieh wollten die Leute nicht versichern, weil sie annahmen, dasselbe sei der Feuersgefahr nicht so ausgesetzt wie ihre übrige Habe. Der Versicherungsvertrag wurde mit der Gesellschaft von mir und auf meinen Namen abgeschlossen, in der Police waren aber die versicherten Instleute einzeln aufgeführt; denselben lag auch die Bezahlung der Prämie ob. Andere Fälle sind mir bekannt, in welchen ländliche Arbeitgeber das Mobiliar ihrer Dienstleute ohne deren Wissen gegen Brandschaden versichern. Sie gehen dabei von der Annahme aus, daß möglicher Weise einmal ein Arbeiter durch die Aussicht auf die Versicherungssumme sich verleiten lassen könnte, selbst Feuer in seiner Wohnung anzulegen. Diese Annahme mag auch in einzelnen Fällen nicht ganz ungerechtfertigt sein; jedenfalls ist es den Versicherungsgesellschaften angenehmer und bestimmt dieselben

---

*) S o. Seite 22.

vielleicht zu einem niedrigeren Prämiensatz, wenn der Vertrag allein von dem Gutsherrn und ohne Wissen der Arbeiter abgeschlossen wird. Jener hat aber dann die Prämien aus seinen eigenen Mitteln zu bezahlen.

Bei den Dienstleuten und überhaupt allen ländlichen Arbeitern, die in einem festen Contraktsverhältniß stehen, scheint es mir durchaus gerechtfertigt, wenn der Gutsherr vertragsmäßig sich ausbedingt, daß dieselben ihre Habe gegen Feuersgefahr versichern, falls er nicht vorzieht, diese Versicherung selbst und auf eigene Kosten auszuführen. Dabei kann man nach dem üblichen Wohlstand der Leute ein Minimum der zu versichernden Summe, etwa 1—200 Thaler festsetzen, unter welches nur gegangen werden dürfte und müßte, wenn in einem bestimmten Fall der Werth des Mobiliars thatsächlich ein geringerer ist. Zur Feuerversicherung pflegen sich die Arbeiter auch leicht zu verstehen: einmal weil sie im Fall eines Brandunglücks Gefahr laufen, ihr ganzes Eigenthum zu verlieren und fürs Andere, weil die Versicherungsprämie verhältnißmäßig immer noch eine geringe ist. Letztere stellt sich nämlich im Durchschnitt um etwa das Sechs- bis Zehnfache niedriger als die bei der Versicherung gegen Viehsterben zu zahlende.

Die freien landwirthschaftlichen Arbeiter können allerdings durch kein Mittel genöthigt werden, ihr Eigenthum gegen Feuerschaden zu versichern; es ist dies nur auf dem Wege der Belehrung und Ueberredung, namentlich Seitens des Brodherrn, möglich. Aber auch dieser geringen Mühe entziehen sich die letzteren meist. Es wäre ihre Pflicht, ihren Arbeitern nicht nur die Zweckmäßigkeit resp. Nothwendigkeit der Feuerversicherung auseinanderzusetzen, sondern denselben auch die Mittel anzugeben, welche zur Erreichung dieses Zieles zu benutzen sind; sie müßten sich sogar bereit erklären, wenn es gewünscht wird, für ihre Arbeiter die Versicherungsverträge zu machen. Denn diese selbst sind meist zu schwerfällig und geschäftsunkundig, um den besten und kürzesten Weg zu finden.

Besonders wichtig ist die Feuerversicherung für diejenigen freien Arbeiter, welche gleichzeitig ein eigenes Haus besitzen; für ein solches ist die Versicherung noch viel nöthiger als für das Mobiliar, da es in Folge seiner Unbeweglichkeit bei entstehendem Brandunglück der gänzlichen Vernichtung viel mehr ausgesetzt ist als Letzteres.

Erschwert wird freilich die Versicherung gegen Feuerschaden den ländlichen Tagelöhnern dadurch, daß viele Versicherungsgesellschaften sich nur ungern auf Abschluß derartiger kleiner, mit verhältnißmäßig großem Risiko verbundener Verträge einlassen. Einen direkten Zwang nach dieser Richtung hin auszuüben, ist natürlich nicht möglich; indirekt ist derselbe aber wohl durchführbar. Die Arbeitgeber, also die Gutsbesitzer, brauchen blos zu erklären, daß sie bei einer Gesellschaft nur dann ihre eigenen Gebäude und Mobilien zu versichern geneigt seien, wenn gleichzeitig diejenigen ihrer Arbeiter zur Versicherung gegen eine angemessene Prämie zugelassen werden. Dieses Mittel verfehlt voraussichtlich in den meisten Fällen seine Wirkung nicht; seine Anwendung rechne ich zu einer der Pflichten, welche der Arbeitgeber seinen Untergebenen gegenüber zu erfüllen, hat, welche aber bei weitem die Mehrzahl bis jetzt versäumt hat.

Für das Vieh der Tagelöhner ist die Versicherung gegen den aus Krankheit entstehenden Nachtheil viel bedeutungsvoller als die gegen Feuerschaden; denn er kommt viel häufiger vor, da Krankheit und Tod unzertrennlich mit dem thierischen Leben verknüpft sind. Es handelt sich hierbei namentlich um die Kuh oder die Kühe der ländlichen Arbeiter. Dieselben bilden in der Regel nicht nur das werthvollste Eigenthum derselben, sondern sie gewähren ihnen auch fortlaufend eines der nöthigsten Lebensbedürfnisse, häufig sogar einen nicht unerheblichen Geldertrag. Die Dienstleute, zu deren Einkommen das Futter für eine Kuh zu gehören pflegt, können dieses überhaupt nur ausnutzen, wenn sie ein Stück Vieh besitzen, da ihnen mit Recht der Verkauf des gelieferten Futters untersagt ist. Sie kommen daher in die größte Verlegenheit, wenn die Kuh krepirt oder wegen Krankheit geschlachtet werden muß, zumal fast stets die Mittel zur sofortigen Anschaffung eines neuen Thieres fehlen. Die Einrichtung von Viehversicherungsvereinen ist daher dringend nöthig. Auf allen Gütern, auf welchen sich eine größere Zahl von Dienstleuten findet, geschieht dies am Besten in Form von auf Gegenseitigkeit begründeten Genossenschaften, deren jede sich in der Regel auf ein Gut zu beschränken hat Den allgemeinen Viehversicherungsgesellschaften beizutreten ist für die ländlichen Arbeiter durchaus nicht räthlich, vorausgesetzt, daß jene überhaupt sich mit der Versicherung der einzelnen Tagelöhnerkuh befassen wollten. Bei der geringen Garantie, welche der Arbeiter für die gute Behandlung seines Viehs bietet und bei der Schwierigkeit eine Controle in dieser Beziehung auszuüben, müßte die Gesellschaft eine so hohe Versicherungsprämie erheben, daß jeder Tagelöhner vor dem Beitritt zurückgeschreckt wird. Zudem hat es auch kein Bedenken, eine auf Gegenseitigkeit begründete Viehversicherungsgenossenschaft auf einen ganz kleinen Bezirk zu beschränken. Denn es kommt selten vor, daß unter dem Rindvieh bösartige Seuchen ausbrechen, welche an einem und demselben Orte kurz hintereinander zahlreiche Opfer fordern. Für den aus der verheerendsten Krankheit dieser Art, nämlich der Rinderpest, erwachsenden Schaden gewährt ja ohnehin der Staat gesetzlich eine entsprechende Entschädigung. Andere, übrigens sehr selten bei uns auftretende Seuchen, wie Milzbrand und Lungenseuche, könnte man entweder von der Versicherung ausschließen oder die Bestimmung treffen, daß in solchen Fällen nach Beendigung der Seuche der Kassenbestand der Genossenschaft unter die beschädigten Vereinsmitglieder nach Maßgabe des versicherten Werthes vertheilt wird. Daß solche kleinere Viehversicherungs-Genossenschaften recht wohl bestehen können, lehrt die Erfahrung. In der Rheinprovinz finden sie sich unter den bäuerlichen Besitzern und ländlichen Tagelöhnern in großer Zahl und existiren zur vollsten Zufriedenheit theilweise schon seit vielen Jahren. Der Landrath von der Goltz hat wiederholt über die in der Rheinprovinz und namentlich im Kreise Mettmann vorhandenen gegenseitigen Viehversicherungsgenossenschaften (Kuhladen) berichtet*). Im Jahre 1863 zählte der Kreis Mettmann 18 solcher Vereine, deren ältester schon seit dem Jahre 1825 bestand. Bei denselben waren 1863 im Ganzen versichert 3303 Stück Rindvieh mit 137,387 Thlr. von 1738 Mitgliedern. Auf jede Lade kamen daher durchschnittlich 91 Mitglieder und etwa 180 Kühe, auf jedes Mitglied also fast 2 Kühe. Einzelne Laden hatten blos 9, 18, 25, 32, 34 ꝛc. Mitglieder mit 27, 31, 38 ꝛc. Kühen. Es fielen im Laufe des Jahres 108 Kühe, für welche 4636 Thlr. oder 3,38 % der versicherten Summe als Entschädigung gezahlt wurden. Die von den Mitgliedern zu zahlenden Beiträge beliefen sich aber nur auf 3809 Thaler oder 2,77 % der Versicherungssumme; der Rest der Entschädigungsgelder wurde aus dem Erlös des verkauften Fleisches und dem Kassenbestand gedeckt.

Auch in Hessen-Darmstadt, Baden, Thüringen, Baiern und in anderen deutschen Landestheilen bestehen kleinere auf Gegenseitigkeit gegründete Vieh-Versicherungs-Genossenschaften in großer Anzahl und erfreuen sich des besten Gedeihens**). Durch dieselben ist hinreichend der Beweis geliefert, daß kleinere Viehversicherungsvereine sehr wohl auf die

---

*) Annalen der Landwirthschaft in den kgl. preuß. Staaten. Wochenblatt pro 1865. No. 8. — Zeitschrift des landw. Vereins für Rheinpreußen. Jahrgang 1866. Seite 120—128.

**) Birnbaum. Das Genossenschaftsprincip in Anwendung und Anwendbarkeit in der Landwirthschaft. Denkschrift, im Auftrag des Congresses norddeutscher Landwirthe bearbeitet. Leipzig, bei H. Weißbach. 1870. S. 144 u. 145. Speciell über die Viehversicherungsvereine in Hessen, deren Zahl schon mehr als 200 beträgt, gibt näheren Aufschluß die Zeitschrift für den landw. Verein im Großherzogthum Hessen in No. 50 pro 1870, sowie das landw. Centralblatt für Deutschland von Krocker in Heft 6 pro 1871.

Dauer bestehen können. Wir finden solche auch im nordöstlichen Deutschland vereinzelt auf Gütern unter den Dienstleuten derselben. Ueber einen solchen habe ich bereits an einem anderen Orte ausführlich berichtet*). Die von mir auf der Domaine Waldau begründete Viehversicherungs-Genossenschaft**) umfaßte einige 20 Mitglieder mit je einer Kuh. Anfangs sträubten sich die Instleute sehr gegen diese, ihnen halb und halb aufgedrungene Einrichtung; nach einigen Jahren waren sie aber so damit befreundet, daß sie selbst mich um die Aufrechthaltung der Genossenschaft baten, als aus gewissen hier nicht zu erörternden Gründen in dem Nothstande des Winters 1867/68 ihre Auflösung drohte.

Die Errichtung von Viehversicherungsgenossenschaften für die Kühe der Dienstleute muß auf jedem Gut von dem Herrn selbst ausgehen. Es ist meines Erachtens durchaus gerechtfertigt, daß jedem neu anziehenden Dienstmann die Verpflichtung, seine Kuh bei der Genossenschaft zu versichern, im Contrakt ausdrücklich auferlegt wird. Bei einer durchschnittlichen Versicherungsprämie von $3\frac{1}{3}$ % und einem Werthe der Kuh von 30 Thlr. würde der jährliche Beitrag pro Stück Vieh einen Thaler betragen. Jeder Dienstmann kann diese kleine Summe wohl aufbringen, namentlich wenn sie in monatlichen Raten à $2\frac{1}{2}$ Sgr. erhoben wird. In Betreff der Organisation und Verwaltung einer für Instleute zu gründenden Viehversicherungsgenossenschaft möchten folgende Grundsätze maßgebend sein.

Befinden sich auf einem Gute 20—25 Arbeiterkühe, so genügt diese Zahl, um eine besondere Genossenschaft zu bilden. Eine größere Zahl ist zwar wünschenswerth, aber nicht gerade nöthig; bei einer geringeren empfiehlt es sich, die Leutekühe zweier oder mehrerer benachbarten Güter zu einer Genossenschaft zu vereinigen. Jede einzelne Kuh wird vom Vorstande tarirt und als Versicherungsprämie pro Thaler versicherten Werthes jährlich ein Silbergroschen oder monatlich ein Pfennig erhoben. Es empfiehlt sich nicht, für alle Kühe eine gleiche Versicherungssumme anzunehmen, also auch gleiche Beträge zu erheben, weil dadurch die Besitzer guter Kühe eine zu geringe Sicherheit für einen annähernd ausreichenden Ersatz bei eintretendem Unglücksfall haben; denn die allgemeine Taxe dürfte doch höchstens den Werth der schlechtesten unter den versicherten Kühen erreichen. Ebenso wenig empfiehlt es sich, von der Vorausbezahlung fester Prämien abzusehen und nur nach stattgehabtem Verluste die Entschädigungssumme von den einzelnen Genossenschaftern einzutreiben.

---

*) Annalen der Landwirthschaft in den kgl. preuß. Staaten. Wochenblatt pro 1864. No. 13.

**) Die Statuten derselben sind mitgetheilt im Maiheft der landw. Jahrbücher aus Ostpreußen pro 1864.

Einmal erregt dies leicht Mißstimmung und dann kann hierdurch eine große Ungleichmäßigkeit in der Höhe der jährlich zu zahlenden Beiträge eintreten: in manchen Jahren werden sie ganz fortfallen, in anderen wieder unerschwinglich hoch sein. Die Taxe ist für jedes Stück Vieh in jedem Frühjahre neu aufzunehmen. Die Entschädigung darf nur bis zu ³/₄ oder höchstens ⁵/₆ des taxirten Werthes geleistet werden, damit der Genossenschafter stets ein Interesse behält, sein Vieh vor jedem Schaden möglichst zu schützen. Der Erlös aus dem Fleisch oder den sonstigen verwerthbaren Ueberresten eines wegen Krankheit geschlachteten oder eines gefallenen Thieres kommt der Genossenschaft zu Gute, während der beschädigte Besitzer den ihm statutenmäßig zustehenden Betrag baar aus der Kasse gezahlt erhält. Der Vorstand der Genossenschaft muß aus dem Gutsherrn und, je nach der Mitgliederzahl, aus 2 oder 4 von allen Genossenschaftern aus ihrer Mitte gewählten Personen bestehen. Außer der Rechnungsführung und der jährlichen Taxirung der versicherten Thiere liegt es demselben namentlich ob, die Pflege der letzteren Seitens ihrer Besitzer zu controliren und zu bestimmen, ob ein erkranktes Thier zu schlachten oder wie es anderweitig zu behandeln ist. Auf Antrag des Vorstandes muß ein Mitglied, welches fortgesetzt seine Kuh mangelhaft füttert und pflegt, aus der Genossenschaft ausgeschlossen werden können.

Dies sind die hauptsächlichsten für eine Viehversicherungs=Genossenschaft unter Dienstleuten maßgebenden Grundsätze; die nähere Ausführung und Feststellung derselben ergibt sich aus dem von mir entworfenen und in Anlage B abgedruckten „Statut des auf Gegenseitigkeit beruhenden Viehversicherungs=Vereins für die Dienstleute des Gutes N". Dasselbe weicht in einigen Punkten von dem bereits erwähnten Statut für die Domaine in Waldau ab; an letzterem wurden mir im Laufe der Jahre verschiedene Mängel fühlbar, welche ich in diesem neuen Entwurfe vermieden zu haben glaube.

Auf zwei Umstände muß ich noch aufmerksam machen, welche bei Viehversicherungsgenossenschaften für Dienstleute eintreten und Zwistigkeiten erregen können, wenn nicht schon in den Statuten Vorsorge für diese Fälle getroffen ist.

Es kann sich, namentlich in den ersten Jahren der Gründung eines solchen Vereins, wohl ereignen, daß der Kassenbestand zur Deckung der zu zahlenden Entschädigungssummen nicht ausreicht. Für solchen Fall muß der Vorstand ermächtigt sein, höhere Beiträge, etwa bis zum Doppelten der gewöhnlichen, auszuschreiben; es dürfte dies aber, ohne Genehmigung der Generalversammlung der Genossenschafter, nur für eine bestimmte

Reihe von Monaten geschehen. Die augenblicklich zu zahlende, den Kassen= bestand übersteigende Entschädigungssumme müßte von dem Gutsherrn bis zu einer gewissen Marimalgrenze, etwa 50 Thaler, vorgeschossen wer= den, damit der Beschädigte sofort die Mittel zur Anschaffung einer neuen Kuh erhält. Bei einer derartigen Einrichtung kann es nicht leicht vor= kommen, daß die Genossenschaft in ernstliche Verlegenheit geräth; ganz außerordentliche Unglücksfälle in einem Genossenschaftsstatut für Dienst= leute vorzusehen, ist aber nicht räthlich, da dasselbe dadurch zu complicirt und für den gemeinen Mann so unverständlich wird, daß er Mißtrauen gegen die ganze Einrichtung schöpft.

Um sich gegen außerordentliche Unglücksfälle zu schützen, würde es sich für alle kleineren Viehversicherungsvereine empfehlen, bei einer der größeren ähnlichen Gesellschaften Rückversicherung zu nehmen. Manche der letzteren haben diese Art der Rückversicherung ausdrücklich in ihren Statuten vorgesehen, so z. B. die National=Viehversicherungs=Ge= sellschaft in Kassel.

Ferner ist zu berücksichtigen, daß es bei dem häufigen Wechsel der Dienstleute oft vorkommt, daß Mitglieder aus der Genossenschaft aus= und andere eintreten. Der Austritt ist mit dem Wegziehen vom Gute unzertrennlich verknüpft und da letzteres durch einseitige Kündigung des Herrn erzwungen werden kann, so erscheint es billig, dem auf diese Weise austretenden Mitgliede einen Antheil an dem etwaigen Kassenbestand der Genossenschaft zu gewähren. Thut man dies nicht, so kann man leicht die ganze Einrichtung gefährden. Mir selbst ist es wenigstens begegnet, daß die Dienstleute der Domaine Waldau nur unter der Bedingung dem Vieh= versicherungsvereine beitreten zu wollen erklärten, daß ihnen bei ihrem Wegzuge ein Antheil an dem Kassenbestand desselben garantirt würde. Ob eine solche Forderung in der Natur der Sache vollständig begründet ist, lasse ich dahingestellt: im Interesse der Genossenschaft liegt sie jeden= falls nicht. Wird dieselbe aber von den Dienstleuten einstimmig erhoben, so darf man sie um so weniger zurückweisen, als durch ihre Erfüllung die Fortdauer des Unternehmens selbst nie in Frage gestellt werden kann. Der den abziehenden Mitgliedern eventuell zuzugestehende Antheil vom Vereinsvermögen würde einerseits nach der Höhe des Kassenbestandes beim letzten Rechnungsabschluß, andererseits nach dem Verhältniß des von den betreffenden Genossenschaftern zu zahlenden Beitrages zu der Ge= sammtsumme der Beiträge sich zu richten haben. Nach demselben Maß= stabe müßte dann von neu anziehenden Dienstleuten ein Eintrittsgeld erhoben werden. Freiwillig ausscheidende oder durch Beschluß der

Generalversammlung wegen nachläffiger Pflege ihrer Kühe ausgeschloffene Mitglieder verlieren ihre Ansprüche auf den etwa vorhandenen Kaffenbestand.

Die Bildung von Viehversicherungsgenossenschaften für freie Arbeiter ist insofern schwieriger, als dieselben nicht durch ihren Arbeitsherrn hierzu contraktlich genöthigt werden können und als die unentbehrliche Controle über die Art der Wartung der versicherten Thiere eine schwierigere ist. Aber das zum Theil schon langjährige Bestehen derartiger Genossenschaften, wovon ich bereits oben gehandelt, liefert den Beweis ihrer Möglichkeit und ihres als segensvoll anerkannten Wirkens. Ihre Organisation wird im Wesentlichen derjenigen entsprechen, welche ich als maßgebend für die ähnlichen Genossenschaften der Dienstleute im Vorhergehenden erörtert habe. Es gereicht ihnen zum Vortheil, daß sie sich über etwas größere Bezirke erstrecken und deshalb mehr Mitglieder in sich aufnehmen können; hierdurch wird die Gefahr verringert, daß die Vereinskasse in Folge zahlreicherer Unglücksfälle ihren Verpflichtungen mit den gewöhnlichen Einnahmen einmal nicht nachzukommen vermag. Doch auch diese Genossenschaften müssen der nöthigen Controle wegen sich örtlich beschränken; sie werden sich in der Regel nicht auf eine größere Fläche als auf den einmeiligen Umkreis um ihren Mittelpunkt ausdehnen dürfen. Da die Controle und die jährlich vorzunehmende Taxation der versicherten Thiere den damit betrauten Vorstandsmitgliedern Zeitverlust, möglicher Weise auch Kosten verursacht, so ist eine Entschädigung hierfür nicht ganz zu umgehen.

Ueberall, wo kleinere Viehversicherungsvereine bestehen, hat deren Wirksamkeit sich als äußerst segensreich herausgestellt und zwar mehr noch für die freien Arbeiter als für die Dienstleute. Letzteren hilft bei eintretenden Unglücksfällen möglicher Weise noch der Gutsherr, während Erstere diesen Rückhalt entbehren. Die freien Arbeiter fallen, wenn ihnen ihre Kuh krepirt ist und sie nicht ausnahmsweise Ersparnisse besitzen, in die Hände der Viehverleiher, welche den kleinen Mann als eine willkommene Beute betrachten und gewöhnlich nicht eher loslassen, bis sie ihn vollständig ruinirt haben*). Diese traurige Thatsache zumeist hat auch den

---

*) Das blutsaugerische Verfahren der Viehverleiher und ähnlicher Wucherer von Profession ist in den Gegenden, wo sie ihr Unwesen treiben, hinreichend bekannt und schon oft geschildert worden. Vgl. u. A. Zeitschrift des landw. Vereins für Rheinpreußen. Aprilheft pro 1864. Ferner: Au „Die Creditgenossenschaften in ihrer Bedeutung für Stadt und Land". Heidelberg bei Bassermann. 1869. S. 10 ff.

rheinpreußischen landwirthschaftlichen Centralverein bewogen, seine besondere Aufmerksamkeit auf die weitere Verbreitung und die zweckmäßige Organisation von Kuhladen zu richten, zumal dieselben, wo sie bereits seit längerer Zeit bestanden, vorzugsweise von den ganz kleinen Grundbesitzern und ländlichen Arbeitern mit Erfolg in Anspruch genommen worden waren. Aus dem Schooße dieses Vereins trat deshalb im Jahre 1867 eine Kommission zusammen, welche die Grundsätze für die zweckmäßigste Einrichtung von gegenseitigen Viehversicherungsgenossenschaften feststellte und den Landrath v. d. Goltz mit der Abfassung eines Normalstatutes gemäß derselben beauftragte. Letzteres hier mitzutheilen, kann ich mich wohl enthalten, da es bereits anderweitig abgedruckt ist*). Doch glaube ich dasselbe als Muster und zur näheren Information über diese wichtige Sache um so mehr empfehlen zu dürfen, als grade nach dem Erlasse jenes Statutes und in Anlehnung daran in der Rheinprovinz eine große Zahl von Kuhladen neu entstanden sind**).

Bei anderen Gewerben finden wir häufig Unternehmungen, welche darauf gerichtet sind, den Arbeitern oder deren Hinterbliebenen bei gewissen, die eigene Person betreffenden Unglücksfällen eine Unterstützung zu gewähren. Hierher gehören namentlich die Kranken-, Sterbe-, Begräbniß-, Wittwen- und Invaliden-Kassen. Dieselben sollen, bei vorübergehender oder dauernder Arbeitsunfähigkeit des Arbeiters diesem oder seiner Familie eine Beihülfe zum Lebensunterhalt, bei Todesfällen den Hinterbliebenen die Mittel zur Beerdigung oder auch noch zur Sicherung der ferneren Existenz verschaffen. Für die Erreichung dieser verschiedenen Zwecke gibt es zuweilen getrennte Kassen, während in anderen Fällen wieder die nämliche Kasse mehrere Zwecke in sich vereinigt. Dieselben knüpfen theils an längst bestehende gewerbliche Genossenschaften an und beschränken sich auf die Mitglieder derselben innerhalb eines gewissen Bezirkes, theils umfassen sie die bei einem und demselben industriellen Etablissement beschäftigten Personen. Zu jenen gehören die Knappschaftskassen sowie die vielfach in Städten noch vorkommenden, auf eine bestimmte Innung sich erstreckenden Kranken- und Sterbekassen; zu diesen die in neuerer Zeit für die Arbeiter einer einzelnen Fabrik, meist auf Anregung und unter der Aufsicht des Fabrikbesitzers, eingerichteten Unter-

---

*) Zeitschrift des rheinpreußischen landwirthschaftlichen Vereins. Jahrgang 1867. S. 343 ff.

**) Zeitschrift des rheinpreußischen landwirthschaftlichen Vereins. Jahrgang 1869. S. 359 u. 437.

stützungskaffen mancherlei Art*). Auch gibt es hier und da in Städten Sterbekaffen, an denen bei Erfüllung gewiffer Bedingungen Jedem die Theilnahme freisteht. Eine solche exiſtirt z. B. in Königsberg schon seit dem Jahre 1774. Der Beitritt ist nicht nur den Bewohnern der Stadt, sondern auch denen des platten Landes freigestellt, vorausgesetzt daß sie noch nicht das fünfzigste Lebensjahr überschritten haben. Das Eintrittsgeld beträgt 10 Silbergroschen, der laufende wöchentliche Beitrag einen Silbergroschen, also im Jahr 1 Thlr. 22 Sgr. Dafür erhalten die Hinterbliebenen aus der gemeinsamen Kaffe je nach der Dauer der Mitgliedschaft des Verſtorbenen folgende Beträge als Begräbniß- resp. Sterbegeld:

```
im 1. Jahre  . . .   15 Gulden (à 10 Sgr.)
 „  2.   „   . . .   24    „
nach dem 3. Jahre    33    „
 „   „   4.   „      40    „
 „   „   5.   „      50    „
 „   „   7.   „      60    „
 „   „   9.   „      70    „
 „   „  10.   „      80    „
 „   „  11.   „      90    „
 „   „  12.   „     100    „
```

Hat ein Mitglied im Laufe der Jahre schon 100 Gulden gezahlt, so hört für den Reſt ſeines Lebens jede fernere Beitragsverpflichtung auf.

Diese etwas primitive Form einer Sterbekaſſe resp. Lebensverſicherung hat in Königsberg und ſeiner Umgegend großen Anklang gefunden. Ich glaubte ſie deshalb besonders erwähnen zu müſſen, weil sich an ihr auch viele ländliche Arbeiter betheiligen, denen ſonſt bekanntlich ein großes Mißtrauen gegen jede Lebensverſicherung eigen zu sein pflegt.

Die Einrichtung besonderer für die ländliche Bevölkerung berechneter Unterſtützungskaſſen ist hier und da bereits versucht worden; so namentlich im Großherzogthum Heſſen, vereinzelt auch auf einer, verhältnißmäßig freilich noch sehr geringen Anzahl von Besitzungen im nördlichen Deutſchland. Für das Königreich Sachſen wurde im Jahre

---

*) Ueber zahlreiche derartige Unternehmungen berichtet der Arbeiterfreund. Zeitſchrift des Centralvereins in Preußen für das Wohl der arbeitenden Klaſſen. So u. A. in Jahrg. 1863, S. 117—120; Jahrg. 1865, S. 87, S. 226; Jahrg. 1866, S. 103; Jahrg. 1867, S. 181 ff., 276—78. Allgemeine Abhandlungen über den in Rede stehenden Gegenstand enthält dieselbe Zeitſchrift im Jahrg. 1863, S. 278—293 u. Jahrg. 1866, S. 248—254.

1868 ein nach den Beschlüssen des dortigen Landesculturrathes abgefaßter Statuten-Entwurf zu einer Unterstützungskasse für landwirthschaftliche Arbeiter veröffentlicht. Nach demselben soll die Unterstützungskasse vier Abtheilungen erhalten, nämlich:

a) zur Gewährung von Krankengeld an arbeitsunfähige Mitglieder und eines Begräbnißbeitrages beim Tode eines Mitgliedes;
b) zur Gewährung von
  aa) Wittwenpensionen,
  bb) Waisenunterstützungen,
  cc) Begräbnißbeiträgen an Wittwen,
  dd) Begräbnißbeiträgen an Waisen;
c) zur Vermittelung von Einzahlungen mit Kapitalverzicht an die königlich sächsische Altersrentenbank wegen Erwerbung von Altersrenten vom vollendeten 65. Lebensjahre ab, beziehentlich von Invalidenrenten bei bereits früher eintretender Erwerbsunfähigkeit;
d) zur Gewährung außerordentlicher Unterstützungen für den Fall besonderer Noth und Bedrängniß*).

Dieser Entwurf ist augenscheinlich mit größter Sorgfalt und unter Berücksichtigung aller einschlagenden Verhältnisse aufgestellt worden. Trotzdem ist bis jetzt im Königreich Sachsen noch keine Unterstützungskasse nach Maßgabe desselben ins Leben getreten, wiewohl es nicht an Anregung und Versuchen hierzu gefehlt hat. Aber Letztere sind bisher gescheitert theils an dem Widerwillen der ländlichen Arbeiter, sich zur Zahlung regelmäßiger Beiträge statutenmäßig zu verpflichten, theils an dem geringen Interesse, welches von Seiten vieler der Landwirthe der Sache entgegengebracht wurde. Man hofft freilich in Sachsen trotz der bisher wenig günstigen Erfahrungen bald zur wirklichen Gründung einer Unterstützungskasse zu gelangen. In der That wäre auch das Gegentheil ein übles Prognostikon für die Sache selbst. Denn in Sachsen steht der ganze landwirthschaftliche Gewerbebetrieb verhältnißmäßig auf einer so hohen Stufe, daß man zu der Annahme berechtigt ist, dieses Land müßte auch in Bezug auf genossenschaftliche Unternehmungen zum Besten der arbeitenden Klasse Aehnliches leisten können, wie es bereits z. B. Baden, Hessen-Darmstadt und die preußische Rheinprovinz gethan haben. Viel-

---

*) In Betreff des näheren Inhaltes des Statuten-Entwurfes verweise ich auf: „Die Unterstützungskasse für landwirthschaftliche Arbeiter im Königreich Sachsen nach den Beschlüssen des Landes-Culturrathes vom 18. December 1867." Dresden. Schönfelds Buchhandlung. 1868.

leicht steht der praktischen Verwirklichung des genannten Statuten=Ent=
wurfes der Umstand im Wege, daß die projektirte Unterstützungskasse von
vorne herein die Erfüllung zu mannigfaltiger Zwecke ins Auge ge=
faßt hat, wodurch einerseits die Beiträge hoch normirt und andrerseits
die Statuten selbst sehr complicirt werden mußten. Eine anfängliche Be=
schränkung und Vereinfachung des Unternehmens würde voraussichtlich
schneller zu dem gewünschten Ziele führen.

Bei den verschiedenartigen, als Hülfs= oder Unterstützungs=Kassen
bezeichneten Institutionen handelt es sich um Erfüllung eines oder mehrerer
der nachbenannten vier Zwecke:

    1) Unterstützung der Arbeiter bei vorübergehenden Krankheitsfällen;

    2) Unterstützung derselben bei dauernder Arbeitsunfähigkeit;

    3) Beiträge zu den Kosten des Begräbnisses:

    4) Hülfeleistung für die hinterbliebenen Wittwen und Waisen.

Es gilt nun zu untersuchen, in wie weit die Erreichung aller dieser
Zwecke als nützlich und nothwendig erscheint und welche Wege am besten
hierzu führen können. Es muß ferner festgestellt werden, ob und in welcher
Weise der Arbeitgeber verpflichtet oder berufen ist, selbst die nöthigen Ein=
richtungen ins Leben zu rufen.

Im Allgemeinen kann man behaupten, daß der landwirthschaftliche
Arbeiter um so besser steht, je mehr für seine oder der Seinigen Existenz
bei eintretenden Unglücksfällen im Voraus gesorgt ist. Diese Sicherheit
für die Zukunft herbeizuführen, muß daher als eine der wichtigsten Auf=
gaben bei Lösung der Arbeiterfrage erscheinen; aber gleichzeitig stellen sich
ihrer Verwirklichung die größten Hindernisse entgegen. Einerseits ist es
nämlich sehr schwierig, den Arbeiter zu bewegen, für die verschiedensten
Unglücksfälle, welche ihn betreffen können, besondere Ersparnisse zurück=
zulegen und herzugeben; andrerseits hat die Schöpfung umfassender ge=
nossenschaftlicher Institutionen, welche in allen möglichen Eventualitäten
helfend eintreten sollen, deshalb viel Mißliches, weil deren Organisation
sehr complicirt und weil entweder die Beiträge der Mitglieder ungemein
hoch oder die eintretenden Falls aus der Kasse zu zahlenden Unterstützungen
sehr gering bemessen sein müssen. Letzgenannte Umstände flößen aber
dem Arbeiter leicht Mißtrauen zu der ganzen Einrichtung ein, selbst wenn
dieselbe auf noch so billigen Grundsätzen basirt sein sollte. Will man
daher den Unterstützungskassen Eingang verschaffen, so muß man sie
möglichst einfach organisiren und ihre Wirksamkeit zunächst nur für eine
ganz bestimmte oder höchstens zwei nahe verwandte Arten von Unglücks=
fällen berechnen. Bei denselben kann man unterscheiden: 1) diejenigen,

welche eine einmalige oder wenigstens eine bald vorübergehende Hülfe erfordern, nämlich zeitweise Arbeitsunfähigkeit sowie Sterbefälle in Bezug auf Begräbnißkosten; 2) diejenigen, welche eine dauernde Unterstützung nöthig machen, nämlich Invalidität und Sterbefälle in Bezug auf Versorgung der Hinterbliebenen. Die ersteren verdienen bei der Einrichtung von Unterstützungskassen zunächst Berücksichtigung. Die für Kranken= und Sterbekassen jährlich oder monatlich zu leistenden Beiträge brauchen nur gering zu sein; ferner sind vorübergehende Krankheiten und Todesfall solche Ereignisse, von denen dieser bei jedem Individuum einmal gewiß, jene voraussichtlich öfter eintreten werden; es verursachen endlich dieselben Ereignisse Einnahmeausfälle oder direkte Kosten, welche zu tragen dem Arbeiter sehr schwer wird und welche für ihn zu tragen in der Regel Niemand verpflichtet*) ist. Aus allen diesen Gründen wird es verhältnißmäßig leicht, den ländlichen Arbeiter zum Beitritt zu Kranken= oder Sterbekassen zu bewegen. Viel schwieriger ist dies in Bezug auf Invaliden=, Wittwen=, Waisen= und ähnliche Hülfskassen. Diese, weil auf dauernde Unterstützung berechnet, erfordern verhältnißmäßig hohe Beiträge Seitens ihrer Mitglieder; dabei kann nicht einmal jedes Mitglied mit Sicherheit auf einen aus der Kasse zu ziehenden Nutzen rechnen, weil es möglicher Weise nie arbeitsunfähig wird oder keine Wittwe resp. unversorgte Waisen hinterläßt; endlich weiß der ländliche Arbeiter sehr gut, daß im Fall seiner dauernden Arbeitsunfähigkeit oder seines Todes sei es der Gutsherr, sei es die Gemeinde für seinen resp. der Seinigen nothwendigsten Lebensunterhalt zu sorgen verpflichtet ist. Die nie ausbleibende Erwägung solcher thatsächlich vorliegenden Verhältnisse macht den Arbeiter wenig geneigt, den auf dauernde Unterstützung gerichteten Kassen beizutreten. Deshalb scheint es mir richtig zu sein, in allen Fällen, in welchen es sich um neue derartige Einrichtungen handelt, zunächst Kranken= und Sterbekassen und erst in zweiter Linie Invaliden=, Wittwen= und ähnliche Kassen zu berücksichtigen; die Bewährung der ersteren wird häufig erst die Errichtung der letzteren den Arbeitern wünschenswerth und daher möglich machen.

Die Kranken= und Sterbekassen können sich der Natur der Sache nach auf eine geringe räumliche Ausdehnung beschränken; ja es ist dies

---

*) Ganz Unbemittelte müssen freilich auf öffentliche Kosten beerdigt werden, aber hierzu lassen es die Arbeiter nicht gerne kommen. Sie legen einen ungemein großen Werth auf ein anständiges Begräbniß und bieten daher das Aeußerste auf, um solches bestreiten zu können, wobei sie oft weit über das Maß des Nothwendigen oder ihrer Mittel hinausgehen.

der unumgänglich nöthigen Controle wegen sogar wünschenswerth. Wo Dienstleute vorherrschen, wird eine jede solche Kasse am besten blos die Arbeiter eines Gutes umfassen, vorausgesetzt daß dasselbe nicht gar zu klein ist. Es unterliegt gar keinem Bedenken, daß der Herr seine Leute zum Beitritt contraktlich nöthigt; denn der Contrakt ist ja ein freiwilliges Uebereinkommen beider Theile und welchem Arbeiter die Krankenkasse nicht behagt, braucht ja auf einem Gute, wo solche besteht, keine Dienste zu nehmen. Indessen wird der Gutsherr nicht umhin können, aus eigenen Mitteln regelmäßige Beiträge zu der Krankenkasse zu steuern, besonders in solchen Gegenden, wo es hergebrachte Sitte ist, daß er seinen Arbeitern freie ärztliche Behandlung und vielleicht sogar freie Medizin gewährt. Auch verpflichten ihn die Grundsätze der Billigkeit und sein eigenes Interesse, dafür zu sorgen, daß dem Arbeiter in Krankheitsfällen eine gute Verpflegung ermöglicht wird und derselbe dadurch in seinen wirthschaftlichen Verhältnissen nicht zu sehr zurückkommt.

Eine mir bekannte, auf einem Gute in Ostpreußen*) bestehende sogenannte **Hülfskasse** gewährt folgende Unterstützungen:
1) Schadenersatz beim Verlust einer Kuh;
2) in Krankheitsfällen unentgeltliche ärztliche und wundärztliche Behandlung sowie freie Verabreichung der verordneten Arzneimittel;
3) eine Unterstützung während längerer unverschuldeter Krankheit (Krankengeld);
4) einen Beitrag zu den Begräbnißkosten.

Alle männlichen, ständigen Arbeiter des Gutes, welche eine eigene Familie haben oder bilden, sind verpflichtet, der Hülfskasse beizutreten; ihren Frauen ist der Beitritt freigestellt. Dabei sind jene nach dem Lohn, welchen sie beziehen, in zwei Klassen getheilt. Die Mitglieder der ersten Klasse zahlen ein Eintrittsgeld von 10 Silbergroschen und einen wöchentlichen Beitrag von einem Silbergroschen, die der zweiten Klasse ein Eintrittsgeld von 5 Silbergroschen und einen wöchentlichen Beitrag von $\frac{1}{2}$ Silbergroschen; letzteren geben auch die Frauen, welche der Kasse sich anschließen. Für die in festem Jahreslohn stehenden Arbeiter (Deputatisten) sind noch besondere Bestimmungen getroffen. Der Gutsherr betheiligt sich an der Kasse mit der Hälfte der von allen Mitgliedern aufgebrachten Beiträge. Dafür gewährt die Kasse außer den sub 1 und 2 genannten Unterstützungen ihren Mitgliedern ein Krankengeld in der Höhe der Hälfte ihres gewöhn-

---

*) Auf dem Gute Blebau bei Cranz, dem Majoratsbesitzer Herrn v. Batocki gehörig.

lichen Tagelohns und einen Begräbnißbeitrag von 6 Thaler bei der ersten, von 4 Thaler bei der zweiten Klasse. Das Krankengeld soll in der Regel nicht länger als im Ganzen 12 Wochen an ein und dasselbe Mitglied innerhalb eines Jahres gezahlt werden. Der Vorstand der Hülfskasse besteht aus dem Gutsherrn und 6 aus der Zahl der Mitglieder gewählten Beisitzern.

Die Hülfskasse trat im Jahre 1868 in's Leben; sie fand Anfangs viel Widerstand bei den Gutsleuten, erfreut sich aber schon jetzt deren vollsten Beifalles. In den beiden Jahren, von denen der Rechnungsabschluß mir vorliegt, hat sie 175 resp. 172 Mitglieder gehabt. Die Einnahme betrug zusammen etwas über 1000 Thaler, von welcher Summe 540 Thaler auf Beiträge der Mitglieder, 270 Thaler auf solche des Gutsherrn, der Rest auf Eintrittsgelder, den Inhalt der Gutsstrafkasse, den Erlös aus gestorbenen Kühen und auf extraordinaire Einnahmen fielen. Die Ausgabe betrug eine Kleinigkeit mehr als die Einnahmen und vertheilte sich folgendermaßen:

Krankengelder	70 Thaler,
Arzneikosten	415 „
Sonstige Verpflegungskosten . . .	115 „
Begräbnißbeiträge	8 „
Aerztliches Honorar	202 „
Entschädigung für gefallene Kühe . .	200 „
Summa	1010 Thaler.

Eine andere mir bekannte Hülfskasse*) besteht auf der bereits S. 140 erwähnten Domaine Sillium in Hannover und ist von dem dortigen Pächter, Herrn Rüster, im Jahre 1857 begründet. Nach den Statuten derselben steuert jeder Tagelöhner wöchentlich acht Pfennige in die Kasse, während der Pächter für jeden Tagelöhner wöchentlich vier Pfennige dazu hergibt; andere Einnahmen der Kasse bestehen aus den Strafgeldern, welche für bestimmte Vergehen der Leute contraktlich vorgesehen sind, sowie in dem Eintrittsgeld von einem Thaler pro Person. An Unterstützungen zahlt die Kasse in Krankheitsfällen 10 Silbergroschen, sowie an durch Alter oder sonstige Umstände arbeitsunfähig gewordene Personen 7½ Silbergroschen pro Woche, ferner in Sterbefällen zwei Thaler zur Beschaffung des Sarges. Diese Summen sind allerdings geringer als die von der vorerwähnten Kasse gezahlten; dafür

---

*) Auch erwähnt bei Birnbaum a. a. O. Seite 159.

ist aber in Sillium nicht nur die Krankenversorgung, sondern auch die Altersunterstützung mitvorgesehen.

In Salzmünde hat der bekannte G. R.'Boltze im Jahre 1859 eine Kranken- und Unterstützungskasse eingerichtet, welche in den bei der Bledauer Kasse sub 2—4 genannten Fällen eine Unterstützung gewährt. Die in den gewerblichen Anlagen Salzmünde's beschäftigten männlichen Arbeiter im Alter von über 17 Jahren sind auf Grund des Gesetzes vom 3. April 1854 und eine Amtsblatt-Verordnung der Regierung in Merseburg vom 1. Dezember 1858 verpflichtet, dieser Kasse beizutreten, während den landwirthschaftlichen Arbeitern der Beitritt freigestellt ist. Auf den näheren Inhalt der zum Grunde liegenden Statuten hier einzugehen, scheint mir um so mehr unnöthig, als dieselben bereits anderwärts vollständig abgedruckt sind*).

Auch in Möglin besteht seit längerer Zeit eine Tagelöhner-Krankenkasse und berichtet Thär, daß dieselbe außerordentlich segensreich gewirkt habe. Der Beitrag beträgt pro Woche und Familie einen Silbergroschen. An Unterstützungen werden gezahlt für Wöchnerinnen 2 Thaler, in Sterbefällen 3 Thlr.; die Krankenunterstützungen betragen täglich pro Mann 5 Silbergroschen, pro Frau 2½ Silbergroschen; bei längerer Krankheit werden wöchentlich 15 resp. 10 Sgr. gezahlt**).

Aus diesen verschiedenen Beispielen ist ersichtlich, daß es keiner erheblichen Schwierigkeit unterliegt, auf Gütern Unterstützungskassen für Krankheits- und Sterbefälle einzurichten. Anfangs wird der Gutsherr dabei freilich immer auf Mißtrauen und Abneigung Seitens seiner Leute stoßen; aber dies darf ihn nicht irre machen, noch ihn abhalten, seine Arbeiter contraktlich zum Beitritt zu der Kasse zu zwingen. Ohne solchen Zwang wird eine derartige Einrichtung bei unseren Dienstleuten durchzusetzen kaum möglich sein. Dagegen bestätigen alle bisherigen Erfahrungen, daß die Arbeiter nach wenigen Jahren des Bestehens der Unterstützungskassen die wohlthätigen Folgen derselben anerkennen und gerne ihre Beiträge dazu hergeben. Diese schwanken in den angegebenen Fällen zwischen ½ und 1 Silbergroschen wöchentlich oder 26 und 52 Sgr. jährlich. Diese Summe kann jeder Instmann recht gut aufbringen; er hat dann die Gewißheit, in Krankheits- und Sterbefällen eine für ihn sehr

---

*) Salzmünde. Eine landwirthschaftliche Monographie von Dr. H. Grouven. Berlin 1866. Wiegandt u. Hempel. Seite 162 ff.

**) Hierüber näheres bei Birnbaum a. a. O. Seite 158. Derselbe Schriftsteller erwähnt ebendaselbst mit kurzen Worten auch noch zwei andere auf Gütern eingerichtete Unterstützungskassen.

erhebliche Unterstützung zu empfangen. Außerdem gewährt z. B. die Hülfskasse in Bledau noch den Ersatz für gefallene Kühe und die in Sillium eine Altersunterstützung. Ich trage daher kein Bedenken, es als eine unabweisbare Pflicht jedes größeren Gutsbesitzers zu bezeichnen, eine Kranken- und Sterbekasse einzurichten; es erfordert dies ebenso sein eigenes Interesse wie das seiner Arbeiter. Auf kleineren Gütern, auf welchen die Zahl der Dienstleute sehr gering ist, wird es sich empfehlen, daß mehrere benachbarte Besitzer für ihre Arbeiter eine gemeinsame Einrichtung der genannten Art ins Leben rufen. Ueber die Bestimmungen der den landwirthschaftlichen Unterstützungskassen zu Grunde zu legenden Statuten läßt sich im Einzelnen keine bestimmte Norm aufstellen, da hierbei lokale Verhältnisse und Gewohnheiten wesentlich mit entscheidend sind. Um indessen allen Gutsherrn oder Pächtern, welche für ihre Dienstleute eine solche Einrichtung treffen wollen, einen gewissen Anhalt zu bieten lasse ich in Anlage C. die Statuten der Hilfskasse in Sillium folgen, für deren Zweckmäßigkeit eine nun schon 15jährige Bewährung spricht.

In Gegenden, wo freie, nicht contraktlich gebundene landwirthschaftliche Arbeiter vorherrschen, ist allerdings die Einrichtung von Kranken- und Sterbekassen durch den Gutsherrn in der oben beschriebenen Weise nicht durchführbar; hier muß dieselbe von den Arbeitern selbst ausgehen, wenngleich eine Anregung und geistige wie moralische Unterstützung, Seitens der Arbeitsherrn nicht nur möglich, sondern auch dringend wünschenswerth erscheint. Bis jetzt sind solche Vereine in größerer Zahl meines Wissens blos im Großherzogthum Hessen ins Leben getreten. Im Jahre 1870 bestanden dort bereits 41 Unterstützungsgenossenschaften, von denen die älteste aus dem Jahre 1822 stammt. Die monatlichen Beiträge der Mitglieder schwanken in den einzelnen Vereinen zwischen 6 und 28 Kreuzer; an Krankenunterstützungen werden bis 3 Gulden wöchentlich gezahlt und in Sterbefällen einmalig 3—15 Gulden*)

Freilich wird auch in Hessen darüber geklagt, daß gerade die Unterstützungskassen unter den verschiedenen Zweigen des Genossenschaftswesens bei der ländlichen Bevölkerung bis jetzt verhältnißmäßig wenig Anklang finden. Denn dieselben bestehen nur in 4 oder 5 Kreisen; ihre Mitglieder sind meist Handwerker und blos zum kleinsten Theil ländliche Arbeiter. Man darf es aber schon als eine erfreuliche Erscheinung betrachten, daß Letztere überhaupt anfangen, sich einer solchen Unternehmung freiwillig anzuschließen; es ist auch mit Sicherheit anzunehmen, daß diese

---

*) Birnbaum a. a. O. Seite 160.

Theilnahme mit der Zeit steigen und auf weitere Gegenden sich erstrecken wird. Namentlich kann man solche Hoffnung hegen, wenn die Gutsbesitzer einen vermehrten Einfluß auf ihre Arbeiter nach dieser Richtung hin auszuüben sich entschließen möchten.

Alterversorgungskassen sind für ländliche Arbeiter viel schwieriger einzurichten als Kranken- und Sterbekassen. Zum Theil beruht dies auf den bereits Seite 156 erörterten Gründen; zum Theil aber auch darauf, daß eine Alterversorgungskasse sich für einen kleinen Bezirk überhaupt nicht wohl durchführen läßt; es sei denn daß dieselbe unverhältnißmäßig hohe Beiträge von ihren Mitgliedern einzieht und ungemein geringe Unterstützungen zusichert. Thut sie dies nicht, so riskirt sie den baldigen Eintritt der Zahlungsunfähigkeit; denn bei einer auf einen kleinen Kreis von Personen beschränkten Kasse kann es leicht vorkommen, daß die Zahl der zu Unterstützenden im Vergleich zu der Zahl der Beitragenden unverhältnißmäßig groß ist. Dieser Uebelstand wird bei solchen Gesellschaften, welche sehr viele Mitglieder zählen und sich über ausgedehnte Bezirke erstrecken, wie z. B. die Lebensversicherungsgesellschaften, vermieden. Die richtige Erkenntniß desselben hat auch in dem bereits S. 154 erwähnten Statuten-Entwurf der Unterstützungskasse für das Königreich Sachsen die Festsetzung veranlaßt*), daß ein bestimmter Theil der Mitgliederbeiträge an die königl. sächsische Altersrentenbank abzuführen ist, während letztere gemäß der für sie bestehenden Vorschriften die Zahlung der Altersrenten übernimmt. Daß aber trotzdem eine Alterversorgungskasse für einen engeren Bezirk möglich ist, beweist die in Sillium bestehende Hülfskasse, welche die Altersversorgung mit in das Bereich ihrer Wirksamkeit gezogen hat. Dieselbe gewährt freilich nur die geringe Unterstützung von 7½ Sgr. wöchentlich oder 13 Thlr. jährlich, welche Summe den Lebensunterhalt auch eines einzelnen Menschen natürlich blos zum geringsten Theil decken kann.

Eine einigermaßen ausreichende Altersversorgung für ländliche Arbeiter, welche nicht eigene größere Ersparnisse oder eigenen Grundbesitz haben, kann nur bewirkt werden durch besonders zu diesem Zweck und für umfangreiche Bezirke errichtete Kassen, wie es eben die mehrerwähnte Unterstützungskasse für das Königreich Sachsen beabsichtigt, oder durch Benutzung einer der bestehenden Lebensversicherungsgesellschaften. Der erstere Weg hat bis jetzt leider noch zu keinem Ziele geführt, obwohl er nach meiner Ansicht ein durchaus naturgemäßer und empfehlenswerther

---

*) Vgl. § 16 ff. des Statuten Entwurfes.

ist. Die Benutzung der Lebensversicherungsgesellschaften ist für ländliche Arbeiter mit besonderen Schwierigkeiten verknüpft. Die Gesellschaften selbst nehmen nur ungerne Arbeiter als Mitglieder auf, weil die Controle über deren Gesundheitszustand eine schwierige und weil an den geringen Versicherungsbeiträgen wenig zu verdienen ist; ersteres gilt ganz besonders für die ländlichen Tagelöhner. Thatsächlich werden von denselben die Lebensversicherungsgesellschaften so gut wie gar nicht in Anspruch genommen. Theilweise mag dieser Umstand auch darin seine Begründung finden, daß die Arbeiter kaum im Stande sind, die complicirten Statuten der Lebensversicherungsgesellschaften zu verstehen und gegen letztere daher immer mit einem gewissen Mißtrauen erfüllt sein müssen.

Vor einigen Jahren hat die Lebens= und Garantie=Versicherungsgesellschaft Friedrich Wilhelm in Berlin eine besondere Versicherung für ländliche Arbeiter eingeführt. Dieselbe ist namentlich darauf berechnet, daß der Arbeitgeber das Leben seiner Leute versichert resp. auf deren Versorgung im Alter Bedacht nimmt. Die Gesellschaft gestattet nämlich dem Dienstherrn, für den Fall daß ein versicherter Arbeiter aus seinem Dienst ausscheidet, binnen Monatsfrist an Stelle desselben einen anderen zu substituiren. Dabei wird dem Gutsherrn die für den Ausgeschiedenen angesammelte Prämien=Reserve in der Weise zugerechnet, daß, wenn der neu eintretende Tagelöhner nicht älter als der ausgeschiedene zur Zeit des Ausscheidens ist, für seine Versicherung keine höhere Prämie gezahlt wird, als diejenige, welche für den Ausgeschiedenen bisher erlegt wurde; ist der neu eingetretene Tagelöhner dagegen älter als der ausgeschiedene, so stellt sich die für ihn zu zahlende Prämie nach Verhältniß der für den Ausgeschiedenen angesammelten Reserve niedriger als normal.

Solche Vergünstigung gewährt die Gesellschaft unter folgenden Bedingungen:

1) daß für Jeden, der versichert werden soll, außer den vorgeschriebenen Antragspapieren ein vertrauensärztliches Attest über vollständig gute Gesundheits= und Körperverhältnisse beigebracht wird;

2) daß die Kosten der diesfallsigen ärztlichen Untersuchung und der Policen=Ausfertigung vom Guts= resp. Dienstherrn getragen werden;

3) daß der Versicherungsantrag stets vom Guts= resp. Dienstherrn ausgeht.

Die Gesellschaft gestattet eine doppelte Art der Versicherung und zwar so, daß entweder lebenslänglich gleichbleibende Prämien geleistet werden und die versicherte Summe erst nach dem Tode des Versicherten gezahlt wird (einfache Lebensversicherung), oder daß die Prämien-

Die wirthschaftliche Benutzung des Einkommens.

zahlung blos bis zu einem gewissen Alter des Versicherten erfolgt und die Ausantwortung des versicherten Kapitals nach dem Eintritt jenes Alters resp. nach dem Tode des Versicherten, wenn dieser früher eintreten sollte, stattfindet. (Altersversorgung). Im erstgenannten Fall sind natürlich die jährlich zu zahlenden Prämien etwas niedriger als im zweitgenannten. Dabei stellen sich die Prämien der Lebensversicherung für Arbeiter nicht höher als die für andere Personen bei derselben Gesellschaft; ebenso wenig berechnet die Gesellschaft Friedrich Wilhelm im Durchschnitt höhere Beiträge als andere Lebens-Versicherungsgesellschaften. So nimmt z. B. für 100 Thlr. Versicherungssumme bei einem Alter des Versicherten von 25 Jahren an jährlicher Prämie:

Die Gesellschaft Friedrich Wilhelm . . . 1 Thlr. 23 Sgr. — Pf.
„ „ Teutonia: ohne Dividende 1 „ 24 „ 6 „
„ „ „ mit Dividende 2 „ 5 „ 4 „
Die Gothaer Lebensversicherungsbank für
    Deutschland mit Dividende . . . . 2 „ 10 „ 8 „

Obige Sätze gelten bei den genannten Gesellschaften immer für den Fall, daß das Kapital erst mit dem Tode des Versicherten auszuzahlen ist. Soll letzteres eventuell schon bei Lebzeiten geschehen, so stellt sich bei der Gesellschaft Friedrich Wilhelm der jährliche Prämiensatz, wenn der Versicherte 25 Jahr alt ist:

auf 3 Thlr. 11 Sgr., für den Fall die Auszahlung bei Vollendung des 50sten Lebensjahres stattfinden soll; dagegen
auf 2 Thlr. $10^1/_2$ Sgr., für den Fall dieselbe bei Vollendung des 60sten Lebensjahres geschieht.

Es würde also ein Arbeitgeber für die Versicherung eines 25 Jahre alten Arbeiters mit 500 Thlr. an jährlicher Prämie zu leisten haben:

1) für den Fall, daß das Kapital erst beim
    Tode des Versicherten zahlbar ist . . 8 Thlr. 25 Sgr. — Pf.
2) für den Fall, daß das Kapital event.
    schon beim 60. Lebensjahr des Ver-
    sicherten zahlbar ist . . . . . . 11 „ 22 „ 6 „

Bei einem Alter des Versicherten von 30 Jahren würde die jährliche Prämie 10 resp. $14^1/_4$ Thlr. betragen.

Die Vortheile dieser Art der Lebensversicherung für Arbeiter wie für Arbeitgeber liegen auf der Hand. Ersterer hinterläßt bei seinem Tode oder empfängt schon bei Lebzeiten ein so großes Kapital, daß damit für eine längere Reihe von Jahren sein Lebensunterhalt oder der seiner unversorgt zurückgebliebenen Angehörigen bestritten werden kann; eventuell gewähren die Zinsen einen nicht unerheblichen Beitrag zur Erreichung des nämlichen Zweckes. Der Gutsherr erspart dadurch zunächst in vielen Fällen die sonst an invalid gewordene Arbeiter oder an die zurückgebliebenen Angehörigen von Arbeitern zu zahlenden Unterstützungen. Ferner aber fesselt er durch Hoffnung der Lebensversicherungsprämie die Dienstleute an sich; dieselben werden alles vermeiden, was ihre Entlassung zur Folge haben könnte, weil sie dann jeden Anspruch auf die Lebensversicherung oder Altersversorgung verlieren.

Die landwirthschaftlichen Annalen des Mecklenburger patriotischen Vereins haben in No. 37 und 44 pro 1869 sehr entschieden auf die Vortheile der Lebensversicherung der ländlichen Arbeiter nach den Bestimmungen der Friedrich-Wilhelms-Gesellschaft hingewiesen. Sie heben*) u. A. auch hervor, daß die Gutsherrn in Mecklenburg in den letzten Jahren vielfach eine ebenso große Summe für die Ueberfahrt eines schwedischen Arbeiters von mindestens sehr zweifelhaftem Werthe ausgegeben hätten, als die jährliche Prämie für eine Lebensversicherung im Betrage von 500 Thalern ausmachen würde (10 resp. 14 1/4 Thaler).

Es kann auf den ersten Anblick sehr viel erscheinen, daß der Gutsherr für jeden seiner Arbeiter eine jährliche Versicherungsprämie von 10 Thlr. bezahlen soll. Bei näherer Betrachtung wird sich aber ergeben, daß dies Opfer keineswegs unverhältnißmäßig groß ist. Zehn Thaler auf 300 Arbeitstage vertheilt ergeben pro Tag einen Silbergroschen Unkosten. Jene Prämie würde also eine Lohnerhöhung von einem Silbergroschen pro Tag oder, wenn wir den durchschnittlichen Tagelohn auf 10—12 Silbergroschen annehmen, von 10—8 1/3 % repräsentiren. Diese Erhöhung ist im Vergleich zu der Steigerung, welche der ländliche Tagelohn im Laufe der letzten Jahrzehnte erfahren hat**) und noch immer erfährt, eine geringe zu nennen, zumal wenn man in Rechnung zieht, daß der Gutsherr durch Zahlung der Lebensversicherungsprämie sich bessere Arbeitskräfte zu sichern im Stande ist und an Armenunterstützungen spart.

Uebrigens scheint es mir normalen Verhältnissen nicht zu entsprechen, wenn der Gutsherr die volle Lebensversicherungsprämie für seine Arbeiter allein zahlt; es kann dies nur als Uebergang und Nothbehelf gerechtfertigt werden. Im Interesse der Gerechtigkeit und in dem persönlichen der Betheiligten selbst ist es vielmehr geboten, dahin zu streben, daß der Arbeiter einen Theil der Lebensversicherungsprämie aus eigenen Mitteln

---

*) A. a. O. Seite 346.
**) Vgl. oben Seite 84.

deckt; dadurch allein gewinnt derselbe eine innere Theilnahme an der ganzen Einrichtung und lernt ihren Werth schätzen. Die Statuten der Lebensversicherungsgesellschaft würden dann freilich den Fall vorsehen müssen, daß der Arbeiter sich von dem bisherigen Gutsherrn trennt. Es würde dann dem Arbeiter zu gestatten sein, die Lebensversicherung mit der bisher von ihm gezahlten Prämie fortzusetzen, während es andrerseits dem Gutsherrn freistehen müßte, den seinerseits gezahlten Prämienantheil zu Gunsten eines neu substituirten Arbeiters fortzuleisten. Bei solchem Arrangement haben beide Theile ein erhebliches Interesse, zusammenzubleiben; denn durch die Lösung des bisherigen Dienstverhältnisses würden die Herren wie die Arbeiter verlieren. Ueberdies könnte in Bezug auf die letzteren die Versicherungsgesellschaft die Bestimmung treffen, daß, im Falle der versicherte Arbeiter seinen früheren Dienst verläßt, aber die Versicherung im Betrage der bisher von ihm selbst geleisteten Prämie fortsetzen will, sich die versicherte Summe um eine bestimmte Quote, etwa um $1/5 - 1/4$, verringert. Um dies an einem Beispiele klar zu machen, nehme ich an, daß der Arbeiter mit 500 Thaler versichert ist: die jährliche Prämie beträgt 10 Thaler, von welcher Summe der Gutsherr und der Arbeiter jeder die Hälfte bezahlt. Verläßt letzterer seinen bisherigen Dienst, so soll ihm die Gesellschaft gestatten, unter Fortleistung von 5 Thalern jährlich die Versicherung beizubehalten, aber mit der Maßgabe, daß die versicherte Summe nicht die Hälfte von 500 Thaler, sondern etwa blos 200 Thaler beträgt. Dies würde keineswegs eine Ungerechtigkeit sein. Denn der ursprünglich von der Gesellschaft geschlossene Vertrag ist mit dem Gutsherrn eingegangen und hat das Vertrauen zur Voraussetzung, daß derselbe für Leben und Gesundheit seiner Leute nach Möglichkeit sorgt. Verläßt der Arbeiter den bisherigen Dienst, so schwindet die Garantie, welche in der Persönlichkeit des Gutsherrn lag; die Gesellschaft ist wohl berechtigt, nach Maßgabe der verminderten Garantie eine Verringerung der versicherten Summe resp. auch eine Erhöhung der jährlichen Prämie eintreten zu lassen.

Leider ist nun nach einer mir unter dem 16. März 1871 zugegangenen Mittheilung der Direktion der Friedrich-Wilhelms-Gesellschaft von der Lebensversicherung für Arbeiter bis dahin wenig oder fast gar kein Gebrauch gemacht worden. Die Direktion knüpft daran die Bemerkung, es möge an dieser Erscheinung weniger die mangelnde Opferwilligkeit der Arbeitgeber als der Mangel an Einsicht und Verständniß für die Sache Schuld sein. Diesem Urtheil kann ich im Allgemeinen nur beipflichten: es scheint mir aber richtiger zu sein, wenn man sagt, die allerdings jetzt mangelnde Opferwilligkeit würde zum Vorschein kommen, wenn ein besseres Verständniß für die Sache vorhanden wäre.

Die Lebensversicherung für ländliche Arbeiter nach Maßgabe der Statuten der Friedrich-Wilhelms-Gesellschaft ist allerdings nur dort möglich, wo die Arbeiter als Dienstleute in einem festen Contraktsverhältniß zu dem Gutsherrn stehen. Hier würde sogar die Frage auftauchen, ob nicht die Arbeiter contraktlich zu verpflichten seien, an der Lebensversicherung mit einem bestimmten Beitrag sich zu betheiligen, vorausgesetzt daß der Gutsherr einen ebenso hohen Beitrag für denselben Zweck zu leisten sich anheischig macht. Nach meiner Meinung ist dies auf solchen Besitzungen, auf denen überhaupt die Dienstleute ein reichliches Einkommen haben, wohl statthaft. Um das vorhin gewählte Beispiel festzuhalten, würde bei einer Lebensversicherung im Betrage von 500 Thalern der Gutsherr sowohl wie der Arbeiter eine jährliche Prämie von 5 Thalern zu zahlen haben; wird dieselbe dem letzteren regelmäßig vom Wochenlohn abgezogen, so beträgt der jedesmalige Abzug noch nicht ganz 3 Silbergroschen.

Wo freie Arbeiter sind, welche bald hier bald dort sich beschäftigen, hat natürlich der einzelne Arbeitgeber keine Veranlassung, für die Tagelöhner die Lebensversicherungsprämie zu zahlen; ebenso wenig kann er dieselben contraktlich verpflichten, diese aus eigenen Mitteln ganz oder theilweise zu bestreiten. Hier ist er in der Regel blos im Stande, seine Arbeiter durch Ueberredung und Belehrung zu bewegen, daß sie sich in eine Lebensversicherungsgesellschaft einkaufen. Insofern könnte er dieselben allerdings hierbei direkt unterstützen, daß er sich anheischig macht, denjenigen Arbeitern, welche das ganze Jahr hindurch bei ihm Beschäftigung suchen, einen Theil der Lebensversicherungsprämie aus seiner Tasche zu zahlen. Bei ausgedehnterer Anwendung dieser Maßregel würde man am besten ein gemeinsames darauf hinzielendes Institut schaffen; dasselbe würde eine ähnliche Einrichtung empfangen müssen, wie sie der mehrerwähnte Statutenentwurf der Unterstützungskasse für landwirthschaftliche Arbeiter im Königreich Sachsen hinsichtlich der Altersversorgung beabsichtigt.

Jedenfalls bietet aber die Lebensversicherung resp. Altersversorgung bei freien Arbeitern ihre ganz besonderen Schwierigkeiten. Bei ihnen wird man daher zunächst die übrigen, auf die fortdauernde Sicherung eines angemessenen Lebensunterhaltes gerichteten Institutionen besonders in's Auge zu fassen haben. Hierzu gehören, außer den bereits besprochenen verschiedenartigen Versicherungen bei Unglücksfällen, namentlich die Sparkassen, über welche ich demnächst zu sprechen haben werde.

Vorher möchte ich aber noch feststellen, daß die von mir geforderten verschiedenartigen Institutionen, welche dem Arbeiter einen materiellen Rückhalt in Zeiten besonderer Bedrängniß gewähren sollen, demselben immer nur so große Opfer auferlegen, daß sie in ihrer Gesammtheit seine Leistungsfähigkeit keineswegs übersteigen. Die von mir vorgeschlagenen Einrichtungen beschränken sich im Wesentlichen auf die folgenden vier:

1) Versicherung der Mobilien gegen Feuerschaden;
2) Versicherung der Kuh gegen Sterbefall;
3) Kranken- und Sterbekasse;
4) Lebensversicherungs- resp. Alterversorgungskasse.

Die jährlichen Beiträge eines Arbeiters für diese Zwecke würden betragen:

ad 1. Versicherung eines Mobilarwerthes von 250 Thlr. à 5 pro Mille . . . . . 1 Thlr. 7 Sgr. 6 Pf.

ad 2. Versicherung der Kuh im Werthe von 35 Thlr. à 3 % . . . . 1 „ 1 „ 6 „

ad 3. Beitrag zur Kranken- und Sterbekasse unter der Voraussetzung, daß der Gutsherr die Hälfte von dem Gesammtbeitrag der Mitglieder gibt, ⅔ Silbergroschen pro Woche . . . . . 1 „ 4 „ 8 „

ad 4. Lebensversicherung resp. Altersversorgung mit einem Kapital von 500 Thlr. unter der Voraussetzung, daß jenes spätestens mit dem 60. Lebensjahre des Versicherten fällig wird und daß der Arbeitgeber die Hälfte der Versicherungsprämie bezahlt . . . . 7 „ 3 „ 9 „

Summa: 10 Thlr. 17 Sgr. 5 Pf.

Der ganze vom Arbeiter zu leistende Beitrag würde sich also auf jährlich $10^{7}/_{12}$ Thaler, monatlich noch nicht einen Thaler belaufen. Diese Summe aufzubringen, sind bei den dermaligen Lohnverhältnissen fast alle das ganze Jahr hindurch beschäftigten landwirthschaftlichen Tagelöhner, mögen sie Dienstleute oder freie Arbeiter sein, im Stande, vorausgesetzt daß die Gutsherren ihnen die zustehenden Competenzen in angemessener Weise verabfolgen und daß die Tagelöhner selbst mit ihrem Einkommen wirthschaftlich umgehen.

Alle Versicherungen gegen Unglücksfälle haben für den Arbeiter zunächst die Folge, daß er spart d. h. daß er eine Quote seines Lohnes zurücklegt, um dadurch gewisse ihn möglicher Weise treffende materielle Schädigungen ausgleichen zu können. Mancher ist deshalb vielleicht zu der Behauptung geneigt, jene zum Theil etwas complicirten Einrichtungen seien überhaupt unnöthig, da man sie alle zusammen durch die einfachere Institution der Sparkasse zu ersetzen im Stande sei. Eine solche Behauptung hat indessen nur eine sehr beschränkte Gültigkeit. Allerdings kann der Arbeiter, wenn er regelmäßig Ersparnisse zurücklegt, mit Hülfe derselben sich möglicher Weise alle diejenigen Vortheile verschaffen, welche ihm jene Versicherungs- und Unterstützungskassen gewähren. Dennoch besteht aber zwischen letzteren und der einfachen Sparkasse ein doppelter sehr gewichtiger Unterschied. Bei jenen verzichten diejenigen Mitglieder, welche von dem ins Auge gefaßten Unglücksfall nicht betroffen werden, auf jede Zahlung aus der gemeinsamen Kasse; die von ihnen geleisteten Beiträge kommen dafür den vom Unglück Heimgesuchten zu Gute. Die Letztgenannten erhalten also aus der Vereinskasse sehr viel mehr zurück, als sie darin eingelegt haben. Bei der Sparkasse bleiben die gemachten Einlagen stets alleiniges Eigenthum des Einlegers; er kann sie verwenden, wann und wie er will; aber er darf nicht darauf rechnen, daß dieselben stets ausreichen, um den ihm durch außerordentliche Unglücksfälle verursachten Schaden zu decken. Im Gegentheil kann er gewöhnlich mit Sicherheit voraussehen, daß er solche Schädigungen mit seinen Ersparnissen auszugleichen nicht im Stande ist. Es gehört schon eine lange Reihe von Jahren dazu, bevor ein Arbeiter selbst bei consequentestem Sparen so viel erübrigt, daß er z. B. sein durch Feuer eingebüßtes Mobiliar sich wieder anschaffen kann oder daß er bei eintretender Arbeitsunfähigkeit sein Bedarf an den nöthigen Subsistenzmitteln auch nur einigermaßen ausreichend gedeckt oder daß bei seinem Tode die materielle Existenz seiner Hinterbliebenen gesichert ist. Keiner weiß aber im Voraus, ob es ihm vergönnt bleibt, lange Zeit hindurch zu sparen; ob nicht vielleicht schon in jungen Jahren ihn Unglücksfälle betreffen, die ihn des größten Theiles seiner Habe berauben oder die ihn arbeitsunfähig machen oder die ihn aus seiner Familie, deren Ernährer er ist, für immer herausreißen. In allen diesen Fällen gewährt die Sparkasse nur einen sehr ungenügenden Rückhalt.

Hierzu kommt noch ein anderer gerade für die Arbeiter sehr wichtiger Umstand. Der einmal vollzogene Beitritt zu irgend einer Versicherungskasse zwingt den Arbeiter zu sparen. Er muß die bestimmten wöchentlichen oder jährlichen Beiträge bezahlen, sonst geht er des ganzen

Vortheils der gemeinsamen Kasse verlustig; er verliert auch jede Anwartschaft, welche er in Folge der früher gemachten Einlagen sich bereits erworben hatte. Dieser moralische und, soweit er auf einem mit dem Dienstherrn geschlossenen Contrakte beruht, auch rechtliche Zwang wirkt auf den Arbeiter äußerst wohlthätig. Sein Einkommen gewährt ihm fast stets die Mittel, gewisse Ersparnisse zurückzulegen, der Beitritt zu einer Versicherungskasse macht diese Möglichkeit zu einer Nothwendigkeit. Sie zwingt ihn, gewisse unnütze oder gar unsittliche Ausgaben zu vermeiden und überhaupt eine bessere Verwaltung seines Einkommens anzustreben. Bei der einfachen Sparkasse liegt eine solche Nöthigung nicht vor, im Gegentheil aber die Gefahr nahe, daß der Arbeiter in etwas knappen Zeiten nicht nur jedes Sparen unterläßt, sondern auch die bereits gemachten Einlagen in kurzer Frist wieder aufzehrt. Es gibt freilich auch gewisse Formen von Sparkassen, die eine Art von Zwang für die Mitglieder in sich schließen; aber dieser Zwang ist doch immer nur ein so geringer, daß durch denselben auf die Dauer kein Arbeiter zum Sparen bewogen werden kann, welcher hierzu nicht selbst den guten Willen hat.

Wenn ich behaupte, daß durch die Sparkassen nicht vollständig die Versicherungskassen ersetzt werden können, so will ich damit keineswegs die Bedeutung der ersteren unterschätzen. Im Gegentheil lege ich ihnen eine große Wichtigkeit bei. Sie besitzen ja vor den Versicherungskassen den unbestreitbaren Vorzug, daß die gemachten Einlagen stets Eigenthum des Einlegers bleiben und daß dieser seine Ersparnisse jeder Zeit zu jedem ihm nöthig oder nützlich scheinenden Zweck verwenden kann. In den Augen des Arbeiters haben aber gerade solche Umstände einen entscheidenden Werth. Bei Einlagen in die Sparkasse erleidet er nie einen Verlust, im Gegentheil er gewinnt die Zinsen; bei allen Versicherungskassen zieht er möglicher Weise gar keinen Nutzen aus den gezahlten Beiträgen. Es wird daher häufig viel leichter sein, die Arbeiter zu einem regelmäßigen Sparsystem als zur Benutzung von Versicherungskassen zu bewegen. Namentlich gilt dies von der Lebensversicherung oder Altersversorgung, welche verhältnißmäßig hohe Beiträge erfordert und deren Vortheil beim Arbeiter schon deshalb als sehr fraglich erscheint, weil er dieselben erst nach einer langen Reihe von Jahren zu erwarten berechtigt ist. Auch der verständige, ruhig überlegende Arbeiter zieht daher die Sparkasse in der Regel der Lebensversicherung vor. Ganz anders ist seine Stellung zu den übrigen Versicherungs- oder Hülfskassen, welche ihm die bei Feuerschaden, Viehsterben oder Krankheitsfällen eintretenden Verluste ersetzen sollen. Bei diesen kann er sich durch verhältnißmäßig sehr geringe Beiträge vor großen möglicher

Weise eintretenden Schädigungen sicher stellen und es hält daher in der Regel weniger schwer, ihn zu kleinen Opfern für solche Zwecke zu bestimmen.

Wo es sich um neue Einrichtungen handelt, scheint es mir daher räthlich, zunächst die Brandschaden- und Viehversicherung sowie die Krankenkassen ins Auge zu fassen; in zweiter Linie würden die Sparkassen kommen und in dritter Linie die Lebensversicherung resp. Altersversorgung. Dabei will ich gerne zugeben, daß besondere Lokalverhältnisse und persönliche Neigungen einen anderen Gang als zweckmäßig erscheinen lassen können. Auch wird es zuweilen möglich und räthlich sein, die eine bereits gemachte Einrichtung zu benutzen, um daraus eine andere allmählig herauszubilden. So lassen sich Viehversicherungs- und Krankenkassen sehr leicht gleichzeitig in Sparkassen verwandeln, während letztere wieder den Zwecken der Altersversorgung dienstbar gemacht werden können. Wie dies zu geschehen hat, wie überhaupt die verschiedenen Hilfskassen neben und mit einander wirken sollen, dafür lassen sich keine allgemein gültigen Grundsätze aufstellen; hierüber entscheiden wesentlich die Neigungen, der Bildungsstandpunkt und die pecuniären Verhältnisse sowohl der Arbeiter wie der Arbeitgeber. Daß ein und dieselbe Kasse eine Reihe verschiedener Zwecke in sich vereinigen kann, beweisen schon die in Sillium und Blebau bestehenden, auf Seite 157 u. 158 besprochenen Einrichtungen; in noch viel umfassenderer Weise sucht die für das Königreich Sachsen projektirte Unterstützungskasse ihre Aufgabe zu lösen. Aber gerade mit Bezug auf letztere möchte ich hier noch einmal davor warnen, von vorne herein Hilfskassen ins Auge zu fassen, welche mannigfaltige Zwecke auf einmal erfüllen sollen; es ist sehr schwer solchen Institutionen Eingang zu verschaffen bei einer Bevölkerung, welche überhaupt noch nicht an genossenschaftliche Unternehmungen gewöhnt ist.

Was nun die Sparkassen speciell betrifft, so bieten sich eine Reihe verschiedener Wege dar, um die Vortheile derselben den ländlichen Arbeitern zugänglich zu machen.

Wo die ländlichen Arbeiter vorzugsweise aus Dienstleuten bestehen, scheint es mir unzweifelhaft das allein richtige zu sein, daß der Gutsherr die Einrichtung von Sparkassen für jene in die Hand nimmt. Dabei wird ein Doppeltes sich als erforderlich zeigen, nämlich daß der Gutsherr 1) zu Gunsten seiner Leute aus eigenen Mitteln Einlagen in die Sparkasse macht; 2) seine Dienstleute contraktlich zum Beitritt zur Sparkasse nöthigt. Beides geht Hand in Hand. Der Herr wird seine Arbeiter nicht leicht zum Sparen bewegen, wenn er ihnen für diesen Fall nicht ganz bestimmte und augenscheinliche Vortheile in Aussicht stellt: auf der anderen Seite gewähren ihm die seinerseits gebrachten Opfer gewissermaßen das moralische Recht, seinen Arbeitern die Nöthigung zum Sparen aufzuerlegen. Auf die Ausübung des letztgenannten Rechtes würde er unter Umständen freilich auch verzichten können; er brauchte vielleicht seinen Arbeitern gegenüber sich blos zu verpflichten, ihnen für den Fall daß sie sparen, gewisse materielle Vergünstigungen zu gewähren, ohne sie gleichzeitig zum Eintritt in die Sparkasse zu zwingen. Aber in der Regel wird die Anwendung des letzteren Mittels sich als nothwendig erweisen, wenn man die Gutsleute allgemein zum Sparen bewegen will. Es liegt hierin auch durchaus keine Härte. Denn einmal beruht der Contrakt zwischen dem Herrn und den Arbeitern auf einem freiwilligen Uebereinkommen, welches auch durch einseitige Kündigung gelöst werden kann; fürs Zweite steht es ja dem Arbeiter jeden Augenblick frei, die aus eigenen Mitteln gemachten Spareinlagen wieder aus der Kasse zurückzuziehen.

Auf einzelnen, wenn auch noch sehr wenigen Gütern besitzen wir bereits Sparkassen. Eine solche ist z. B. von dem Grafen Schlieffen auf Sandow bei Dölitz in Pommern eingerichtet und habe ich schon an anderen Orten auf dieselbe wenigstens kurz hingedeutet. Sie besteht seit dem Jahre 1846, also nun seit 25 Jahren, und erfreut sich der fortbauernden Theilnahme der Arbeiter. Um dieser langen Bewährung willen und um ein Muster für ähnliche Einrichtungen zu geben, scheint es mir nicht überflüssig zu sein, die Statuten der Sandower Sparkasse, welche noch heute dieselben wie vor 25 Jahren sind, an dieser Stelle wörtlich wiederzugeben.

§ 1. Die Sparkasse steht unter der Verwaltung des Patrimonial-Gerichtes Sandow, somit unter Garantie des Dominiums. — Die bei dem Patrimonial-Gerichte angestellten Depositen-Beamten verwalten die Sparkasse für eine ihnen zu gewährende Vergütigung aus der Sparkasse.

§ 2. Das Dominium Sandow bewirkt eine allgemeine Erhöhung des gesammten Lohnes und Tagelohns, wie er jetzt üblich ist, durch den Zuschuß von einem Silbergroschen für jeden Thaler. - Diese Summe bildet den Urfond der Sparkasse und wird zu derselben in den halbjährigen Terminen zu Neujahr und Johanni eingezahlt.

§ 3. Zu den Theilnehmern an der Sparkasse gehören zwangsweise:

1. die Haus- und Wirthschaftsbeamten,
2. das gesammte Gesinde und die Deputanten,

---

*) Annalen der Landwirthschaft in den kgl. preuß. Staaten. 1863. Wochenblatt No. 9. Beitrag zur Geschichte der Entwickelung ländl. Arbeiterverhältnisse u. s. w. S. 47.

3. die sämmtlichen Tagelöhner mit ihren Familien im Dienste des Dominium Sandow mit ihrem ganzen zu beziehenden baaren Gehalt, Lohn und Tagelohn.

§ 4. Jeder gezwungene Theilnehmer an der Sparkasse zahlt zu derselben von seinem Lohn eine ebenso große Summe, als von dem Dominium zu seinem Vortheil als Urfond eingezahlt ist, also einen Silbergroschen für jeden Thaler. Diese Summe wird gleichfalls in halbjährigen Terminen unmittelbar von dem Lohne an die Sparkasse abgeführt.

§ 5. Jeder solcher Theilnehmer an der Sparkasse sowie außerdem jedes Mitglied der Sandow'schen Gemeinde hat das Recht, seine freiwilligen Ersparnisse in der Sparkasse gegen die festgesetzten Zinsenvortheile anzulegen.

§ 6. Die zur Sparkasse eingezahlten Summen werden den Eigenthümern mit $3\frac{1}{3}\%$, also mit einem Silbergroschen für jeden eingezahlten Thaler jährlich verzinst.

§ 7. Im Allgemeinen werden die auflaufenden Zinsen halbjährig zum Kapital geschlagen und mit diesem von Neuem verzinst.

§ 8. Die Sparkasse zahlt die in den Büchern geführten Kapitalien und Zinsen an die Theilnehmer zum vollen Betrage aus:

1. wenn Gesinde und Tagelöhner auf ihr Ansuchen mit gutem Zeugnisse von der Brodherrschaft des Dienstes entlassen werden;
2. wenn Tagelöhner durch erwiesene Unglücksfälle zu Kapitalsverwendungen gezwungen sind;
3. bei Todesfällen und Erbschaftstheilungen;
4. alle freiwilligen Einlagen können mit den abgelaufenen Zinsen jeden Augenblick und unverkürzt zurückgezogen werden.

§ 9. Gesinde und Tagelöhner, die wegen begangener Verbrechen sowie wegen schlechten Dienstes von der Brodherrschaft entlassen werden, verlieren den Urfond der in ihren Sparkassenbüchern geführten Summen nebst Zinsen. Der Urfond fällt dann an das Dominium zurück, das in der Regel zu Gunsten der Sparkasse darüber verfügen wird.

Das Dominium behält sich vor, den Verlust des Anrechtes auf den Urfond in der Sparkasse in dem Dienstentlassungszeugniß ausdrücklich auszusprechen.

§ 10. Aus den Forderungen dritter Personen an die Theilnehmer der Sparkasse können niemals Anrechte auf deren Sparkassenbücher selbst hervorgehen. Vielmehr hört mit dem Zeitpunkte, von welchem ab ein Dritter Rechte auf ein Sparkassenbuch und auf den aus demselben sich ergebenden

Geldbetrag erwirbt, die Verzinsung der Einlage des Theilnehmers auf und der Urfond nebst dessen Zinsen fällt an das Dominium zurück.

§ 11. Das Sparkassenbuch gilt überhaupt nur für den in demselben namentlich bezeichneten Theilnehmer und, sofern die Uebertragung desselben nicht durch eine Behörde selbst veranlaßt wird, muß eine solche Uebertragung entweder gerichtlich oder notariell beglaubigt sein.

§ 12. Geht ein Sparkassenbuch verloren, so muß dieses der Theilnehmer dem Dominium anzeigen, welches nach Gutbefinden ein neues Buch ertheilt und, daß dieses geschehen ist, auf dem bezüglichen Blatte des Theilnehmers im Contobuche vermerken läßt.

Diese Statuten scheinen mir so zweckmäßig, daß sie mit geringen Modifikationen auch heute noch jeder Gutssparkasse zum Grunde gelegt werden können.

Im Jahre 1862 betrug die Gesammtzahl der Theilnehmer an der Sandower Sparkasse 110; davon bestanden 85 aus Dienstleuten u. s. w. des Dominiums, 7 aus juristischen Personen, 49 aus freiwillig Beitragenden. Die Einnahmen der Kasse beliefen sich bis zum 1. Januar 1862 auf:

1074 Thaler Urfonds
1074 „ verpflichtete Beiträge
9300 „ freiwillige Beiträge
1731 „ Zinsen

Summa 13179 Thaler.

Hiervon waren 6516 Thaler im Laufe der Jahre wieder zurückgewährt worden, so daß das Guthaben der Mitglieder noch 6663 Thaler betrug. Letztere Summe fiel zur größeren Hälfte auf freiwillig Beitragende, mit 3143 Thaler aber auf Dienstleute u. s. w. des Dominiums, von welchen durchschnittlich jeder 37 Thaler in der Sparkasse besaß. Zu beachten ist, daß das Guthaben der Dienstleute nach 16jährigem Bestehen der Sparkasse immer noch erheblich größer war, als die während dieser Zeit eingezahlten Urfonds und verpflichteten Beiträge nebst den dafür aufgelaufenen Zinsen. Daraus geht hervor, daß die Arbeiter weit mehr gespart haben, als sie verpflichtet waren, zumal im Laufe der Jahre von den gemachten Einlagen nahezu die Hälfte wieder aus der Kasse zurückgezogen wurde. Es hat also die ganze Einrichtung bei den Gutsleuten großen Beifall gefunden.

Ueber die jetzigen Bestände der Sandower Sparkasse liegen mir zwar keine speciellen Nachweise vor; jedoch weiß ich, daß dieselbe noch heute in wesentlich unveränderter Form fortbesteht. Nur haben sich die Guthaben der verpflichteten Mitglieder dadurch erheblich verringert, daß viele derselben, so bald sie die nöthigen Ersparnisse gemacht, ausgewandert sind*). Dagegen hat sich die Zahl der freiwilligen Sparer bedeutend vermehrt und erhalten dieselben jetzt 4 Proc. für die von ihnen gemachten Einlagen.

In etwas anderer Weise ist die von dem Rittergutsbesitzer Neumann auf Posegnik bei Gerdauen in Ostpreußen für seine Gutsleute eingerichtete Sparkasse organisirt. Sie hängt dort zusammen mit der Gewährung eines Antheils vom Reinertrage an die Gutsleute. Da ich über letztere Institutionen an einer späteren Stelle zu handeln habe, so werde ich auch erst dort die Einrichtung und Resultate der Sparkasse in Posegnik besprechen. Hier sei nur so viel erwähnt, daß Herr Neumann seine Gutsleute nur verpflichtet, einen Theil der ihnen gewährten Tantièmen in die Sparkasse zu legen, daß er aber außerdem freiwillige Einlagen gestattet und für letztere pro eingelegten Thaler dem Sparer noch zehn Silbergroschen aus eigenen Mitteln in der Sparkasse zu Gute schreibt. Es ist also im Wesentlichen dasselbe Princip wie in Sandow, nur in noch ausgedehnterem Maßstabe angewendet: der Gutsherr nöthigt zwar seine Leute zum Eintritt in die Sparkasse, bringt aber dabei zu Gunsten derselben so erhebliche eigene Opfer, daß die Benutzung der Sparkasse für die Arbeiter nicht als ein Zwang, sondern als eine Vergünstigung erscheinen muß.

Die Lohnerhöhung von einem Silbergroschen pro Thaler, welche Graf Schlieffen für jeden seiner Arbeiter in die Sparkasse einlegt, beträgt 3⅓ Procent des gesammten Lohnes und zwar blos des baaren Lohnes, welcher nach den früher von mir gemachten Angaben bei Dienstleuten durchschnittlich nicht mehr als die Hälfte des gesammten Arbeitslohnes ausmacht. Von letzterem würde also jene Erhöhung nur 1⅔ Procent repräsentiren. Dieses Opfer fällt nach meiner Ansicht gar nicht ins Gewicht gegen die Vortheile, welche die Sparkasse zunächst den Dienstleuten, dann aber auch dem Herrn gewährt. Denn kein Sachkundiger kann darüber im Zweifel sein, daß mit der Sparsamkeit der Arbeiter sich viele andere Tugenden von selbst einstellen, deren Vorhandensein auf die Leistungsfähigkeit der Betreffenden überaus günstig wirkt.

In solchen Gegenden, wo freie, nicht contraktlich gebundene Tagelöhner vorherrschen oder ausschließlich vorhanden sind, lassen sich Sparkassen der eben beschriebenen Art nur sehr schwer einrichten. Denn dieselben haben zur wesentlichen Voraussetzung, daß die Arbeiter beständig

---

*) Daß grade in Pommern die Auswanderungssucht unter den ländlichen Tagelöhnern besonders groß ist, habe ich bereits oben Seite 80 erwähnt.

bei dem nämlichen Herrn beschäftigt sind. Dieser allein besitzt einerseits ein so lebhaftes Interesse an dem materiellen Wohle seiner Leute, daß er erhebliche eigene Opfer zu dessen Förderung zu bringen sich entschließt, und hat andrerseits in Folge des geschlossenen Contraktes die rechtliche sowie faktische Macht, den Arbeitern die in die Ortssparkasse zu machenden Einlagen regelmäßig vom Lohne zurückzubehalten. Es läßt sich nun freilich denken, daß der Gutsbesitzer auch mit freien Arbeitern ein ähnliches Abkommen trifft; daß er also für dieselben eine Sparkasse gründet, sie zu regelmäßigen Einlagen verpflichtet und dafür zu ihren Gunsten ebenfalls Einlagen aus eigenen Mitteln macht. Eine derartige Einrichtung würde jedenfalls sehr segensreich wirken; sie scheint mir auch nicht zu den Unmöglichkeiten zu gehören, wird aber in den meisten Fällen auf große Schwierigkeiten stoßen. Denn sie erfordert schlechterdings die ausdrückliche oder stillschweigende Verpflichtung, daß der Gutsbesitzer den Arbeiter während des ganzen Jahres beschäftigt und daß letzterer ohne Erlaubniß des ersteren keine fremde Arbeit annimmt. Diese Verpflichtung ist aber auf beiden Seiten schwer zu erreichen. Der landwirthschaftliche Betrieb bringt es mit sich, daß in ihm nicht das ganze Jahr hindurch gleich viel Arbeitskräfte gebraucht werden und daß in Folge dessen fast überall, wo freie Arbeiter sind, diese bald hier bald dort in Thätigkeit sich befinden. Dies ist besonders der Fall in den Gegenden, in welchen der kleinere und mittlere Grundbesitz vorherrscht. Hier hat der Landwirth während der Ernte verhältnißmäßig sehr viel menschliche Arbeitskräfte nöthig, während er in den übrigen Jahreszeiten fast lediglich mit seinem Gesinde die Wirthschaft beschicken kann. Da nun in Folge der verschiedenen klimatischen und Boden-Verhältnisse die Ernte selbst in nahe an einander grenzenden Distrikten zu verschiedenen Zeiten stattfindet, so bringt es das allseitige Interesse mit sich, daß eine große Zahl landwirthschaftlicher Arbeiter bald hier bald dort Beschäftigung und Verdienst sucht. Im Winter vollends ist der Bedarf des landwirthschaftlichen Betriebes an Menschenkräften ein sehr beschränkter; der freie ländliche Tagelöhner sichert sich seinen Lebensunterhalt durch Arbeit in den Forsten, bei größeren Meliorationen, in Fabriken, in eigener häuslicher Industrie u. s. w. Nur auf größeren Gütern gestaltet sich dies Verhältniß etwas anders. Diese brauchen, wenn sie nicht Dienstleute haben, das ganze Jahr hindurch eine gewisse Anzahl freier Arbeiter; es liegt auch in ihrem Interesse, dieselben Personen fortdauernd zu beschäftigen. Hier scheint die Einrichtung von Zwangssparkassen in der oben beschriebenen Form wohl durchführbar. Mindestens sollten aber Besitzer größerer Güter versuchen, für ihre freien Arbeiter

Sparkassen zu freiwilligen Einlagen einzurichten, in welche selbstverständlich die auf denselben Gütern etwa befindlichen Dienstleute ebenfalls Einlagen zu machen befugt sein müßten. Für solche Sparkassen würde aber ein Zinssatz von $3^1/_3$ Proc. nicht genügen; derselbe wäre auf mindestens 4 Procent zu erhöhen, wenigstens für alle Beträge von über 25 Thalern. Denn der Gutsbesitzer ist sehr wohl im Stande, das in seine Wirthschaft gesteckte Betriebskapital mit 4 Procent zu nutzen oder, wenn er dies nicht will, die Spareinlagen zu 4 Procent sicher anzulegen. Die in Salzmünde eingerichtete Sparkasse, an welcher auch den dort beschäftigten ländlichen Arbeitern die Theilnahme gestattet ist, verzinst die gemachten Einlagen mit $4^1/_6$ Proc. oder mit $1^1/_4$ Sgr. pro Thaler*).

Wo seitens der Gutsbesitzer die Einrichtung besonderer Sparkassen für ihre Arbeiter nicht zweckmäßig erscheint oder nicht zu ermöglichen ist, bleiben immer noch andere Wege offen, um diesen die Vortheile jener segensreichen Institutionen zufließen zu lassen. Zunächst gibt es allerwärts im Lande zerstreut öffentliche Sparkassen, die eine vollkommene Sicherheit gewähren und deren Benutzung Jedermann offen steht. Dieselben pflegen auch ganz geringe Einlagen (von 5 Silbergroschen an) anzunehmen und dafür sowohl Zinsen wie Zinseszinsen zu gewähren. Sie haben freilich den Uebelstand, daß sie sich gewöhnlich in Städten befinden, wodurch ihre Benutzung für den ländlichen Arbeiter erschwert wird. Letztere hat deshalb auch verhältnißmäßig in geringem Maße statt, dort noch am meisten, wo die Sparkassen räumlich weniger weit von einander getrennt sind, wo gleichzeitig der Verkehr der Landbevölkerung mit den Städten ein leichterer und regerer ist und wo endlich die Bildung der ländlichen Arbeiter eine größere Entwickelung erreicht hat. Aber auch in solchen Gegenden werden die Sparkassen von den landwirthschaftlichen Tagelöhnern lange nicht in dem Maße in Anspruch genommen, wie es möglich und wünschenswerth ist. Eine Hauptschuld hieran trägt die Unkenntniß, Schwerfälligkeit und das Mißtrauen der Arbeiter. Auf die Beseitigung dieser Mängel und Untugenden hinzuarbeiten, liegt in dem Berufe aller derjenigen Personen, welche einen Einfluß auf die ländlichen Tagelöhner besitzen, also namentlich der Arbeitgeber, der Lehrer, der Geistlichen. Es handelt sich zunächst darum, dieser Bevölkerungsklasse die große Wichtigkeit des Sparens und der Sparkassen klar zu machen und ihnen dann die Benutzung der letzteren auf jede Art zu erleichtern. Hier ist ein Gebiet,

---

*) Grouven u. a. a. O. Seite 171. Ueber die Einrichtungen in Salzmünde vgl. auch Schmoller l. c. pg. 217 ff.

auf welchem die Schule und namentlich die Fortbildungsschule sehr viel wirken kann. Die Lehrer und Geistlichen sind auch die besten Vertrauenspersonen, welche die Einzahlung der Spareinlagen für diejenigen Arbeiter bewirken müßten, welche aus Schwerfälligkeit oder aus Mangel an Zeit es nicht zu thun vermögen.

Ob es auf dem angedeuteten Wege möglich sein wird, überall die freien ländlichen Arbeiter, soweit sie überhaupt der Sache zugänglich sind, für Benutzung der Sparkassen zu gewinnen, erscheint freilich zweifelhaft. Zur besseren und schnelleren Erreichung dieses Zieles könnte gleichzeitig noch ein anderer Weg eingeschlagen werden, welcher vereinzelt schon mit gutem Erfolge betreten ist, ich meine die Errichtung **besonderer ländlicher Sparkassen**. Solche bestehen z. B. an einzelnen Orten in der preußischen Rheinprovinz und zwar in Verbindung mit **Darlehnskassen**. Die erste Gründung und Einrichtung derselben fand besonders auf Veranlassung und unter Leitung des Bürgermeisters Raiffeisen statt und zwar in verschiedenen nicht weit von Neuwied gelegenen Bürgermeistereien resp. Kirchspielen. Die Mitglieder der Darlehnskasse bilden eine solidarisch haftbare Genossenschaft. Sie bestehen meist aus kleinen Grundbesitzern, die aber großentheils gleichzeitig ländliche Tagelöhner sind. Die Kasse ist nun bestimmt, den Genossenschaftern gegen Bürgschaft Darlehn zu gewähren. Das Bedürfniß hierzu ging besonders aus der Thatsache hervor, daß die kleinen Grundeigenthümer resp. Tagelöhner auf die schmählichste Weise von den jüdischen Händlern gepreßt und betrogen werden, wenn sie von denselben Geld brauchen. Dieser Fall tritt aber jedes Mal ein, wenn jenen Leuten in ihrer kleinen Wirthschaft ein irgend erheblicher Unglücksfall passirt, z. B. das Krepiren eines Stück Vieh's, Mißwachs auf dem Felde u. s. w. Hierüber hat Raiffeisen selbst eine höchst instruktive Schilderung geliefert in seinem sehr lesenswerthen Buche über die Darlehnskassenvereine*). Als er die ersten Vereine gründete, kannte er noch nicht die ungefähr gleichzeitig erfolgende Einrichtung der ersten Vorschußvereine von Schulze-Delitzsch. Bei den später ins Leben gerufenen Darlehnskassen sind allerdings die von Schulze-Delitzsch aufgestellten Prinzipien auf die Festsetzung der Statuten von großem Einfluß gewesen. Jedoch unterscheiden sich die Darlehnskassenvereine von den Schulze'schen Vorschußvereinen in folgenden wesentlichen Punkten.

---

*) Die Darlehnskassen-Vereine als Mittel zur Abhilfe der Noth der ländlichen Bevölkerung u. s. w. von F. W. Raiffeisen. Neuwied 1866. Vgl. auch das oben Seite 151 Gesagte.

1) Die Darlehne werden nicht blos auf ein Vierteljahr, sondern auch auf längere Zeit, selbst auf 5, 10 und noch mehr Jahre gewährt. Die Rückzahlung erfolgt alsdann in gleichgroßen jährlichen Raten. — Diese Einrichtung erscheint sehr zweckmäßig, ja nothwendig, da die im landwirthschaftlichen Betrieb angelegten Kapitalien meistentheils erst im Laufe der Jahre durch die erzielten Erträge sich zu ersetzen pflegen.

2) Die einzelnen Darlehnskassenvereine beschränken ihre Wirksamkeit immer auf einen bestimmt abgegrenzten und kleinen Bezirk, so daß eine genaue Personalkenntniß und eine gegenseitige Einwirkung der Mitglieder auf einander möglich ist. Wegzug aus dem Vereinsbezirk bedingt deshalb auch stets den Austritt aus dem Verein.

3) Die Mitglieder der Darlehnskassenvereine machen keine regelmäßigen Einlagen in die gemeinsame Kasse, erhalten auch keine Dividenden aus derselben. Der verbleibende Geschäftsgewinn wird vielmehr ausschließlich zur Bildung eines Reservefonds resp. zur Ansammlung eines untheilbaren Vereinsvermögens verwendet. Sobald letzteres eine bestimmte Höhe erreicht hat, steht es der Generalversammlung zu, über die Zinsen desselben sowie über den ferner etwa eingehenden Gewinn zu gemeinnützigen Zwecken, besonders im Interesse der Vereinsmitglieder zu verfügen.

4) Die Darlehnskassenvereine haben den ausgesprochenen Zweck, den Gemeinsinn und die Liebesthätigkeit zu pflegen. Damit hängt es zusammen, daß alle Vereinsämter mit Ausnahme desjenigen des Rechners (Rendanten) grundsätzlich als Ehrenstellen und unentgeldlich verwaltet werden*).

Wegen dieser wesentlichen Verschiedenheiten, welche zwischen den Darlehnskassenvereinen und den nach den Schulze'schen Prinzipien gegründeten Vorschuß- und Creditgenossenschaften bestehen, haben sich erstere mit Recht nicht dem Genossenschaftsverbande und der Anwaltschaft der letzteren angeschlossen, wohl aber sich unter das Genossenschaftsgesetz gestellt.

Den Zweck einer Sparkasse erreichen die Darlehnskassen dadurch, daß sie als Anlehen für Vereinszwecke auch die kleinsten Beträge annehmen und verzinsen. Diese Verbindung einer Sparkasse mit der Darlehnskasse ist zwar nach den Statuten der letzteren nicht gerade erforderlich, aber doch leicht möglich gemacht; es haften alsdann die Mitglieder des Darlehns-

---

*) Die von den meisten Darlehnskassenvereinen angenommenen Statuten befinden sich vollständig abgedruckt bei Langsdorff l. c. S. 30—44.

kassenvereins solidarisch für die Spareinlagen. Bei Raiffeisen ist das Statut der Heddesdorfer Sparkasse mitgetheilt*). Diese nimmt Einlagen von 10 Silbergroschen aufwärts an und verzinst jeden vollen Thaler mit einem von dem Verwaltungsrath festzusetzenden Prozentsatz.

Es existiren jetzt schon über 60 solcher Darlehnskassenvereine in der Rheinprovinz und stehen dieselben im Begriff, zu einem gemeinsamen Verbande zusammenzutreten. Ihre Mitglieder sind meist kleine Grundbesitzer, Tagelöhner und Fabrikarbeiter. Für diese Klassen der Bevölkerung haben sich jene Vereine als überaus segensreich erwiesen. Bei Langsdorff ist ein amtliches Schreiben**) des Direktors des Kreisgerichts in Neuwied vom 16. Juli 1870 abgedruckt, welches u. A. Folgendes besagt:

„Auf Grund der von den betreffenden Herren Richtern erstatteten Berichte und auf Grund eigener Beobachtung kann ich nur bezeugen, daß die wohlthätige Einwirkung der ländlichen Darlehnskassenvereine im hiesigen Gerichtsbezirk in allen gerichtlichen Angelegenheiten schon jetzt unverkennbar ist, wenngleich die meisten dieser Vereine erst vor Kurzem ins Leben getreten sind.

Die Bagatell-Klagen, nothwendigen Subhastationen, Executionen und Hypotheken-Inscriptionen, insbesondere aus Judicaten, haben grade in den Theilen des Gerichtsbezirkes, welche sich der Wirksamkeit der Vereine erfreuen, nicht unerheblich abgenommen. . . . . . .

Bei der Abnahme der Prozesse unter 50 Thalern ist es insbesondere aufgefallen, daß diejenigen Klagen, welche aus einem mehrere Jahre fortgesetzten Handelsverkehre zwischen Viehhändlern und Landleuten herrührten, in den letzten 1½ Jahren fast gänzlich ausgeblieben sind, während früher dergleichen Klagen häufig zur Verhandlung kamen.

. . . .

Auch haben in den betreffenden Bezirken seit Errichtung der ländlichen Darlehnskassenvereine speciell die Prozesse einzelner als Wucherer bekannter Persönlichkeiten erheblich abgenommen . . . . . ."

Die Darlehnskassenvereine sind in vorzüglicher Weise geeignet, dringende Bedürfnisse der freien ländlichen Arbeiter zu befriedigen und großen Nothständen abzuhelfen. Sie gewähren die Gelegenheit, kleine Ersparnisse verzinslich und sicher anzulegen; sie machen es dem Arbeiter möglich bei

---

*) A. a. O. S. 94 ff.
**) Dieses, die wohlthätige Wirkung der ländlichen Darlehnskassenvereine sehr instructiv schildernde Schreiben ist vollständig abgedruckt bei Langsdorff l. c. pg. 28 u. 29, sowie in der Zeitschrift des landwirthschaftlichen Vereins für Rheinpreußen. Januarheft pro 1871.

eintretenden Unglücksfällen Darlehen zu mäßigem Zinsfatz auf eine längere Zeit mit der Gestattung ratenweiser Abzahlung zu erhalten und so den Händen der Viehverleiher und anderer Wucherer zu entgehen; befindet sich aber ein Tagelöhner bereits unter dem tödtlichen Drucke der letzteren, so kann er sich desselben durch die Mittel der Darlehnskasse entledigen. Ganz besonders kommen jene Vereine derjenigen zahlreichen Klasse von ländlichen Arbeitern zu Statten, welche gleichzeitig kleine Grundbesitzer oder Pächter sind. Sie gewähren denselben die Möglichkeit, auf die am wenigsten belästigende Weise sich von ihren Hypothekenschulden frei zu machen oder auch neue Hypotheken aufzunehmen, der nothwendigen Subhastation zu entgehen und die erforderlichen Betriebsmittel für ihre kleine Wirthschaft zu gewinnen. Es kann daher die weitere Verbreitung der Darlehnskassenvereine im Interesse der ländlichen Arbeiter nur aufs Wärmste empfohlen werden*).

Die Bedenken, welche sich etwa gegen die dermalige Organisation jener Vereine geltend machen lassen, sind von Held an dem angeführten Orte auseinander gesetzt. Von Erheblichkeit ist blos das eine, daß die Darlehnskassen ihre Darlehne großentheils auf längere Zeit geben, während die von ihnen aufgenommenen Anlehen resp. die gemachten Spareinlagen meist blos kurze Kündigungsfristen besitzen. In Folge dessen liegt allerdings die Möglichkeit vor, daß die Genossenschaft den Verpflichtungen gegen ihre Gläubiger einmal nicht nachkommen kann, wenn nämlich eine massenhafte Kündigung der von ihr aufgenommenen Gelder erfolgt. Um einer solchen Gefahr zu entgehen, ist in § 35 der Statuten die Bestimmung getroffen, daß selbst die auf längere Zeit an die Vereinsmitglieder gegebenen Darlehne nach vorausgegangener vierwöchentlicher Kündigung zurückgezogen werden können. Von dieser Bestimmung wird indessen nur im äußersten Nothfall Gebrauch gemacht**); ganz zu entbehren ist sie aber schon um deswillen nicht, weil die Möglichkeit vorliegt, daß einmal ein Vereinsschuldner plötzlich aus dem Vereinsbezirk verzieht und hierdurch die Genossenschaft Verluste erleiden kann, wenn sie nach vierwöchentlicher Kündigung nicht noch Zeit zu gerichtlicher Klage findet. Der Uebelstand, welcher in den gewährten langen Darlehnsfristen einerseits und in den oft kurzen Kündigungsfristen für die vom Verein aufgenommenen Anlehen anderer-

---

*) Nähere Aufschlüsse über dieselben gibt außer den bereits genannten Quellen noch Held „Die ländlichen Darlehnskassenvereine in der Rheinprovinz und ihre Beziehungen zur Arbeiterfrage". Jahrbücher für Nationalökonomie und Statistik von Hildebrand. 1869. pg. 1—84. Separat erschienen bei F. Maucke. Jena 1869.

**) Vgl. bei Langsdorff, l. c. pg. 24, 42 und 43.

seits liegt, wird übrigens im Laufe der Jahre immer mehr an Bedeutung verlieren, weil ja statutenmäßig ein untheilbares Vereinsvermögen angesammelt werden muß, welches gleichzeitig als Reservefond dient. Außerdem haben die Darlehnskassenvereine jetzt ihr besonderes Augenmerk darauf gerichtet, wenigstens einen größeren Theil ihrer Betriebsmittel in Form von Anlehen mit langen Kündigungsfristen zu erhalten. Je längere und reichhaltigere Erfahrungen vorliegen, desto mehr wird man auch die in der ursprünglichen Organisation etwa vorhandenen Mängel jener Genossenschaften nicht nur kennen, sondern auch beseitigen lernen. Im Großen und Ganzen betrachtet dürfen wir jedenfalls die ländlichen Darlehns- und die damit verbundenen Sparkassen als eine Institution bezeichnen, welche, wie wenig andere, geeignet ist, das materielle und sittliche Gedeihen der freien ländlichen Arbeiter und der kleinen Grundbesitzer zu fördern. Sie setzt freilich einen Grad von geistiger Bildung, von Gemeinsinn und Selbstverläugnung voraus, welche wir bis jetzt leider blos bei einer geringen Anzahl landwirthschaftlicher Tagelöhner treffen; deshalb darf sie auch keineswegs ohne Weiteres als für alle Verhältnisse zweckmäßig oder durchführbar betrachtet werden.

Im Vorstehenden habe ich eine Reihe von Formen gezeigt, in welchen Sparkassen für ländliche Arbeiter eingerichtet werden können. Von keiner derselben läßt sich sagen, daß sie unbedingt die beste oder auch nur überall anwendbar sei; vielmehr hat sich schon aus dem Verlaufe der Darstellung selbst ergeben, daß jede derselben nur unter bestimmten Verhältnissen anwendbar, für diese aber auch als die natürlichste und gewissermaßen gebotene Form erscheint. Es kommt übrigens in erster Linie nicht darauf an, auf welche Weise gespart wird und wie die Sparkasse organisirt ist, sondern daß überhaupt gespart wird. Deshalb erscheint ceteris paribus diejenige Art der Sparkasse als die beste, durch welche am leichtesten die ländlichen Arbeiter zu einem regelmäßigen, energischen Sparen gebracht werden. Es muß den Arbeitgebern sowie überhaupt denjenigen, welche für den Fortschritt der ländlichen Arbeiterklasse zu wirken berufen sind, überlassen bleiben, diejenige Art der Sparkasse ausfindig zu machen und ins Werk zu setzen, welche nach den vorliegenden Verhältnissen als die angemessenste sich darstellt.

Das Sparen ist nicht nur ein Mittel zum Zweck, sondern es ist Selbstzweck. Tausendfältige Erfahrungen haben es bewiesen, daß der Arbeiter, welcher spart, in der Regel grade durch das Sparen fleißig, mäßig, nüchtern und wirthschaftlich wird. Es liegt dies ja auch in der Natur des Menschen und der Sache begründet. Wer den Nutzen des

Sparens eingesehen und den Anfang hierzu selbst gemacht hat, der muß auch jener löblichen Tugenden sich befleißigen, weil er ohne deren Anwendung mit Erfolg überhaupt nicht sparen kann. Es zieht ein ganz anderer Geist in eine Arbeiterbevölkerung ein, welche in ihrer Mehrzahl angefangen hat zu sparen; dafür könnte ich viele unanfechtbare Zeugnisse bewährter und in dieser Sache wohl erfahrener Männer beibringen. — Freilich liegt in dem Sparen, wie in jeder vom Menschen in seiner Unvollkommenheit geübten Tugend, auch eine Gefahr, nämlich die, in das Laster des Geizes zu verfallen. Es ist dies nicht blos eine theoretische Vermuthung, sondern die Erfahrung hat es gelehrt, daß Arbeiter, nachdem sie eine Zeit lang gespart und die Vortheile dieses Verfahrens recht kennen gelernt hatten, in das Laster des Geizes verfielen. Ein solcher Erfolg des Sparens kann allerdings nur als ein beklagenswerther angesehen werden; aber nach der ganzen geistigen und sittlichen Entwicklungsstufe, auf welcher sich unsere ländlichen Arbeiter befinden, liegt die Gefahr des Geizes nur bei sehr wenigen nahe, während das Sparen alle nöthig haben.

Die moralische Wirkung, welche die Sparsamkeit auf den Fleiß, die Mäßigkeit u. s. w. der Arbeiter ausübt, bedingt gleichzeitig eine Erhöhung von deren Einkommen. Diese Thatsache ist von sehr weittragender Bedeutung. Denn es liegt ja nahe, gegen die Gründung von Sparkassen für ländliche Arbeiter den Einwand zu erheben, daß das geringe Einkommen dieser Bevölkerungsklasse überhaupt selten gestattet, etwas davon zurückzulegen. Hiergegen läßt sich nun einerseits geltend machen, daß das Einkommen der landwirthschaftlichen Tagelöhner vieler Orten thatsächlich schon jetzt groß genug ist, um nach angemessener Befriedigung aller Lebensbedürfnisse eine kleine Quote desselben übrig zu behalten; andrerseits muß man berücksichtigen, daß ja grade die Ersparnisse dazu dienen, um den nothwendigsten Lebensbedürfnissen gerecht werden zu können und zwar in zweckmäßigerer und vollkommenerer Weise, als dies ohnedem möglich sein würde. Denn in dem Leben eines jeden Tagelöhners treten Ereignisse ein, welche zeitweise ungewöhnlich große Aufwendungen nöthig machen z. B. Mißernten, Arbeitslosigkeit oder Arbeitsunfähigkeit, andauernde Krankheit von Familiengliedern u. s. f. Gegen die pecuniären Nachtheile solcher Unglücksfälle können auch Versicherungsvereine nicht vollständig schützen; der Arbeiter ist vielmehr gezwungen, dieselben ganz oder theilweise durch seine geringen laufenden Einnahmen zu decken. Letztere reichen aber für diesen Zweck nur sehr mangelhaft aus. In Folge dessen muß der Arbeiter sich zeitweise die

Die wirthschaftliche Benutzung des Einkommens.

größten Entbehrungen auferlegen oder er muß Schulden machen; beides aber ist gleich übel und kann ihn für Lebenszeit wirthschaftlich ruiniren. Die in guten Zeiten gemachten Ersparnisse vermögen ihn vor solchem Unglück zu schützen. Jeder gute Haushalter weiß, daß er von seinem jährlichen Einkommen einen Theil zur Deckung der Verluste, welche ihm außergewöhnliche Ereignisse bereiten können, verwenden resp. zurücklegen muß; in seinem Jahresetat veranschlagt er hierfür schon eine bestimmte Summe. Dies ist auch für den einfachen Arbeiter durchaus erforderlich, wenn er auf eine regelmäßige Befriedigung seiner Lebensbedürfnisse sich Rechnung machen will. Die einfachste und sicherste Form, den für außergewöhnliche Unglücksfälle bestimmten Betrag des Einkommens auszusondern und zurückzulegen, ist aber die des regelmäßigen Sparens, die Benutzung der Sparkassen. Der Arbeiter führt denselben in kleinen Beträgen diejenige Summe zu, welche er sonst ohnedem zur Ausgleichung ihn betreffender Verluste verwenden müßte und hat dabei den Vortheil, daß voraussichtlich sein wirthschaftliches Leben keine Störung erleidet.

Sollte aber auch in der That das kleine Einkommen des Tagelöhners, wie es augenblicklich beschaffen ist, anscheinend nicht zureichen, Ersparnisse zu machen oder außerordentliche Schädigungen auszugleichen, so wird grade der Versuch des Sparens in den meisten Fällen das Einkommen auf den hierzu erforderlichen Mehrbetrag erhöhen. Denn, wie schon aus der früheren Darstellung ersichtlich, läßt der Fleiß und namentlich die Wirthschaftlichkeit der ländlichen Arbeiter noch vieles zu wünschen übrig. Die größere Ausbildung dieser Tugenden muß, und zwar unmittelbar, eine Vermehrung des Einkommens zur Folge haben; es gibt aber kaum einen wirksameren Antrieb hierzu als die Ueberzeugung von den Vortheilen eines regelmäßigen Sparens. Dagegen verliert der Einwand, daß doch erst die Mittel zum Sparen vorhanden sein müssen, jede thatsächliche Bedeutung. Denn irgend einen, wenn auch noch so kleinen Betrag seines Einkommens kann jeder Arbeiter, welcher sich nicht grade augenblicklich in ungewöhnlicher Noth befindet, zurücklegen. Mögen diese Ersparnisse auch Anfangs nicht höher als auf etwa 2½ Sgr. pro Monat sich belaufen, so ist ein solcher Anfang schon ungemein wichtig und wird in den meisten Fällen unmittelbar einerseits eine Erhöhung des Einkommens der Arbeiter andrerseits eine verstärkte Bereitwilligkeit derselben zum Sparen im Gefolge haben. Selbstverständlich bleibt es aber Pflicht der Arbeitgeber besonders dort, wo der Verdienst der Tagelöhner thatsächlich so gering ist, daß Ersparnisse nur sehr schwierig zu bewerkstelligen sind, entweder in irgend einer Weise auf die Vermehrung jenes Einkommens hinzuwirken oder durch Darbringung eigener Opfer den Arbeitern das Sparen zu erleichtern und vortheilhaft zu machen. Die vorzüglichsten Mittel zur Erreichung des letzteren Zweckes bilden: 1) die Gewährung eines Antheils von dem Ertrage des landwirthschaftlichen Betriebes im Einzelnen oder im Ganzen; 2) die Aussicht für den ländlichen Arbeiter, später selbst landwirthschaftlicher Unternehmer zu werden.

6. Die Betheiligung der Arbeiter am Gutsertrage.

Für andere gewerbliche Unternehmungen hat sich in den letzten Jahren entschieden die Ueberzeugung Bahn gebrochen, daß eine Betheiligung der dabei beschäftigten Arbeiter an dem erzielten Gewinn dringend wünschenswerth, ja behufs befriedigender Lösung der socialen Frage nothwendig sei. Der Gang der modernen gewerblichen Entwicklung hat es mit sich gebracht, daß das Kapital sich immer mehr in den Händen Einzelner anhäufte, daß der handwerksmäßige Betrieb mit zunehmender Steigerung in den Hintergrund gedrängt wurde und daß eine für das allseitige Wohl der Bevölkerung wenig ersprießliche Ausnutzung der menschlichen Arbeitskraft durch das Kapital stattfand. Diese Thatsache mußte um so ungünstiger wirken, als gleichzeitig die Lebensansprüche der sogenannten arbeitenden Klassen wuchsen und dieselben lebhafter denn je das Mißverhältniß empfanden, welches zwischen ihrer Lebenslage und der ihrer Brodherrn sich geltend machte. An eine Ausfüllung der auf diese Weise entstandenen Kluft war aber ohne ein bewußtes Eingreifen in die sich vollziehende Umwälzung der socialen Verhältnisse nicht zu denken; im Gegentheil drohte dieselbe bei dem natürlichen Gang der Entwickelung immer größer zu werden. Da konnte es denn nicht fehlen, daß nicht nur Männer, welche direkt bei der Sache unbetheiligt waren aber von menschenfreundlichen Gesinnungen geleitet wurden, sondern auch einzelne der Unternehmer selbst in ihrem eigenen Interesse auf Mittel sannen, den Arbeitern einen Theil des Gewinnes zuzuwenden, welcher bisher den Kapitalbesitzern allein zufloß. Denn es blieb keinem über die bestehenden Zustände mit Ernst Nachdenkenden verborgen, daß der Widerstreit der beiderseitigen Interessen höchst wahrscheinlich einmal in einen offenen Kampf ausbrechen würde, dessen Folgen den wirthschaftlichen Ruin vieler Unternehmer und vielleicht des ganzen Volkswohlstandes herbeiführen müßten. Von diesen Gesichtspunkten aus sind grade in den letzten Jahrzehnten in England, Frankreich und Deutschland wiederholte und verschiedene Versuche gemacht worden, eine Betheiligung der Arbeiter an dem Gewinn gewerblicher Unternehmungen zu ermöglichen. Diese im Einzelnen zu beschreiben oder gar zu kritisiren, kann hier nicht meine Aufgabe sein, zumal solches von anderen mit der Sache vertrauteren Männern wiederholt geschehen ist*).

Wenn die derartigen Bestrebungen sich heutzutage auch noch im Stadium der Kindheit befinden, in welchem über ihren bleibenden Werth kein endgültiges Urtheil zu fällen ist, so kann doch schon jetzt mit Sicherheit von ihnen erwartet werden, daß sie früher oder später zu dem gewünschten Ziele führen, nämlich zu einer angemessenen Betheiligung der bei einem gewerblichen Unternehmen beschäftigten Arbeiter an dem Gewinne desselben. Wird aber dieses Ziel allgemein als ein nothwendig zu erreichendes anerkannt, so muß es auch seine Anwendung auf das landwirthschaftliche Gewerbe finden. Letztere kann um so weniger ausbleiben, als in vielen Theilen unseres Vaterlandes die industriellen und landwirthschaftlichen Arbeiter in nächster Nähe zusammenleben und in tägliche Berührung kommen, worüber ich ja schon oben ausführlicher mich ausgesprochen**). Unter solchen Verhältnissen scheint es kaum denkbar, daß man den ländlichen Arbeitern ein so werthvolles und bedeutsames Zugeständniß wie die Betheiligung am Gewinn des gewerblichen Betriebes auf die Dauer vorenthalten sollte, wenn man dasselbe den anderen Arbeitern gegenüber bereits als unvermeidlich anerkannt hat. Für mich unterliegt es daher keinem Zweifel, daß auch in der Landwirthschaft über kurz oder lang den Arbeitern in irgend einer Form ein Antheil an dem Ertrage des Gutsbetriebes oder ein anderweitiger Ersatz hierfür gewährt werden müsse. Freilich darf man die Analogie der Landwirthschaft mit der Industrie nicht zu weit ausdehnen, sondern muß sich der Unterschiede dieser beiden Erwerbsarten stets bewußt bleiben. Die moderne Landwirthschaft erfordert zwar ebenfalls erhebliche Betriebsmittel und der große Grundbesitzer muß, wenn er mit Erfolg wirthschaften will, gleichzeitig ein bedeutendes bewegliches Kapital besitzen; aber bei dem landwirthschaftlichen Gewerbe gewährt der Großbetrieb nicht an und für sich so erhebliche Vortheile vor dem Kleinbetrieb, daß er nach und nach den letzteren verdrängen müßte. Im Gegentheil hat grade der Kleinbetrieb wieder so eigenthümliche Vorzüge, daß er unter bestimmten Ver-

---

*) Beispielsweise beziehe ich mich auf den Vortrag von Dr. Engel „Der Arbeitsvertrag und die Arbeitsgesellschaft" abgedruckt im Arbeiterfreund pro 1867. Seite 129 ff.

**) Seite 72.

hältnissen die angelegten Kapitalien viel höher verzinst als der Großbetrieb. Bei gesunder wirthschaftlicher Entwickelung kann daher in der ländlichen Bevölkerung nicht diese große Kluft zwischen den Unternehmern und Arbeitern eintreten wie in der industriellen. Es wird dort stets Grundbesitzer aller Art geben von dem großen Grundherrn an, welcher vielleicht eine oder mehrere Quadratmeilen sein Eigenthum nennt, bis zu dem Käthner herab, welcher außer seinem Hause kaum so viel Land besitzt, um seinen Bedarf an Kartoffeln darauf erzielen zu können und welcher seinen Haupterwerb in Tagelohnarbeit suchen muß. So bildet die Landwirthschaft treibende Bevölkerung eine ununterbrochene Kette von einzelnen Gliedern, welche zwar von oben nach unten allmälig immer kleiner werden, bei denen aber die Abnahme in gleichmäßiger Verjüngung ohne schroffe Uebergänge erfolgt. Wo die ländliche Bevölkerung im civilisirten Europa ein anderes Bild darbietet, da ist ihre sociale Entwickelung nicht in normalen Bahnen verlaufen; bei uns in Deutschland haben wir glücklicher Weise fast allerwärts große, kleine und kleinste Grundbesitzer, wenn auch die durchschnittliche Größe der Güter in den einzelnen Distrikten aus sehr natürlichen, hier nicht näher zu erörternden Ursachen, erheblich variirt.

Daß die Differenz in den Besitzverhältnissen bei den verschiedenen Klassen der ländlichen Bevölkerung eine viel kleinere ist, als zwischen den einzelnen oder eigentlich den beiden Klassen der industriellen Bevölkerung, gereicht selbstverständlich dem landwirthschaftlichen Gewerbe schon zum Vortheil. Der einfache Arbeiter kann hier mit sehr geringen Mitteln selbst Unternehmer d. h. Grundbesitzer oder Pächter werden; letzteres ist er schon, wenn er sich einen Morgen Kartoffelland pachtet. Je mehr seine Mittel steigen, desto weiter kann er seinen Betrieb ausdehnen, bis derselbe so groß ist, daß er selbstständig davon leben kann und keine Tagelohnarbeit mehr nöthig hat. Es gehört nur wenig dazu, um vom ländlichen Arbeiter Grundbesitzer zu werden, während der Sprung vom industriellen Arbeiter zum Fabrikherrn ein fast unmöglicher scheint. Dazu kommt der ungemein vortheilhaft wirkende Umstand, daß ein und dieselbe Person gleichzeitig ländlicher Tagelöhner und selbstständiger landwirthschaftlicher Unternehmer sein kann.

Wenn es sich deshalb darum handelt, den ländlichen Arbeitern Antheil am Unternehmergewinn zu geben, so braucht dies nicht nothwendig in der Weise zu geschehen, daß man ihnen Antheil an dem Ertrage des Betriebes gewährt, in welchem sie beschäftigt sind: vielmehr kann man dasselbe Ziel häufig weit einfacher und schneller erreichen, wenn man den Arbeiter selbst zum Unternehmer macht. In welchen Fällen der eine oder

der andere Weg einzuschlagen sei und welche Mittel dabei in Anwendung gebracht werden müssen, soll den Gegenstand der folgenden Erörterung bilden.

Im landwirthschaftlichen Betriebe ist es in der Regel schwieriger, den Arbeitern einen Antheil am Ertrage desselben zu sichern, als bei gewerblichen Unternehmungen. Dies liegt an einem zweifachen Umstande. Einmal ist der größte Theil der ländlichen Tagelöhner nicht das ganze Jahr hindurch auf ein und demselben Gute beschäftigt. Die meisten sogenannten freien Arbeiter sind bald hier bald dort in Thätigkeit, wenngleich viele von ihnen ihre Arbeitskraft vorzugsweise einem einzelnen bestimmten Gute widmen. Dies Verhältniß, welches ja in der Art des landwirthschaftlichen Gewerbebetriebes begründet und deshalb nicht ohne innere Berechtigung ist, macht häufig eine Betheiligung der Tagelöhner an dem Ertrage der Gutswirthschaft geradezu unmöglich. Denn eine solche hat zur nothwendigen Voraussetzung, daß der Arbeiter seine ganze freie Zeit und Kraft demjenigen Unternehmen widmet, an dessen Gewinn er participiren will. Ohnedem würden schon bei dem Versuch einer Feststellung, ob und in welchem Maße jeder Arbeiter zur Betheiligung an dem Ertrage berechtigt sei, sich endlose Schwierigkeiten ergeben. Es kann daher nur insoweit von der Ausführung dieser Maßregel die Rede sein, als sich ständige Arbeiter in einer Gutswirthschaft befinden.

Ein zweiter Uebelstand erwächst daraus, daß bei landwirthschaftlichen Unternehmungen sich oft sehr schwer der Reinertrag derselben ermitteln läßt. Weichen doch schon die Ansichten der Landwirthe darüber, welcher Theil des Rohertrages als Reinertrag zu betrachten sei, sehr weit von einander ab! Bei industriellen Unternehmungen hat man es mit Kapitalien zu thun, deren Werthsermittlung keinen erheblichen Schwierigkeiten unterliegt. Dagegen bildet beim landwirthschaftlichen Betrieb das werthvollste Kapital der Grund und Boden selbst, dessen Taxirung nach den verschiedensten Principien ausgeführt werden und die abweichendsten Resultate zur Folge haben kann, ohne geradezu unrichtig zu sein. Viel leichter ist die Werthsfeststellung der außer Grund und Boden in einer Gutswirthschaft steckenden Kapitalien; unter diesen bereitet höchstens die richtige Taxation der Gebäude einige Schwierigkeit. Es versteht sich nun von selbst, daß der landwirthschaftliche Unternehmer zunächst eine angemessene Verzinsung des gesammten beim Betriebe mitwirkenden Kapitals für sich haben muß, bevor er von dem Gesammtertrage etwas an die Arbeiter außer dem vereinbarten Lohne abgeben kann.

Die Feststellung des Reinertrages bei landwirthschaftlichen Unterneh=

mungen stößt aber außerdem noch oft auf die Schwierigkeit, daß ein großer, vielleicht der größte Theil der Landwirthe keine so exacte Buchführung hat, um jenen genau zu ermitteln. Es ist hierzu namentlich nöthig, daß der Gutsbesitzer eine strenge Scheidung macht zwischen denjenigen Ausgaben, welche für ihn in seiner Stellung als Wirthschaftsdirigent unerläßlich sind, und solchen, die er aus persönlichen Neigungen oder Verpflichtungen vornimmt; zwischen beiden besteht oft eine sehr bedeutende Differenz, namentlich bei den großen und gut situirten Grundbesitzern, welche mit Recht für sich und ihre Familie sehr viel mehr ausgeben, als ihnen in der Stellung einfacher Gutsadministratoren zukommen würde. Es kann nun hier nicht meine Aufgabe sein, zu erörtern, nach welchen Grundsätzen der Reingewinn bei landwirthschaftlichen Unternehmungen berechnet werden müsse; um so weniger als diese Berechnung zum Zwecke der Gewinnbetheiligung der Arbeiter in sehr verschiedener Weise ausgeführt werden kann. Zwei Punkte sind hierbei aber stets zu beachten: 1) muß die Ermittelung des Reinertrages nach festen, nicht wechselnden Principien stattfinden; 2) sind diese Principien so zu normiren, daß in allen nicht besonders ungünstigen Jahren auch wirklich ein in den Augen der Arbeiter werthvoller Betrag zur Vertheilung kommt. An einer späteren Stelle dieser Schrift werde ich Gelegenheit haben nachzuweisen, wie in zwei bereits praktisch durchgeführten Versuchen die Theilnahme der Arbeiter an dem Reingewinn der Wirthschaft geregelt ist. Daraus wird gleichzeitig hervorgehen, daß selbst unter den nicht gerade günstigen Verhältnissen, in welchen sich augenblicklich die Landwirthe im Allgemeinen befinden, bei rationellem Betriebe auch nach Verzinsung aller in demselben befindlichen Kapitalien doch noch ein nicht unerheblicher Ueberschuß bleibt, von welchem den Arbeitern gewisse Prozente gewährt werden können.

Wenn in Obigem auch zugestanden ist, daß die Betheiligung der ländlichen Tagelöhner an dem Unternehmergewinn gewissen Schwierigkeiten unterliegt, so stellen sich letztere doch keineswegs als unüberwindlich heraus. Am leichtesten ist sie durchzuführen auf denjenigen Gütern, auf welchen sich vorzugsweise Dienstleute befinden. Denn hier hat es der Gutsbesitzer mit Personen zu thun, welche das ganze Jahr hindurch ihre volle disponible Kraft seinem Unternehmen widmen. Die wenigen Versuche, welche nach dieser Richtung hin gemacht sind, bestätigen durch ihre für beide Theile zufriedenstellenden Erfolge die Möglichkeit und Zweckmäßigkeit einer Betheiligung der ländlichen Arbeiter an dem Reingewinn des Wirthschaftsbesitzers. Dieselben sind so bedeutungsvoll für die Lösung der ländlichen Arbeiterfrage, daß ich sie nicht unbesprochen lassen kann.

Den Anfang hat Joh. Heinr. von Thünen gemacht, ein Mann, der eine ebenso tiefe Einsicht in die Nationalökonomie als Kenntniß und Erfahrung von den Erfordernissen des landwirthschaftlichen Betriebes besaß, der so exact zu rechnen verstand, wie vor ihm und nach ihm kein anderer seiner Berufsgenossen und welcher dabei ein warmes Herz, sowie ein inniges Verständniß für die arbeitende Bevölkerung sein Leben lang bewiesen hat. Dieser brachte im Jahre 1848 einen schon länger gehegten Plan zur Ausführung, indem er „Bestimmungen über den Antheil der Dorfbewohner zu Tellow an der Gutseinnahme" festsetzte. Nach denselben wurde seinen Dienstleuten und einigen anderen im Interesse des Gutes thätigen Personen je 1/2 Procent von den reinen Einnahmen des Gutes, welche die Summe von 5500 Thaler übersteigen, zugesichert. Dieser Antheil wurde jedoch den Betreffenden nicht baar ausgezahlt, sondern in einem Sparkassenbuch zu Gute geschrieben. Die Sparkassenbeträge verzinste v. Thünen mit $4^{1}/_{6}$ Procent und händigte die Zinsen jährlich den Berechtigten aus. Das in das Sparkassenbuch eingetragene Kapital selbst war von beiden Seiten unkündbar, so lange nicht der Inhaber desselben das 60. Lebensjahr zurückgelegt hatte; sobald letzterer Zeitpunkt eingetreten, sollte jenem das Kapital zu freier Verfügung stehen. Für den Fall, daß der Besitzer des Sparkassenbuches früher starb, fiel der darin verzeichnete Betrag seinen Hinterbliebenen zu. — Dies ist der kurze Inhalt der von v. Thünen getroffenen Bestimmungen. Den Wortlaut derselben hier anzuführen, glaube ich unterlassen zu dürfen, da derselbe schon mehrfach anderweitig veröffentlich wurde*). Das Wesentliche geht aus meinen Angaben schon hervor; namentlich ist ersichtlich, daß v. Thünen die Antheilsbewilligung seiner Arbeiter dazu benutzt hat, um für dieselben eine Spar- resp. Altersversorgungs-Kasse zu gründen. Die Bewährung der von ihm gemachten Institution ist dadurch zweifellos, daß sie nun schon über 20 Jahre besteht und daß der Nachfolger im Besitze von Tellow dieselbe adoptirte, obwohl v. Thünen ausdrücklich für jenen die Freiheit vorbehalten hatte, nach Gutbefinden die ganze Einrichtung wieder aufzuheben. Wie bedeutungsvoll aber für die Arbeiter die Betheiligung an dem Gutsertrage in

---

*) v. Thünen. Der isolirte Staat. II., 1. Seite 277—284 H. Schumacher: Ueber J. H. v. Thünen's Gesetz vom naturgemäßen Arbeitslohn und die Bedeutung dieses Gesetzes für die Wirklichkeit. Rostock 1869. Seite 61—66. Auszugsweise auch bei Birnbaum: „Das Genossenschaftsprincip" u. s. w. S. 167 und 68.

Tellow gewesen ist, ergibt sich aus dem von Schumacher veröffentlichten speciellen Nachweise*). Danach betrug der gesammte Antheil jeder Familie für die 21 Jahre vom 1. Juli 1847 bis zum 1. Juli 1868 die Summe von 511 Thaler 36 Schillinge, also im Durchschnitt jährlich 24 Thlr. 17 Schill. 8,5 Pf. Der höchste Jahresantheil belief sich auf 51 Thlr. 42 Schill., der niedrigste auf 1 Thlr. 45 Schill.

Ein anderer Versuch, den ländlichen Arbeitern einen Antheil am Reinertrage des Wirthschaftsbetriebes zu gewähren, ist der von dem Rittergutsbesitzer Neumann auf Poseguick gemachte. Ueber die Einrichtungen, welche Herr Neumann zum Besten seiner Arbeiter getroffen, habe ich zwar schon an einer anderen Stelle**) berichtet; aber dieselben sind von so weittragender Bedeutung für die Lösung der ganzen ländlichen Arbeiterfrage, daß ich sie hier noch einmal, wenigstens in kurzer Darstellung, vorführen muß. Dies um so mehr, als seit meinem letzten Bericht eine weitere Entwickelung resp. einige Aenderungen der damaligen Einrichtungen stattgefunden haben.

Die vom Rittergutsbesitzer Neumann ins Leben gerufenen Institutionen sind wesentlich folgende: eine **Volksbibliothek**, eine **Kleinkinderschule**, eine **Sparkasse**, Betheiligung der Arbeiter am Reinertrag des Gutes oder am Ertrag einzelner Wirthschaftszweige, Gewährung von Grundbesitz an bewährte Arbeiter und Gründung einer Arbeiterkolonie.

Die **Volksbibliothek** besteht schon seit mehr als 15 Jahren und enthält nahe an 400 Bände†). Dieselbe wird namentlich im Winter sehr fleißig von den Arbeitern benutzt.

Die **Kleinkinderschule** wurde am 1. April 1866 eröffnet; sie stand in den ersten Jahren unter der Leitung einer aus der Kaiserswerther Anstalt hervorgegangenen Kleinkinderlehrerin und befindet sich jetzt in den Händen einer in Königsberg ausgebildeten Lehrerin. Dieselbe erhält außer völlig freier Station ein baares Gehalt von 30 Thalern jährlich; soweit die Schule sie nicht in Anspruch nimmt, hilft sie der Gattin des Gutsherrn in der Haushaltung, sowie in der Armen- und Krankenpflege unter den Gutsleuten. Die schon früher von mir berichteten günstigen

---

*) A. a. O. Seite 79.

**) Ueber einige Einrichtungen zur Verbesserung der Lage der ländlichen Arbeiter. Im Arbeiterfreund pro 1868. Heft 2. S. 149—161.

†) Im Arbeiterfreund a. a. Ort. S. 150 ist der Bestand der Volksbibliothek durch einen Druckfehler auf 800 Bände angegeben; es sollte 300 heißen.

Erfolge der Kleinkinderschulen auf die ganze äußere und innere Entwicklung der jugendlichen Arbeiterbevölkerung zeigen sich auch heute noch).

Die Sparkasse und die Betheiligung der Arbeiter am Guts=ertrage richtete Herr Neumann bereits im Jahre 1854 auf den von ihm gepachteten Assauner Gütern, im Jahre 1858 auch auf dem von ihm unter=deß gekauften Rittergut Posegnick ein. Nach Beendigung der Pachtzeit ging das zu den Assauner Gütern gehörige Vorwerk Louisenwerth in den käuflichen Besitz des Herrn Neumann über. Im Jahre 1865 wurde die Einrichtung der Sparkasse und des Tantième=Verhältnisses auch auf das aus Waldland neu gebildete Vorwerk Bettyhof ausgedehnt. Es besteht dieselbe also theils seit 6, theils seit 13, theils seit 17 Jahren.

Für die Sparkasse gelten folgende Statuten:

Statuten der Sparkasse für die Deputanten und Gärtner des Gutes Posegnick.

§ 1. Alle oben bezeichneten Personen können an der Sparkasse Theil nehmen, sobald sie zur Zufriedenheit ihres Brodherrn in dem Gute drei Jahre gewohnt haben.

§ 2. Einzahlungen geschehen halbjährlich am 1. April und 1. Octo=ber bei der Abrechnung zwischen dem Brodherrn und den Leuten. Die Verzinsung erfolgt von dieser Zeit ab mit $1^1/_4$ Sgr. vom Thaler ($4^1/_6$ %).

§ 3. Für jeden Thaler, der vom Sparenden freiwillig eingezahlt wird und der mindestens ein Jahr in der Sparkasse verbleibt, zahlt der Brodherr 10 Sgr. aus seiner Kasse zu. Diejenigen Familien, welche über 4 Kinder unter 14 Jahren bei sich haben, erhalten für jedes Kind, sobald von ihnen überhaupt gespart wird, außerdem noch 10 Sgr. jährlich.

§ 4. Die Ersparnisse sollen dazu dienen, bei Unglücksfällen einen Nothgroschen oder im Alter dem Sparer eine Unterstützung zu gewähren.

§ 5. Der Sparer kann das von ihm eingezahlte Geld nebst Zinsen, welche letzteren aber nur für volle Monate berechnet werden, jederzeit aus der Sparkasse herausnehmen. Ueber den Zuschuß des Brodherrn behält dieser sich jedoch die Entscheidung vor.

§ 6. Bei groben Vergehen des Sparenden behält der Brodherr sich das Recht vor, den von ihm gewährten Zuschuß zur Sparkasse zurückzu=ziehen.

§ 7. In Bezug auf die etwaige Tantième, welche den Gärtnern c. bis spätestens den 1. October jedes Jahres berechnet werden soll, sind solche verpflichtet, zwei Drittel in die Sparkasse zu zahlen und behält sich der Brodherr in Betreff dieser Summe das in § 6 besprochene Recht vor. Die Vergünstigung des § 3 fällt hierbei fort.

Nachtrag. Nachdem die Tantième auf 8 Proc. erhöht ist, wird vom Jahre 1869 ab ein Drittel derselben als eiserner Bestand in die Sparkasse gezahlt. Die Zinsen dieses Drittels werden jährlich dem eisernen Bestand zugeschrieben. Vom 55. Lebensjahre ab jedoch kann der Sparende auch über diese Zinsen verfügen. Vom 60. Lebensjahre ab kann derselbe auch über den eisernen Bestand in der Weise verfügen, daß ihm freisteht, bis höchstens ein Zehntel jährlich herauszunehmen.

Das Tantième-Verhältniß ist in Poseguick folgendermaßen regulirt. Die auf dem Gute ständig beschäftigten Arbeiter erhalten zusammen 8 Proc. des Reinertrages der Wirthschaft. Letzterer wird so berechnet, daß von dem gesammten Rohertrag die Wirthschaftsunkosten in Abzug kommen. Die Hirten resp. Viehwärter nehmen an dieser Tantième nicht Theil; sie erhalten dafür aber am Schlusse des Jahres für jedes unter ihrer Aufsicht befindlich gewesene Stück Vieh eine bestimmte Summe, während ihnen für jedes im Laufe des Jahres krepirte Stück etwas abgezogen wird. Die dabei zur Anwendung kommenden Sätze sind nachstehende.

1) Der Gutsherr zahlt:

für jedes Stück Zugvieh, welches in Arbeit gewesen . 5 Sgr.
„ jede Kuh, jedes Stück Jungvieh oder Füllen . $2^{1}/_{2}$ „
„ jedes Schaf . . . . 1 „
„ „ abgesetzte Lamm . . . . 2 „

2) Dagegen kommen in Abzug:

für jedes krepirte Pferd oder Stück Rindvieh . . . 1 Thaler.
„ „ krank geschlachtete Pferd oder Stück Rindvieh 15 Sgr.
„ „ krepirte Schaf . . . . 10 „
„ „ krank geschlachtete Schaf . . . . . . 5 „

Von der erhaltenen Tantième sind die Leute verpflichtet, $^2/_3$ in der Sparkasse (§ 7 der Statuten) zu deponiren.

Beim letzten Rechnungsabschluß befanden sich in der Sparkasse 1082 Thlr. 6 Sgr. 6 Pf., außerdem ein eiserner Bestand von 170 Thlr. 12 Sgr. 5 Pf. (vgl. Nachtrag zu den Statuten), also in Summa 1252 Thaler 18 Sgr. 11 Pf. Hieran waren 43 Personen betheiligt, so daß auf die Person durchschnittlich etwas über 29 Thlr. kommen.

Für die nächstvorangegangenen Jahre stellen sich der Reinertrag und die zur Vertheilung gekommene Tantième folgendermaßen.

Die Betheiligung der Arbeiter am Gutsertrage.

		Rein-ertrag.	Tantième à 8%	Por- tionen.	Betrag der einzelnen Portionen.
		Rt.	Rt.		Rt.
1867/68	Posegnick	—	—	—	—
	Bettyhof	—	—	—	—
	Louisenwerth	658	52²/₃	18½	3
1868/69	Posegnick	2890	246	41	6
	Bettyhof	446	36	9	4
	Louisenwerth	—	—	—	—
1869/70	Posegnick	2000	160	36	4½
	Bettyhof	213	18	9	2
	Louisenwerth	1000	80	20	4

Zu diesen Angaben ist noch zu bemerken, daß das Jahr 1867/68 das für Ostpreußen so verhängnißvolle Nothstandsjahr war, welches nicht nur selbst äußerst mangelhafte Erträge brachte, sondern dessen traurigen Wirkungen sich auch in den folgenden Jahren noch sehr fühlbar zeigten. In Folge dessen fielen die Reinerträge und Tantièmen im letzten Triennium verhältnißmäßig gering aus; im Jahre 1866/67 waren dieselben, wie meine anderwärts gemachten Angaben nachweisen, höher*). Ferner ist zu beachten, daß jeder Instmann für sich und jeder Scharwerker je eine Portion der Tantième empfängt, so daß auf die einzelne Dienstfamilie mindestens 2 Portionen kommen. Im Durchschnitt der Jahre läßt sich annehmen, daß jede Familie wenigstens 10 Thaler Tantième erhält. Geht man nun von der Voraussetzung aus, daß ein Arbeiter im Alter von 25 Jahren in das Dienstverhältniß eintritt und die ganze Tantième in der Sparkasse stehen läßt, so würde derselbe schon außer den Zinsen nach vollendetem fünfzigsten Lebensjahr ein Kapital von 250 Thlr., nach vollendetem sechszigsten Lebensjahr ein solches von 350 Thlr. besitzen: gewiß ein nicht unbedeutendes Vermögen im Vergleich zu der Mittellosigkeit, in welcher sich heutzutage die Dienstleute in ihrem Alter zu befinden pflegen.

Die Ueberlassung von Grundbesitz an die Arbeiter geschieht in Posegnick unter folgenden Bedingungen. Jeder Instmann, welcher 15 Jahre lang auf dem Gute gewohnt und sich dabei als fleißig und

---

*) Arbeiterfreund a. a. O. S. 152. Im Jahre 1866/67 wurde in Posegnick an die Dienstleute eine Tantième im Betrag von 480 Thlr. vertheilt.

treu erprobt, auch mindestens 50 Thaler in der Sparkasse deponirt hat, erhält auf seinen Wunsch ein kleines Etablissement, bestehend aus Wohnhaus, Scheune, Stall und 3 Morgen Land, zunächst in Pacht; nach Verlauf von 6 Jahren ist es ihm gestattet, an demselben Eigenthumsrechte zu erwerben. Die Bedingungen für beides sind der Hauptsache nach folgende. Der Pächter hat für das Ganze fünf Thaler an jährlicher Pacht zu entrichten. Als Kaution muß er 50 Thaler deponiren, welche ihm mit 4 Proc. verzinst werden und kommt der Zinsenbetrag von dem Pachtgelde in Abrechnung. Alle Staats= und Gemeindelasten für das Etablissement trägt der Pächter; die Gebäude muß er mit 200 Thaler gegen Feuerschaden versichern. Fremde Personen darf er nicht in sein Haus aufnehmen; auch ist es ihm untersagt, Pferde zu halten. Zuwiderhandlungen gegen diese Bestimmungen ziehen seine Ermission nach sich. — Hat der Pächter sich 6 Jahre lang moralisch geführt, auch seine Wirthschaft gut betrieben, so steht ihm das Recht zu, das Etablissement käuflich an sich zu bringen. Der Kaufpreis stellt sich für diesen Fall auf 125 Thaler. Davon werden 50 Thaler durch die deponirte Kaution gedeckt, 25 Thlr. sind außerdem sofort baar zu erlegen; der Rest im Betrage von 50 Thlr. muß in den folgenden 10 Jahren durch Zahlung von 5 Thalern jährlich getilgt werden. So lange eine Schuld besteht, ist diese mit 4 Procent zu verzinsen.

Jedoch behält sich der Verkäufer das Recht des Rückkaufes für sich oder seine Besitznachfolger in nachstehenden Fällen vor.

1) Wenn der Eigenthümer der Parzelle gestorben ist. In diesem Falle wird jedoch der Verkäufer, ohne eine Verpflichtung dazu zu haben, darauf Bedacht nehmen, die Parzelle den Kindern des Verstorbenen zu erhalten.

2) Wenn der Eigenthümer das Etablissement einem Anderen, auch einem seiner Kinder, ohne ausdrückliche Genehmigung des Verkäufers verkaufen oder abtreten will.

3) Wenn der Eigenthümer der Parzelle vom Gericht zu einer entehrenden Strafe verurtheilt wird.

4) Wenn derselbe Fremde oder eine zweite Familie in seine Wohnung aufnimmt.

5) Wenn derselbe ein Pferd oder Pferde hält.

6) Wenn derselbe das Grundstück höher als mit 120 Thlr. belastet.

Der Preis, für welchen der Verkäufer die Parzelle zurückzukaufen berechtigt ist, beträgt bis zum Jahre 1875 „150 Thlr." und wächst von da ab mit jedem Jahre um zwei Thaler.

Im Jahre 1866 hat Herr Neumann auf diese Bedingungen hin zum ersten Male vier von seinen Arbeitern ein Grundstück in der oben beschriebenen Ausdehnung überlassen und hierdurch den Anfang gemacht mit der von ihm projektirten Arbeiterkolonie, welche den Namen „Arbeitsbank" führt. Dieselbe besteht bis jetzt aus 2 Wohnhäusern und einem dritten Gebäude, welches die Stall- und Scheunenräume enthält. Jedes Wohnhaus hat zwei vollständig von einander getrennte Hälften, deren jede von einer Familie bewohnt wird. Eins der beiden Wohnhäuser besitzt außerdem in der Mitte einen geräumigen Saal, welcher der Kolonie zu gemeinsamen Zusammenkünften dienen soll. Jede Familienwohnung enthält einen Flur, eine Wohnstube, eine Schlafstube, eine Kammer, einen Keller und einen sehr großen Bodenraum; um sie herum liegt ein kleiner Garten. Zwischen den beiden Wohnhäusern befindet sich das dritte größere Gebäude. Dasselbe zerfällt in vier gesonderte Theile, deren jeder den für eine Familie nöthigen Stall- und Scheunenraum umfaßt. Mitten zwischen den 4 Abtheilungen befindet sich eine zu gemeinschaftlicher Benutzung bestimmte Tenne. Vor der Front des ganzen Etablissements ist ein mit Bäumen bepflanzter Rasenplatz angelegt, welcher den Kindern als Spiel- und Turnplatz dienen soll. Hinter den drei Gebäuden erstrecken sich die für die 4 Kolonisten bestimmten 12 Morgen Ackerland.

Die zu jedem Etablissement gehörigen 3 Morgen Land können natürlich nicht ausreichen, den Lebensunterhalt einer Familie zu decken und sind hierzu auch nicht bestimmt. Vielmehr liegt der ganzen Einrichtung die Voraussetzung zum Grunde, daß die Kolonisten nach wie vor ihren Hauptverdienst in Tagelohnarbeit suchen. Sie kommen deshalb auch täglich in Posegnick auf Arbeit und empfangen dort den für freie Arbeiter üblichen Tagelohn. Damit ist der Anfang gemacht zur Bildung eines freien, grundbesitzenden ländlichen Arbeiterstandes, welcher im nordöstlichen Deutschland entweder ganz fehlt oder nur in sehr verkümmerter Form auftritt.

Dies sind in kurzer Zusammenfassung diejenigen Einrichtungen, welche Herr Neumann zum Wohle seiner Arbeiter getroffen hat. Ihre große Bedeutung und Tragweite brauche ich hier nicht besonders mehr hervorzuheben; sie sprechen, mit dem Inhalte dieser ganzen Schrift verglichen, für sich selbst. Dennoch wird es nöthig sein, einerseits die Erfolge*) der in Posegnick ins Leben gerufenen Institutionen näher zu beleuchten, andrer-

---

*) Ueber diese Erfolge, wenigstens nach gewissen Richtungen hin, hat sich Herr Neumann selbst in sehr objektiver und keinesfalls zu optimistischer Weise ausgesprochen in der land- und forstwirthsch. Zeitung für die Provinz Preußen pro 1870 Nr. 38.

seits zu prüfen, in wiefern dieselben eine allgemeinere Nachahmung verdienen. Es handelt sich hierbei wesentlich blos um die Betheiligung der Arbeiter am Gutsertrage und um die Gewährung von Grundbesitz. Denn die Einrichtung von Kleinkinderschulen und Volksbibliotheken ist unter allen Umständen wünschens- und nachahmenswerth; die in Posegnick gegründete Sparkasse hängt aber ihrerseits so eng mit der Betheiligung der Arbeiter am Gutsertrage und mit der Gewährung von Grundbesitz zusammen, daß sie nur in Verbindung mit diesen beiden Institutionen beurtheilt werden kann.

Die guten Erfolge der Neumann'schen Einrichtungen sind auf der einen Seite unverkennbar; sie zeigen sich in einer allmähligen Steigerung des Sinnes für Reinlichkeit und Ordnung innerhalb der Familien, des Fleißes und des Interesses am ganzen Gutsbetriebe Seitens der einzelnen Arbeiter; zahlenmäßig lassen sie sich darthun durch die wachsende Benutzung der Sparkasse. Diese Erfolge kommen zunächst den Arbeitern selbst, in zweiter Linie aber auch dem Arbeitgeber zu Gute; denn sie bewirken eine quantitativ und qualitativ erhöhte Leistungsfähigkeit der Tagelöhner und sparen dem Gutsherrn manche Opfer, welche er sonst, in Folge der ihm aus moralischen oder gesetzlichen Gründen obliegenden Fürsorge für seine Leute hätte bringen müssen. — Auf der anderen Seite muß freilich zugestanden werden, daß, blos vom materiellen Standpunkte aus betrachtet, die von Herrn Neumann gebrachten Opfer sich nicht vollständig bezahlt gemacht, ja daß dieselben nach einer bestimmten Richtung hin, nicht einmal den gehegten Erwartungen entsprochen haben. Hiermit will ich zunächst sagen, daß, dem reinen Geldwerthe nach berechnet, allerdings die in Posegnick von dem Gutsherrn zum Besten seiner Arbeiter gemachten Aufwendungen durch die erhöhten Leistungen derselben bis jetzt keineswegs in vollem Umfange ersetzt worden sind, sondern daß sich bei gegenseitiger Aufrechnung ein vielleicht nicht unerhebliches Deficit auf Seiten des Gutsherrn herausstellen würde. Fürs Zweite will ich an dieser Stelle constatiren, daß die Verleihung eines Grundstücks als Pachtung resp. als Eigenthum bei den Arbeitern zunächst nicht den erwarteten Erfolg gehabt hat. Es sind vielmehr zwei von den im Jahre 1866 auf der Kolonie „Arbeitsbank" eingesetzten Kolonisten nach 2 resp. 3 Jahren ihrem Wunsche gemäß aus diesem Verhältnisse wieder entlassen worden.

Diese beiden Thatsachen bedürfen einer näheren Würdigung. Daß die vom Arbeitgeber zum Nutzen seiner Arbeiter freiwilliger und außerordentlicher Weise gebrachten Opfern sich durch die erhöhten Leistungen derselben wieder vergüten mögen, ist ein zwar wünschenswerther aber keineswegs über die Zweckmäßigkeit jener Aufwendungen entscheidender Erfolg. Denn der Gutsbesitzer ist schon aus moralischen Gründen genöthigt, im Interesse seiner Tagelöhner mehr als bisher aufzuwenden; dazu kommt noch die Rücksichtnahme auf eine günstige Lösung der Arbeiterfrage überhaupt. Letztere kann nur stattfinden, wenn der Gutsbesitzer sich zu pekuniären Opfern entschließt; ob ihm dieselben durch die Mehrleistung der Arbeiter schnell und vollständig ersetzt werden, kommt dabei erst in zweiter Linie in Betracht. Diese Opfer sind den unvermeidlichen Aufwendungen des landwirthschaftlichen Betriebes beizuzählen, ebenso wie die gewöhnlichen Unterhaltungskosten der Arbeiter, und müssen demgemäß in irgend einer Weise durch den Ertrag der Wirthschaft gedeckt werden, nöthigenfalls durch eine Preiserhöhung der zum Verkauf kommenden Produkte. Aber letzteres wird bei der allgemeinen Durchführung der eben besprochenen Einrichtungen nicht einmal nöthig sein. Denn der bei weitem größere Theil der von Herrn Neumann zu Gunsten seiner Arbeiter gemachten Aufwendungen stellt ja blos eine Quote des nach Abzug aller Unkosten des Betriebes übrig bleibenden reinen Gewinnes dar, auf welche der Unternehmer verzichtet und, ohne seine eigene wirthschaftliche sowie sociale Stellung zu erschüttern, verzichten kann. Freilich sind jetzt viele Landwirthe in Folge übergroßer Verschuldung kaum in der Lage auch nur eine sehr mäßige Verzinsung der in dem Betrieb befindlichen Kapitalien zu erzielen, so daß von keinem reinen Gewinn die Rede ist. Aber dieser widernatürliche Zustand kann blos ein vorübergehender sein; er darf nicht als Beweis für die Behauptung benutzt werden, daß die Landwirthe keine außergewöhnlichen Opfer für ihre Arbeiter bringen können, sondern umgekehrt beweist die Nothwendigkeit der letzteren, daß die Gutsbesitzer um so energischer die Beseitigung der ihrer wirthschaftlichen Lage anhaftenden Uebelstände anstreben müssen.

Daß bei so erheblichen Aufwendungen, wie sie Hr. Neumann für seine Leute gemacht hat, ein sofortiger, vollständiger Ersatz nicht eingetreten ist, darf wohl kaum Wunder nehmen. Denn ein solcher geschieht ja in der Hauptsache durch die erhöhte Leistungsfähigkeit der Arbeiter; letztere aber steigt der Natur der Sache nach blos ganz allmählig und ihre Erfolge werden zudem oft erst nach Jahren zahlenmäßig nachweisbar. Meinerseits zweifle ich indessen ebenso wenig wie Hr. Neumann daran, daß auch so bedeutende, wie die in Posegnick gebrachten Opfer für die Arbeiter mit der Zeit einen vollständigen materiellen Ersatz finden werden. Denn dasjenige, was heutzutage in dem landwirthschaftlichen Betriebe durch die Ungeschicklichkeit, Nachlässigkeit und Trägheit der Arbeiter verloren geht, ist viel mehr werth, als die Tantième vom Reinertrag, welche zur Vertheilung an die Gutsleute in Betracht kommen könnte. Wenn die Arbeiter es erst gewahr geworden sind, daß von ihren Leistungen der Gutsertrag und von letzterem wieder ihr Einkommen abhängt, dann werden sie erhöhten Fleiß und Sorgfalt anwenden und der größere Theil dessen, was jetzt dem Gutsbesitzer durch die Schuld seiner Leute verloren geht, wird dann für ihn gerettet. Im industriellen Betriebe hat sich wiederholt die Betheiligung der Arbeiter am Geschäftsgewinn aufs Glänzendste*) bewährt und es liegt kein Grund vor, einen gleichen Erfolg bei dem landwirthschaftlichen Gewerbe zu bezweifeln. Derselbe wird hier allerdings sich etwas langsamer einstellen und nicht so klar nachweisbar sein, da die einzelnen Einwirkungen, welche den Ertrag des landwirthschaftlichen Gewerbes bedingen, nicht so sicher zu erkennen sind, wie dies in Bezug auf die den Erfolg der gewerblichen Industrie beherrschenden Umstände der Fall ist.

Die niederschlagende Thatsache, daß zwei der auf Arbeitsbank angesiedelten Kolonisten nach 2 resp. 3 Jahren ihre Pachtung aufgegeben haben und in ihre frühere Stellung zurückgetreten sind, wird nicht verfehlen, den zahlreichen Gegnern der ganzen Einrichtung willkommenen Stoff zur Bestätigung ihrer Ansichten darzubieten. Zum Verständniß dieses Vorganges bedarf es indeß einiger Erläuterungen. Die Ansiedelung der Kolonisten geschah im Herbst 1866; es folgten die für Ostpreußen so beispiellos ungünstigen Jahre 1867 und 68, welche allerdings den Kolonisten das ihnen übergebene Land als von geringem Werthe erscheinen lassen mußte. Dazu hatten sie nun von ihrem Wohnhause bis zum Wirthschaftshofe, wo ihnen ihre Arbeit angewiesen wurde, täglich $1/4 - 1/3$ Meile zu gehen, was bei dem oft schlechten Wetter und Wege nicht grade zu den Annehmlichkeiten des Lebens gehörte. Vornehmlich aber mußten sie nun in allen Dingen für sich selbst sorgen, während sie früher als Dienstleute gewohnt waren, dem Gutsherrn die Sorge für ihre materielle Existenz und überhaupt für ihr Wohlbefinden fast vollständig zu überlassen. Es ist ein auf dem Mangel an geistiger und sittlicher Bildung beruhendes Uebermaß von Unselbstständigkeit und Indolenz, welches den ostpreußischen Arbeiter charakterisirt und welches auch jene Kolonisten veranlaßte, ihre Pachtung und die Aussicht auf den späteren Eigenthumserwerb aufzugeben und in

---

*) Ein sehr eklatantes Beispiel hierfür ist bei Ludlow und Jones a. a. O. Seite 106 angeführt; ein ähnliches bei V. A. Huber: „Sociale Fragen. IV. Die latente Association". Nordhausen bei Förstemann 1866. pg. 30—36.

das allerdings bequemere Verhältniß von Dienstleuten zurückzukehren. Den gerügten Mangel an Bildung finden wir freilich in gewissem Grade überall im nordöstlichen Deutschland; aber derselbe ist, etwa einzelne polnische Distrikte ausgenommen, nirgends so stark als in Ostpreußen und es wird deshalb die Ansiedelung von Kolonisten auch anderwärts auf weniger erhebliche Schwierigkeiten stoßen. Doch hierüber habe ich später zu handeln.

Die beiden besprochenen Beispiele von Tellow und Posegnick beweisen zur Genüge, daß sich eine Betheiligung der ländlichen Arbeiter am Reinertrage der Gutswirthschaft sehr wohl durchführen und mit den dauernden Interessen des Gutsherrn vereinigen läßt. Vorausgesetzt ist dabei allerdings, daß man es mit ständigen Arbeitern, mit Dienstleuten, zu thun hat. Angesichts der vorliegenden Thatsachen und in Berücksichtigung der großen Wichtigkeit, welche grade die Betheiligung der Arbeiter am Gutsertrage für die Lösung der ländlichen Arbeiterfrage hat, dünkt mir die allgemeine Einführung der genannten Maßregel auf allen Gütern, welche vorzugsweise Dienstleute beschäftigen, durchaus geboten zu sein. Dieselbe kann um so weniger fremdartig erscheinen, als ein gewisses Tantièmesystem grade im nordöstlichen Deutschland vielfältig gefunden wird. Hierher ist beispielsweise schon das Recht der Dienstleute zu rechnen, alles auf dem Gute gebaute Getreide um einen bestimmten Scheffel ausdreschen zu dürfen; ferner die Gewährung von Antheilen aus den Erträgen der Schäferei, der Molkerei u. s. w., welche an die bei diesen Wirthschaftszweigen vorzugsweise beschäftigten Personen häufig stattfindet. Im Princip haben es also die Landwirthe längst anerkannt, daß eine Betheiligung der Arbeiter am Gutsertrage in ihrem eigenen Interesse liegt; es kommt blos darauf an, daß dieses Princip ausgedehnter und allgemeiner angewendet, auch nach festeren und weniger willkürlichen Normen gehandhabt wird.

Bei der Berechnung des Gutsertrages und des vom demselben den Arbeitern zu bewilligenden Antheils kann man, wie ich schon oben bemerkte, nicht überall die nämlichen Grundsätze in Anwendung bringen, da die wirthschaftlichen Verhältnisse so sehr verschiedene sind. Trotzdem werden aber die in Tellow und Posegnick zu Grunde gelegten Principien höchst beachtenswerth für Jeden sein, welcher ähnliche Einrichtungen zu treffen beabsichtigt. Außerdem aber empfehle ich zu diesem Zwecke einen von Schumacher aufgestellten Entwurf, enthaltend „Bestimmungen über den Antheil der Dorfbewohner am Gutsertrage" zu eingehender Prüfung und Berücksichtigung*). Derselbe ist im Allgemeinen den für Tellow gültigen Bestimmungen (s. S. 189) nachgebildet; er hat aber den Vorzug, daß er einerseits in vieler Hinsicht klarer und präciser gefaßt ist und daß er andererseits eine allgemeinere Anwendbarkeit gestattet. Dem Wortlaute nach ist er zwar für ein Pachtgut berechnet; aber auch jeder Gutsbesitzer kann ihn auf seine Verhältnisse anwenden, wenn er die annähernd ja leicht zu ermittelnde Summe feststellt, welche er im Falle der Verpachtung seines Gutes als Pachtzins fordern könnte.

Sowohl in Tellow als in Posegnick dienen die den Arbeitern gezahlten Reinertragsantheile dazu, um für jene eine Spar- und Altersversorgungs-Kasse zu gründen. Auf letzterem Gute werden freilich außerdem noch Einlagen in die Sparkasse sowohl von Seiten der Dienstleute wie des Gutsherrn gemacht und dies ist jedenfalls insofern die vollkommenere Einrichtung. Dieselbe wird bei längerem Bestehen in der Regel ausreichen, um den Arbeitern bei außerordentlichen Unglücksfällen die erforderliche Unterstützung und im Alter ein solches Kapital zu gewähren, daß sie nicht der öffentlichen Armenpflege anheimfallen. Dadurch tritt die Nothwendigkeit der Gründung von sonstigen Hülfsvereinen z. B. behufs der Krankenunterstützung, der Viehversicherung, der Altersversorgung allerdings etwas in den Hintergrund, obwohl dieselben auch neben der Tantième- und Sparkassen-Einrichtung noch sehr gut bestehen und heilsam wirken können. Am wenigsten wird durch letztere die Feuerversicherung überflüssig, da bei einem Brandunglück möglicher Weise die ganze Habe des Arbeiters verloren gehen kann und ein Ersatz derselben die Ersparnisse von Jahrzehnten verschlingen würde.

Wo freie Arbeiter sind, scheint es, wenigstens unter den jetzigen Verhältnissen, fast unmöglich, denselben regelmäßig einen bestimmten Antheil am Gutsertrage zu gewähren. Es geht dies eben nur da, wo der Besitzer es das ganze Jahr hindurch mit den nämlichen Leuten zu thun hat. Man wird deshalb bei den freien Arbeitern zwar auf eine Betheiligung am Unternehmergewinn verzichten müssen, ohne jedoch das durch eine solche zu erreichende Ziel aufzugeben. Dasselbe besteht darin, dem Arbeiter Interesse an den Erfolgen seiner Thätigkeit einzuflößen und ihn zu erhöhten Leistungen zu bewegen; in Folge der letzteren wird und muß naturgemäß sein Einkommen steigen und er erhält die Mittel, sich eine gesicherte Existenz zu verschaffen, auch selbst als Unternehmer aufzutreten. Bei den freien Arbeitern kann der Arbeitgeber zu diesem Ziele gelangen

---

*) J. H. v. Thünen's Gesetz vom naturgemäßen Arbeitslohne u. s. w. S. 80 ff.

durch allgemeine Anwendung der Einzel-Tantième und der Accordarbeit. Jene ist denjenigen Leuten zu bewilligen, welche das ganze Jahr hindurch bei ein und demselben Betriebszweig thätig sind, also namentlich den bei der Wartung des Vieh's beschäftigten Personen; die Accordlöhnung ist bei allen übrigen Arbeitern möglichst ausgedehnt, also möglichst für jede denselben übertragene Beschäftigung durchzuführen. Das den Arbeitern dadurch zufließende Mehr-Einkommen ist alsdann lediglich das Resultat ihrer erhöhten Leistungen; es tritt gleichzeitig für den Arbeitgeber keine Verminderung, sondern eher eine Vermehrung des Unternehmergewinnes ein.

Die Einzel-Tantième hat ja schon hier und da in der Landwirthschaft Anwendung gefunden, namentlich den Schäfern gegenüber, welchen ein Antheil am Erlös aus der Wolle oder eine bestimmte Gratifikation für jedes aufgezogene Lamm häufig bewilligt wird. Es könnte aber dasselbe Princip noch weit allgemeiner und auf viele andere in der Wirthschaft beschäftigte Personen ausgedehnt werden; die auf Posegnick in dieser Hinsicht getroffenen Einrichtungen geben dafür einen Beleg und Anhalt. Um bei Einführung der Einzel-Tantième keinen verkehrten Weg einzuschlagen, ist genau daran festzuhalten, daß man dieselbe nur von solchen Erträgen bewilligt, deren Höhe von der Thätigkeit der mit der Tantième bedachten Personen abhängt. Die Tantième soll in erster Linie keine geschenkweise hergegebene Lohnvermehrung, sondern das zuständige Aequivalent für das vergrößerte Arbeitsprodukt sein. Aus diesem Grunde ist es z. B viel richtiger, dem Schäfer für jedes aufgezogene Lamm eine bestimmte Gratifikation zu gewähren und ihm für jedes krepirte Schaf etwas abzuziehen, als ihm einen Antheil am Erlös der Wolle zuzusichern. Denn auf den Zu- und Abgang in der Schafheerde durch Aufzucht und Todesfälle hat der Schäfer einen viel größeren Einfluß als auf den Wollertrag und Wollerlös. Da, wo Einzel-Tantième bewilligt wird, beachtet man diesen, über die Zweckmäßigkeit der ganzen Einrichtung vorzugsweise entscheidenden Gesichtspunkt viel zu wenig.

7. Der Arbeiter als landwirthschaftlicher Unternehmer.

Die durch Gewährung eines Antheils am Gutsertrage, durch Einzel-Tantième sowie durch Accordlöhnung hervorgebrachte Vermehrung des Einkommens der ländlichen Arbeiter hat als letztes und höchstes Ziel, dieselben selbst zu landwirthschaftlichen Unternehmern zu machen. Schon an einer früheren Stelle habe ich darauf hingewiesen, in welcher außerordentlich glücklichen Lage das landwirthschaftliche Gewerbe der

Industrie gegenüber dadurch sich befindet, daß es auch im allerkleinsten Umfange noch vortheilhaft betrieben werden kann, ja daß der Kleinbetrieb gewisse Vorzüge vor dem Großbetrieb besitzt, welche letzterer nie sich anzueignen im Stande ist. Aus allgemein=wirthschaftlichen Rücksichten steht also nichts im Wege, die ländlichen Arbeiter zu selbstständigen Unternehmern zu machen. Vielfältig gemachte Erfahrungen zeigen auch, daß diejenigen ländlichen Tagelöhner die am besten situirten, auch die intelligentesten und zuverlässigsten sind, welche gleichzeitig einen Grundbesitz haben. Hiervon ist nur dort eine Ausnahme zu finden, wo jene Leute sehr verschuldet sind und wo ihnen die nöthigen geistigen und sittlichen Eigenschaften fehlen, ihre kleine Wirthschaft angemessen zu betreiben. Diese Ausnahme hebt aber die Regel nicht auf; sie kann nicht die Folgerung veranlassen, daß der eigene Besitz für die ländlichen Arbeiter nicht paßt, sondern nur das Bestreben, jenen zu befähigen, sein Grundeigenthum von Schulden zu entlasten und angemessen zu verwalten.

Im mittleren und südwestlichen Deutschland ist dem ländlichen Arbeiter fast überall Gelegenheit geboten, sich ein kleines Grundstück zu erwerben. Es kommt hier wesentlich blos darauf an, ihm die nöthigen Mittel hierfür zu verschaffen. Dies geschieht vor Allem durch eine consequente und verständige Anwendung derjenigen Maßregeln, welche eine Erhöhung des Einkommens sowie gleichzeitig der Sparsamkeit und Wirthschaftlichkeit der Arbeiter zur Folge haben, also durch allgemeine Einführung der Einzel=Tantieme, der Accordarbeit und durch ausgedehnte Benutzung der Spar= resp. der Darlehns=Kassen. Aber damit ist es nicht genug. Die Arbeiter müssen direkt darauf hingewiesen werden, welche Vortheile für sie in dem selbstständigen Grundbesitz liegen und den Erwerb desselben muß man ihnen auf jede Art erleichtern. Es sind hierzu alle die bereits erörterten Hülfsmittel zu benutzen, welche zu einer Erhöhung der Intelligenz der niederen landwirthschaftlichen Bevölkerung führen können. Schon dem Fortbildungsschüler und dem jugendlichen Arbeiter ist es auf jede Weise nahe zu bringen, daß das Ziel seines Strebens auf Erwerb eines Grundeigenthums zu richten sei. Hat er dieses ins Auge gefaßt, dann wird es ihm auch nicht schwer fallen, die Mittel zu dessen Erreichung zu gewinnen. Denn die dermalige Höhe der Gesinde- und Tagelöhne gewährt den unverheiratheten ländlichen Arbeitern die Möglichkeit, sehr bedeutende jährliche Ersparnisse zurückzulegen. Von einzelnen geschieht dies ja auch und zwar in der bewußten Absicht, die erübrigten Mittel zum Kauf oder zur Pachtung eines Grundstücks zu benutzen. Daß aber die Zahl solcher ländlichen Arbeiter eine noch so geringe ist, liegt wesentlich in der mangelhaften Sorge, welche bisher Seitens der Arbeitgeber dieser Angelegenheit zugewendet wurde. Letztere müssen es als ihre Pflicht betrachten, die in ihrer Wirthschaft beschäftigten Personen, namentlich die jugendlichen und unverheiratheten, auf jede Weise zum Sparen anzuhalten, ihnen die Benutzung von Sparkassen zu erleichtern und ihnen bei Erwerbung oder Pachtung eines Grundstückes behülflich zu sein. Es liegt dies schon im eigenen Interesse der Landwirthe. Sie fesseln durch solche Handlungsweise die jugendlichen Gemüther an sich und sie können sich einen Stamm von Arbeitern heranbilden, welche ihnen künftighin ihre Kräfte allein oder doch hauptsächlich widmen. Nöthigenfalls müßte der Gutsbesitzer von seinem eigenen Grund und Boden kleine Parzellen seinen Arbeitern käuflich oder pachtweise überlassen. Es kann ihm ja nur erwünscht sein, dicht bei seiner Wirthschaft eine Anzahl von ländlichen Arbeitern wohnen zu haben, welche durch die Natur der Verhältnisse darauf angewiesen sind, gerade in seinem Betriebe ihre regelmäßige Beschäftigung zu suchen. Wie günstig man auch das Verhältniß der freien ländlichen Arbeiter im Vergleich zu den Dienstleuten beurtheilen mag, so leidet dasselbe doch unverkennbar an dem Uebelstande, daß jene bald hier bald dort für die verschiedensten Herren thätig sind und daß deshalb kein bestimmter Arbeitgeber vorhanden ist, welcher für ihr Gedeihen zu sorgen vorzugsweise die Verpflichtung hat und an den sie sich in allen Nothfällen halten könnten. Es fehlt das feste äußere Band zwischen beiden Theilen, welches durchaus erst vorhanden sein muß, wenn das wünschenswerthe sittliche Verhältniß hergestellt werden soll. Jenes würde sich aber von selbst bilden, wenn die freien Arbeiter durch ihr Grundeigenthum mehr oder weniger fest an einen bestimmten Wohnsitz und dadurch an eine bestimmte Wirthschaft behufs Verwerthung ihrer Arbeitskraft gebunden wären.

Im nordöstlichen Deutschland hält es viel schwerer, den ländlichen Tagelöhnern zu eigenem Grundbesitz zu verhelfen. Es fehlt dort schon meist an Gelegenheit, kleinere Parzellen käuflich zu erwerben, namentlich dort, wo der Großgrundbesitz vorherrscht. Aber auch die Bauern sind selten geneigt, einzelne Grundstücke von ihrem Gute an Arbeiter zu veräußern; zudem würde eine umfangreiche Niederlassung der letzteren in den Bauerndörfern nicht einmal erwünscht sein, da sie dort nicht die nöthige lohnende Arbeit finden dürften. Wenn den Dienstleuten im nordöstlichen Deutschland zu eigenem Grundbesitz verholfen werden soll, so kann dies daher in der Regel nur dadurch geschehen, daß die großen Grundbesitzer für gedachten Zweck Parzellen von ihrem Eigenthum aussondern und den

Arbeitern überlassen. Ich bin mir sehr wohl bewußt, daß die bei weitem größere Mehrzahl der Gutsbesitzer gegen diese Maßregel eine sehr entschiedene Abneigung hat, ja daß viele in derselben eine erhebliche Gefahr nicht nur für sich selbst, sondern auch für den Arbeiterstand erblicken. Auch bin ich weit entfernt, diesen Widerwillen allein einem allerdings vielfach vorhandenen Vorurtheil zur Last zu legen; denn ich weiß, daß sich für denselben auch gewisse, nicht ohne Weiteres von der Hand zu weisende Gründe geltend machen lassen. Trotzdem trage ich aber kein Bedenken, es als meine feste Ueberzeugung auszusprechen, daß es das **Interesse sowohl der Gutsbesitzer wie der Dienstleute bringend erheischt, einen Theil der letzteren allmählig zu Grundbesitzern oder Pächtern zu machen und daß ohne diese Maßregel eine befriedigende Lösung der ländlichen Arbeiterfrage unmöglich ist.** Der Beweis für diese Behauptung ist zwar schon einigermaßen aus dem bisherigen Inhalt der vorliegenden Schrift zu entnehmen; aber dieselbe ist zu folgenschwerer Natur, als daß ich mich einer ausführlichen Begründung entziehen könnte; namentlich wird es auch nöthig sein, die geltend zu machenden Einwände sachgemäß zu prüfen.

Wir haben bereits früher gesehen, wie ungemein theuer die Arbeit der Dienstleute den Gutsherrn zu stehen kommt; auch daß die letzteren eine Vermehrung jener zu vermeiden die dringendste Veranlassung haben, während auf der anderen Seite eine Zuführung neuer menschlicher Arbeitskräfte für den Fortschritt in dem landwirthschaftlichen Betriebe durchaus nothwendig erscheint. Es ist ferner nachgewiesen worden, wie nachtheilig es auf die materielle und sittliche Entwicklung des Standes der Dienstleute wirkt, daß die Frauen so häufig für die herrschaftliche Arbeit in Anspruch genommen und ihrer eigenen Häuslichkeit entzogen werden, sowie, daß die Arbeiterfamilien zum Halten von Scharwerkern gezwungen sind. Ich glaube endlich es klar gestellt zu haben, daß grade das so eigenthümliche Verhältniß der Dienstleute es mit sich bringt, daß letztere im Allgemeinen so faul, indolent und wenig strebsam sind, und zwar besonders deshalb, weil ihnen jede Aussicht fehlt, durch Entwicklung der umgekehrten Eigenschaften ihre Verhältnisse wesentlich zu verbessern.

Alle diese gewichtigen Uebelstände können am einfachsten und sichersten beseitigt werden, wenn wir neben den Dienstleuten freie grundbesitzende Tagelöhner in größerer Anzahl haben, damit also auch ersteren die Möglichkeit gewähren, sich durch Fleiß und Sparsamkeit zu der Stellung der letzteren emporzuarbeiten. Fr. G. Schulze sagt hierüber sehr treffend: „nicht davon hängt die Zufriedenheit der ländlichen Arbeiter ab, daß ein jeder Grundbesitz hat, sondern davon, daß jedem Aufwärtsstrebenden unter denselben die Möglichkeit eröffnet wird, sich solchen zu erwerben"*).

Die Ansiedelung freier Arbeiter in der Nähe seiner eigenen Besitzung gestattet dem Gutsherrn, die Zahl seiner Dienstleute zu verringen, die Heranziehung der verheiratheten Frauen zur Arbeit erheblich zu beschränken und auf die Haltung von Scharwerkern Seitens der Tagelöhner gänzlich zu verzichten. Die Durchführung der beiden letzteren Maßregeln würde es in den meisten Fällen nicht einmal nöthig oder räthlich erscheinen lassen, eine Verminderung der Dienstfamilien selbst vorzunehmen. Jedenfalls würde der Erfolg sein, daß der Gutsbesitzer nun keine größere Zahl von ständigen Arbeitern zu halten braucht, als er das ganze Jahr hindurch lohnend zu beschäftigen im Stande ist; auf der anderen Seite würden die in der Nähe seines Gutes angesiedelten freien Tagelöhner ihm die für den Sommer nöthige Arbeitskraft in ausreichenderer und besserer Weise gewähren, als dies bisher die Frauen und Scharwerker der Dienstleute vermochten. Das Fortfallen der Scharwerker würde die allgemeinere Einführung der Accordlöhnung bei den Dienstleuten wesentlich erleichtern (s. S. 128) und dadurch die Möglichkeit gewähren, den Arbeitern ein höheres Einkommen unbeschadet der Interessen des Gutsherrn zuzuführen, dieselben auch zu besserer Benutzung ihrer Kräfte veranlassen. Ein Nebeneinanderleben von Dienstleuten und freien grundbesitzenden Tagelöhnern müßte ferner nothwendig zur Folge haben, daß erstere sich nach der wünschenswertheren Stellung der letzteren sehnen und durch Fleiß und Sparsamkeit dieselbe zu erringen trachten. Damit wäre die, ich möchte fast sagen, thierische Stumpfheit gebrochen, welche wie ein Alp auf unseren Dienstleuten lastet, welche als trauriger Rest des früheren Unterthänigkeitsverhältnisses blos die nächste Nothwendigkeit im Auge hat und weder für das äußere noch für das innere Leben ein höheres Streben kennt. Daß zur Erreichung dieses so höchst wünschenswerthen Zieles der eigene, freie Grundbesitz das beste Mittel ist, beweist die Entwickelung der bäuerlichen Bevölkerung während des laufenden Jahrhunderts. Am Anfange desselben bildeten die leibeigenen oder gutsunterthänigen Bauern mit unseren jetzigen Dienstleuten im Wesentlichen ein und dieselbe Bevölkerungsklasse und standen mit ihnen auf ein und derselben Entwickelungsstufe. Heute unterscheidet sich der Bauernstand in Bezug auf seine geistige Regsamkeit, seine Umsicht und Wirthschaftlichkeit im großen Durchschnitt sehr vortheilhaft von den Dienstleuten, obwohl seit seiner Emancipation kaum

---

*) Die Arbeiterfrage nach den Grundsätzen der deutschen Nationalökonomie ?c. von Fr. G. Schulze. Jena bei Frommann. 1849. S. 110.

zwei Generationen vorübergegangen sind*). Die freie selbstständige Bewirthschaftung seines Besitzes legten ihm Rechte und Pflichten auf, deren fortgesetzte Ausübung nothwendiger Weise seiner ganzen geistigen Thätigkeit eine erweiterte und vertiefte Richtung geben mußte und welche ihn auch heute noch nöthigen, der fortschreitenden Entwickelung des landwirthschaftlichen Gewerbes schneller oder langsamer zu folgen. Die Dienstleute haben diese Schule nicht durchgemacht und sind deshalb jetzt noch fast ebenso wie in ihrem früheren Verhältniß als gutsunterthänige Leute gewöhnt, ohne Nachdenken in den Tag hinein zu leben und die Sorge für ihre Existenz im Wesentlichen dem Gutsherrn zu überlassen. Es liegt aber kein Grund vor zu bezweifeln, daß die Ertheilung von freiem, unter ihrer alleinigen Bewirthschaftung stehendem Grundbesitz auf die Dienstleute nicht ebenso vortheilhaft wirken würde wie dies seiner Zeit bei den Bauern der Fall gewesen ist. Dieser Einfluß würde sich nicht nur bei denjenigen Arbeitern geltend machen, welche bereits Grundeigenthümer geworden sind, sondern auch bei denen, welche sich noch in ihrem alten Dienstverhältniß befinden. Grade die tüchtigsten unter letzteren würden alle Kräfte aufbieten, um selbst einmal ein eigenes Etablissement zu erwerben. Solches Streben müßte von den Gutsherrn dadurch entschieden unterstützt und gefördert werden, daß sie den fleißigen und sparsamen Arbeitern die Erwerbung von eigenem Grundbesitz möglichst erleichtern. Hierzu ist erforderlich, daß sie denselben das nöthige Land an geeigneter Stelle käuflich überlassen, daß sie bei der Errichtung der erforderlichen Gebäude hülfreiche Hand leisten, daß sie endlich die Abtragung des Kaufpreises in jährlichen nicht allzu großen Raten gestatten. Die consequente und allgemeine Durchführung dieser Maßregel würde zur Folge haben, daß sich in der Nähe jedes größeren Gutes eine Kolonie freier grundbesitzender Arbeiterfamilien bildete; der Familienvater würde den größten Theil des Jahres oder das ganze Jahr hindurch Beschäftigung auf dem herrschaftlichen Gute finden; seine Frau und Kinder würden zeitweise ebendaselbst arbeiten, in der Regel aber die von sonstigen Obliegenheiten freien Stunden dazu verwenden, die eigene kleine Wirthschaft zu beschicken. Die Dienstleute

---

*) Es gibt freilich Bauerndörfer, deren Insassen in ihrer Bildung auch heute noch durchschnittlich ebenso weit oder weiter zurück sind, als die Dienstleute mancher Gutsbezirke; daran tragen aber immer ausnahmsweise ungünstige oder günstige lokale Verhältnisse Schuld. Im Großen und Ganzen steht der Bauer heute auf einer viel höheren Culturstufe als der Instmann, obwohl letzterem in dem fortgesetzten Verkehr mit dem Gutsherrn oder dessen Vertretern ein sehr wichtiges Bildungsmittel gegeben war, welches ersterer entbehren mußte.

könnten daneben fortbestehen; es würde sich voraussichtlich die Sache dann so gestalten, daß die fleißigen und sparsamen Arbeiter in jüngeren Jahren in der Regel als Dienstleute fungiren, während sie später mit Hülfe ihrer Ersparnisse in die Reihe der grundbesitzenden Tagelöhner eintreten.

Gegen die beschriebene Umwandlung unserer ländlichen Arbeiterverhältnisse herrscht bei den meisten Gutsbesitzern im nordöstlichen Deutschland eine unverkennbare Abneigung. Diese ist in der Regel allerdings blos instinktiv und basirt selten auf einem klaren Verständniß der Sachlage oder auch nur auf einem ernsthaften Nachdenken über dieselbe. Es widerspricht dem Gefühl unserer Großgrundbesitzer, daß ihre untergebenen Dienstleute künftighin ebenso wie sie freie Grundbesitzer sein und daß sie selbst hierzu von ihrem eigenen Gute den nöthigen Boden abtreten sollen. Diese Empfindung ist es, welche nach meiner Ueberzeugung die Gutsherrn, bewußt oder unbewußt hauptsächlich bestimmt, der Ansiedelung freier, grundbesitzender Arbeiter zu widerstreben. Außerdem können dieselben freilich auch sachliche Bedenken gegen jene Maßregel geltend machen, welche wohl geprüft zu werden verdienen.

Zunächst wird eingewendet, daß unsere jetzigen Dienstleute in ihrer Mehrzahl gar nicht fähig sind, selbst ein kleines Besitzthum mit Erfolg zu bewirthschaften. Dies mag für viele Gegenden richtig sein; wenigstens gebe ich gerne zu, daß die Dienstleute in den Provinzen Preußen, Posen und Pommern bis jetzt nur eine geringe Qualifikation zeigen, als selbstständige Landwirthe zu fungiren. Je weiter man nach Westen und Süden kommt, desto besser gestaltet sich dies Verhältniß; die Dienstleute Mecklenburg's, Holstein's, der Provinzen Schlesien, Brandenburg und Sachsen besitzen schon eine größere wirthschaftliche Befähigung. Aber so gering ist die letztere nirgends, daß es unmöglich scheinen müßte, selbst die tüchtigeren Dienstleute zu mäßig guten Landwirthen heranzubilden. Ich berufe mich in dieser Beziehung auf die bereits geschilderte Entwickelung unserer früher leibeigenen Bauern. Mögen dieselben, nach dem höchsten Maßstabe gemessen, in ihrer Mehrzahl auch noch herzlich schlechte Landwirthe sein, so können sie doch bei ihrer Betriebsart nicht nur bestehen, sondern kommen allmählig in immer größeren Wohlstand und von Jahrzehnt zu Jahrzehnt läßt sich ihre steigende materielle und geistige Entwickelung an bestimmten Zahlen und Thatsachen nachweisen. Sollte dasselbe nicht bei unseren Dienstleuten zu erreichen sein, welche heute ganz gewiß auf einer höheren Bildungsstufe sich befinden, als vor 60 Jahren die gutsunterthänigen Bauern einnahmen? Unzweifelhaft ist dies möglich, wenngleich der beabsichtigte

Erfolg nicht plötzlich und allgemein erzielt werden kann. Denn es handelt sich um die wirthschaftliche Erziehung einer ganzen, nach dieser Richtung hin bisher gänzlich vernachläßigten Bevölkerungsklasse. Erziehung anderer, namentlich erwachsener Menschen, ist aber die am meisten Selbstverleugnung erfordernde Aufgabe, welche Jemandem gestellt werden kann; hiervor beben die meisten schen oder widerwillig zurück. Dennoch gestaltet sich in der That die Vollbringung dieser Aufgabe nicht so schwer, als sie auf den ersten Anblick scheint. Unseren Dienstleuten ist ja der Betrieb der Landwirthschaft nichts Fremdes; sie haben von Jugend auf darin gelebt, sie kennen alle wirthschaftlichen Arbeiten, sie besitzen selbst ihren eigenen Viehstand und ihnen liegt bereits die Bestellung einer Fläche Landes ob, von deren Ertrag sie einen wichtigen Theil ihres Lebensunterhaltes bestreiten müssen. Bei solchen Voraussetzungen darf man es doch nicht als eine unüberwindliche Schwierigkeit betrachten, die Arbeiter zu einem zweckmäßigen, selbstständigen Betrieb einer Wirthschaft anzuleiten, welche nicht viel umfangreicher als diejenige ist, welche ihnen früher zu besorgen oblag? Es wird dies noch erleichtert dadurch, daß die grundbesitzenden Tagelöhner immer in nächster, täglicher Beziehung zu ihrem Arbeitgeber bleiben und letzterer deshalb stets Gelegenheit hat, jene in ihrem kleinen Betrieb mit Rath und That zu unterstützen.

Ein zweites Bedenken gegen die vorgeschlagene Maßregel gründet sich auf die Befürchtung, daß die freien grundbesitzenden Tagelöhner es verschmähen, künftighin regelmäßige Beschäftigung für Lohn zu suchen, daß sie vielmehr sich dem Faullenzen ergeben und ihren Lebensunterhalt, soweit die eigene kleine Wirthschaft ihn nicht bietet, durch widerrechtliche Handlungen zu erwerben suchen. Dieses Bedenken gründet sich auf die schon Seite 50 erwähnte Thatsache, daß allerdings ein Theil der sogenannten Eigenkäthner ein ähnliches Leben führt und dadurch zu einer wahren Plage für die benachbarten Gutsbesitzer wird. Wenn letztere sich eine Vermehrung solcher Leute nicht wünschen und noch weniger hierzu die Hand bieten mögen, so ist dies vollständig gerechtfertigt. Aber die Ansiedelung freier grundbesitzender Tagelöhner, in verständiger Weise durchgeführt, gibt zu einer derartigen Befürchtung kaum Veranlassung. Denn es erscheint nicht nur statthaft, sondern sogar nothwendig, irgend welche Maßregeln zu treffen, um die angesiedelten Kolonisten auf richtige Bahnen zu bringen und in denselben zu erhalten. Der Gutsherr wird sich unter allen Umständen, wenigstens für die ersten Jahre, die Möglichkeit sichern müssen, diejenigen Kolonisten, welche ihre neue Stellung zu ihrem und seinem Schaden entschieden mißbrauchen, aus derselben wieder entfernen zu können. Es läßt sich dies durchführen, ohne daß die persönliche Freiheit des Arbeiters oder der Erfolg der ganzen Einrichtung überhaupt in irgend wesentlicher Weise beeinträchtigt wird. Auf die einzelnen dieserhalb zu treffenden Maßregeln komme ich später noch zu sprechen.

Fürs dritte kann man gegen die Ansiedelung freier grundbesitzender Arbeiter geltend machen, daß Letztere an vielen Orten voraussichtlich nicht das ganze Jahr hindurch lohnende Arbeit finden; daß sie im Winter häufig beschäftigungslos sein und dadurch zum Vagabondiren und Stehlen verleitet werden. Dieses Bedenken verdient in der That sorgfältige Berücksichtigung. Denn grade im nordöstlichen Deutschland ist der Bedarf an Arbeitskräften beim ländlichen Betrieb im Winter sehr viel geringer als im Sommer; es liegt deshalb die Gefahr nahe, daß die Gutsherrn in ersterer Jahreszeit blos ihre Dienstleute beschäftigen und lohnen, wozu sie contraktlich verpflichtet sind, während sie um die freien, angesessenen Arbeiter sich nicht kümmern. Dem gegenüber ist aber zu erwidern, daß bei der Ansiedelung grundbesitzender Tagelöhner ausdrücklich von der Voraussetzung ausgegangen ist, daß die Haltung von Scharwerkern bei den Dienstleuten aufhört, und daß nöthigenfalls auch die Zahl der letzteren einer Beschränkung unterworfen wird. In Folge dessen, daß der Gutsherr nun im Winter die Scharwerker zu beschäftigen weder die Nöthigung noch die Möglichkeit hat, wird es demselben ganz willkommen sein, an Stelle jener wenigstens eine kleine Anzahl freier Arbeiter in Dienst nehmen zu können. Außerdem finden viele der letzteren während des Winters Verdienst in den fiskalischen und anderen größeren Forsten und bei umfangreichen Meliorationsarbeiten. Allerdings kann trotzdem wohl der Fall eintreten, daß bei einer starken Vermehrung der freien ländlichen Arbeiter ein Theil derselben zeitweise einmal keinen Verdienst durch Beschäftigung für Fremde sich zu verschaffen im Stande ist. Kurze derartige Perioden würden dem fleißigen Tagelöhner keinen Eintrag thun. Die eigene kleine Wirthschaft gibt ihm schon Gelegenheit, freie Tage nützlich anzuwenden. Er wird dieselben benutzen, um das selbst erbaute Getreide auszudreschen, die zu seiner Haus- und Landwirthschaft nöthigen Geräthe auszubessern oder neu anzufertigen, die erforderlichen Reparaturen an den Gebäuden vorzunehmen, den Dünger aufs Feld zu schaffen und, wenn das Wetter es erlaubt, den Acker gehörig zu bearbeiten. Für diese Thätigkeit erhält er freilich keinen baaren Lohn, aber dieselbe macht sich indirekt oft besser bezahlt, als Lohnarbeit. Weiter ist es für manche Gegenden sehr wohl thunlich, gewisse Arten der Hausindustrie einzuführen, welche dem ländlichen Arbeiter für einen Theil des Winters Beschäftigung gewähren und seinen Lebensunterhalt sicher stellen. Hierzu rechne ich namentlich die Bearbeitung des Flachses. Diese gibt z. B. schon jetzt in einzelnen Theilen Ostpreußens vielen Arbeitern für mehrere Monate im Jahre einen ausreichenden Verdienst; sie wird um so lohnender sein, je mehr der Tagelöhner den zu verarbeitenden Flachs auf seinem eigenen Lande erzieht. Auch kann der Einzelne immer mit den größeren Flachsbereitungsanstalten concurriren, da letztere für den Transport des voluminösen Rohflachses erhebliche Aufwendungen machen müssen und weil sorgfältige Handarbeit immer ein besseres Produkt liefert, als es die Maschine im Stande ist. Andere hausindustrielle Thätigkeiten sind Korbflechten, Schnitzen einfacher, aber in großen Massen gebrauchter hölzerner Gegenstände wie Löffel, Schüsseln, Pantoffeln u. s. w. Werfen dieselben auch nicht grade viel ab, so können sie doch immer einen sehr erwünschten Zuschuß zu dem sonstigen Einkommen gewähren und sichern vor dem Müßiggang. Es handelt sich ja nicht darum, Erwerbszweige einzuführen, welche eine ganze Bevölkerungsklasse vollständig ernähren sollen, sondern eben nur um Ermittelung gewisser Beschäftigungen, welche den Arbeiter für eine kurze Zeit in Anspruch zu nehmen geeignet sind und sich auch durch ihren pekuniären Gewinn einigermaßen verlohnen. Dem grundbesitzenden Tagelöhner verschafft schon der Ertrag seiner eigenen Wirthschaft einen erheblichen Theil seiner Lebensbedürfnisse, auch für den Winter; außerdem pflegt der Sommertagelohn so hoch zu sein, daß sich von demselben sehr gut etwas zur Deckung vorkommender Ausfälle im Winter erübrigen läßt.

Eine wirkliche Gefahr, daß die freien, grundbesitzenden Tagelöhner selbst bei eigenem guten Willen im Winter keine lohnende Beschäftigung finden und Mangel leiden müßten, könnte nur dann eintreten, wenn die Ansiedelung solcher Leute plötzlich in großem Maßstabe vorgenommen würde, also in einem engen Bezirke eine starke Vermehrung der ländlichen Arbeiter stattfände. Dies ist aber aus vielen Gründen nicht zu befürchten. Im Gegentheil wird voraussichtlich die Durchführung der vorgeschlagenen Maßregel viel langsamer vor sich gehen, als es im Interesse der Arbeiter wie der Arbeitgeber zu wünschen ist.

Allerdings muß der Gutsherr bestimmte Vorkehrungen treffen, um den bei der Kolonisation freier Arbeiter beabsichtigten Erfolg zu erreichen, um namentlich auch zu verhüten, daß die im Vorhergehenden besprochenen Bedenken sich als gerechtfertigt erweisen. Diese Vorkehrungen werden zunächst darin bestehen, daß der Gutsherr sich für die ersten Jahre der Ansiedelung die Möglichkeit vorbehält, unter gewissen Umständen die Arbeiter aus dem ihnen überlassenen Etablissement wieder zu entfernen. Ein solcher Vorbehalt ist für die meisten Theile des nordöstlichen Deutschlands durchaus nöthig; denn hier stehen die Arbeiter noch auf einer so niedrigen Kulturstufe, daß man ihnen nicht ohne Weiteres die Führung einer eigenen Wirthschaft überlassen kann. Sie müssen wissen, daß, wenn sie ihre Wirthschaft vernachlässigen oder wenn sie sich dem Vagabondiren oder Stehlen ergeben, ihnen das anheimgegebene Grundstück wieder genommen wird und sie in die Reihe der gewöhnlichen Dienstleute zurücktreten müssen. Es liegt mir nun fern, eine Kontrole Seitens des Gutsherrn über die angesiedelten Arbeiter zu befürworten, durch welche Letztere in ihrer persönlichen Freiheit in außergewöhnlicher Weise beschränkt würden. Es läßt sich vielmehr der beabsichtigte Zweck am einfachsten und vollständigsten dadurch erreichen, daß der Gutsherr die Arbeiter-Etablissements für die erste Zeit nicht eigenthümlich, sondern pachtweise überträgt und zwar in ähnlicher Weise, wie dies Herr Neumann auf Posegnick gemacht hat. Der Pachtpreis müßte sehr gering normirt werden und die Ueberlassung der Pacht augenscheinlich als eine Belohnung für fleißige und sparsame Dienstleute gelten. Der Arbeiter könnte verpflichtet werden, täglich oder eine bestimmte Anzahl von Tagen auf dem herrschaftlichen Hofe gegen den üblichen Fremdenlohn zu arbeiten. Entehrende gerichtliche Bestrafung des Pächters würde den Verpächter ermächtigen, das Pachtverhältniß aufzulösen. Ob dem Pächter sonstige Beschränkungen, z. B. das Verbot, Pferde zu halten, aufzuerlegen sind, müßte sich nach den örtlichen Verhältnissen und Gewohnheiten richten. Es empfiehlt sich den Pachtvertrag zunächst auf 3, höchstens auf 6 Jahre abzuschließen; der Verpächter muß sich anheischig machen, nach Ablauf dieser Zeit den Pachtvertrag auf die gleiche Periode zu prolongiren und gleichzeitig dem Pächter die Möglichkeit gewähren, durch allmählige Theilzahlungen Eigenthümer des betreffenden Grundstückes zu werden. Beides freilich nur, wenn der Pächter durch sein bisheriges Verhalten die Vermuthung rechtfertigt, daß er fähig ist, ein kleines Besitzthum in zweckmäßiger Weise selbstständig zu bewirthschaften und sich außerdem durch Tagelohnarbeit den nöthigen Lebensunterhalt zu erwerben. Ein in obiger Weise geregeltes Pachtverhältniß kann meines Erachtens zu keinem gegründeten Bedenken Veranlassung geben. Es ist ein auf beiden Seiten vollständig freies, für wenige Jahre bindendes Uebereinkommen; die durch dasselbe dem Pächter auferlegten Beschränkungen dienen nur dazu, ihm die richtige Benutzung des neuen Verhältnisses zu erleichtern. Behagt letzteres ihm nicht, so kann er nach Ablauf der ersten Pachtperiode wieder eine Stelle als Dienstmann suchen, welche er leicht finden wird.

Gefällt es ihm dagegen, so hat er die sichere Aussicht, nicht nur dasselbe fortsetzen zu können, sondern auch einmal Eigenthümer des jetzt gepachteten Etablissements zu werden. Auf der anderen Seite ist dem Verpächter die Möglichkeit gewahrt, sich liederlicher Pächter spätestens nach Ablauf weniger Jahre entledigen zu können. Das Pachtverhältniß bietet für beide Theile so viele Vortheile, daß die Erwägung nahe liegt, ob dasselbe nicht überhaupt der Eigenthumsübertragung auch für die Dauer vorzuziehen ist; also ob den angesiedelten freien Arbeitern nicht lieber immer aufs Neue der ursprünglich eingegangene Pachtvertrag prolongirt werden soll, anstatt ihnen die Möglichkeit der eigenthümlichen Erwerbung zu gewähren. Es würden damit die meisten derjenigen Vortheile, welche ich als mit der Ansiedelung freier grundbesitzender Tagelöhner verknüpft angegeben habe, unzweifelhaft erreicht und manche Gefahren vermieden. Dennoch kann man der Ansiedelung von freien Arbeitern als Pächtern nicht das Wort reden, wenn es sich um eine endgültige Maßregel handelt. Denn nur der eigene, womöglich schuldenfreie Grundbesitz, gibt dem Tagelöhner den nöthigen Rückhalt für seine materielle Existenz; dieser allein gewährt ihm auch dasjenige Selbstgefühl und überträgt ihm dasjenige Maß von Verantwortung, welche erforderlich sind, damit er ein nach allen Seiten tüchtiger Arbeiter sowie sorgsamer Familienvater werde und sich dauernd in seiner Lebensstellung befriedigt fühle. Durch den eigenen Grundbesitz tritt der ländliche Tagelöhner gewissermaßen in ein und dieselbe Klasse mit dem ganzen Stande der Grundbesitzer, dem er sich als vollberechtigtes, wenn auch als kleinstes und unterstes Glied, anreiht. Eine Menge gleichartiger Interessen verbinden ihn nun mit dem großen Grundbesitzer, und zwar sind diese von so entscheidender Wichtigkeit, daß ein allgemeiner, dauernder Zwiespalt zwischen Arbeiter und Arbeitgeber fast zur Unmöglichkeit wird. Jedem grundbesitzenden Tagelöhner ist die Aussicht eröffnet, durch Fleiß, Sparsamkeit und gute Bewirthschaftung seine Liegenschaften so weit zu vergrößern, daß der Ertrag derselben allein ihm den nöthigen Lebensunterhalt sichert und er die Arbeit für Fremde gänzlich aufgeben kann. Es scheint daher kaum denkbar, daß die ländlichen Arbeiter, sobald sie ihrem größeren und besseren Theile nach selbst Grundbesitzer geworden sind, einen feindlichen Gegensatz ihren Arbeitgebern gegenüber empfinden sollten; sie wissen ja, daß ihr beiderseitiges Wohl und Wehe für eine ganze Reihe der wichtigsten Lebensbeziehungen von den gleichen Bedingungen abhängig ist und daß sie möglicher Weise binnen weniger Jahre mit ihrer ganzen Existenz dem Stande der landwirthschaftlichen Unternehmer angehören werden.

Diese Versöhnung der beiderseitigen Interessen findet nicht in gleichem Maße statt, wenn man die Arbeiter bloß zu Pächtern macht; denn als solche behalten sie immer eine mehr oder weniger unsichere, von dem Wohlwollen oder der Willkühr ihrer Verpächter in hohem Maße abhängige Stellung, welche auf die Dauer keine Befriedigung gewährt. Die Ueberlassung von Pachtgrundstücken an die Dienstleute Seitens des Gutsherrn kann daher immer nur als eine vorübergehende Maßregel sich zweckmäßig erweisen; ihre Dauer wird sehr verschieden sein je nach der wirthschaftlichen Entwickelung der Arbeiter, welche dabei betheiligt sind. So lange diese durch ihr ganzes Verhalten nicht die nöthige Garantie geben, daß sie die Stellung von freien grundbesitzenden Arbeitern nach allen Seiten hin genügend ausfüllen, wird man sie in der Lage von Pächtern erhalten müssen. Hierdurch erreicht man besser das gewünschte Ziel, als wenn der Gutsbesitzer sich den Rückkauf der den Arbeitern bereits eigenthümlich übertragenen Etablissements vorbehält. Denn ein solcher Vorbehalt, wie gerechtfertigt er an und für sich sein mag, gibt der Stellung des Arbeiters eine unerwünschte Unsicherheit und Abhängigkeit; er kann auch von übelwollenden Herren sehr mißbraucht werden, während eine wiederholte Prolongation des Pachtvertrages keinerlei Bedenken unterliegt.

Die Größe der den Arbeitern eigenthümlich oder pachtweise zu übertragenden Fläche Landes wird je nach der Ertragsfähigkeit des letzteren eine sehr verschiedene sein müssen. In Gegenden, welche in Bezug auf klimatische und Absatzverhältnisse sowie auf die natürliche Fruchtbarkeit des Bodens sehr günstig ausgestattet sind, in welchen also eine besonders intensive Bewirthschaftung möglich und erforderlich ist, werden 1—2 Morgen Landes ($1/4 - 1/2$ Hektare) für je eine Familie genügen; unter weniger günstigen möchten dagegen 2—4 Morgen ($1/2 - 1$ Hektare), unter sehr ungünstigen 4—6 Morgen ($1 - 1 1/2$ Hektare) sich als zweckmäßig erweisen. Der erstgenannte Fall setzt die Anwendung der Spatenkultur voraus; in den beiden letztgenannten würde die Bearbeitung des Bodens theils mit dem Spaten theils mit Pfluginstrumenten geschehen müssen, deren Ingangsetzung entweder mit gemietheten Zugthieren oder vermittelst der von den Arbeitern selbst gehaltenen Kühe zu bewerkstelligen wäre.

Soll die Ueberlassung von Grundeigenthum an die ländlichen Arbeiter in größerem Maßstabe durchgeführt werden, so muß die Initiative hierzu selbstverständlich von den Arbeitgebern ausgehen. Diese müssen einzeln oder in Gesellschaften vereinigt die erforderlichen Etablissements einrichten und deren käufliche Erwerbung den Arbeitern in jeder angänglichen Weise erleichtern. Solches geschieht am besten in der Art, daß die

Letzteren einen Theil des Kaufpreises sofort anzahlen und daß die Tilgung des Restes durch jährliche Ratenzahlungen bewirkt wird. Jede Rate muß so groß sein, daß sie die Zinsen des Anlagekapitals und eine mäßige Amortisationsquote enthält. Dieses System hat sich unter Anderem bei den bekannten englischen Land and building societies (Land- und Baugesellschaften) bewährt. In England sind durch jene Gesellschaften in den letzten Jahrzehnten viele Tausende von Arbeitern, industrielle vornehmlich aber auch ländliche, zu Besitzern eigener Häuser und Grundstücke geworden und damit ist gleichzeitig eine sehr bemerkbare Besserung ihres geistigen und sittlichen Zustandes eingetreten*). Noch allgemeiner bekannt sind wohl die guten Erfolge, welche in Mühlhausen bei einer großen Zahl der dortigen Fabrikarbeiter dadurch erzielt wurden, daß man ihnen den Erwerb von Grundeigenthum vermittelst Theilzahlungen ermöglichte**). Auf demselben Princip beruht ja auch die in Posegnick durch Gründung der Arbeiterkolonie getroffene Einrichtung; nur waltet der Unterschied ob, daß hier der Kaufpreis erheblich unter dem wirklichen Werthe der Grundstücke normirt ist, während in Mühlhausen ebenso wie bei den meisten englischen Land- und Baugesellschaften den Arbeitern der volle Werth der käuflich zu erwerbenden Etablissements in Anrechnung gebracht wird. Wo es sich um Verleihung von Grundeigenthum an ländliche Tagelöhner in größerer Ausdehnung handelt, ist der letztere Weg entschieden vorzuziehen; will dagegen ein einzelner großer Gutsbesitzer den schon lange in seinem Dienst befindlichen und bewährten Arbeitern durch die Verleihung eigenen Grundbesitzes gewissermaßen eine Belohnung oder eine Anerkennung zu Theil werden lassen, so ist auch gegen den von Herrn Neumann eingeschlagenen Weg nichts einzuwenden. Dieser wird sogar überall da sich als der bessere empfehlen, wo das Verlangen nach eigenem Grundbesitz bei den ländlichen Arbeitern noch ein geringes ist, wie z. B. in den nordöstlichen Provinzen der preußischen Monarchie.

Es gibt, wie tausendfältig gemachte Erfahrungen bezeugen, kein besseres Mittel, den Arbeiter an Fleiß, Sparsamkeit und Mäßigkeit zu gewöhnen, als wenn man ihm die Aussicht eröffnet, durch regelmäßige, kleine Zahlungen im Laufe einer gewissen Reihe von Jahren zu selbstständigem Grundbesitz zu gelangen. Dieselbe spornt ihn dazu an und nöthigt ihn gewissermaßen, unnütze oder gar schädliche Ausgaben sowie

---

*) Vgl. hierüber: V. A. Huber: Reisebriefe aus England. S. 115 ff. Ludlow und Jones a. a. O. S. 94 ff.

**) V. A. Huber: Die Wohnungsfrage in Frankreich und England. In der Zeitschrift des Centralvereins für das Wohl der arbeitenden Klassen. Bd. 3 Heft 2.

Handlungen, welche sein Einkommen schmälern könnten, zu vermeiden. Auch unsere ländlichen Arbeiter sind meistentheils so gestellt, daß sie bei gutem Willen recht wohl einen Theil ihres Verdienstes zu regelmäßigen Zahlungen behufs Erwerbung von Grundeigenthum verwenden könnten. Denjenigen unter ihnen, welche nicht wissen, auf welche Weise dies möglich sein soll, glaube ich nicht besser antworten zu können, als mit den Worten eines englischen Arbeiters, Jer. Taylor, eines der wirksamsten Agitatoren für die Sache der Land- und Baugesellschaften, welcher in einer vor etwa 16 Jahren in London abgehaltenen Versammlung unter Anderem Folgendes äußerte*). „Gar Mancher meint „„wo soll es herkommen? wie soll ich wöchentlich einen Schilling oder mehr zurücklegen und nach der Vereinskasse tragen"". Da gibt es zwei Antworten, erstlich: trage den Schilling nicht ins Wirthshaus; zweitens: hange ihn nicht an Weibsleute und heirathe nicht eher, als bis du ein Grundstück und Cottage (Häuschen) hast. In Birmingham haben wir in einer Gesellschaft 400 junge Leute, die es so machen; die 100,000 Pfund Sterling, die dort, die Million, die in ganz England in solchen Gesellschaften steckt, ist guten Theils an Bier und Branntwein erspart. Ich habe schon Manchem durch einen Scherz auf den rechten Weg verholfen, womit es aber sehr ernst ist. „„Du hast ein Maß Bier bestellt, mein Junge"" — sage ich — „„Du solltest dir lieber eine halbe Ruthe Land bestellen"". — Oder, wenn einer sein Bier hinunterschüttet, sage ich: „„Da gehen vier Fuß gute Erde hin"". — Und dann die Erklärung, die mancher begreift und sich zu Herzen nimmt, von dem man es nicht glauben sollte. Ein Mann, dem ich so zugesprochen, sagte: „„nun, bei Gott, dann habe ich manch schönes Feld hinuntergeschlungen, ohne es je zu besitzen"". Und jetzt hat er sein eigen Grundstück und Häuschen darauf. Man hat berechnet, daß die Arbeiter von Birmingham jährlich 30,000 Pfund Sterling vertrinken; rechnet man das für ein Menschenalter, so könnte man die halbe Stadt dafür neu bauen! Ich könnte noch gar viel sagen, aber an Worten fehlt es nicht, und was Noth thut, sind Thaten".

Es ist meines Erachtens das nothwendig zu erreichende Endziel der Entwickelung unserer ländlichen Arbeiterverhältnisse, daß wir jedem Arbeiter die Möglichkeit gewähren, Grundeigenthümer zu werden und daß auch der größere Theil wenigstens der verheiratheten Leute wirklich Grundeigenthümer wird. Sobald wir so weit gelangt sind, fallen

---

*) Die ganze, höchst beachtenswerthe Rede des Jer. Taylor ist abgedruckt bei B. A. Huber: Reisebriefe aus England. S. 451—459.

eine Menge der jetzt vorhandenen Uebelstände sowohl für den Arbeiter wie für den Arbeitgeber von selbst fort; es kann sich dann auch nie derjenige traurige Zwiespalt zwischen den Gefühlen und Interessen dieser beiden Bevölkerungsklassen bilden, welcher vieler Orten leider zwischen den industriellen Unternehmern und Arbeitern besteht und welcher schon oft in so beklagenswerther Weise zum Ausdruck gekommen ist. Der Weg auf welchem das genannte Ziel erstrebt werden muß, kann ein verschiedener sein. Bei großen Gütern wird der einzelne Besitzer für seine Leute in der angedeuteten Weise allein zu sorgen haben; bei kleineren Gütern müssen sich die Besitzer eines lokal begrenzten Bezirkes zu besonderen Gesellschaften zusammenthun, welche den Zweck haben: Land anzukaufen, auf diesen Etablissements für ländliche Arbeiter zu errichten und deren Erwerbung den Letzteren durch jährliche Theilzahlungen zu ermöglichen. In beiden Fällen ist es häufig gar nicht nöthig oder nicht einmal wünschenswerth, daß der einzelne Besitzer oder die Theilnehmer an den sich bildenden Gesellschaften eigene materielle Opfer bringen; eine zweckmäßige Durchführung der vorgeschlagenen Maßregel wird es vielmehr ermöglichen, den Erwerbspreis der einzelnen Etablissements so hoch zu normiren, daß eine angemessene Verzinsung des Anlagekapitals gesichert ist. Dabei braucht die von dem Arbeiter jährlich zu leistende Abschlagszahlung, einschließlich der Amortisationsquote, durchschnittlich nicht höher gegriffen zu werden, als die jährliche Miethe oder Pacht beträgt, welche er unter den heutigen Verhältnissen für ein ähnliches Etablissement zu entrichten gezwungen ist. Denn bei der Gründung einer größeren Anzahl von Ansiedlungen für Arbeiter kann man den dazu nöthigen Boden und die erforderlichen Häuser viel wohlfeiler erwerben resp. herstellen, als wenn man jedes Etablissement einzeln kaufen müßte; die Differenz zwischen den beiderseitigen Aufwendungen läßt sich also im ersteren Fall zur Amortisation des Anlagekapitals verwenden, ohne dem Arbeiter eine größere jährliche Leistung aufzuerlegen. Die Erfahrung hat freilich tausendfältig gezeigt, daß diejenigen Arbeiter, welche einmal begonnen haben, durch Theilzahlungen den Besitz eigenen Grund und Bodens sich zu erwerben, meist viel größere jährliche Raten als die vorgeschriebenen aus ihren eigenen Mitteln aufbringen, um nur möglichst bald in den ungeschmälerten Besitz des ersehnten Eigenthums zu gelangen. Zu solchen außergewöhnlichen Opfern wurden sie aber nur befähigt durch eben so außergewöhnliche Ausübung von Mäßigkeit, Sparsamkeit und anderen Tugenden, deren Pflege vielleicht noch werthvoller ist als der erzielte materielle Gewinn.

Man könnte wohl fragen, ob es nicht zweckmäßig sei, daß Arbeiter zu Genossenschaften zusammentreten, um gemeinsam oder wenigstens auf gemeinsame Rechnung einen landwirthschaftlichen Betrieb zu führen, und sich hierdurch gewisse Vortheile zu sichern, welche der große Unternehmer vor dem kleinen voraus hat. Für die Anwendbarkeit einer solchen Maßregel ließen sich verschiedene Beispiele vorbringen und zwar sowohl aus dem Gebiete der Industrie als auch aus dem Gebiete des landwirthschaftlichen Gewerbes. Genossenschaften behufs gemeinsamer Produktion, sogenannte Produktiv=Associationen, sind von Fabrikarbeitern schon wiederholt geschlossen, hier und da auch mit dauerndem Erfolge durchgeführt worden. V. A. Huber berichtet in seinen Schriften über eine nicht geringe Anzahl derartiger, namentlich in England und Frankreich, getroffener Einrichtungen*). Auch in Deutschland gibt es jetzt schon viele Produktivgenossenschaften. Der „Jahresbericht über die auf Selbsthilfe gegründeten Erwerbs= und Wirthschaftsgenossenschaften für 1870" von Schulze Delitzsch zählt 66 solcher auf, welche der Anwaltschaft für das deutsche Associationswesen bekannt geworden waren. Indessen ist diese Zahl immer noch gering, wenn man sie mit der Gesammtzahl der deutschen Genossenschaften vergleicht. Letztere bezifferte sich für das Jahr 1869 auf 2648; von ihr machen also die Produktivassociationen nur einen sehr kleinen Theil aus. Hierin liegt keineswegs ein Zufall. Die Erfahrung hat es vielmehr gezeigt und es ist dies auch von Schulze=Delitzsch wiederholt hervorgehoben worden, daß grade dem Gedeihen der Produktivgenossenschaften sich eigenthümliche und sehr große Schwierigkeiten in den Weg stellen. Dieselben finden ihre Begründung außer in anderen Umständen namentlich auch darin, daß jedes gewerbliche Unternehmen nur Fortgang haben kann, wenn es nach festen einheitlichen Grundsätzen geleitet wird, daß aber eine derartige Direktion erheblichen Schwierigkeiten unterliegt, wenn viele einzelne Menschen auf dieselbe einen maßgebenden Einfluß auszuüben berechtigt sind. Das Gedeihen einer Produktivassociation setzt ein Maß von Einsicht, Mäßigung und Selbstverleugnung Seitens ihrer Theilhaber voraus, welches bis jetzt nur bei Wenigen angetroffen wird. Unter den industriellen Arbeitern ist ein solches aber jedenfalls noch eher zu finden, als unter den ländlichen, da jene im Durchschnitt eine höhere Bildung und eine reichere Erfahrung auf dem Gebiete des Associationswesens besitzen. Zudem glaube ich annehmen zu müssen, daß ein genossenschaftlicher Betrieb bei dem land=

---

*) Besonders in seinen bereits citirten Reisebriefen.

wirthschaftlichen Gewerbe schwieriger durchzuführen ist, als bei den übrigen Gewerben. Der Erfolg der letzteren ist vor allen Dingen abhängig von der Feststellung zweckmäßiger Grundsätze in Bezug auf die allgemeine Richtung und Organisation des ganzen Unternehmens; hat diese erst stattgefunden, so bietet die tägliche Geschäftsleitung verhältnißmäßig nur geringe Schwierigkeiten. Dagegen liegt bei dem landwirthschaftlichen Betrieb fast der Schwerpunkt grade in der Umsicht, mit welcher der Dirigent täglich und stündlich seine Dispositionen den immer wechselnden Verhältnissen anpaßt. Was heute als zweckmäßig erschien, kann morgen oder über wenige Tage schon ganz unzweckmäßig sein, weil die Witterung sich verändert hat, weil Krankheiten bei Thieren oder Pflanzen zum Ausbruch gekommen, weil die Kommunikationswege unfahrbar geworden sind u. s. w. Derartige unvorhergesehene Ereignisse treffen den landwirthschaftlichen Betrieb unzählige Male in einem und demselben Jahre, während sie bei der Fabrikindustrie im Ganzen nur selten vorkommen. Dieselben erfordern, daß ein Mann das ganze Unternehmen leitet, welcher, ohne an fremde Einflüsse gebunden zu sein, jeden Augenblick nach eigenem besten Ermessen handeln und die früher getroffenen Dispositionen den Umständen entsprechend verändern kann. Innerhalb einer Genossenschaft stößt es aber auf große Schwierigkeiten und hat auch thatsächlich viele Bedenken, einem einzelnen Mitgliede eine derartige, fast unbeschränkte Machtvollkommenheit einzuräumen. Dieselbe schließt nebenbei eine solche Verantwortlichkeit für den damit Betrauten in sich, daß gerade die Tüchtigsten und Gewissenhaftesten leicht vor derselben zurückschrecken.

B. A. Huber führt in einer seiner Schriften*) zwei Beispiele von Associationen auf, welche sich zum Zwecke des genossenschaftlichen Betriebes der Landwirthschaft in England gebildet haben. Mr. Gurdon auf Assington-Hall bei Sudbury (Grafschaft Suffolk) gab nämlich im Jahre 1830 zwanzig seiner besseren Tagelöhner ein Grundstück von 114 Acres (etwas über 46 Hektaren) in Pacht und zwar zum landesüblichen Pachtschilling. Jeder Tagelöhner mußte 2 Pfund Sterling als Zuschuß zum Betriebskapital und als allgemeine Bürgschaft einlegen, während Gurdon selbst das übrige Betriebskapital mit 400 Pfd. Sterling zinsfrei vorschoß. Die Tagelöhner selbst übernahmen die Leitung des Betriebes, allerdings unter dem Beirath Gurdon's. Ueber die für die Genossenschaft gültigen Grundsätze wurden feste Statuten ausgearbeitet und angenommen. Der

---

*) Sociale Fragen. I. Das Genossenschaftswesen und die ländlichen Tagelöhner. Nordhausen bei Förstemann 1863. S. 17 ff.

Erfolg war ein überraschender. Schon nach zehn Jahren war das vorgeschossene Kapital abgezahlt und die Tagelöhner befanden sich im vollen Genuß einer wohlangebauten und mit allem nöthigen Inventarium reichlich versehenen Pachtung. Durch diese guten Resultate, welche sich auch in Bezug auf die sittliche Haltung der früher sehr verkommenen Tagelöhner geltend machten, wurde Gurdon veranlaßt, mit der Bildung einer zweiten ähnlichen Genossenschaft vorzugehen, indem er an 30 Tagelöhner ein Grundstück von 136 Acres verpachtete. Die Statuten dieser Genossenschaft finden sich auszugsweise bei Huber am angeführten Orte Seite 20. Beide Associationen haben sich bis jetzt durchaus bewährt. Um ihren Erfolg recht zu würdigen, muß man besonders berücksichtigen, in welchem Zustande sich die Tagelöhner vor der Bildung der Association befanden und in welchen sie durch die letztere allmählig versetzt wurden. Gurdon sagt darüber selbst Folgendes. „Es sind schon 33 Jahre her, daß ich, getrieben durch die klägliche Versunkenheit der Tagelöhner in dieser wie in anderen Gegenden, wo Holz- und Felddiebstahl, Wildfrevel, Trunkenheit u. s. w. die herrschenden Lebensgewohnheiten bildeten, einen Entschluß und Plan faßte, die Leute in ihrem Stand und Beruf und ohne sie über denselben zu erheben und ihm zu entfremden, diesem kläglichen Zustande zu entreißen. Dabei legte ich das Hauptgewicht darauf, daß ihnen ein Antheil, ein Interesse an und in dem Lande, dem Grund und Boden verschafft werden sollte. Sie sollten darin wieder ein Bewußtsein ihrer Verantwortlichkeit gegen Gott und Menschen, gegen ihre Nachbarn gewinnen. Von der gepriesenen Unabhängigkeit halte ich nichts, sondern von der rechten Abhängigkeit zunächst von Gott und dann von dem Nächsten, nach allen Seiten. Das ist die Grundlage und das Band aller guten Ordnung und menschlichen Gesellschaft." Ueber den Zustand der Mitglieder beider Genossenschaften, nachdem letztere eine Reihe von Jahren bestanden hatten, sagt Huber, auf briefliche Mittheilungen Gurdon's und sonstige glaubwürdige Berichte gestützt, unter Anderem Nachstehendes (a. a. O. S. 22 und 23). „Den völlig genügenden Beweis für die Zweckmäßigkeit der angewendeten Mittel, auch wo diese nicht klar vorliegt, finden wir in dem erwünschtesten Erfolg, der beiden Genossenschaften auf's glaubwürdigste von verschiedenen Seiten bezeugt wird. Wie die erste Genossenschaft, so hat auch die zweite schon nach zehn Jahren das vorgeschossene Betriebskapital heimgezahlt, während der durchschnittliche Antheil der Mitglieder auf 50 Pfd. Sterling zu berechnen ist, welche im Betrieb sich zu etwa 10 Procent verwerthen. .... Die Hauptbedeutung dieses Unternehmens zeigt sich aber in der gänzlichen Umwandlung und außerordentlichen Hebung der ganzen Lebenshaltung dieser Leute und in dem Einfluß, der von ihnen aus sich auf die ganze Nachbarschaft verbreitet. Ein solches Resultat begreift natürlich eine Menge von Einzelnheiten des täglichen Lebens, namentlich auch nach der sittlichen und intellektuellen Seite, welche sich nicht nach einem materiellen Werthe schätzen läßt. Wenn auch negativ, doch allein entscheidend ist schon die Thatsache, daß, während früher die meisten dieser Leute ab und zu dem Armenwesen zur Last fielen, sie jetzt größten Theils schon zur Armensteuer herangezogen werden, und während sonst die Klagen oder Bestrafungen wegen Felddiebstahl und Waldfrevel kein Ende nahmen, davon jetzt gar nicht mehr die Rede ist. Auch die Trunkenheit ist gleichsam selbstverständlich verschwunden. Die ganze äußere Haltung und Erscheinung der Leute und ihrer Umgebungen und Wohnungen ist eine zunehmend respektable. Mit einem Wort, in wenigen Jahren sind im besten Sinne ganz andere Leute daraus geworden. Namentlich ist aber noch hervorzuheben, daß eine irgend ernstliche oder nachhaltige Störung des guten Vernehmens zwischen dem Grund- und Arbeitsherrn und diesen Pächtern und Arbeitern oder dieser unter einander nicht vorgekommen ist. . . . ."

In Bezug auf diese beiden Associationen muß noch bemerkt werden, daß die Mitglieder derselben nur zum kleinsten Theil bei dem eigenen wirthschaftlichen Betrieb Verwendung fanden; die Mehrzahl von ihnen verwerthete nach wie vor ihre Kräfte durch Tagelohnarbeit bei Mr. Gurdon oder anderen benachbarten Gutsbesitzern. Die Leitung des genossenschaftlichen Unternehmens geschah durch einen aus den Arbeitern gewählten Ausschuß von 3 Mitgliedern, deren eins der Vorsteher, das zweite der Rechnungsführer, das dritte der Viehmeister war.

Die geschilderten Einrichtungen beweisen wohl zur Genüge, daß ein genossenschaftlicher Betrieb der Landwirthschaft allerdings möglich ist; die erzielten Erfolge berechtigen auch zu dem Schluß, daß die zweckmäßige Durchführung eines solchen Unternehmens mit sehr erheblichen Vortheilen, materiellen wie sittlichen, verbunden sein muß. Eine andere Frage ist aber die, ob ähnliche Associationen für unsere deutschen Verhältnisse zur Zeit einen genügenden Erfolg versprechen und ob deshalb ihre Bildung als ein besonders erstrebenswerthes Ziel bei Lösung der ländlichen Arbeiterfrage anzusehen ist. Dies glaube ich allerdings verneinen zu müssen. Denn zunächst besitzen unsere Arbeiter diejenigen geistigen und sittlichen Eigenschaften, welche zur gemeinsamen Führung eines ganzen landwirthschaftlichen Betriebes erforderlich sind, noch nicht in hinreichen=

dem Maße; dies gilt namentlich von den norddeutschen, aber auch von den süddeutschen Tagelöhnern. Ferner fragt es sich doch sehr, ob ein genossenschaftlicher Betrieb der Landwirthschaft auch wirklich so entschiedene Vorzüge vor der jetzt üblichen Wirthschaftsweise unserer Häusler habe, daß wir letztere durch ersteren ersetzt wünschen müßten. In Bezug hierauf berufe ich mich auf meine Seite 186 gemachte Erörterung, zufolge welcher grade der kleine und kleinste landwirthschaftliche Unternehmer nach gewissen Richtungen hin vor dem größeren Unternehmer im Vortheil sich befindet, während er freilich nach anderen Richtungen hin auch wieder hinter diesem zurücksteht. Jedenfalls darf man annehmen, daß der intelligente und fleißige grundbesitzende Tagelöhner seinen Boden bei alleinigem Betrieb ebenso hoch oder höher auszunutzen im Stande ist, als er dies voraussichtlich in seiner Eigenschaft als Mitglied einer Produktivgenossenschaft thun würde; die große Masse der Häusler möchte dagegen bei einem gut geleiteten genossenschaftlichen Unternehmen wohl zu besseren Resultaten gelangen. Endlich ist noch zu erwägen, daß die Bildung von Produktivassociationen, welche den ganzen landwirthschaftlichen Betrieb umfassen sollen, eigentlich nur dort möglich ist, wo es sich um Neuschaffung eines grundbesitzenden Arbeiterstandes handelt, wo man also von vorn herein allen Mitgliedern gleiche Rechte einzuräumen im Stande ist. In solchen Gegenden, in welchen wir bereits grundbesitzende Tagelöhner in größerer Zahl haben, wie im mittleren und südlichen Deutschland, und in welchen gleichzeitig die denselben eigenthümlich gehörenden Ländereien von der verschiedensten Größe und Beschaffenheit sind, ist es dagegen nicht nur ungemein schwierig, sondern auch mit erheblichen Unkosten verknüpft, eine Anzahl dieser kleinen Wirthschaften zu einem gemeinsamen Betrieb zu vereinigen. Die mit einer derartigen Maßregel verbundenen Uebelstände sind meines Erachtens in den meisten Fällen größer als die möglicher Weise zu erzielenden Vortheile. Anders würde sich die Sache dort gestalten, wo man erst Tagelöhner zu Grundbesitz verhelfen, wo man also gewissermaßen Arbeiterkolonien einrichten und mit Land dotiren will. Hier würde die letztgenannte Schwierigkeit des genossenschaftlichen Betriebes fortfallen. Daß die Gründung solcher Arbeiterkolonien für viele Theile des nördlichen Deutschlands wünschenswerth sei, habe ich bereits erörtert. Von einem genossenschaftlichen Betrieb der den Mitgliedern einer solchen Kolonie verliehenen Ländereien glaube ich aber trotz der in England gemachten günstigen Erfahrung vor der Hand abrathen zu müssen. Denn grade im nördlichen Deutschland befinden sich die ländlichen Tagelöhner auf einer so niedrigen Stufe der Entwickelung, daß sie zu einer derartigen Association vollständig ungeeignet erscheinen. Der Einzelne ist kaum im Stande, ein paar Morgen Land für sich zweckmäßig zu bebauen und auszunutzen; um so viel weniger besitzt er die Einsicht und Selbstverläugnung, welche für die Leitung eines größeren genossenschaftlichen Betriebes unumgänglich erforderlich sind. Es handelt sich für das nördliche Deutschland vor Allem darum, dem ländlichen Tagelöhner überhaupt erst die Möglichkeit zu gewähren, selbst landwirthschaftlicher Unternehmer zu werden und ihm die Fähigkeit beizubringen, ein kleines Grundeigenthum zweckmäßig zu bewirthschaften. Soweit sind wir heutzutage aber leider noch nicht und dürfen deshalb auch an die Lösung einer ungleich schwereren Aufgabe zunächst nicht denken.

Wenn ich es im Vorstehenden in Abrede gestellt habe, daß die Vereinigung der grundbesitzenden Tagelöhner zu Produktivgenossenschaften, welche ihren ganzen landwirthschaftlichen Betrieb umfassen, zeitgemäß und erstrebenswerth sei, so will ich damit keineswegs die Bildung von anderen ähnlichen Associationen aber mit kleinerem Wirkungskreis unter der gedachten Bevölkerungsklasse verwerfen. Im Gegentheil scheinen mir dieselben ganz besonders empfehlenswerth zu sein. Sie dürfen sich jedoch nicht auf den ganzen Betrieb, sondern blos auf einzelne Theile desselben erstrecken. Hierbei denke ich namentlich an Genossenschaften zur gemeinsamen Beschaffung, Haltung und Benutzung von Zuchtthieren, Zugvieh und Maschinen, zum Ankauf von Saatgut und Dungmitteln, zum Verkauf resp. zur Verarbeitung landwirthschaftlicher Produkte wie Milch, Eier, Geflügel, Gemüse oder der sogenannten Handelsgewächse. Derartige Associationen sind in einzelnen Theilen des südlichen und westlichen Deutschlands, namentlich in der Rheinprovinz, schon vielfach mit Erfolg eingeführt worden. Dieselben sind aber bisher fast blos dem eigentlichen Bauern zu Gute gekommen, während sie den grundbesitzenden Tagelöhner ziemlich unberührt gelassen haben. Die Aufgabe der Zukunft würde es nun sein, dieser Art der Produktivgenossenschaften auch unter der ländlichen Arbeiterbevölkerung Eingang und Verbreitung zu verschaffen. Durch eine allmähnge Ausdehnung derselben würden wir fast alle Vortheile für das materielle und sittliche Wohl der Tagelöhner erzielen, welche Mr. Gurdon durch seine umfassenderen Einrichtungen erreicht hat, ohne die mit den letzteren verknüpften Schwierigkeiten und Uebelstände mit in Kauf nehmen zu müssen. Wir würden einerseits die Arbeiter an die Ausübung der so wichtigen Tugenden des Gemeinsinns und der Selbstverläugnung gewöhnen und ihnen dabei doch andererseits nicht das erhebende Bewußtsein rauben, daß sie innerhalb ihrer Wirthschaft ihre eigenen Herren und im Stande sind, durch zweckmäßigen Betrieb, durch Fleiß und Sparsamkeit immer weiter vorwärts zu kommen.

Aufgabe des Arbeitgebers muß es daher sein, die bei ihm beschäftigten grundbesitzenden Tagelöhner zur Bildung von Produktivgenossenschaften nach der angedeuteten Richtung hin anzuregen und anzuleiten. Die Zahl und Wirksamkeit der letzteren wird um so mehr und schneller zunehmen, je eindringlicher der Arbeiter durch die im Anfang erzielten Erfolge von der Nützlichkeit der ganzen Einrichtung überzeugt wird. Dieser Umstand fordert einerseits zur Vorsicht und Ueberlegung besonders bei Bildung der ersten Genossenschaften auf, während er andererseits beharrlichste Consequenz auf dem einmal als erprobt erfundenen Wege zur Pflicht macht.

IV.
Wer hat bei der Lösung der ländlichen Arbeiterfrage mitzuwirken?

1. Arbeiter und Arbeitgeber.

Ueberblickt man die Maßregeln, welche im Vorstehenden als zur Lösung der ländlichen Arbeiterfrage erforderlich nachgewiesen sind, so wird man finden, daß deren allseitige und zweckmäßige Durchführung von der Mitwirkung sehr verschiedener Personen und Bevölkerungsklassen abhängig ist. Vor Allem kommen hierbei die Arbeiter selbst sowie die Arbeitgeber in Betracht; denn fast bei jeder, auf das Wohl der ersteren gerichteten Reform, ist die Thätigkeit, sei es aktive sei es passive, jener beiden Theile unumgänglich nothwendig. In zweiter Linie sind es Schule und Kirche, welche an der Lösung der ländlichen Arbeiterfrage mitzuwirken berufen sind; endlich in dritter und letzter Reihe wird hierbei die Thätigkeit der Staatsgewalt in Anspruch genommen werden müssen.

Es würde eine ganz verkehrte Auffassung sein, wollte man annehmen, daß der Tagelöhner selbst bei allen denjenigen Maßregeln, welche eine Verbesserung seiner Lebenslage herbeiführen sollen, vorzugsweise blos eine passive Rolle zu spielen habe. Die erste Initiative wird freilich in vielen oder den meisten Fällen nicht von Seinesgleichen, sondern von Anderen ausgehen; aber eine dauernde Hebung des ländlichen Arbeiterstandes, sei es im Einzelnen sei es im Ganzen, ist nur denkbar, wenn letzterer selbst die ihm dargebotenen Verbesserungen als solche erkennt und mit Bewußtsein sich aneignet. Erst wenn dies geschehen, ist eine einigermaßen sichere Garantie vorhanden, daß die vorgenommenen Reformmaßregeln auf die Dauer bestehen und weiter sich ausbreiten werden. Es erscheint daher nicht blos als eine Formalität oder ein Gebot der Klugheit, daß der Arbeitgeber bei allen zum Wohle seiner Untergebenen ins Leben gerufenen Institutionen den Beirath und die thätige Mitwirkung jener selbst in Anspruch nehme; es ist dies vielmehr eine im Interesse der Sache durchaus gebotene Nothwendigkeit. Der Arbeiter muß einen klaren Ueberblick über seine wirkliche Lebenslage gewinnen und muß es lernen, an deren Verbesserung mit eigenen Kräften thätig mitzuwirken. Hat er nur die ersten Schwierigkeiten auf diesem ihm bis jetzt noch ziemlich fremden Gebiete überwunden, so werden die Lust und die Fähigkeit zu weiteren Fortschritten gleichmäßig wachsen. Er wird dann namentlich auch erkennen, welche Macht in dem gemeinsamen Wirken liegt; es kann ihm nicht verborgen bleiben, daß nur die innigste Verbindung einerseits mit dem Arbeitgeber, andererseits mit den eigenen Genossen ihm die Aussicht zu einer raschen und sicheren Verbesserung seiner Existenz gewährleisten. Unsere ländlichen Arbeiter haben bis jetzt noch so gut wie gar nicht die Macht kennen gelernt, welche in der genossenschaftlichen Vereinigung liegt, obwohl dieselbe auf anderen Gebieten bereits Großes geleistet hat. Deshalb herrscht bei ihnen noch in so hohem Maße der Neid unter einander, das Mißtrauen gegen die Dienstherrn. Beide können wirksam nur beseitigt werden durch gemeinsame dauernde Thätigkeit in gemeinsamen Angelegenheiten. Die Zeiten der blinden Abhängigkeit von dem Herrn in Bezug auf Furcht wie auf Hoffnung sind auch für den ländlichen Arbeiter vorüber; die Gutsbesitzer haben es leider nicht verstanden, diese Zeiten zu nutzen und sich das Vertrauen ihrer Leute zu erwerben. Jetzt erfordert es lange und schwere, sich selbstverleugnende Arbeit, bis nur erst das vorhandene Mißtrauen beseitigt ist; dieselbe kann blos gelingen, wenn die Gutsherrn in uneigennütziger gemeinsamer Wirksamkeit mit ihren Untergebenen das Wohl der letzteren nach allen Richtungen hin zu fördern bestrebt sind. Leider verschließen sich aber viele Landwirthe vollständig der Erkenntniß von der Wahrheit dieser Thatsachen. Die Erinnerung an die früher besessene Gewalt sowie von den Vätern ererbte Vorurtheile wirken zu stark in ihnen, als daß sie ihre Arbeiter in irgend einer Beziehung für gleichberechtigte Faktoren anzuerkennen vermöchten. Sie scheuen nichts mehr, als die wachsende Selbstständigkeit, ja die wachsende Bildung der letzteren. Dennoch läßt sich der Fortschritt beider nicht aufhalten, selbst wenn er dem Interesse der Gutsbesitzer zuwiderliefe. Es erheischt daher schon der eigene Vortheil der Arbeitgeber, daß sie sich selbst an die Spitze der unter der niederen Klasse der ländlichen Bevölkerung sich vollziehenden Bewegung stellen und dieselbe in Bahnen lenken, welche für alle Betheiligten die heilsamsten sind. Je länger sie hiermit zögern, desto schwieriger und unsicherer wird die Lösung der vorliegenden Aufgabe sein. Heutzutage existirt, namentlich im nordöstlichen Deutschland, noch vielfach bei den Arbeitern ein lebhaftes Gefühl ihrer eigenen Unselbstständigkeit und Abhängigkeit von den Gutsherrn; diesen wird es daher verhältnißmäßig leicht, wirklich wohlwollende Absichten durchzuführen; aber in demselben Maße, als jenes Gefühl verschwindet, wächst für die Landwirthe die Schwierigkeit, die Tagelöhner nach dem eigenen Willen zu leiten.

Wenngleich die selbstthätige Mitwirkung der Arbeiter bei der Hebung ihrer Verhältnisse nach dem Gesagten ein unumgängliches Erforderniß bleibt, so fällt doch die hauptsächlichste Thätigkeit auf diesem Gebiete dem Arbeitgeber zu. Er allein kann in sich die genaue Kenntniß aller in Berücksichtigung zu ziehenden Verhältnisse mit dem Besitz der geistigen und materiellen Hülfsmittel vereinigen, deren Anwendung zur Abhilfe der vorhandenen Uebelstände nothwendig ist; in seinem nächsten und dringendsten Interesse liegt auch die Beseitigung der letzteren, ganz abgesehen davon, daß seine sittliche Verpflichtung ihn hierzu antreiben muß.

Will der Gutsherr das Wohl seiner Untergebenen wirklich nach allen Seiten hin fördern, so sind ihm besonders zwei Dinge nöthig: fürs erste der gute, uneigennützige Wille und fürs zweite eine klare Erkenntniß der vorhandenen Zustände sowie derjenigen Maßregeln, deren Durchführung zunächst und am meisten nothwendig erscheint. Beides bedingt sich gegenseitig. Der Willen empfängt seinen Antrieb aus der Ueberzeugung von den bestehenden Mängeln und von der Möglichkeit ihrer Abhilfe, während hinwiederum ein gewisser guter Wille vorhanden sein muß, wenn eine richtige Einsicht in die vorhandenen Nothstände und von den besten Mitteln zu deren Beseitigung erlangt werden soll.

Im innersten Grunde wird das Handeln jedes Menschen nicht vorzugsweise von dem Grade seiner Erkenntniß in Bezug auf die Dinge der Außenwelt, sondern vielmehr von der Tiefe seiner moralischen und religiösen Grundsätze bestimmt. Letztere bedingen daher auch das Verhalten des Arbeitgebers zu seinen Arbeitern. Sind dessen Begriffe über Sittlichkeit und Gottesfurcht oberflächlich oder gar gemein, so wird sein natürlicher Egoismus es nie zulassen, daß er seiner Untergebenen in selbstverleugnender Liebe sich annehme. Ohne solche Liebe kann aber auf dem Gebiete des socialen Lebens nichts auf die Dauer sich Bewährendes geschaffen werden; die bloße Erkenntniß reicht hier nicht aus, sie kann das Uebel zwar aufdecken, keineswegs jedoch heilen. Alle Männer, welche auf dem Gebiete des socialen Lebens wirklich Großes geleistet haben, sind bei ihren Bestrebungen mehr oder weniger stark getrieben worden von dem

Geiste der Liebe und des Erbarmens für und über ihre Mitmenschen. Dieser Geist wächst blos auf dem Boden wahrer Gottesfurcht. Deshalb führen auch alle Reformbestrebungen auf socialem Gebiete, welche sich bewußt oder unbewußt in Gegensatz zu der Religion stellen, höchstens eine Zerstörung der alten Zustände herbei; nie aber vermögen sie eine neue, gesunde Schöpfung zu begründen. Dem Christenthum gilt die Liebe als die größte aller Tugenden, es betrachtet dieselbe als das erstrebenswertheste Gut, als den Inbegriff aller Vollkommenheiten; die Ausübung von Werken der Liebe ist auch stets eine der wichtigsten Aufgaben der christlichen Kirche und der wahren Christusjünger gewesen. In befriedigender Weise läßt sich die Arbeiterfrage daher nur unter Anwendung christlicher Grundsätze lösen und je mehr ein Arbeitgeber wirklich auf dem Boden der letzteren steht, in desto höherem Maße ist er seiner innern Natur nach befähigt, seinen Untergebenen zu einem, allen billigen Anforderungen entsprechenden Dasein zu verhelfen.

Aber der beste Wille und speciell die uneigennützigste Liebe können allein auf diesem Gebiete auch nichts Bleibendes schaffen, wenn ihre Bethätigung nicht geleitet wird von einer gründlichen Erkenntniß derjenigen äußern Bedingungen, an welche das Gedeihen der arbeitenden Bevölkerung geknüpft ist. Hierzu bedarf es einer genauen Einsicht nicht nur in die Zustände und Bedürfnisse der letzteren, sondern in die Gesetze des wirthschaftlichen Volkslebens überhaupt. Leider gibt es aber gerade unter den ländlichen Arbeitgebern sehr wenige, bei welchen sich der gute Wille mit den erforderlichen Kenntnissen so vereinigen, daß sie die Fähigkeit erlangt haben, die Lage ihrer Untergebenen in wirklich erheblicher Weise zu fördern. Es findet sich unter ihnen allerdings eine große Anzahl, welche von dem Geiste wahrer christlicher Liebe getrieben, wohl gerne etwas für ihre Arbeiter thun möchten, welche dies auch dadurch beweisen, daß sie denselben eine anständige persönliche Behandlung zu Theil werden lassen sowie die zuständigen Competenzen unverkürzt und in guter Beschaffenheit gewähren; die nämlichen Gutsbesitzer schütteln aber ungläubig mit dem Kopfe oder werden sehr ungehalten, wenn man ihnen begreiflich zu machen sucht, daß das Verhältniß der Dienstleute zu ihrem Herrn ein ganz anderes werden müsse, daß man jene unabhängiger zu stellen, wo möglich zu Grundbesitzern zu machen habe; oder wenn man ihnen auseinandersetzt, daß das Wachsen der materiellen wie geistigen Lebensbedürfnisse der Arbeiter ein ganz berechtigtes sei, welches der Gutsbesitzer nicht principiell hemmen dürfe, sondern nur in richtige Bahnen leiten müsse. Andere Landwirthe sehen hinwiederum wohl ein, daß die dermaligen Arbeiterverhältnisse auf die Dauer nicht haltbar sind; aber es fehlt ihnen die selbstvergessende Liebe und die sittliche Kraft diejenigen Opfer an Geld, Zeit und Bequemlichkeit zu bringen, welche zur Herbeiführung besserer Zustände nothwendig sind. Zu diesen beiden Klassen ländlicher Arbeitgeber gesellt sich eine dritte und diese ist bei weitem die zahlreichste, welche so von ihren eigenen persönlichen Angelegenheiten in Anspruch genommen ist, daß sie überhaupt nie über die Lage ihrer Untergebenen ernstlich nachgedacht hat, welchen es sowohl an Liebe wie an Erkenntniß fehlt, um an die Besserung jener selbst Hand anzulegen. Eine wirklich befriedigende Lösung der ländlichen Arbeiterfrage steht nur dann zu hoffen, wenn die Mehrzahl der Landwirthe ihre Verpflichtung in dieser Beziehung klar erkannt und sich mit den Wegen, auf denen ihr am besten nachzukommen sein möchte, genau vertraut gemacht hat.

Was im Einzelnen der Arbeitgeber für seine Leute zu thun habe, ist bereits früher auseinandergesetzt worden. Es bleibt mir hier nur noch übrig, einige allgemeine Gesichtspunkte hervorzuheben.

Zunächst gilt als Regel, daß der Gutsbesitzer bei allen in der Stellung seiner Arbeiter vorzunehmenden Reformen sich möglichst eng an die lokalen Verhältnisse und hergebrachten Gewohnheiten anschließe. Die ländliche Bevölkerung und speciell die niedere, ist ungemein conservativ; diese Gesinnung, in Verbindung mit dem ziemlich allgemeinen Mißtrauen gegen den Herrn, macht es letzterem sehr schwer, Neuerungen einzuführen, selbst wenn dieselben offenbar blos den Vortheil der Arbeiter im Auge haben. Deshalb darf der Gutsbesitzer eine Aenderung in den alten Verhältnissen nur ganz allmählig und nur insoweit vornehmen, als dies behufs Herstellung besserer Zustände durchaus erforderlich erscheint. Aus dem nämlichen Grunde passen auch ein und dieselben Maßregeln nicht für alle Gegenden und ich habe bereits in der vorhergehenden Darstellung öfters darauf hingewiesen, wie dasselbe Ziel auf verschiedenen Wegen nicht nur erreicht werden kann, sondern auch angestrebt werden muß. Vor jeder durchgreifenden Umgestaltung der bestehenden Zustände sind daher alle Folgen einer solchen in genaue Erwägung zu ziehen, damit die mit jeder Neuerung im Anfang stets verbundenen Uebelstände auf das möglichst geringste Maß beschränkt bleiben. Hat sich aber der Gutsbesitzer zu einer Reform nach reiflicher Ueberlegung einmal entschlossen, dann muß er dieselbe auch mit Consequenz durchführen; er darf nicht selbst vor unerwarteten Schwierigkeiten und Opfern zurückschrecken. Nichts erschüttert mehr das Vertrauen der Arbeiter, als wenn sie glauben müssen, daß ihre Lebensstellung von der jeweiligen Laune des Herrn abhängt, daß derselbe sie zum Gegenstande seiner Experimente macht. Dabei sehe ich ganz von der Unsittlichkeit und innern Verwerflichkeit eines solchen Verfahrens ab.

Fürs Zweite muß der Landwirth seine eigenen Interessen mit denen seiner Arbeiter als solidarisch verknüpft betrachten, auch Letztere durch That= beweise davon zu überzeugen suchen, daß er diese Solidarität anerkennt. Es ist solches viel leichter Dienstleuten als freien Arbeitern gegenüber. Denn Erstere leben auf dem Gute und beständig unter den Augen des Herrn; sie haben mit demselben eine Menge Anknüpfungspunkte, welche bei dem freien Arbeiter fortfallen. Hierin liegt bei allen sonstigen Schat= tenseiten ein großer Vorzug des Dienstleuteverhältnisses*). Denn dasselbe bietet dem wirklich wohlwollenden und verständigen Arbeitgeber viele Gelegenheit, seine guten Gesinnungen gegen seine Untergebenen zu be= thätigen und letztere enger mit sich zu verknüpfen; so z. B. wenn er be= müht ist, den Arbeitern eine möglichst gute und behagliche Wohnung zu verschaffen, wenn er an dem persönlichen Ergehen derselben Theil nimmt, für die Armen und Kranken nach Kräften sorgt, wenn er die Folgen trau= riger Unglücksfälle zu lindern, augenblickliche Verlegenheiten zu beseitigen sucht. Alle solche Hülfen können freien Arbeitern gegenüber gar nicht oder viel seltener in Anwendung gebracht werden, da jene mehr oder weniger weit von ihrem Arbeitgeber entfernt, oft weit verstreut wohnen, meist auch nicht einmal einen einzelnen Gutsbesitzer haben, dem sie aus= schließlich ihre Kräfte widmen, auf welchen sie also auch in Nothfällen vorzugsweise angewiesen sind. Das Dienstleuteverhältniß enthält in der That viele Keime, welche bei gesunder Entwicklung wohl zu einer befrie= digenden Lösung der ländlichen Arbeiterfrage führen könnten. Deshalb würde es auch verkehrt sein, dasselbe auf einmal oder überhaupt gänzlich beseitigen zu wollen; aber es bedarf einer erheblichen Umgestaltung. Denn heutzutage befinden sich die ländlichen Arbeiter dort, wo sie vorzugsweise Dienstleute sind, auf einer entschieden niedrigeren Stufe der wirthschaft= lichen, geistigen und sittlichen Entwickelung, als dort, wo sie fast ausschließ= lich aus ganz freien Leuten bestehen. Dies rührt aber, wenngleich nicht ausschließlich, so doch zum großen Theil daher, daß die Gutsherrn wenig oder nichts für ihre Dienstleute gethan haben, daß es ihnen an dem Willen und dem Verständniß fehlte, das Verhältniß zu jenen in förder= licher Weise zu benutzen und auszubilden.

Neben den Instleuten und aus denselben heraus muß freilich ein freier, grundbesitzender Arbeiterstand geschaffen werden; aber dieser wird

---

*) Auf diesen weist auch Schmoller wiederholt und mit Entschiedenheit hin. l. c. 187, 188, 197, 198.

niemals so zahlreich sein und sein dürfen, daß jene ganz entbehrlich würden*). Bei dem wachsenden Bedarf des landwirthschaftlichen Gewerbes an Handarbeit kann schon eine große Menge freier Arbeiter im nord= östlichen Deutschland angesiedelt werden, ohne daß eine Beschränkung in der Zahl der Dienstleute als nöthig oder zweckmäßig sich erweist; dies namentlich wenn die bereits besprochene Bedingung zur Erfüllung kommt, daß man das so verderbliche Halten von Scharwerkern ganz aufgibt. Die angesiedelten freien Arbeiter werden in den nächsten Beziehungen mit dem Stande der Instleute bleiben, aus dem sie selbst hervorgegangen. Ihre Kinder beginnen ihre selbstständige Lebenslaufbahn auch wieder als Instleute und erst nachdem sie etwas gespart, treten sie unter die grund= besitzenden Tagelöhner. Daß sich das gegenseitige Verhältniß zwischen den Dienstleuten und angesiedelten freien Arbeitern in der angedeuteten Weise gestalte, dazu kann der Gutsherr viel beitragen; es liegt zudem in seinem eigensten Interesse, daß beide Klassen von Tagelöhnern sich nicht streng von einander scheiden, sondern einander ergänzen und in einander über- gehen. Jedenfalls muß der Gutsherr dafür Sorge tragen, daß er mit den grundbesitzenden Arbeitern in eben so nahe und innige Beziehungen trete, wie ich sie bezüglich der Instleute als möglich und nöthig angegeben habe. Es liegt hier ein weites Gebiet mannigfaltiger Thätigkeit vor ihm; wird auf demselben mit Weisheit und Ausdauer gearbeitet, so können reiche Früchte nicht ausbleiben.

Dort, wo die landwirthschaftlichen Tagelöhner fast ausschließlich aus freien, nicht contraktlich gebundenen Arbeitern bestehen und in den Dör= fern zerstreut wohnen, ist es für den Gutsbesitzer viel schwieriger, in ein näheres Verhältniß zu seinen Untergebenen zu treten. Es scheint dies dort auch weniger nöthig zu sein, als die Arbeiter selbstständiger, wirth= schaftlicher, geistig und sittlich entwickelter sind, als es die Dienstleute zu sein pflegen. Dennoch kann es keineswegs als ein normaler Zustand gelten, wenn Arbeiter und Arbeitgeber in keiner sonstigen Beziehung zu einander stehen als daß jener für diesen täglich eine gewisse Anzahl von Stunden Dienste leistet und dagegen den bestimmten Geldlohn empfängt. Noch viel ungünstiger gestaltet sich das Verhältniß, wenn der Arbeiter, wie es meist der Fall ist, bald hier, bald dort auf Arbeit geht und es für ihn gar keinen einzelnen Gutsbesitzer gibt, an welchen er sich um Rath und Hülfe in Nothfällen wenden könnte. Es tritt dadurch eine Isolirung der einzelnen Tagelöhner ein, welche in keiner Hinsicht wünschenswerth ist und welche der Entstehung eines den verführerischen Lockungen falscher

---

*) Siehe hierüber auch oben S. 206—209.

Volksfreunde haltlos preisgegebenen Proletariats bedenklichen Vorschub leistet*).

Wo der Gutsbesitzer es ausschließlich mit freien Arbeitern zu thun hat, muß es daher seine Aufgabe sein, dieselben mehr als bisher an sich zu fesseln. Es geschieht dies zunächst dadurch, daß er dieselben Leute möglichst das ganze Jahr hindurch in seiner Wirthschaft beschäftigt. Hierzu ist keineswegs ein bindender Contrakt nöthig; der Gutsbesitzer braucht sich nur gewissen Arbeitern gegenüber mündlich zu verpflichten, sie fortwährend gegen den üblichen Tagelohn zu benutzen, wogegen jene dann ohne Erlaubniß des Herrn niemals ausbleiben oder gar bei Anderen in Arbeit gehen dürfen. Geschähe dies allgemein, so würde es möglich sein, die Mehrzahl der freien Arbeiter an den Dienst eines bestimmten Gutsbesitzers zu fesseln und letzterer würde ebenso die Macht wie die Verpflichtung besitzen, auch anderweitig für das Wohl seiner ständigen Gehülfen zu sorgen. Denn er sieht und spricht sie täglich; es wird ihm daher leicht, sich über ihre persönlichen Verhältnisse genau zu orientiren und ihnen, wo es Noth thut, rathend und helfend zur Seite zu stehen. Die Sorge des Gutsbesitzers für seine freien, ständigen Arbeiter darf sich indessen nicht allein darauf beschränken, im Allgemeinen das leibliche und geistige Wohl derselben nach allen Richtungen hin zu fördern, sondern jener muß auch darauf bedacht sein, feste äußere Bande zwischen sich und seinen Untergebenen zu knüpfen. Dies geschieht vornehmlich dadurch, daß er unter seinen Arbeitern genossenschaftliche Unternehmungen in's Leben zu rufen sucht, bei welchen er sich als Mitglied und Führer, soweit solches nothwendig und zweckmäßig erscheint, zu betheiligen hat. Beispielsweise erinnere ich an die Einrichtung von Spar-, Kranken-, Altersversorgungskassen, an die Gründung von Viehversicherungsvereinen u. s. w. Hat erst der Gutsbesitzer solche äußeren Interessen mit seinen Arbeitern gemein, dann ist ihm auch die Bahn mehr geöffnet, auf deren geistiges und sittliches Wohl heilsam einzuwirken.

Erscheint die Zahl der freien ständigen Tagelöhner eines Arbeitgebers zu gering, um unter ihnen genossenschaftliche Unternehmungen mit Erfolg ins Leben zu rufen, so müssen sich mehrere benachbarte Gutsbesitzer zu diesem Zweck verbinden.

Man kann nun wohl die Frage aufwerfen, ob es nicht dort, wo es heutzutage blos freie ländliche Arbeiter gibt, räthlich sei, mit einem Theile derselben ein Contraktsverhältniß einzugehen, ähnlich demjenigen, wie es

---

*) Vgl. hierüber Schmoller l. c. S. 197.

mit den Dienstleuten besteht. Vereinzelt kommt dasselbe ja fast überall in Deutschland vor, wie ich bereits früher auseinandergesetzt habe (S. 42). Es würde sich also nirgends um eine ganz neue, bisher völlig unbekannte Einrichtung, sondern nur darum handeln, einer vereinzelten Maßregel allgemeinere Verbreitung zu verschaffen. Principiell läßt sich nun nichts dagegen einwenden, wenn der Gutsbesitzer einen Theil der bisher völlig freien Arbeiter dadurch näher an sich zu fesseln sucht, daß er ihnen eine Wohnung und etwas Land überläßt, sowie dieselben contraktlich verpflichtet, gegen einen bestimmten Tagelohn täglich für ihn zu arbeiten, wogegen er seinerseits sich anheischig macht, die Leute Tag für Tag zu beschäftigen. Es würde dadurch dem Herrn die Möglichkeit geboten werden, eingehender und nachhaltiger auf seine Untergebenen einzuwirken. Aber man muß sich bei der Neuschaffung solcher Contraktsverhältnisse wohl hüten, gleichzeitig diejenigen Uebelstände einzuführen, welche ich als im nordöstlichen Deutschland mit dem Institut der Dienstleute unzertrennlich verbunden nachgewiesen habe. Wollen wir im südlichen und südwestlichen Deutschland die bisher freien Arbeiter contraktlich verpflichten und ihnen auf dem Besitzthum des Arbeitgebers ihren Wohnsitz anweisen, so kann solches regelmäßig nur in der Weise geschehen, daß der Gutsherr denselben die Wohnung sowie ein Stück Land pachtweise überläßt und ihnen für jeden Arbeitstag den durchschnittlich für ganz freie Leute üblichen Lohn garantirt*). Dabei müßten bestimmte, etwa vierteljährige, Kündigungstermine vereinbart werden, an welchen jeder der beiden Theile das eingegangene Verhältniß zu lösen berechtigt ist. Durch eine solche Einrichtung kann man die Vorzüge, welche in dem Institut der Dienstleute liegen, erreichen, ohne dessen Mängel mit in den Kauf zu nehmen; der Arbeiter erhält eine gesicherte Existenz und an seinem Herrn einen äußeren wie inneren Halt, während letzterer sich einen Stamm ständiger, zuverlässiger Gehülfen zu verschaffen im Stande ist, auf welche er in der vortheilhaftesten Weise einzuwirken die Möglichkeit hat. Die Lage derartig contraktlich gebundener Tagelöhner ist jedenfalls besser als die vieler Einlieger, namentlich in Gegenden, wo es während des Winters öfters an Arbeit und Verdienst fehlt. Eine sehr zahlreiche Verbreitung werden und können dieselben im südwestlichen Deutschland freilich nie finden; es ist dies auch unnöthig. Denn wo die

---

*) Die bereits S. 121 ff. besprochenen, in der theilweisen Naturallöhnung liegenden Vortheile würde man diesen Arbeitern dadurch sichern, daß man sie die Kartoffeln, vielleicht auch andere Wurzelgewächse wie Runkelrüben und Möhren, für einen Naturalantheil ausnehmen, daß man sie das Getreide für eine Quote des Erdrusches ausdreschen läßt u. s. w.

Gelegenheit zum eigenthümlichen Erwerb kleiner Grundstücke vorhanden, wird und muß das Bestreben der ländlichen Tagelöhner dahin gehen, selbst in die Klasse der Grundbesitzer zu gelangen; es ist dies für sie wie für die Arbeitgeber am vortheilhaftesten. Aber bis sie das ersehnte Ziel erreicht haben, befinden sie sich in der Regel besser, wenn sie auf einem bestimmten Gute ihren festen Wohnsitz und ununterbrochenen Verdienst haben, als wenn sie in der unsicheren haltlosen Stellung von Einliegern verharren.

Ich habe hier einige Mittel angegeben, durch welche es dem Gutsbesitzer möglich ist, die freien Arbeiter mehr als bisher an sich zu fesseln und die Möglichkeit zu gewinnen, intensiver und nachhaltiger für sie zu sorgen; aber selbst bei ausgedehnter Anwendung derselben wird immer noch eine große Zahl freier Arbeiter übrig bleiben, welche keinen einzelnen Herrn finden, an den sie sich fest anschließen könnten. Dies namentlich in solchen Gegenden, wo es blos kleine, höchstens mittelgroße Besitzungen gibt, wo die Mehrzahl der Landwirthe außer dem eigentlichen Gesinde gar keine Arbeiter das ganze Jahr hindurch ständig zu beschäftigen in der Lage ist. Auch denjenigen Tagelöhnern, welche so viel Grundbesitz haben, daß sie selbst einen erheblichen Theil ihrer Zeit und Kraft zur Bewirthschaftung desselben verwenden müssen, fehlt die Möglichkeit, in ein näheres dauerndes Verhältniß zu einem größern Arbeitgeber zu treten. Eine derartige Isolirung ist aber in keiner Beziehung wünschenswerth und heilsam. Es müssen daher dort, wo es an bestimmten Persönlichkeiten fehlt, welche ihrem Berufe nach darauf angewiesen sind, sich der einzelnen freien Arbeiter anzunehmen, Corporationen oder Vereine an deren Stelle treten und sich dieser Aufgabe unterziehen. Hierzu sind sowohl die Gemeindevertretungen wie auch namentlich die landwirthschaftlichen Vereine geeignet. Beide müßten, wenn sie ihre Aufgabe recht erfaßten, es sich angelegen sein lassen, diejenigen Maßregeln, welche überhaupt das Wohl der ländlichen Arbeiter zu fördern bestimmt sind, insoweit in Anregung und zur Ausführung zu bringen, als die einzelnen Landwirthe hierzu keine Neigung oder Befähigung besitzen. Um wie Vieles würde es heutzutage besser stehen, wenn solche Aufgabe richtiger erkannt und treuer erfüllt worden wäre, als es leider thatsächlich bis jetzt geschehen ist. Sobald eine einflußreiche corporative oder sonstige Vereinigung bestimmte Schritte thut zum Wohle der ländlichen Tagelöhner, werden auch die sonst abgeneigten Gutsbesitzer aus mancherlei Rücksichten gezwungen sein, auf demselben Wege fortzuschreiten. Die Macht des Beispiels, die Scheu vor der öffentlichen Mißbilligung, die Furcht vor etwaigen Feindseligkeiten Seitens der eigenen Untergebenen tragen gleichzeitig dazu bei, daß der Arbeitgeber nun gewissermaßen gezwungen wird, das zu thun, wozu er aus eigenem Antriebe voraussichtlich niemals sich entschlossen hätte. Wie sich die Gemeinde*) und die landwirthschaftlichen Vereine in die Sorge für die arbeitende Bevölkerung zu theilen haben, hängt natürlich ganz von lokalen Verhältnissen ab. Im Allgemeinen werden jener hauptsächlich diejenigen Einrichtungen zufallen, bei deren Realisirung die Mitwirkung communaler Organe besonders wünschenswerth erscheint z. B. die für eine bessere Versorgung der Armen und Arbeitsunfähigen nöthigen Institutionen, Kleinkinder- und Fortbildungsschulen u. s. w.; die landwirthschaftlichen Vereine dagegen werden sich vorzugsweise mit solchen Maßregeln zu befassen haben, welche das wirthschaftliche Leben der Arbeiter zu heben bestimmt sind z. B. Gründung von Sparkassen, Versicherungsvereinen u. s. w.

Vorhin bemerkte ich, daß der Geist der Liebe es sei, welcher den Gutsbesitzer besonders befähige, die Wohlfahrt seiner Untergebenen zu fördern. Dieser ist aber nicht blos deshalb so wirksam, weil er zur Vollbringung des Guten antreibt, sondern auch weil er sich durch anfängliche Mißerfolge oder Undank nicht abschrecken oder erbittern läßt**). Alle Landwirthe, welche das Gedeihen ihrer Arbeiter sich ließen angelegen sein und dafür vielleicht große Opfer brachten, mußten bisher die Erfahrung machen, daß einmal ihre Bemühungen nur langsamen Erfolg hatten und daß zweitens dieselben auch bei gutem Erfolg nur geringen oder gar keinen Dank Seitens ihrer Leute fanden. Solche schmerzlichen Erfahrungen bleiben Keinem erspart, welcher den beschriebenen Weg betritt. Es ist ungemein nöthig, daß sich Jeder dies klar mache, bevor er die Hand an's Werk legt; denn wer mit Hoffnungen an ein Unternehmen geht, welche sich nachher nicht realisiren, verliert leicht und bald die Lust zur Fortsetzung desselben überhaupt. Für die Herstellung eines guten Verhältnisses zwischen Arbeiter und Arbeitgeber wirkt es aber sehr verderblich, wenn letzterer Neuerungen einführt, welche er nach kurzer Zeit wieder aufgibt.

Auf schnelle Erfolge und den Dank seiner Untergebenen darf daher

---

*) Eine erfolgreiche Mitwirkung der Gemeinde bei Lösung der Arbeiterfrage ist freilich nur dort möglich, wo eine mit den nöthigen Befugnissen ausgestattete Gemeindevertretung existirt; diese entbehren wir aber leider in den östlichen Provinzen des preußischen Staates auf dem Lande noch gänzlich.

**) „Die Liebe ist langmüthig und freundlich. . . . Sie suchet nicht das Ihre, sie läßt sich nicht erbittern. . . . Sie verträgt Alles, sie glaubet Alles, sie hoffet Alles, sie duldet Alles." I. Corinther 13, B. 4, 5, 7.

der Gutsbesitzer von Anfang an sich keine Rechnung machen. Stellen dieselben unerwarteter Weise sich dennoch ein, so wird er eine solche angenehme Enttäuschung mit desto größerer Freude aufnehmen. Ganz auszubleiben pflegen auch weder die Erfolge noch der Dank, namentlich die ersteren nicht; sie zeigen in der Regel sich blos langsamer, als das verzagte oder trotzige Menschenherz es wünscht oder erwartet. Der Dank der Arbeiter kann natürlich erst nach den erzielten Erfolgen kommen und tritt erfahrungsmäßig oft sehr viel später als jene zu Tage; oft ist er auch innerlich längst vorhanden, bevor er sich in Worten oder Thaten kund gibt. Mit den Aeußerungen zarterer Gefühle sind unsere ländlichen Arbeiter überhaupt sehr sparsam und zurückhaltend; man würde ihnen häufig Unrecht thun, wollte man ihre Empfindungen lediglich nach den thatsächlichen Offenbarungen derselben beurtheilen. Wenn ein wohlwollender und für das Wohl seiner Arbeiter besorgt gewesener Gutsbesitzer vielleicht schon längst von seinen früheren Untergebenen getrennt ist, erfährt er häufig erst, daß jene wirklich Dankbarkeit für das genossene Gute in ihrem Herzen gefühlt haben und noch bewahren.

Keine Klasse der Arbeiter kommt mit dem Gutsbesitzer oder dessen Familie in so nahe Berührung als das Gesinde, im engeren Sinne des Wortes*). Die zu demselben gehörigen Personen haben ihren Wirkungskreis zum großen Theil im oder dicht beim Hause des Herrn, sie essen und wohnen dort und stehen mit ihrer Brodherrschaft fast in ununterbrochenem persönlichen Verkehr. Zufolge dieser Thatsachen kann der Arbeitgeber grade auf das Gesinde einen besonders erfolgreichen Einfluß ausüben. Die Wirksamkeit des letzteren wird dadurch erhöht, daß die zum Gesinde gehörigen Personen sich meist noch in jugendlichem Alter befinden; ihre Bildungsfähigkeit und überhaupt ihre Empfänglichkeit für fremde Einwirkungen sind daher besonders groß. Die Benutzung solcher günstigen Umstände wird für die Dienstherrschaft zur unabweisbaren Pflicht; es ist hier ein Feld der Thätigkeit gegeben, auf welchem namentlich auch die Frau des Hauses eine gesegnete Wirksamkeit ausüben kann. Was der Mann durch Drohen, Schelten, Strafen nicht zu erlangen im Stande ist, erreicht oft die Frau durch ihr stilles und doch laut redendes Beispiel, durch Ermahnen, Zureden und Bitten. Soll ein günstiger Einfluß der Herrschaft auf das Gesinde stattfinden, dann muß freilich gegenseitiges Vertrauen zwischen beiden vorhanden sein. Dies Vertrauen darf aber nicht der herrschende Theil erst von dem dienenden erwarten, son-

---

*) Siehe oben S. 63.

dern er muß es ihm umgekehrt entgegenbringen und thatsächlich beweisen. Vertrauen erweckt Vertrauen und Mißtrauen erweckt Mißtrauen. Das ist eine bekannte Thatsache, für deren Richtigkeit Jedem das Leben täglich neue Beweise darbietet. Es muß daher als ein ebenso verkehrtes wie verderbliches Princip betrachtet werden, welchem leider noch viele Herrschaften huldigen, daß sie nämlich von vorne herein jeden Dienstboten mit Mißtrauen empfangen und behandeln, entweder weil sie überhaupt jedes Glied dieser Volksklasse für schlecht halten oder weil sie erst erproben wollen, ob die betreffende Person auch etwas anderes als Mißtrauen verdient. Dann kann es allerdings nicht Wunder nehmen, wenn das Gesinde ebenso handelt; wenn es mißtrauisch ist, entweder weil es überhaupt keiner Dienstherrschaft wohlwollende Gesinnungen gegen die Dienstboten zuschreibt oder weil es von dem Vorhandensein solcher sich erst thatsächlich überzeugen will. Dies sind aber keineswegs normale und wünschenswerthe Zustände, obwohl ihre Verbreitung ziemlich allgemein ist. Eine Beseitigung derselben erscheint aber nur möglich, wenn die Dienstherrschaften den Anfang machen, dem Gesinde mehr Wohlwollen und Vertrauen zuzuwenden. Eine solche Gesinnung muß sich vor Allem darin bekunden, daß man die Angelegenheiten der Dienstboten als seine eigenen betrachtet und hierfür thatsächliche Beweise liefert; daß man einem Untergebenen keine schlechten Handlungen zutraut, bevor er solche begangen hat; daß man denselben nicht mit der völligen Entziehung des Vertrauens straft, wenn er einmal ein Vergehen sich hat zu Schulden kommen lassen. Man kann oft einen Dienstboten nicht mehr beschämen und wirkungsvoller bessern, als wenn man ihm trotz eines begangenen Fehlers das alte Vertrauen nicht entzieht und dies ausdrücklich kund gibt. Viele gute Gesindepersonen werden erst durch das ihnen bewiesene Mißtrauen auf schlechte Wege gebracht, während viele schlechte durch Vertrauen gebessert werden können. Letzteres schließt keineswegs einen gewissen Grad von Vorsicht aus; es ist durchaus nicht mit Leichtsinn identisch, wozu es gewöhnlich mißtrauische Herrschaften herabwürdigen wollen.

Viele derjenigen Einrichtungen, welche ich als heilsam für die ländlichen Arbeiter in Abschnitt III. dieses Buches näher beschrieben habe, kann man auch den Dienstboten zu Gute kommen lassen. Hierunter sind z. B. zu rechnen: Fortbildungsschulen, Volksbibliotheken, Sparkassen, die Ertheilung von Einzel-Tantièmen. In welcher Weise diese Institutionen für das Gesinde nutzbar zu machen sind, brauche ich hier nicht näher zu erörtern, da es aus dem früher Gesagten bei einigem Nachdenken von selbst sich ergibt.

Ein guter Einfluß der Dienstherrschaft auf das Gesinde erscheint um so wichtiger, als derselbe sich nicht auf dieses allein, sondern gleichzeitig auf einen erheblichen Bruchtheil des ganzen ländlichen Arbeiterstandes erstreckt. Denn die Zahl der Tagelöhner ist nicht gering, welche in ihrer Jugend einige Jahre im Gesindedienst zubringen. Werden dieselben während dieser Zeit zum Fleiß, zur Ordnung, Sparsamkeit und überhaupt zur Wirthschaftlichkeit, auch zu einem sittlichen Lebenswandel mit Erfolg angehalten, lernen sie ferner Vertrauen zu ihren Vorgesetzten gewinnen, so pflegen sich solche Tugenden auch auf das ganze folgende Leben zu übertragen. Sie gehen dann ihren Standesgenossen mit gutem Beispiel voran und bilden einen Sauerteig, der, wie die heilige Schrift sagt, allmählig den ganzen Teig durchsäuert. Hätten die Dienstherrschaften ihre Pflichten gegen das Gesinde bisher treuer erfüllt, so würde es jetzt um unseren ganzen ländlichen Arbeiterstand besser bestellt sein*).

Nur diejenigen Landwirthe haben die Fähigkeit, für ihre Untergebenen wirklich etwas Ersprießliches zu leisten, welche sich bewußt sind, daß ihnen in ihrem Betrieb noch andere Aufgaben zu erfüllen obliegen, als blos nach Gelderwerb zu trachten oder mit anderen Worten, daß die Aufgabe des landwirthschaftlichen Gewerbes nicht ausschließlich darin besteht, „möglichst hohe dauernde Reinerträge zu erzielen". Ueber die Verkehrtheit einer solchen Auffassung habe ich mich bereits anderwärts ausführlich ausgesprochen**). Auch Koppe verurtheilt schon dieselbe in seinem bekannten Werke über Ackerbau und Viehzucht an einer Stelle†), wo er über das in der Sonntagsarbeit liegende Unrecht spricht. Die von Koppe hier gemachten Bemerkungen sind in Bezug auf die ganze Auffassung des Verhältnisses zwischen Arbeiter und Arbeitgeber so beachtenswerth, daß ich sie hier wörtlich mittheilen zu müssen glaube.

„Hart und lieblos ist es in unserem eigensüchtigen Zeitalter, wenn die Beschäftiger der gemeinen Arbeiter diese durch Sonntagsarbeiten um

---

*) Ueber die zweckmäßige Behandlung der Dienstboten und über die zu deren Wohl zu treffenden Einrichtungen enthält viele werthvolle Fingerzeige die Schrift: „Das Dienstbotenwesen unserer Tage" u. s. w. von Dr. W. Löbe. 2. Auflage. Leipzig bei O. Wigand. 1855. In diesem Buche ist auch manches andere enthalten, was für die Lösung der ländlichen Arbeiterfrage Beachtung verdient.

**) In der bereits citirten Schrift: „Die Aufgaben des landwirthschaftlichen Gewerbes und seiner Wissenschaft."

†) l. c. pg. 43 und 44.

die einzige Zeit bringen, wo sie frei und sich selbst überlassen sind. Früher verhinderte religiöse Rücksicht diesen Mißbrauch. Nur eine Ansicht der Lebensverhältnisse, die das Zusammenhäufen von Schätzen als das einzige Ziel menschlicher Thätigkeit im Auge hat, kann dahin führen, die armen Arbeiter durch einen höheren Lohn auch an Sonn- und Feiertagen mit gemeiner Arbeit anzustrengen. Die gewöhnliche Entschuldigung, daß an den Sonntagen, wo nicht gearbeitet werde, die Arbeiter sich doch nur zum Spielen und Saufen versammelten, kann jenen heillosen Gebrauch nicht rechtfertigen. Der Mensch wird sich dann am ehesten durch rohe Genüsse schadlos halten, wenn er weder Freiheit noch Zeit hat, edlere Empfindungen aufkommen zu lassen".

2. Schule und Kirche.

In wie weit die Schule zu der Lösung der Arbeiterfrage beitragen könne, habe ich bereits auseinandergesetzt. Sie hat weniger die Aufgabe, direct einzugreifen, als die niedere ländliche Bevölkerung auf eine höhere geistige und sittliche Bildungsstufe zu erheben und dadurch zu befähigen, auch in wirthschaftlicher Hinsicht eine wünschenswerthere Lebensstellung einzunehmen. Eine specielle Mitwirkung der Schule resp. der Lehrer wird in der Regel blos bei solchen Institutionen sich erforderlich erweisen, welche vorzugsweise die Erziehung der Jugend und die geistige Fortbildung der Erwachsenen im Auge haben, z. B. bei Kleinkinder- und Fortbildungsschulen, bei Volksbibliotheken und sonstigen ähnlichen Einrichtungen.

Anders stellt sich die Aufgabe der Kirche und ihrer Organe. Diese ist ihrem Wesen nach dazu berufen, auf alle Stände und Berufsklassen einen heiligenden und reinigenden Einfluß auszuüben; sie soll das sittliche und religiöse Bewußtsein der Menschen wachrufen, beleben, kräftigen; ihr kommt es zu, die Unterdrückten zu trösten, zu beschützen, den Armen und Kranken zu helfen, die Leichtsinnigen oder Uebermüthigen zu warnen, überhaupt nach Kräften dafür zu sorgen, daß die Gebote des Evangeliums immer mehr die Richtschnur für alle Lebensverhältnisse werden. Da nun unter der ländlichen Bevölkerung offenbar die Arbeiter nicht nur die überwiegende Mehrzahl ausmachen, sondern auch die am meisten Nothleidenden und Hilfsbedürftigen sind, so versteht es sich auch von selbst, daß sich ihnen vorzugsweise die Kirche widmen muß. Sie kann ihre Aufgabe unmöglich anders auffassen, als ihr Haupt, Christus, welcher Johannes dem Täufer, als dieser an ihm irre werden wollte, sagen ließ: „Gehet hin und saget Johanni wieder, was ihr sehet und höret: die Blinden sehen und die Lahmen gehen, die Aussätzigen werden rein und die Tauben hören, die Todten stehen auf und den Armen wird das Evangelium gepredigt".*) Es sind die Elenden und Hülfsbedürftigen aller Art, denen Christus sein Leben und Wirken als gewidmet bezeichnet. Die Kirche und ihre rechten Vertreter haben freilich niemals in Abrede gestellt, daß auch sie dieselbe Aufgabe haben; aber in ihrer Gesammtheit ist die Kirche dieser Pflicht hinsichtlich der Arbeiter, der elendesten und hülfsbedürftigsten Bevölkerungsklasse, bis jetzt nur sehr mangelhaft nachgekommen. Bei der Wichtigkeit der Sache lohnt es sich wohl, den Ursachen dieser Erscheinung nachzuspüren. Ich kann mich hierbei natürlich nur auf das Verhalten derjenigen Geistlichen oder anderen Werkzeuge der kirchlichen Thätigkeit beziehen, welchen es wirklich Ernst ist, ihrem Beruf gewissenhaft nachzukommen und nicht auf die immerhin erhebliche Zahl solcher, welche ihr Amt blos gewohnheitsmäßig und weil es ihnen Brod gibt, versehen. Leute der letzteren Art finden sich auch in anderen Ständen genug; nach ihnen die ganze Berufsklasse zu beurtheilen, würde eine Ungerechtigkeit sein.

Unter den wirklich treuen Dienern der Kirche gibt es nun viele, welche es überhaupt als außer ihrem Amt liegend halten, sich um die socialen Bewegungen im Volksleben zu bekümmern. Das Predigen des Evangeliums, die Seelsorge im engsten Sinne des Wortes, scheint ihnen ihre einzige wahre Aufgabe zu sein; als Nebendienst betrachten sie es vielleicht noch, die ihnen zu Gebote stehenden materiellen Mittel unter die Armen und Kranken zu vertheilen. Jedes sonstige öffentliche und amtliche Wirken ist für sie ein fremdes Gebiet, dessen Betreten sie nicht selten für nachtheilig und gefährlich erachten. Es liegt mir vollständig fern, über solche Männer den Stab brechen zu wollen; dies um so weniger, als es auch nach meiner Ueberzeugung immer ihre wichtigste Aufgabe bleibt, das Evangelium zu verkündigen. Aber ich glaube, daß sie sich in einem zwiefachen Irrthum befinden. Der erste besteht in der Annahme, als ob die Predigt des Evangeliums der einzige Beruf des Geistlichen sei. Die Unrichtigkeit dieser Annahme ergibt sich schon aus dem eben citirten Ausspruch Christi sowie aus vielen anderen Stellen der heiligen Schrift. Die Apostel betrachteten es unzweifelhaft als ihre Pflicht, ihren Einfluß auf die ersten Christen dahin zu benutzen, daß sie auch in die Verhältnisse des socialen Lebens reinigend und bessernd eingriffen. Es geht dies namentlich aus den Briefen Pauli an die Epheser, an Timotheum und Titum

---

*) Evangl. Matth. 11, 4 und 5.

hervor. Die christliche Kirche hat in ihren besten Zeiten an denselben Grundsätzen unverbrüchlich festgehalten. In Folge der ihr innewohnenden geistigen und sittlichen Kraft hat sie daher auch tiefer in die sociale Gestaltung des Volkslebens eingegriffen, als irgend eine andere Macht, den Staat nicht ausgeschlossen. Die Aufhebung der Sklaverei, die Einschränkung der väterlichen und eheherrlichen Gewalt, die Umgestaltung des Strafrechtes nach sittlicheren Principien: alle diese und manche ähnliche Aenderungen, welche zusammengenommen das Verhältniß der einzelnen Stände und Bevölkerungsklassen zu einander vollständig umgestalteten, sind hervorgebracht unter der einflußreichen und bewußten Mitwirkung der Kirche. Es geschah dies auf dem Gebiete nicht nur des römischen, sondern auch des germanischen Rechtslebens*). In späteren Zeiten versuchte sogar die Kirche, ihren zum Theil sehr verkehrten weltlichen Geboten die Gültigkeit staatlicher Gesetze zu verleihen und ihren Einfluß auf das sociale Leben, welcher immer blos ein moralischer sein sollte, zu einem, alle entgegengesetzten Bestrebungen gewaltsam unterdrückenden zu machen. Selbst das eine, im Uebrigen so hervorragende Haupt der Reformation, Calvin, hielt sich von dieser Ausschreitung nicht fern; während Luther zwar den weltlichen Gewalten ihre Befugnisse unverkürzt zugestand, aber es als sein Recht und für seine Pflicht erachtete, auch in öffentlichen Angelegenheiten seine ermahnende, warnende und berathende Stimme hören zu lassen.

Wenn heutzutage viele Geistliche die Grundsätze der alten christlichen Kirche sowie die Luthers und der übrigen Reformatoren, bewußt oder unbewußt, verleugnen, so ist dies ein beklagenswerther Irrthum. Derselbe entspringt entweder aus einer gewissen pietistischen Engherzigkeit oder aus einer Ueberschätzung der äußerlichen kirchlichen Einrichtungen und der Lehrformen. Die letztere macht sich namentlich seit einigen Jahrzehnten mit wachsender Stärke geltend. Viele Geistliche und kirchlich gesinnte Laien glauben, daß in dem Festhalten an dem, was nach ihrer Meinung die reine Lehre ist, vorzugsweise die Aufgabe der Kirche beruhe; dabei bleibt denn freilich wenig Zeit und Kraft zum Wirken auf dem Gebiete der Sitte und Sittlichkeit übrig. Wem der Glaube an die Lehrformel höher steht wie das christliche Leben und wem das Bekenntniß mehr gilt, wie die Gesinnung, muß consequenter Weise alle Bestrebungen gering achten, welche auf die Besserung unserer

---

*) Vergl. Gengler: Ueber den Einfluß des Christenthums auf das altgermanische Rechtsleben. Erlangen 1854.

socialen Zustände, auf die Hebung der materiellen, geistigen und sittlichen Wohlfahrt der arbeitenden Klasse gerichtet sind.

Der zweite Irrthum derjenigen Geistlichen, welche ihre Aufgabe auf die Verkündigung des Evangeliums und die Seelsorge beschränken und welche sich daher jeder Einwirkung auf die gesellschaftlichen Verhältnisse enthalten zu müssen glauben, beruht in der verkehrten Auffassung, als ob die Predigt, sei es im Gotteshause, sei es im Einzelverkehr, den alleinigen Weg bilde, auf welchem man der christlichen Wahrheit Eingang in die Herzen der Menschen verschaffen könne. Leute, welche hungern und frieren oder sich sonst in sehr elender Lage befinden, sind meist vollständig unzugänglich für religiösen Zuspruch; sie verlangen, nicht mit Unrecht, daß man zunächst ihrer drückendsten materiellen Nothdurft abhelfe. Es giebt heutzutage Tausende von Arbeitern, welche in ihrem dermaligen äußeren und inneren Zustande absolut unempfindlich bleiben würden, wenn man ihnen blos mit geistlichem Zuspruch nahe treten wollte. Bei ihnen gilt es, sie überhaupt erst für höhere Interessen, welche über die Bedürfnisse der Nahrung und Kleidung hinausgehen, zu gewinnen. Hierzu giebt es aber keinen anderen oder jedenfalls keinen sichereren Weg, als wenn man zunächst ihre äußere Lage auf jede Weise zu erleichtern und dadurch den Zugang zu ihren Herzen zu gewinnen sucht. So lange der Geistliche nicht das Vertrauen der Arbeiter besitzt, wird er auch wenig Erfolg durch seine Predigt bei denselben erzielen. Es gehört daher recht eigentlich zu seinem seelsorgerischen Beruf, daß er sich mit der Lage der arbeitenden Klasse genau vertraut macht und an seinem Theile zur Hebung derselben beiträgt. Grade die hervorragendsten Glaubensboten der christlichen Kirche welche unter uncivilisirten Völkern zu wirken berufen waren, haben es von Anfang an bis auf den heutigen Tag für einen wichtigen Theil ihrer Aufgabe betrachtet, die Wilden auch aus ihrem meist vorhandenen äußeren Elende mit uneigennütziger, aufopfernder Liebe herauszureißen und hierdurch ist es ihnen oft gelungen, auch die Herzen der dem Evangelium Widerstrebenden für dasselbe zu gewinnen.

Um wirklich der arbeitenden Klasse zu helfen, sind, wie ich schon oben bemerkte zwei Dinge nöthig: Der gute Wille und eine genaue Kenntniß der vorhandenen Zustände resp. der zu ihrer Besserung anzuwendenden Mittel. Vielen Geistlichen, welche den ersteren besitzen, fehlt die letztere. Sie haben es entweder für nicht nöthig erachtet oder es hat ihnen an passender Gelegenheit gefehlt, sich über die dabei in Frage kommenden Verhältnisse Aufklärung zu verschaffen. Die meisten Landpfarrer kennen zwar ungefähr die Lage, in welcher sich die Tagelöhner innerhalb ihres Amtsbezirkes befinden. Sie besitzen indessen kein Urtheil darüber, ob dieselbe eine den sonstigen Verhältnissen des ländlichen Gewerbes entsprechende ist; namentlich aber nicht darüber, ob und wie weit die augenscheinlich vorhandenen Mißstände zu beseitigen möglich sind. Hierzu gehört freilich, daß man mit den Grundbedingungen, an welche das Gedeihen der arbeitenden Klassen sich knüpft, einigermaßen vertraut ist und daß man weiß, welche Wege anderwärts bereits zum Wohle jener mit Erfolg eingeschlagen sind.

Hinderlich für eine wirksame Betheiligung der Geistlichen an der praktischen Lösung der Arbeiterfrage ist auch häufig das namentlich im nördlichen Deutschland noch vielfach bestehende Patronatsrecht der Gutsherrn. Es kann nicht ausbleiben, daß der Pfarrer, wenn er den ländlichen Tagelöhnern helfen will, oft in Widerspruch mit den Wünschen und Intentionen des Arbeitgebers treten muß. Ist aber Letzterer sein Patron, so wird dies für sehr viele Geistliche ein bestimmender Grund sein, sich nicht um die Angelegenheiten der Gutsleute zu kümmern; sie freuen sich, ihr Gewissen damit beruhigen zu können, daß diese Sache sie eigentlich doch nichts angehe. Denn der Patronatspfarrer ist immer in manchen Beziehungen abhängig von seinem Patron und er würde es schon in seiner äußeren Lage mehr oder weniger stark empfinden, wenn er sich mit diesem verfeindete. Manche mögen sich dabei auch durch das Wort Pauli leiten lassen: „Habet, so viel an Euch ist, Frieden mit Jedermann" oder sie mögen der Meinung sein, daß eine Verfeindung mit dem Gutsherrn für ihre Gemeinde größeren Schaden bringe, als ihre Sorge für die Arbeiter derselben helfen könne. Die beiden letzteren Rücksichten verdienen freilich in jedem einzelnen Fall reifliche Erwägung, aber sie dürfen nicht die einzige Richtschnur für das Verhalten des Pfarrers einerseits dem Patron anderseits den Arbeitern gegenüber abgeben.

Wenn ich behaupte, daß die Kirche und deren Vertreter im Allgemeinen ihre Aufgabe hinsichtlich der ländlichen Arbeiter noch nicht richtig erkannt und gewürdigt haben, so bin ich mir wohl bewußt, daß es manche Geistliche gibt, welche dieser Vorwurf nicht trifft*). Hat ja doch die

---

*) Ich kann nicht unterlassen, an dieser Stelle auf eine aus dem Kreise der Geistlichen hervorgegangene, vortreffliche Schrift aufmerksam zu machen, nämlich: „Die Arbeiterfamilie im Lichte des Christenthums" von Dr. El. Peter, Diaconus an der Kreuzkirche in Dresden. Zwickau. Eigenthum des Vereins zur Verbreitung guter und wohlfeiler Volksschriften. 1870. Dieselbe behandelt die Arbeiterfrage namentlich in Bezug auf das Familienleben der Arbeiter und erörtert dabei in sehr sachverständiger Weise die wirthschaftlichen, geistigen und sittlichen Grund-

innere Mission, welche in den letzten Jahrzehnten in Deutschland so Großes geschaffen, gerade unter den Geistlichen viele Freunde. Die Grundsätze, von denen der unter Wichern's Leitung stehende Central-verein für die innere Mission ausgeht, scheinen mir im Großen und Ganzen durchaus die richtigen zu sein; derselbe hat es auch, namentlich in den allerletzten Jahren, zu seiner besonderen Aufgabe gemacht, an seinem Theile zur Lösung der Arbeiterfrage beizutragen. Vorläufig hat er sein Augenmerk allerdings hauptsächlich den industriellen Arbeitern zugewendet, weil dort die Noth eine größere ist; aber in seinem Organ finden sich auch schon manche Artikel abgedruckt, welche willkommene Bausteine zur Lösung auch der ländlichen Arbeiterfrage abgeben und welche von allen Landpfarrern beherzigt zu werden verdienen. Ich wünsche und hoffe es zuversichtlich, daß die Bestrebungen der innern Mission sich mit der Zeit mehr wie bisher der ländlichen Bevölkerung zuwenden. Daß dies bisher nicht in größerem Maße geschehen, liegt auch wohl theils daran, daß die Neuheit der ganzen Einrichtung eine Concentration der vorhandenen Mittel und Kräfte erforderte, theils und hauptsächlich daran, daß sich unter den Geistlichen auf dem Lande immer noch zu wenige fanden, welche sich der inneren Mission in umfassender Weise zu widmen die Neigung oder Befähigung besaßen.

Im Einzelnen ist es allerdings schwer zu beschreiben, in welcher Weise sich die Kirche an der Lösung der Arbeiterfrage betheiligen soll, zumal solches nicht überall in gleicher Weise und in gleichem Umfang geschehen kann. Im Allgemeinen darf es als eine Pflicht jedes Landgeistlichen angesehen werden, daß derselbe sich über die Lage der Tagelöhner in seiner Gemeinde genau orientirt und, soweit es seine Kräfte erlauben, die allseitige Besserung derselben herbeizuführen trachte. Zur Erreichung dieses Zweckes muß er nicht nur auf die Gutsbesitzer sowie auf die Arbeiter in mannigfacher Weise einwirken, sondern er muß auch direkt, durch Rath und That solche Institutionen ins Leben zu rufen suchen, die zur Förderung

---

lagen, auf welche jenes aufgebaut werden muß. Der Verfasser zeigt einen ebenso tiefen religiösen Ernst wie Geistesfreiheit und Kenntniß der faktisch vorliegenden Verhältnisse. Er berücksichtigt allerdings vorzugsweise die industriellen Arbeiter; aber in seiner Schrift sind so viel allgemein gültige Wahrheiten und beachtenswerthe Fingerzeige enthalten, daß ich dieselbe namentlich allen Geistlichen zur Anschaffung und Beherzigung angelegentlichst empfehlen möchte. Dies um so mehr, als der Verfasser der Besprechung des Verhältnisses der Kirche zur Arbeiterfrage einen besonderen Abschnitt in seiner Schrift gewidmet hat und auch der Preis der letzteren außerordentlich wohlfeil ist (5 Sgr.).

des Wohles der arbeitenden Bevölkerung dienlich oder nothwendig erscheinen. Welcher Art dieselben im Einzelnen seien, darüber müssen die lokalen Verhältnisse entscheiden; auch wird diese Schrift dem für die Sache sich interessirenden Geistlichen manche Anregung und Anhaltspunkte bei seinem Wirken bieten können. Ich glaube keinem begründeten Widerspruch zu begegnen, wenn ich behaupte, daß jeder Landpfarrer, welchem es wirklich ein Ernst ist, für die Besserung der Zustände unter den ländlichen Arbeitern thätig zu sein, auch die Möglichkeit besitzt, auf diesem Felde sichtbare und erfreuliche Erfolge zu erzielen. Es gibt keine geeignetere Mittelsperson zwischen dem Gutsbesitzer und seinen Untergebenen als den Geistlichen; da aber die meisten zur Lösung der Arbeiterfrage nöthigen Einrichtungen ein gemeinsames Wirken jener beiden Theile, deren Interessen oft einander zu widersprechen scheinen, mit Nothwendigkeit erfordern, so ist dem Pfarrer häufig Gelegenheit geboten, sein Amt als Vermittler und beiderseitiger Vertrauensmann zum Wohle des Ganzen auszuüben.

Daß die Kirche bisher so wenig auf dem socialen Gebiete geleistet hat, liegt zum Theil auch in dem geringen Zusammenhang, welcher zwischen den Geistlichen und den übrigen Gliedern der Gemeinde bisher in den meisten Theilen Deutschlands bestand. Wo die Laien weder das Recht noch die Pflicht haben, sich um die Angelegenheiten der Kirchengemeinde zu kümmern, wo die letzteren vielmehr fast lediglich in den Händen des Pfarrers und etwa noch des Patrons und der staatlichen Obrigkeit ruhen, da kann auch der gegenseitige Einfluß und Ideenaustausch zwischen dem Geistlichen und seiner Gemeinde kein lebhafter und wirksamer sein. Jenem fehlt es an der genügenden Gelegenheit, sowohl die eigenen Ansichten und Wünsche geltend zu machen als auch über die Bedürfnisse und Stimmungen seiner Pflegebefohlenen von competenter Seite Aufschluß zu erhalten; er steht mehr neben oder über der Gemeinde als innerhalb derselben. Es zeigt sich solches deutlich in der Verschiedenheit der Stellung, welche die Pfarrer dort einnehmen, wo seit Langem eine geordnete Mitwirkung der Laien an der Leitung der Gemeindeangelegenheiten existirt, im Gegensatz zu denjenigen Gegenden, wo diese Mitwirkung gar nicht besteht oder erst kürzlich eingeführt ist. In den erstgenannten Distrikten ist die äußere Macht der Geistlichen zwar geringer, aber die allgemeine Achtung vor ihrem Berufe und ihr Einfluß sind sehr viel größer, als in den letztgenannten; die Richtigkeit dieser Behauptung ergibt sich schon aus einer oberflächlichen Vergleichung der Stellung, welche die Pfarrer z. B. in Rheinland und Westfalen einnehmen, mit derjenigen, welche sie in den östlichen Provinzen Preußens haben. Eine einflußreiche Wirksamkeit der

Kirche auf dem socialen Gebiete ist nicht möglich, wenn die Geistlichen und Laien in der Gemeinde sich nicht gegenseitig unterstützen; dies kann aber in umfassender Weise nur dann geschehen, wenn Letztere einen gesetzlich geordneten Einfluß auf die kirchlichen Angelegenheiten besitzen. Deßhalb ist es, außer aus vielen anderen Gründen, auch im Interesse einer gedeihlichen Lösung der ländlichen Arbeiterfrage dringend wünschenswerth, daß dem Laienelement diese ihm zukommende Stellung in der Kirche überall eingeräumt werde. In welcher Weise und in welchem Umfang solches zu geschehen hat, darüber mich auszusprechen, liegt außerhalb des Bereiches meiner Aufgabe.

Zum Schlusse dessen, was ich über die Mitwirkung der Kirche an der Lösung der Arbeiterfrage gesagt habe, will ich einige Worte Wicherns citiren, welche derselbe auf dem in Stuttgart im Jahre 1869 abgehaltenen Congreß für die innere Mission gesprochen*):

„Die Aufgabe der Kirche und ihrer wahren Glaubensgenossen bleibt es, sich nicht scheu vor jenen Fragen (nämlich den socialen) des wahren Volkes zurückzuziehen, sondern lebendig theilnehmend auf sie einzugehen, in der Förderung der mannigfachen Werke der erbarmenden Liebe nicht zu ermüden, sondern sie immer aufs Neue anzugreifen, die Aufgabe sich zu erweitern, alle diese Unternehmungen aber mit freiem Geiste und offenem Auge, zugleich volksthümlich, weiter zu führen und sie mit Kräften und Gaben nachdrücklich zu unterstützen. So können dieselben, wie sie es sollen, immer mehr zu einem Walde von Liebesstämmen heran- und zusammenwachsen. Mehr als sich berechnen läßt, haben bisher diese Glaubensfrüchte dazu gedient und werden fortan dazu dienen, auch den Entfremdeten und den am meisten Entfremdeten die Augen zu öffnen. Wir sehen dabei auf Christi Wort, da er spricht: „„Glaubet (Joh. 14, 11) mir"" — er meint: meinem Worte — „„daß ich im Vater und der Vater in mir ist; wo nicht"" — so fährt er bedeutungsvoll fort — „„so glaubet mir doch um der Werke willen.""

Bei meiner Auseinandersetzung über die Aufgabe der Kirche auf dem socialen Gebiete und namentlich über die dermalige Stellung ihrer Vertreter zu dieser Frage habe ich vorzugsweise allerdings die evangelische Kirche im Auge gehabt. Die katholische Kirche hat im Wesentlichen natürlich dieselbe Aufgabe; jedoch entschlage ich mich der Erörterung darüber, in wie weit sie dieselbe wirklich erfüllt oder nicht, weil mich dies zu

---

*) Die Verhandlungen des fünfzehnten deutschen evangelischen Kirchentages und Congresses für die innere Mission ꝛc. Stuttgart bei Steinkopf. 1869. S. 115.

Ausführungen nöthigen würde, welche außer dem Bereiche dieser Schrift liegen. Nur so viel will ich sagen, daß nach meiner Ansicht die katholische Kirche für eine befriedigende Lösung der ländlichen Arbeiterfrage bis jetzt noch weniger geleistet hat, als die evangelische. Die jetzt in den Kreisen des Klerus herrschende ultramontane und jesuitische Richtung macht auch vor der Hand eine ersprießliche Wirksamkeit der katholischen Kirche auf dem Gebiete der Arbeiterfrage so gut wie unmöglich. Es zeigt sich dies unter Anderem in den Grundsätzen, welche neuerdings von ultramontaner Seite als maßgebend für die Lösung der socialen Frage proklamirt wurden. Dieselben sind namentlich in Betreff der geforderten Einwirkung des Staates auf die sociale Gesetzgebung fast eben so radikal und destruktiv wie die von der Socialistenpartei aufgestellten. Ihre Verwirklichung würde den Ruin nicht nur der Arbeitgeber, sondern auch der Arbeiter selbst herbeiführen. Die Art, mit welcher sie von ultramontaner Seite begründet und vertheidigt werden, zeigt auch zur Genüge, daß die ganze jüngst begonnene Agitation hauptsächlich den Zweck hat, die Arbeiter durch gemachte Vorspiegelungen dem Klerus geneigt und dessen Absichten dienstbar zu machen. Nicht nur in ihren Grundsätzen sondern auch in ihren Mitteln und Wegen berühren sich die Ultramontanen und Socialisten der heutigen Zeit sehr nahe. Im Interesse einer befriedigenden Lösung der Arbeiterfrage wäre es daher dringend zu wünschen, daß die katholische Kirche Deutschlands sich von den Banden Roms und des Jesuitismus lossagte und ihre Kräfte nicht mehr dem Dienste jener, sondern dem wahren Wohle des eigenen Volkes widmete, damit dasselbe gebildeter, sittlicher, frömmer werde.

3. Der Staat.

Die Aufgabe des Staates bei Lösung der ländlichen Arbeiterfrage ist eine doppelte. Sie besteht 1) darin, daß der Staat vermöge seiner gesetzgebenden Gewalt etwa vorhandene Institutionen beseitigt, welche einer gedeihlichen Entwickelung der ländlichen Arbeiterbevölkerung und überhaupt des landwirthschaftlichen Gewerbes entgegenstehen sowie, daß er umgekehrt die für eine solche Entwickelung nöthigen Bestimmungen einführt; 2) darin, daß er auf administrativem Wege alle zum Wohle jener Volksklasse getroffenen oder noch zu treffenden Einrichtungen fördert, soweit seine Mitwirkung hierbei erforderlich oder wünschenswerth erscheint.

Beide Arten der Thätigkeit müssen natürlich Hand in Hand gehen und dürfen sich nicht widerstreiten. Sie sind auch theoretisch gar nicht von einander zu trennen, da der eine Staat nach Maßgabe seiner Verfassung auf administrativem Wege Manches ordnen kann, wozu der andere den Erlaß eines besonderen Gesetzes nöthig hat, und da ferner oft in demselben Staate die nämliche Einrichtung auf die eine oder die andere Weise, wenngleich mit verschiedener Wirkung, ins Leben zu rufen ist. Vermittelst der Gesetzgebung in die Arbeiterverhältnisse einzugreifen, empfiehlt sich nur bei Einrichtungen, deren Zweckmäßigkeit unbedingt feststeht; muß letztere noch als zweifelhaft betrachtet werden, so ist es weit besser, zunächst durch Verwaltungsmaßregeln die zu betretenden Wege anzubahnen und zu erproben. Aber auch jene erheischen große Vorsicht. Denn auf keinem Gebiete werden so leicht Mißgriffe begangen, als auf dem der Lösung der socialen Frage und auf keinem strafen sich die geringsten Fehler so schnell und hart. Die Staatsgewalt muß sich daher sorgfältig davor hüten, durch unvorsichtige Anordnungen, welche sie später vielleicht zurücknehmen muß, ihr Ansehen zu erschüttern; noch mehr aber davor, daß sie, um sich die Stimmen der Volksmasse zu gewinnen, durch ihre Maßregeln Hoffnungen und Wünsche bei den Arbeitern wach ruft, deren Erfüllung entweder unmöglich ist oder eine gewaltsame Erschütterung der bestehenden Verhältnisse herbeiführen müßte. An Verlockungen, auf diesem gefährlichen und verderblichen Wege vorzugehen, hat es in der letzten Zeit auch in den deutschen Staaten nicht gefehlt; dieselben konnten um so verführerischer scheinen, als sie zum Theil aus der Mitte von Parteien hervorgingen, welche die möglichste Schonung und Conservirung der bestehenden Zustände zu ihrem Grundsatz erhoben haben.

Es kann nicht in Abrede gestellt werden, daß in Deutschland während dieses Jahrhunderts auf dem Gebiete der Gesetzgebung sehr vieles geschehen ist, was auf die Lage der ländlichen Arbeiterbevölkerung förderlich eingewirkt hat; beispielsweise erinnere ich an die Aufhebung der persönlichen Unfreiheit und der Frohnden, an den freigegebenen Erwerb von Grundeigenthum und die fast unbeschränkte Theilbarkeit desselben, an die Beseitigung des Flurzwanges und die vorgenommenen Gemeinheitstheilungen u. s. w. Auch die norddeutsche Bundesgesetzgebung hat einen sehr wohlthätigen Einfluß ausgeübt, namentlich durch die Gesetze über die Freizügigkeit vom 1. November 1867, über Aufhebung der polizeilichen Beschränkungen der Eheschließung vom 4. Mai 1868, über die privatrechtliche Stellung der Erwerbs- und Wirthschafts-Genossenschaften vom 4. Juli 1868, über den Betrieb der stehenden Gewerbe vom 8. Juli 1868 und endlich über den Unterstützungswohnsitz vom 6. Juni 1870. Durch die genannten und ähnliche Gesetze ist es ermöglicht worden, daß auch der ländliche Arbeiter seine Kräfte nach eigenem, freien Ermessen, wo und wie er will, zu verwerthen im Stande ist, daß er Grundeigenthum käuflich erwerben oder pachten, also selbst zum landwirthschaftlichen Unternehmer werden, daß er sich mit Seinesgleichen oder auch mit seinem Arbeitgeber zu staatlich anerkannten und geschützten wirthschaftlichen Genossenschaften verbinden kann und daß kein Hinderniß ihm mehr im Wege steht, seinen etwaigen Grundbesitz in derjenigen Weise zu bewirthschaften, welche gerade für seine Bedürfnisse die zweckmäßigste ist. Soweit heutzutage der ländliche Tagelöhner noch auf Hindernisse stößt, seine Kräfte allseitig zu entfalten, namentlich sich zum landwirthschaftlichen Unternehmer emporzuschwingen, liegt die Schuld weniger an der Gesetzgebung als an dem Umstande, daß es in vielen Gegenden an dem erforderlichen Angebot von kleinen Grundstücken fehlt. Wo die großen Güter vorherrschen, haben die Besitzer derselben in der Regel eine Abneigung, Arbeiter als Eigenthümer oder Pächter auf ihrem Areal anzusiedeln*). Allerdings bestehen auch noch gesetzliche Hindernisse für die letztgenannte Maßregel; hierunter rechne ich namentlich das Vorhandensein von fideicommissarischen Gütern, deren Stiftungsurkunden den Verkauf oder die längere Verpachtung einzelner Parzellen nicht zulassen oder doch sehr erschweren. Ueber die Zweckmäßigkeit der Fideicommisse überhaupt ist schon viel gestritten worden und es kann nicht meine Aufgabe sein, die Gründe für und wider dieselben aufs Neue an dieser Stelle zu erörtern. Von allgemein-wirthschaftlichem Standpunkte aus betrachtet, bringt ihr Dasein nach meiner Ansicht mindestens ebenso viele Vortheile wie Nachtheile, sofern sie nur, ihrer Zahl und Größe nach, keinen zu großen Bruchtheil von den überhaupt vorhandenen Grundbesitzungen ausmachen und insofern sie den jeweiligen Inhaber in der zu erwählenden Betriebsweise nicht unangemessen beschränken. Hinsichtlich der Lösung der Arbeiterfrage wäre es zu wünschen, daß bei Fideicommissen von größerem Umfange die Abtrennung kleiner Parzellen erleichtert würde, um dadurch die Ansiedlung von Arbeitern zu ermöglichen. Ob hierzu besondere gesetzliche Bestimmungen nothwendig sind, kann erst die Zukunft lehren; vorläufig scheinen mir solche noch kein dringendes Bedürfniß zu sein.

Ein für die Entwickelung der ländlichen Arbeiterverhältnisse sehr wichtiges Gebiet der Gesetzgebung ist freilich bisher, wenigstens in den östlichen Theilen der preußischen Monarchie, noch sehr vernachläßigt worden: ich meine die ländliche Gemeindeverfassung. Schon an einer früheren Stelle (S. 234) habe ich mit wenigen Worten darauf hingewiesen, wie nothwendig die Mitwirkung der Gemeinde bei vielen Einrichtungen ist, welche

---

*) Vgl. oben Seite 207.

getroffen werden müssen, wenn den ländlichen Arbeitern gründlich und dauernd geholfen werden soll. Die Richtigkeit dieser Behauptung muß Jedem klar einleuchten. Denn wenn wir die in den früheren Abschnitten dieser Schrift besprochenen Vorschläge näher betrachten, so erhellt, daß dieselben ihrer Mehrzahl nach sich nur oder doch am leichtesten realisiren lassen, wenn sie von der einzelnen Gemeinde ausgehen und für den Gemeindebezirk durchgeführt werden. Dies gilt namentlich betreffs der Einrichtung von Kleinkinder- und Fortbildungsschulen, von Volksbibliotheken, von solchen Versicherungs- und Sparkassen, deren Organisation für einen kleinen Bezirk möglich und rathsam ist; ebenso kann eine zweckentsprechende Armenpflege und Armenversorgung blos unter selbstthätiger Mitwirkung der Gemeinde und deren einzelner Glieder als durchführbar gedacht werden. Auch wo es sich um allgemeinere, den Bezirk der einzelnen Gemeinden überschreitende, Institutionen handelt, erscheint die Thätigkeit jener nothwendig; so z. B. bei Armenanstalten, Unterstützungs- oder Sparkassen und ähnlichen Einrichtungen, welche einem ganzen Kreise zu Gute kommen sollen. Der Kreis besteht ja aus lauter einzelnen Gemeinden und die Verhältnisse der letzteren müssen über die Art und Einrichtung aller Kreisanstalten entscheiden. Nach Lage der jetzigen ländlichen Communalverfassung in den östlichen preußischen Provinzen hat die Landgemeinde so gut wie gar keinen gesetzlichen Einfluß. Die Kreisvertretungen sind, abgesehen davon, daß ihre Competenz schon an und für sich eine nur geringe ist, so überwiegend aus Rittergutsbesitzern zusammengesetzt, daß die übrigen Klassen der Landbevölkerung vollständig dagegen verschwinden und fast als nicht vorhanden betrachtet werden können. Insonderheit gilt dies von den ländlichen Arbeitern. Freilich sind die Rittergutsbesitzer diejenigen, welche vorzugsweise die landwirthschaftlichen Tagelöhner beschäftigen. Daher glaubt Mancher, letztere seien ja hinreichend, wenn auch nicht direkt, so doch indirekt auf den Kreistagen vertreten. Dies ist aber ein doppelter Irrthum. Einmal werden, wie viele und lange Erfahrungen beweisen, die Interessen der Arbeiter von den Rittergutsbesitzern so gut wie gar nicht wahrgenommen und zwar aus Mangel theils an gutem Willen, theils an Verständniß; fürs andere genügt auch die beste Vertretung nicht, wenn der niederen Volksklasse wirklich geholfen werden soll. Wiederholt schon habe ich darauf hingewiesen, wie nothwendig es für den ländlichen Arbeiter ist, daß er selbst über seine Verhältnisse nachdenken und an die Besserung derselben Hand anlegen lerne. Dies wird aber nur dann in wünschenswerther Weise geschehen können, wenn man ihm einen gewissen gesetzlichen Einfluß auf die Gemeindeverwaltung einräumt.

Will er denselben ausüben, dann ist er gezwungen, sich über seine Lage Rechenschaft zu geben und sich klar zu werden, wo und wie dieselbe gebessert werden könne. Eine weitere Folge ist, daß das Mißtrauen der Arbeiter gegen die wohlhabenderen Klassen und speciell gegen ihre Brodherrn voraussichtlich mit der Zeit verschwindet und daß einer gewaltsamen Auflehnung gegen die bestehenden Verhältnisse vorgebeugt wird. Für den landwirthschaftlichen Tagelöhner ist es von unendlich größerer Wichtigkeit, daß ihm ein aktives und passives Wahlrecht für die Gemeindevertretung gegeben werde, als daß er ein solches in Bezug auf die Landesvertretung ausüben darf. Dies gilt namentlich in Bezug auf diejenigen ländlichen Arbeiter, welche gleichzeitig Grundbesitzer sind, aber auch für alle übrigen. Als selbstverständlich setze ich dabei freilich voraus, daß der Umfang des Wahlrechtes sich abstufe nach der Größe des mobilen und immobilen Besitzes der dasselbe Ausübenden; denn eine gleiche Berechtigung aller Gemeindemitglieder bei der Entscheidung über communale Angelegenheiten ist ein Unding. Ueber die Grundsätze, welche für eine zweckentsprechende ländliche Kreis- und Gemeindeverfassung maßgebend sein müssen, kann ich mich hier natürlich nicht im Einzelnen auslassen, sondern muß mich begnügen, die Nothwendigkeit einer solchen auch für eine befriedigende Lösung der Arbeiterfrage dargethan zu haben.

Sehr wichtig und entscheidend ist ferner die Thätigkeit des Staates auf dem Gebiete der Bildung; er muß es als eine seiner ersten Pflichten betrachten, alle diejenigen Einrichtungen und Maßregeln kräftigst zu unterstützen, welche eine Erhöhung der geistigen und sittlichen Cultur der ländlichen Arbeiter bezwecken. Auf diesem Felde kann er sehr viel Gutes schaffen, aber auch viel versäumen.

Die süddeutschen Staaten, namentlich Baden und Würtemberg, sind hierin mit gutem Beispiel vorangegangen; Preußen und die übrigen norddeutschen Staaten haben, abgesehen von dem eigentlichen Elementarunterricht, lange nicht so viel für die Bildung der niederen ländlichen Bevölkerung gethan als jene. Freilich bringen auch die Landwirthe im südlichen und westlichen Deutschland selbst zu diesem Zweck viel größere Opfer, als dies in Norddeutschland der Fall ist. Was Preußen speciell betrifft, so könnte dasselbe zur Unterstützung des niederen landwirthschaftlichen Unterrichtes, zur Gründung von Volksbibliotheken, zur Befähigung der Landschullehrer behufs Ertheilung landwirthschaftlichen Unterrichtes viel mehr thun, als es bisher hierin geleistet hat. Geschähe dies, so würde die Staatsregierung auch mit größerer Energie und besserem Erfolge auf einen regelmäßigen Schulbesuch der Arbeiterkinder bringen und von den

Arbeitgebern fordern können, daß sie jene blos in schulfreien Stunden und Tagen zur Arbeit benutzen.

Gesetzliche Maßregeln zum Schutz der Arbeiter, namentlich der Frauen und Kinder, gegen die übermäßige Ausnutzung ihrer Kräfte zu treffen, wie solche bei der Fabrikindustrie sich als Nothwendigkeit herausgestellt haben, sind für das landwirthschaftliche Gewerbe zur Zeit nicht erforderlich und werden es voraussichtlich auch nie werden. Die meisten in demselben vorkommenden Arbeiten üben auf das Wohlbefinden der sie Verrichtenden keine nachtheilige Wirkung aus; sie können auch blos bei Tageslicht, viele sogar blos in regenfreier Zeit, vollführt werden; in Folge dieser Umstände wird selten eine so starke und andauernde Anstrengung von den Arbeitern gefordert, daß deren körperliches Gedeihen darunter leidet. Dazu kommt, daß bei der Mannigfaltigkeit der ländlichen Verrichtungen der Arbeitgeber schon im eigenen Interesse jedem Tagelöhner diejenige Thätigkeit zuweist und zuweisen kann, welche dessen Kräften am angemessensten ist.

Indirekt kann der Staat noch dadurch viel für die ländlichen Arbeiter thun, daß er das landwirthschaftliche Gewerbe selbst, also den ländlichen Arbeitgeber, soweit als zulässig unterstützt. Denn viele zum Wohle der Arbeiter zu treffenden Einrichtungen erfordern zunächst materielle Opfer Seitens des Gutsbesitzers; je bessere Erfolge letzterer aber in seinem Betriebe erzielt, desto eher wird er geneigt sein, einen Theil seines Gewinnstes auch außer dem zugesicherten Lohn seinen Arbeitern hinzugeben. Der landwirthschaftliche Unternehmer befindet sich heutzutage in einer sehr viel ungünstigeren Lage als der industrielle; er erhält die in seinem Betrieb niedergelegten Kapitalien weit niedriger verzinst und dabei ist der ihm gewährte Kredit ein schwieriger und theurer. Die Ursachen dieser Erscheinungen sind theils in dem Wesen des ländlichen Gewerbes begründet, theils sind sie zufälliger und hoffentlich vorübergehender Natur. Dieselben hier zu erörtern, liegt außer dem Bereiche meiner Aufgabe. Ich will an dieser Stelle nur so viel sagen, daß der Staat seinerseits dazu beitragen muß, wenn die Hemmnisse, welche jetzt auf dem landwirthschaftlichen Unternehmer lasten, beseitigt werden sollen. Es handelt sich hier in erster Linie um solche Maßregeln, welche die Bildung, das Ansehen, den Einfluß und den Credit der Landwirthe zu heben geeignet sind. Denn in allen diesen Dingen stehen die landwirthschaftlichen Unternehmer im Durchschnitt hinter den industriellen zurück; es ist dies großentheils eine Folge ihrer räumlichen Entfernung von einander und von den Mittelpunkten des Culturlebens, den Städten. Der Staat kann zur Ausgleichung dieses

Mißverhältnisses viel beitragen durch Vermehrung und reichlichere Dotirung der landwirthschaftlichen Bildungsanstalten, durch Verbesserung der Communikationsmittel, durch verstärkte Unterstützung landwirthschaftlicher Vereine und Genossenschaften, sowie endlich dadurch, daß er den bestehenden oder noch sich bildenden Vertretungen des landwirthschaftlichen Gewerbes die ihnen gebührende Berücksichtigung zu Theil werden läßt. Geschieht dies, so findet sich das Weitere von selbst. Alsdann werden die Landwirthe mehr, wie bisher, über ihre wahren Bedürfnisse zur Klarheit und Einigkeit gelangen und dieselben zu unzweideutigem, entschiedenem Ausdruck bringen, so daß es der Staatsgewalt nicht mehr zweifelhaft sein kann, mit welchen speciellen Maßregeln sie vorzugehen hat, um wirklich die Interessen des landwirthschaftlichen Gewerbes nach allen Seiten hin zu fördern*).

Bisher habe ich blos davon gesprochen, was der Staat als solcher zu thun hat, um zu einer befriedigenden Lösung der ländlichen Arbeiterfrage beizutragen; aber er nimmt zu der letzteren noch eine andere, nähere Stelle ein und zwar in seiner Eigenschaft als Grundbesitzer und landwirthschaftlicher Unternehmer. In allen deutschen Ländern hat der Staat noch ein bedeutendes Domainen-Areal, welches eine erhebliche Quote des gesammten Grund und Bodens ausmacht. In Preußen allein existiren 855 Domainen mit 1,367,621 Morgen. Dieselben stehen zwar ebenso wie in den meisten übrigen deutschen Staaten größtentheils nicht unter der direkten Bewirthschaftung der Regierung, sondern unterliegen der Verpachtung, was auch unzweifelhaft das zweckmäßigste ist. Die Grundsätze, von welchen man hierbei ausgeht, sind nach den gewöhnlichen Regeln des landwirthschaftlichen Betriebes im Großen und Ganzen rationell; die Domainen gehören zu den bestbewirthschafteten Gütern der Monarchie, die Pachtpreise steigen andauernd und die Pächter befinden sich wohl dabei. Aber ebenso wie der einzelne landwirthschaftliche Unternehmer, so hat auch der Staat in dieser Eigenschaft sein ganzes Augenmerk fast lediglich darauf gerichtet, einen möglichst hohen, andauernden Reinertrag aus seinem Grundbesitz zu ziehen: die übermäßige Berücksichtigung seiner individuellen Aufgabe als Grundbesitzer hat ihn seine sociale verkennen und vernachlässigen lassen**). Dies gilt nament-

---

*) Vgl. hierüber: Die heutigen Aufgaben des landw. Gewerbes und seiner Wissenschaft von Dr. Frhr. v. d. Goltz. Danzig bei A. W. Kafemann. 1870. S. 30 und 31.

**) Vgl. hierüber meine eben citirte Schrift S. 5—9.

lich den ländlichen Arbeitern gegenüber. Die Pachtbedingungen für die königlichen Domainen*) enthalten zwar eine große Anzahl den Staat sichernder, den Pächter stark in Anspruch nehmender Bestimmungen, aber unter denselben ist keine einzige, welche auf das Wohl der Arbeiter Rücksicht nähme. Dennoch wäre es ein Leichtes, solche hinzuzufügen, ohne den Pächter erheblich zu beschweren. Es würde kaum einen einzigen Pachtliebhaber abschrecken oder ihn zu einem erheblichen Mindergebot veranlassen, wenn unter den Pachtbedingungen stände, er müsse Sorge dafür tragen, daß die Dienstleute und verheiratheten Deputatisten ihr Vieh gegen Sterbefälle, ihre fahrende Habe gegen Feuer versichern, daß eine Kranken- und womöglich eine Sparkasse eingerichtet werde. Hierin liegt eine viel geringere und dabei weit gerechtfertigtere Beschwerung des Pächters als in anderen Festsetzungen der Pachtverträge z. B. in der Verpflichtung, den vorhandenen Domainenfeuerschäden-Verbänden beizutreten oder in dem Verbot, Heu, Grummet, Kartoffeln oder Rüben weder zu verkaufen noch sonst von den Pachtstücken zu entfernen. Ferner kann die Domainenverwaltung sehr darauf hinwirken, daß auf den fiscalischen Gütern gute Arbeiterwohnungen erbaut werden. Die über den Neubau und die Unterhaltung von Wirthschaftsgebäuden in den Pachtverträgen getroffenen Bestimmungen sind derartig, daß es leicht wäre, in nicht allzu langer Frist zu zweckmäßigen Arbeiterhäusern zu gelangen. Bis jetzt ist hierin freilich noch nicht viel geschehen. Den Domainenpächtern liegt ebenso wie den meisten übrigen Landwirthen mehr daran, gute Ställe und Scheunen als passende Wohnungen für ihre Tagelöhner zu haben. Leider gibt die Regierung diesem Verlangen nach und wir sehen deshalb auf den Domainen, ebenso wie auf den Privatgütern, die Wirthschaftsgebäude in besserem Zustande als die Arbeiterhäuser. Allerdings läßt sich nicht leugnen, daß, wenn die Regierung ernstlich zu Gunsten der Arbeiter auf den Domainen nach der einen oder anderen Richtung vorginge, hierdurch den Domainenpächtern Opfer auferlegt resp. sonstige Vortheile entzogen würden; als Folge hiervon würden möglicher Weise bei neuen Licitationen etwas niedrigere Pachtgebote erfolgen, als unter anderen Umständen gemacht worden wären. Der hierdurch veranlaßte Ausfall könnte aber jedenfalls nur ein sehr geringer sein und in keinem Vergleich stehen zu dem großen Gewinn, welcher aus der Sorge der Verwaltung für die Arbeiter ihrer Domainen erwachsen muß. Der Staat darf durch-

---

*) Die Regeln der Licitation und die allgemeinen Verpachtungsbedingungen für die königl. preuß. Domainen-Vorwerke u. s. w. von J. Nieberstetter. Berlin bei R. Kühn. 1870.

aus nicht auf derselben Bahn wandeln, wie viele Private; er darf nicht um des eigenen augenblicklichen materiellen Vortheiles willen sich der sittlichen Aufgabe entziehen, an den auf seinen Gütern beschäftigten Arbeitern das zu thun, was er von jedem privaten Grundbesitzer gethan zu haben wünschen muß. Was jetzt mit verhältnißmäßig geringen Opfern geschehen könnte, ist später vielleicht kaum mit sehr schweren Opfern zu erkaufen. Der Staat besitzt aber mehr wie jeder Einzelne die Pflicht und die Möglichkeit, bei seinen Maßnahmen nicht blos auf die Gegenwart, sondern auch auf die Zukunft zu rücksichtigen.

Viel energischer und eingreifender als auf den verpachteten Domainen kann der Staat für die ländlichen Arbeiter auf denjenigen Gütern wirken, welche er durch seine eigenen Beamten bewirthschaften läßt. Ist die Zahl der letzteren auch gering, so fehlen sie doch nicht ganz; in der preußischen Monarchie gibt es deren etwa zwanzig, welche meist zu Zwecken der Pferdezucht dienen. Hier ist dem Staate die beste Gelegenheit geboten, für die untergebenen Arbeiter das zu thun, was das Interesse dieser Bevölkerungsklasse selbst, sowie das Interesse des landwirthschaftlichen Gewerbes und des gesammten Volkslebens erheischt. Leider geschieht dies bis jetzt aber noch sehr wenig.

Ein hervorragendes und erfolgreiches Beispiel dafür, wie die Staatsgewalt direkt Einrichtungen zum Wohle der ländlichen Arbeiter treffen kann, hat der Großherzog von Mecklenburg dadurch geliefert, daß er auf dem Domanium die Ansiedlung von Tagelöhnern und die Einrichtung von Häusslereien ermöglichte; es geschah dies durch das Circular vom 18. Mai 1846. Die Arbeiter, welche sich ansiedeln wollen, erhalten zufolge desselben einen Bau- und Hofplatz und müssen auf demselben nach einem ihnen gegebenen Normalplan sich Haus und Stall aufbauen; dafür zahlen sie eine jährliche Recognition von 17½ Sgr. Außerdem bekommen sie eine Fläche Bodens zu sehr mäßigem Preise in Pacht. Wie zweckmäßig diese Einrichtung ist und wie sehr die Arbeiter von deren Vortheilen überzeugt sind, beweist die schnelle Zunahme der Häuslereien, die Zahl derselben betrug*):

1847: 142.	1852: 1795.	1856: 2141.	1860: 2328.
1848: 390.	1853: 1931.	1857: 2161.	1862: 2468.
1849: 910.	1854: 2007.	1858: 2209.	1863: 2619.
1850: 1309.	1855: 2110.	1859: 2244.	1864: 2721.

---

*) Vgl. hierüber: Die mecklenburgische Auswanderung in „Unsere Zeit". Neue Folge. 2. Jahrg. 1. Hälfte. Leipzig bei Brockhaus. 1866. S. 352 u. 353.

Jetzt sind die Häuslereien auf dem Domanium schon auf 3880 angewachsen. Die günstigen Erfolge derselben werden wohl allseitig anerkannt. Der bewährte Kenner der mecklenburgischen Arbeiterverhältnisse, Herr Schumacher-Zarchlin, theilt mir darüber Folgendes mit: „Die Ansetzung der Häusler im großherzoglichen Domanium ist von überaus günstigem Einflusse auf unsere ländlichen Arbeiterverhältnisse gewesen. Anfängliche Befürchtungen, daß das Domanium durch diese Klasse mit Armenkassen-Beneficianten und daß das ganze Land, namentlich die angrenzenden ritterschaftlichen Landestheile, mit Dieben und Räubern beglückt würde, haben sich nicht bestätigt. Die Armenkassenbeiträge sind nicht größer als früher und an Frucht- und sonstigen Diebstählen der Häusler ist in der Oeffentlichkeit weniger die Rede als von Diebstählen anderer Klassen, namentlich der arbeitenden Klassen im ritterschaftlichen Landestheile. Die Ansetzung der Häusler hat dem Landesherrn große Opfer aufgelegt und das ganze Land ist demselben wegen dieser Anbahnung gesunder Arbeiterverhältnisse zu großem Danke verpflichtet. Denn 3880 Häuslerstellen liefern der Ritterschaft und den Pächtern im Domanio eine große Zahl von freien Arbeitern und außerdem werden durch die arbeitsfähigen Kinder der Häusler die großen Lücken in der Zahl der Dienstboten ein wenig ausgefüllt".

Diese Angaben Schumachers haben außer ihrer speciellen auch noch die allgemeine Bedeutung, daß sie das S. 208 angeführte Bedenken widerlegen, als ob man durch Ansiedelung freier Arbeiter eine Klasse von gewerbsmäßigen Vagabunden heranziehe. Ebenso wenig wie dies in Mecklenburg geschehen ist, wird es in anderen Theilen des nordöstlichen Deutschlands der Fall sein, wenn man nur die bereits besprochenen Vorsichtsmaßregeln trifft.

Einige Analogie mit dem Verfahren des Großherzogs von Mecklenburg bietet die Maßregel, welche die russische Regierung in ihren litthauischen und polnischen Distrikten während der letztverflossenen Jahre getroffen hat. Dieselbe hat nämlich theils den dort bereits früher vorhanden gewesenen, besitzlosen Leibeigenen, theils ausgedienten Soldaten eine Fläche Landes zum Eigenthum und zur Bebauung überwiesen. Die Größe des jeder Familie auf diese Weise zugefallenen Areals beträgt eine Dessätine (etwas über eine Hektare), so daß ihre Inhaber auch Dessätiniker genannt werden. Der Erfolg der Maßregel ist ein sehr bemerkenswerther. Ein großer Theil der Dessätiniker zeigt sich allerdings als unfähig und unlustig, das erhaltene Land gut zu bewirthschaften und nebenbei sich Tagelohnverdienst zu suchen, obwohl überall Arbeitermangel und der Lohn sehr hoch ist; diese Leute sind denn auch eine Plage für die umliegenden Gutsbesitzer. Dagegen steht es auch fest, daß viele Desjätiniker ihr Land mäßig gut bestellen, regelmäßig auf Lohnarbeit gehen und dadurch den großen Grundbesitzern bei dem allgemeinen Arbeitermangel sich sehr nützlich erweisen. Diese Thatsache, deren Richtigkeit ich verbürgen kann, ist für Beurtheilung der Frage, ob die Ansiedelung freier Arbeiter möglich und zweckmäßig sei, von großer Bedeutung. Sie zeigt uns, daß eine derartige Kolonisation inmitten großer Güter immer wohlthätige Folgen hat, wenn die Kolonisten selbst die erforderliche geistige und sittliche Bildung haben, um ihre Lage richtig zu beurtheilen und auszunutzen. In Deutschland steht aber der ländliche Arbeiter durchweg auf einer höheren Kulturstufe als in den benachbarten Theilen des russischen Reiches. Zudem ist zu berücksichtigen, daß die russische Regierung bei Durchführung der besprochenen Maßregel von ihren Beamten meist sehr schlecht bedient wurde; wäre dies nicht der Fall gewesen, so würde das Resultat ein entschieden günstigeres gewesen sein*).

---

*) Es liegt mir fern, die von der russischen Regierung vorgenommene Maßregel der Landvertheilung an kleine Leute in der Art, wie dieselbe stattfand, durchaus rechtfertigen zu wollen. Gegen dieselbe lassen sich manche gegründete Bedenken erheben. Vor Allem ist es mindestens sehr fraglich, ob die Regierung überhaupt ein Recht hatte, das zur Vertheilung gekommene Land beliebig zu verschenken; ferner hat dieselbe wenig Rücksicht darauf genommen, ob die angesiedelten Kolonisten auch fähig waren, ihre neue Stellung richtig zu verstehen und auszunutzen; ebenso wenig darauf, ob die Oertlichkeit für eine Kolonisation passend war oder nicht. Mir lag nur daran, zu constatiren, daß die Ansiedelung freier Arbeiter dort, wo sie in zweckmäßiger Weise geschah, von gutem Erfolge sowohl für diese Leute selbst als auch für den ganzen landwirthschaftlichen Gewerbebetrieb gewesen ist.

Schlußwort.

Es ist ein weites Gebiet, welches sich vor uns aufthut, wenn wir an die Lösung der ländlichen Arbeiterfrage herantreten; so weit, daß wohl Mancher rathlos dasteht, sich zweifelnd fragend: „wo soll ich anfangen" oder „lohnt es sich überhaupt, daß ich anfange mit meiner kleinen Kraft einer so schweren Aufgabe gegenüber?" Dies sind Fragen, welche man nicht kurzweg als unberechtigt von der Hand weisen darf, sondern welche in der That eine ernstliche Erwägung verdienen.

„Wo soll ich anfangen?" Hierauf läßt sich Folgendes antworten. Ein Jeder prüfe einerseits seine Kraft und specielle Befähigung, andrerseits die ihm besonders naheliegenden Arbeiterverhältnisse; wo letztere die größten Schäden aufweisen, da suche Jeder zunächst Abhülfe zu schaffen und zwar mit den gerade ihm zu Gebote stehenden Mitteln. Die ganze Sache ist zu ernst und wichtig, als daß man ohne genaue Kenntniß und sorgfältige Erwägung aller zu berücksichtigenden Umstände in dieselbe eingreifen dürfte. Doch hält es für den, welcher unter den Arbeitern lebt oder längere Zeit unter denselben gelebt hat, bei gutem Willen nicht schwer, ein richtiges Urtheil über deren Verhältnisse zu gewinnen und namentlich diejenigen Schäden zu entdecken, deren Beseitigung am bringendsten erforderlich scheint. Die Mittel, welche zur Erreichung des letztgenannten Zieles zu wählen sind, werden nicht für Jeden die nämlichen sein. Der Arbeitgeber, der Geistliche, der Lehrer müssen auf verschiedenen Wegen die Lösung derselben Aufgabe erstreben, jeder innerhalb seines Wirkungskreises und mit seinen speciellen Kräften. Keiner derselben vergesse aber, daß das Fundament jeder gesunden Fortentwicklung der Arbeiterbevölkerung in der Hebung von deren sittlichen und geistigen Bildung liegt und daß die erstere wieder ihren tiefsten Grund in der Gottesfurcht hat. Deshalb muß jeder Anfang in der Lösung der Arbeiterfrage in der Förderung jener Bildung bestehen; dieselbe darf auch bei keiner noch so äußerlich scheinenden Maßnahme auf diesem Wege außer Acht gelassen werden. Dabei ist der sittlich-religiöse Fortschritt sehr viel wichtiger als der geistige; der letztere ohne den ersteren kann sogar schädlich wirken. Mögen wir den Arbeiter äußerlich noch so günstig stellen, mögen wir ihm noch so große geistige Genüsse bereiten, er wird nie seine Mittel zweckmäßig benutzen lernen, auch nie mit seiner Lage zufrieden sein, wenn ihm die durch die Religion zu vermittelnde Erkenntniß fehlt, daß Gott ihn in seinen Stand eingesetzt hat, daß das wahre Glück nicht von der Größe des Reichthums, der Ehre, der Macht und der sinnlichen Genüsse abhängt und daß auch er einst vor dem höchsten Richter Rechenschaft ablegen muß von seinem irdischen Thun und Treiben. Die Ueberzeugung, daß ihre ganze Lebensstellung nicht an und für sich eine durchaus ungünstige sei oder sein müsse, auch bei den einfachen Arbeitern lebendig zu machen, ist nicht so schwierig wie Mancher vielleicht denkt. Schon jetzt gibt es unter denselben viele, welche recht gut wissen, daß ihre Lage in mancher Hinsicht günstiger ist als die ihres Herrn: sie haben, wenn sie fleißig sind, ihr tägliches Brod und essen dasselbe oft mit viel weniger Sorgen und Mühen, als die Arbeitgeber. Aus dem Munde verständiger Tagelöhner hört man schon jetzt zuweilen das Wort, sie möchten nicht an Stelle des Gutsbesitzers sein; dies freilich blos dort, wo jene ein nach ihren Lebensgewohnheiten hinreichendes Auskommen haben und auch im Uebrigen von den Vorgesetzten menschenfreundlich behandelt werden.

Wie Hohn würde es freilich klingen, wollte man in Noth befindliche Leute, statt ihnen die Wege der Abhilfe zu lehren, blos zu sittlichem Lebenswandel und zur Gottesfurcht ermahnen; wenigstens, sobald dieses von solchen geschieht, welche Mittel und Kräfte besitzen, jener Noth zu steuern. Wenn ich daher sage, die Hebung der sittlichen Kultur muß den Anfang machen zur Fortentwickelung des Arbeiterstandes überhaupt, so meine ich, daß sie zwar das Fundament aller Bestrebungen auf diesem Gebiete bilden soll, daß mit ihr aber die Beseitigung der übrigen Nothstände Hand in Hand gehen muß. Sehe ich z. B. daß die Arbeiter durch das Laster des Trunkes sich ruiniren und gelange, wie es oft der Fall sein wird, zu der Ueberzeugung, daß die Neigung zum Branntweingenuß wesentlich hervorgerufen und unterhalten wird durch den Mangel an kräftiger Nahrung, ausreichender Bekleidung oder warmer Wohnung, so würde es verkehrt sein, gegen jenes Laster zu Felde zu ziehen, ohne gleichzeitig die Möglichkeit zur Beseitigung der erwähnten Uebelstände zu gewähren.

Schlußwort.

Diese kurzen Andeutungen mögen genügen zur Beantwortung der Frage, wo man anfangen soll, wenn man den ländlichen Arbeitern helfen will. Im Uebrigen muß jeder Einzelne zusehen, wo er grade am besten seine Kräfte verwende; wer die rechte Liebe zur Sache mitbringt, wird nicht leicht fehl greifen. Hauptsache bleibt es, daß man **überhaupt anfange**; damit ist schon viel gewonnen und Uebung macht erst den Meister. Deshalb braucht auch Niemand zu verzagen, wenn er die Größe der Aufgabe mit der Kleinheit seiner Kraft vergleicht. Einem einzelnen Menschen ist es selten gegeben, für sich allein etwas Großes zu schaffen. Selbst diejenigen Männer, welche völkerbewegende Reformationen hervorriefen, haben klein angefangen und würden wohl kaum gewagt haben, ihr Werk auch nur zu beginnen, wenn sie der Ueberzeugung gewesen wären, sie müßten dasselbe allein mit eigener Kraft vollbringen. Sie sind auch stets unterstützt worden von Mitarbeitern, welche ja Niemandem zu fehlen pflegen, der wirklich große Gedanken ins Werk zu setzen beabsichtigt. Deshalb frage keiner: was kann ich als Einzelner einer so ungeheuren Aufgabe gegenüber leisten, sondern Jeder lege frisch Hand an die Arbeit und verrichte an seinem Theile dasjenige, was er glaubt, daß auch alle übrigen Berufenen thun müssen, wenn das große Werk zu dem erwünschten Ziele geführt werden soll.

Herrscht bei allen Betheiligten guter Wille, dann kann mit Zuversicht eine günstige Lösung der ländlichen Arbeiterfrage erwartet werden; denn in den, menschlicher Einwirkung entzogenen Verhältnissen besteht kein Umstand, welcher eine solche Lösung verhinderte. Wir brauchen die Hoffnung nicht aufzugeben, daß unsere Arbeiterbevölkerung an Sittlichkeit, Bildung und damit an Leistungsfähigkeit zunehme, daß ihr äußerer Wohlstand und ihre innere Zufriedenheit wachse und daß sich zwischen ihr und den Arbeitgebern ein Verhältniß herstelle, welches auf gegenseitiges Vertrauen und gegenseitige Achtung gegründet ist, in welchem der eine Theil in dem Wohle des anderen nicht nur seinen Vortheil, sondern auch seinen Ruhm und seine Ehre erblickt. Es sind dies freilich ideale Wünsche und Hoffnungen, deren Realisirung nur langsam und zunächst nur in einzelnen Fällen sich ermöglichen läßt. Dieselbe geht aber um so schneller und sicherer vor sich, je zahlreicher die Klasse derjenigen Männer wird, welche mit Liebe und Einsicht an die zu lösende Aufgabe herantreten.

Nachtrag zu Seite 57, 84 und 85, bezüglich der Löhne für ländliche Arbeiter im Königreich Württemberg.

Nachdem der Druck dieser Schrift nahezu vollendet war, ging mir eine sehr schätzenswerthe schriftliche Mittheilung der Centralstelle für die Landwirthschaft im Königreich Württemberg über die Höhe des Tagelohnes für ländliche Arbeiter im dortigen Lande zu. Dieselbe bildet eine werthvolle Ergänzung zu dem von mir auf Seite 57 und 84 Gesagten und da sie außerdem aus so zuverläßiger Quelle stammt, glaube ich sie hier reproduciren zu müssen. Die genannte Centralstelle schreibt:

„1) Der Tagelohn der ländlichen Arbeiter wird in Württemberg durchschnittlich

  für Männer: im Sommer 40 Kreuzer bis 1 Fl. 12 Kreuzer,
       „ Winter 30—45 Kreuzer;
  für Weiber: „ Sommer 30—42 „
       „ Winter 20—28 „

betragen. Hierbei wird keine Kost gegeben. Dagegen erhalten sie bei der Ernte des Rapses, des Getreides, des Heu's und Grummets außerordentliches Getränke, je nach dem Gebrauch der Gegend: Wein, Obstmost, Braun- oder Weißbier, nicht aber bei der Wurzel-Ernte. Wo Kost und Getränke verabreicht wird, treten Lohnabzüge von 10—18 Kreuzer ein.

„2) Der Durchschnittspreis für den Centner Roggen während der 10 Jahre 1860—69 berechnet sich auf 4 Fl. 44 Kreuzer.

„3) In der fraglichen Periode (in den letzten 2—3 Decennien) wird eine Steigerung der Arbeitslöhne von 50—60 % im Durchschnitt und in einzelnen Gegenden bis zu 100 % anzunehmen sein".

Berechnet man nun gemäß obiger Zahlen den Mannstagelohn in Württemberg fürs ganze Jahr durchschnittlich auf 48—50 Kreuzer, so repräsentirt derselbe den Werth von 16,9—17,6 Pfund oder 0,21—0,22 preuß. Scheffel Roggen. Dieses Resultat stimmt fast genau mit meinen, auf Seite 57 dieser Schrift gemachten Aufstellungen, überein.

Ebenso bestätigen die Mittheilungen der württembergischen Centralstelle über die Steigerung des Tagelohnes für den Bezirk derselben fast wörtlich meine auf Seite 84 und 85 ausgesprochene Ansicht, daß in Deutschland der Geldlohn der ländlichen Arbeiter während der letzten 20—30 Jahre im Durchschnitt um mindestens 50 % gestiegen, ja daß sich in manchen Gegenden eine Erhöhung bis zu 100 % nachweisen läßt.

Anlage A.

Verzeichniß von Büchern, welche sich für ländliche Volks-Bibliotheken eignen.

	Sgr.	Pf.
Fr. Ahlfeld: Erzählungen für's Volk. Halle.	18	—
Ch. G. Barth: Der arme Heinrich oder die Pilgerhütte am Weißenstein. Stuttgart.		
—— Mic und Nick "		
—— Johann Schmidegalls Jugendjahre. Stuttgart.		
—— Zetma oder das türkische Mädchen. "	Jede	
—— Das Bild in Deinach. Stuttgart.	dieser	
—— Gotthilf und Erdmann. "	Barth'schen	
—— Der Fensterladen. Stuttgart.	Schriften	
—— Der Negerknabe Cuff. "	kostet 3¾,	
—— Thomas Platters Lebensgeschichte. Stuttgart.	5 ob. 7½ Sgr.	
—— Die Flucht des Camisarden. Stuttgart.		
—— Waldmeisterlein. Stuttgart.		
—— Das Kleeblatt. "		
—— Das Felsenkind. "		
W. Baur: Ernst Moritz Arndt's Leben. Verlag des rauhen Hauses.	12	—
—— Aus den Befreiungskriegen. " " " "	10	—
—— Prinzessin Wilhelm v. Preußen. " " " "	9	—
—— Reiseerinnerungen aus der Mainarmee. Verlag des rauhen Hauses	6	—
F. W. Bodemann: Louise Schöpler, Pfarrer Oberlins Dienstmagd. Verlag des Rauhen Hauses	3	—
—— Jung Stillings Leben. Bielefeld	5	—
Böttiger: Deutsche Geschichte. Frankfurt	10	—
Brautkrone, die: Eine Erzählung für Landleute aller Stände. Rauhes Haus.	8	—
F. A. Burdach: Friedrich der Weise, Churfürst von Sachsen. Rauhes Haus.	3	—

		Sgr.	Pf.
F. A. Burdach: Johann der Beständige, Churfürst von Sachsen. Rauhes Haus.		3	—
—— Johann Friedrich der Großmüthige, Churfürst von Sachsen. Rauhes Haus.		3	—
—— Herzog Christoph von Württemberg. Rauhes Haus.		3	—
—— Philipp Melanchthon, der Lehrer Deutschlands. Rauh. Haus.		3	—
J. H. Campe: Robinson der Jüngere. Wiesbaden.		15	—
C. H. Caspari: Der Schulmeister und sein Sohn. Stuttgart		10	—
—— Alte Geschichten aus dem Spessart. „		7	6
—— Zu Straßburg auf der Schanz. „		5	—
M. Claudius: Märchenschatz aus Tausend u. Eine Nacht. Berlin.		25	—
Falk's Leben: Rauhes Haus.		7	6
Geschichten und Bilder aus der inneren Mission, oder das Beiblatt zu den Fliegenden Blättern des Rauhen Hauses:			
Jahrgang I. u. II. à		12	—
„ III. — XIII. à		7	6
„ XIV. — XIX.		10	—
O. Glaubrecht: Anna, die Blutegelhändlerin. Frankfurt.		5	—
—— Die Heimkehr. Frankfurt.		10	—
—— Der Kalendermann vom Veitsberg. Frankfurt.		12	6
—— Leiningen. Frankfurt.		10	—
—— Die Goldmühle. Frankfurt.		7	6
—— Das Haidehaus. Frankfurt.		10	—
—— Das Volk und sein Treiben. Eisleben		5	6
—— Die Schreckensjahre von Lindheim. Frankfurt.		8	—
—— Erzählungen aus dem Hessenlande. „		10	—
—— Der Zigeuner. Frankfurt.		9	—
—— Ein böses Jahr. „		10	—
—— Die Heimathlosen. „		30	—
Gloger: Die nützlichsten Freunde der Land- und Forstwirthschaft unter den Thieren. Berlin.		8	—
—— Kleine Ermahnung zum Schutz nützlicher Thiere. Berlin.		3	6
Grimm: Kinder- und Hausmärchen. Berlin.		15	—
A. W. Grube: Scharnhorst's Leben und Wirken. Stuttgart		7	6
—— General Gneisenau. Stuttgart.		7	6
—— Abraham Lincoln. „		7	6
—— Bilder und Scenen aus der Natur und dem Menschenleben. Stuttgart:			
1. Asien und Australien.		17	—
2. Afrika.		17	—
3. Europa.		17	—
4. Amerika.		17	—

welche sich für ländliche Volksbibliotheken eignen. 263

	Sgr.	Pf.
A. W. Grube: Blicke in das Seelenleben der Thiere. Stuttgart.	7	6
W. Hahn: Friedrich, der erste König in Preußen. Berlin	20	—
—— Hans Joachim von Zieten. Berlin.	9	—
—— Friedrich Wilhelm III. und Louise. Berlin.	18	—
J. P. Hebel: Schatzkästlein des rhein. Hausfreundes. Stuttgart.	15	—
—— Ausgewählte Erzählungen des rheinischen Hausfreundes. Herausgegeben von K. Stöber. Stuttgart.	10	—
Heydenreich: Paul der Knecht. Berlin.	22	6
Fr. Hoffmann: Das wahre Glück. Stuttgart.	7	6
—— Der Segen des Herrn macht reich ohne Mühe. Stuttgart.	7	6
—— Die Macht des Gewissens. Stuttgart.	7	6
—— Der alte Gott lebt noch. „	7	6
—— Nur immer brav. Stuttgart.	7	6
—— Reue versöhnt. Stuttgart.	7	6
—— Jeder in seiner Weise. Stuttgart.	7	6
—— Brave Leute. Stuttgart.	7	6
—— Ein Mann, ein Wort. Stuttgart.	7	6
—— Was du thust, thust du dir selbst. Stuttgart.	7	6
—— Volks-Märchen. Stuttgart	37	6
—— Ein Negerleben. Stuttgart	7	6
—— Wenn man nur recht Geduld hat und warten kann. Stuttgart.	7	6
—— Die Auswanderer. Stuttgart.	7	6
—— Der Eisenkopf. Stuttgart.	7	6
—— Ritter und Bauer. Stuttgart.	7	6
—— Deutsche Sagen. Stuttgart.	37	6
W. O. v. Horn: Die Spinnstube: Jahrgänge von 1846—1871, Frankfurt; pro Jahrgang	12	6
—— Der Orkan auf Cuba. Wiesbaden.	7	6
—— Das Erdbeben von Lissabon. Wiesbaden.	7	6
—— Der Brand von Moskau. Wiesbaden.	7	6
—— Das Leben des Feldmarschall Derfflinger. Wiesbaden.	7	6
—— Prinz Eugenius, der edle Ritter. Wiesbaden.	7	6
—— Ein Ostindienfahrer. Wiesbaden.	7	6
—— Von den zwei Savoyardenbüblein. Wiesbaden.	7	6
—— Der Herr ist mein Schild. Wiesbaden.	7	6
—— Das Büchlein vom Feldmarschall Blücher. Wiesbaden.	7	6
—— Friedel. Darmstadt.	12	—
—— Hand in Hand. Stuttgart.	27	—
—— Lehrgeld oder Meister Conrad's Erfahrungen. Essen.	10	—
—— Franz Kerndörfer. Leipzig.	21	—
—— Auch ein Menschenleben. Frankfurt.	7	6

	Sgr.	Pf.
W. O. v. Horn: Nothpfennig für Jedermann. Frankfurt. . . .	5	—
—— Ein Wildling. Herausgegeben vom christlichen Verein im nördlichen Deutschland.	3	6
—— Der Finger Gottes. Herausgegeben vom christlichen Verein im nördlichen Deutschland.	4	—
G. Jahn: Die Geschichte vom lahmen Fried. Halle.	2	—
—— Geschichte der französischen Revolution. Herausgegeben vom christlichen Verein im nördlichen Deutschland. . .	5	—
—— Geschichte der deutschen Freiheitskriege. Herausgegeben vom christlichen Verein im nördlichen Deutschland. . .	8	—
—— Kamerad Hechel. Herausgegeben vom christlichen Verein im nördlichen Deutschland.	4	—
—— Jahrbuch für christliche Unterhaltung, herausgegeben von der Diakonissen-Anstalt in Kaiserswerth. Dieses Buch ist der separat herausgegebene geschichtliche Theil des Kaiserwerther christlichen Volkskalenders und seit dem Jahre 1844 jährlich erschienen. Es enthält Biographien hervorragender Personen, so z. B. von Joh. Friedr. Oberlin (Jahrg. 1846), Joh. Jac. Moser (1847), Elisabeth Fry (1850), Aug. Herm. Franke (1851), Dr. Mart. Luther (1853), Gustav Adolf (1856), Friedrich d. Große (1857) u. s. w., u. s. w. Jeder Jahrgang kostet blos 2½ Sgr. und sind die meisten der bisher erschienenen noch zu haben, während einzelne allerdings bereits vergriffen sind. Der ebenfalls für Volksbibliotheken sich eignende, von der Kaiserswerther Anstalt herausgegebene „christliche Volkskalender" kostet pro Jahrgang	6	—
Jeremias Gotthelf: Der Bauernspiegel. Berlin. . .	20	—
—— Uli der Knecht. Berlin.	15	—
—— Uli der Pächter. Berlin.	20	—
—— Käthi, die Großmutter. Berlin.	18	—
Ledderhose: Der siebenjährige Krieg. Eisleben.	10	—
—— Züge aus dem Leben J. J. Mosers. Heidelberg. . . .	4	—
—— Herzog Christoph von Württemberg. Eisleben. . .	6	—
—— Das Blutbad von Thorn 1724. Basel.	3	—
Löbe: Dorfgeschichten und Lebensbilder aus Feld und Haus. Berlin. 4 Bändchen, à Band 10 resp.	12	—
M. Nathusius: Dorf- und Stadtgeschichten. Halle.	30	—
Neigebaur: Der alte Nettelbeck. Bielefeld.	15	—
G. Nieritz: Der Strohhalm und der Schatz. Wesel.	7	6
—— Hans Egede, der Grönlandsfahrer.	7	6

welche sich für ländliche Volksbibliotheken eignen. 265

	Sgr.	Pf.
G. Nieritz: Der Schmied von Ruhla. Leipzig	7	6
—— Belisar. Wesel	7	6
—— Die Schwanen-Jungfrau. Wesel	7	6
—— Betty und Toms. Wesel	7	6
—— Der blinde Knabe. Wesel	7	6
—— Die Wunderpfeife. Wesel	7	6
—— Der Landprediger. Wesel	7	6
—— Die Belagerung von Magdeburg. Wesel	7	6
—— Der Zimmermann von Saardam. Wesel	7	6
—— Gutenberg und seine Erfindung. Wesel	10	—
—— Alexander Menzikoff. Wesel	7	6
J. Nordheim: Knechtsgeschichten. Agentur des Rauhen Hauses	10	—
—— Stadt- und Dorfgeschichten. Agentur des Rauhen Hauses	15	—
Fr. Otto: Krieg und Frieden. Geschichts- und Kriegsbilder aus der alten und neuen Welt u. s. w. Leipzig	7	6
—— Der große König und sein Rekrut. Leipzig	30	—
Louise Pichler. Der Sohn der Wittwe. Stuttgart	7	6
—— Die Brüder. Stuttgart	7	6
—— Deutsche Treue. Stuttgart	7	6
—— Der Ring der Herzogin. Stuttgart	7	6
—— Die Schwarzwaldmühle. Ein deutscher Prinz. Stuttgart	7	6
—— Franzosengeneral und deutscher Professor. Stuttgart	7	6
—— Kaiser Karl's Urenkel. Stuttgart	7	6
—— Der erste Zollern. Stuttgart	7	6
—— Unter Karl dem Großen. Stuttgart	7	6
—— Der Freihof von Siebeneichen. Stuttgart	7	6
—— Der Mönch zu Bebenhausen. Stuttgart	7	6
—— Deutsche Treue. Stuttgart	7	6
—— Der Steinmetz von Speyer	7	6
G. Pfeiffer: Der Sieg des Polenkönigs. Agentur des R. Hauses	3	—
—— Aus Thüringen. Agentur des Rauhen Hauses	10	—
W. Redenbacher: Die Auswanderer. Leipzig	6	—
—— Geschichte der Reformation. Stuttgart	5	—
—— Cook, Reisen um die Welt. Nürnberg	24	—
—— Lesebuch der Weltgeschichte. 3 Bde. Calw	35	—
Chr. Schmid: Wie Heinrich von Eichenfels zur Erkenntniß Gottes kam. Regensburg	7	6
—— Das Blumenkörbchen. Regensburg	10	—
—— Die Ostereier. Regensburg	3	9
—— Der Weihnachtsabend. Regensburg	12	—
—— Die Hopfenblüthen. Regensburg	12	—
—— Ludwig, der kleine Auswanderer	12	—

266 Verzeichniß von Büchern,

	Sgr.	Pf.
Chr. Schmid: Das Täubchen. Das verlorene Kind. Regensburg.	7	6
Ferd. Schmidt: Kriegsruhm und Vaterlandsliebe. Berlin...	7	6
—— Gellert, ein Lebensbild. Berlin........	7	6
—— Herder als Knabe und Jüngling. Berlin......	7	6
—— Georg Washington. Berlin...........	7	6
—— Der Winterkönig. Berlin...........	22	6
—— Gustav Adolph. Berlin............	22	6
—— Hermann und Thusnelda. Berlin........	7	6
—— Burggraf Friedrich von Nürnberg. Berlin.....	22	6
—— Oranienburg und Fehrbellin. Berlin........	7	6
—— Buch deutscher Märchen. Berlin.........	15	—
—— Schleswig Holstein's Befreiung. Berlin.......	7	6
—— Von Rheinsberg bis Königgrätz. Berlin.....	7	6
—— Der deutsche Krieg von 1866. Berlin.......	20	—
—— Die Türken vor Wien. Berlin.........	7	6
—— Virgil's Aeneide. Glogau...........	10	—
—— Die Iliade. Berlin............	20	—
—— Die Odyssee. Berlin.............	20	—
—— Gudrun. Berlin..............	7	6
—— Das Nibelungenlied. Berlin..........	7	6
—— Walther und Hildegunde. Der Rosengarten. Berlin..	7	6
Schillingsbücher des Rauhen Hanses: Von diesen vortrefflichen kleinen Volksschriften erscheinen jährlich mehrere Hefte; dieselben enthalten kleine, populär gehaltene, Erzählungen oder Lebensbeschreibungen. Jedes Heft kostet einen Silbergroschen. Bis jetzt sind schon über 80 Schillingsbücher herausgekommen.		
G. H. von Schubert: Die alte Schuld. Erlangen.......	12	—
—— Die Schatzgräber. Erlangen........	8	—
—— Herr Stephan Mirbel. Erlangen.......	12	—
—— Flavius und Pelagia. Kaiserswerth.......	6	3
—— Züge aus dem Leben des J. F. Oberlin. Nürnberg.	6	—
—— Robert, der Soldat. Stuttgart.........	7	6
—— Der Sohn und der Enkel. Stuttgart......	4	—
—— Die Zwillinge. Agentur des Rauhen Hauses...	4	6
—— Der ungleiche Sohn und der gleichartige Enkel. Stuttgart.	5	—
Segen der Arbeit oder Bauer Frühauf, ein landwirthschaftliches Lesebuch. München..........	12	6
H. A. Seidel: Balthasar Scharfenberg. Agentur d. Rauh. Haus.	10	—
—— Gottlieb Treu, der Tagelöhner vom Bergkaten. Agentur des Rauhen Hauses.	6	—
E. Stähelin: Elsässische Lebensbilder aus dem 16. und 17. Jahrhundert. Basel.	15	—

welche sich für ländliche Volksbibliotheken eignen. 267

	Sgr.	Pf.
E. Stöber: Erzählungen. Dresden. 3 Bde., à Bd.	30	—
—— Ausgewählte Erzählungen. Dresden. 2 Bde., à Bd.	10	—
—— Der Erzähler aus dem Altmühlthale. Stuttgart.	24	—
—— Geschichten und Erzählungen. Dresden.	15	—
—— Kalendergeschichten. Stuttgart.	8	—
—— Sabina, die Bleicherin. Dresden.	18	—
J. H. Stobwasser: Johann Heinrich Stobwasser's Lebensgeschichte. Agentur des Rauhen Hauses.	3	—
E. Vogel: Deutsche Geschichten für die Kinderstube. Leipzig. 2 Bändchen, à Bd.	15	—
H. Wagner: Entdeckungsreisen in der Wohnstube. Leipzig.	15	—
—— Entdeckungsreisen in Haus und Hof. Leipzig.	15	—
—— Entdeckungsreisen im Wald und auf der Haide. Leipzig.	20	—
—— Entdeckungsreisen in Feld und Flur. Leipzig.	20	—

Bemerkungen zu Anlage A. Bei der Zusammenstellung obigen Verzeichnisses haben mir theils meine eigenen Erfahrungen und Kenntnisse auf dem Gebiete der Volks-Literatur als Richtschnur gedient, theils habe ich verschiedene Kataloge von Privaten oder Vereinen benutzt, die selbst eine Volksbibliothek besitzen oder die sich die Verbreitung guter populärer Schriften zur Aufgabe gemacht haben. Hierunter nenne ich das Verzeichniß der in Posegnick befindlichen Bibliothek für die dortigen Arbeiter; ferner „kritisches Jugendschriften-Verzeichniß", herausgegeben vom pädagogischen Verein in Berlin (Ferd. Gehlhaar's Buchhandlung Berlin 1870); „praktischer Wegweiser durch die christliche Volksliteratur", herausgegeben vom evangelischen Schriftenverein für Rheinland und Westfalen (Bonn bei Marcus 1859 und 1863); „Verlags-Katalog der Agentur des Rauhen Hauses"; endlich die mir von der Centralstelle für die Landwirthschaft in Württemberg gütigst zugesandten folgenden drei Verzeichnisse: 1) „Verzeichniß der Volksschriften in der Musterbibliothek der Centralleitung des Wohlthätigkeits-Vereins" in Württemberg (Stuttgart 1869); 2) „Verzeichniß von 100 Volksschriften zur Anlegung von Volksbibliotheken", herausgegeben von dem Ausschuß der südwestdeutschen Conferenz für innere Mission; 3) „Verzeichniß von Schriften landwirthschaftlichen und naturwissenschaftlichen Inhalts für Ortsbibliotheken und landwirthschaftliche Fortbildungsschulen" (Beilage zu Nr. 43 des Wochenblattes für Land- und Forstwirthschaft pro 1868, herausgegeben von der Königlichen württembergischen Centralstelle für Landwirthschaft).

Erklärlicher Weise habe ich nur eine beschränkte Zahl der in genannten Verzeichnissen aufgeführten Schriften in meiner Zusammenstellung erwähnen können, schon um nicht einen übermäßig großen Raum für letztere in Anspruch zu nehmen. Mein Zweck bei derselben war ja auch nicht, einen vollständigen

Katalog guter Volksschriften zu liefern, sondern er bestand lediglich darin, denjenigen Männern, welche eine Bibliothek für ländliche Arbeiter anlegen wollen, hierfür einen Leitfaden an die Hand zu geben, welcher ihnen nicht nur eine passende Auswahl von Schriften ermöglicht, sondern ihnen auch Aufschluß über die für Anschaffung derselben zu verwendenden Mittel gewährt. Durch die obige Zusammenstellung hoffe ich diesen Zweck erreicht zu haben.

Nach vielfältig gemachten Erfahrungen eignen sich für Volksbibliotheken solche Bücher am besten, welche in Form von **Erzählungen** geschrieben und dabei von einem **sittlich-religiösen** Geiste getragen sind. Der erzählende Charakter der betreffenden Schriften schließt nicht aus, daß dieselben gleichzeitig über ganz bestimmte Thatsachen oder Ereignisse direkt unterrichten und belehren, so namentlich über gewisse Erscheinungen aus der Natur oder über wichtige geschichtliche Begebenheiten. Dies thun z. B. viele Erzählungen von Barth, Baur, W. O. von Horn, Nieritz u. s. w. Aber eigentliche **Lehrbücher**, selbst populär gehalten, sind nur in sehr beschränkter Anzahl in Bibliotheken für ländliche Arbeiter zuzulassen; ebenso gehören Schriften, welche einen **religiös-erbaulichen** Charakter tragen, nur ausnahmsweise dorthin. Wenn man es für nöthig hält, dem Arbeiter außer Bibel, Gesangbuch und Katechismus, welche er zu besitzen pflegt, noch andere Bücher erbaulichen Inhalts zuzuführen, so muß man ihnen dieselben als ein bleibendes Eigenthum und nicht auf ein paar Wochen leihweise gewähren.

Anlage B.

Statut des auf Gegenseitigkeit beruhenden Versicherungs-Vereins für die Dienstleute und Deputanten des Gutes N.

§ 1. Der Verein hat den Zweck, die Kühe der zum Gute N. gehörigen Dienstleute und Deputanten gegen Krankheiten und andere Unglücksfälle, welche das Leben der Thiere bedrohen (Brandschaden ausgenommen), gegenseitig zu versichern.

§ 2. Alle Gutsinsassen, welche eine Kuh halten dürfen, sind verpflichtet, mit derselben diesem Vereine beizutreten. Rinder unter 2 Jahren und Kühe über 15 Jahre werden jedoch nicht angenommen.

§ 3. Der Vorstand des Vereins wird gebildet aus dem Gutsherrn (resp. Pächter oder Administrator) und zwei Vereinsmitgliedern, welche von der Gesammtheit der letzteren mit absoluter Stimmenmehrheit alljährlich gewählt werden.

§ 4. Jede zu versichernde Kuh wird alljährlich und zwar im Laufe des Monates April von dem Vorstande ihrem Geldwerthe nach taxirt. Die Kühe der Vorstandsmitglieder selbst taxirt der Gutsherr in Gemeinschaft mit zwei anderen, zu diesem Zweck von ihm berufenen Angehörigen des Vereins.

§ 5. An Versicherungsprämie werden für Kühe im Werthe von 20 bis 25 Thlr. monatlich 2 Sgr., für Kühe im Werthe von 26—30 Thlr. monatlich 2½ Sgr., für Kühe im Werthe von 31—35 Thlr. monatlich 3 Sgr., für Kühe im Werthe von 36—40 Thlr. monatlich 3½ Sgr. an die Vereinskasse gezahlt.

§ 6. Erkrankt eine versicherte Kuh, so ist deren Eigenthümer verpflichtet, dem Gutsherrn oder dessen Stellvertreter sofort davon Anzeige zu machen. Dieser bestimmt dann, ob ärztliche Hülfe herbeizuziehen ist. Die Kosten der letzteren trägt der Verein. — Der Gutsherr entscheidet auch in Gemeinschaft mit den beiden anderen Vorstandsmitgliedern darüber, ob eine erkrankte oder beschädigte Kuh geschlachtet werden soll.

§ 7. Krepirt eine versicherte Kuh, so erhält deren Eigenthümer ¾ des versicherten Werthes als Entschädigung aus der Vereinskasse. Dagegen werden die verwerthbaren Ueberreste der krepirten sowie der geschlachteten Kühe zum Besten der Vereinskasse durch den Vorstand verkauft.

§ 8. Der Vorstand ist berechtigt, die Wartung und Pflege der Kühe Seitens der Mitglieder zu controliren. Hat erweisliche Nachlässigkeit des Besitzers die Schuld an dem Tode einer Kuh, so erhält derselbe keine Entschädigung. Auch kann der Vorstand bei der Gesammtheit der Genossenschaften den Ausschluß eines Mitgliedes beantragen, wenn dasselbe sich eine fortdauernd schlechte Behandlung seines versicherten Stück Vieh's zu Schulden kommen läßt. Der Ausschluß darf aber nur erfolgen, falls 2/3 der Vereinsmitglieder für denselben stimmen. Ein auf diese Weise ausgeschlossener Genossenschafter verliert jegliches Anrecht an die Vereinskasse.

§ 9. Kommt durch Schuld des Hirten eine Kuh so zu Schaden, daß sie trepirt oder geschlachtet werden muß, so zahlt dieser 2 Thlr. an die Vereinskasse. Dagegen erhält er aus der letzteren für jede Vereinskuh, welche er nach Ablauf der Weidezeit gesund wieder übergiebt, den Betrag von 5 Sgr.

§ 10. Ist einem Vereinsmitgliede seine Kuh krepirt oder auf Beschluß des Vorstandes geschlachtet worden, oder hat ein Mitglied seine Kuh verkauft, so ist dasselbe verpflichtet, nach wie vor den früheren monatlichen Beitrag an die Vereinskasse zu entrichten, bis es sich ein neues Stück Vieh angeschafft hat. Nachdem letzteres geschehen, wird die betreffende Kuh hinsichtlich ihres Gesundheitszustandes von dem Vorstande untersucht und, falls derselbe als normal sich herausstellt, taxirt; mit dem Beginn des folgenden Monats ist dann die Versicherungsprämie gemäß dieser Taxe zu leisten. Ein als nicht gesund befundenes Stück Vieh darf vom Vorstande nicht zur Versicherung zugelassen werden.

§ 11. Mit demselben Zeitpunkt, in welchem ein Mitglied aus dem Gutsbezirk fortzieht resp. den Dienst des Gutsherrn verläßt, erfolgt auch der Austritt aus dem Viehversicherungsverein. Ist jedoch das betreffende Mitglied zum Verlassen seines bisherigen Dienstes durch einseitige Kündigung des Herrn gezwungen worden, so kann es beanspruchen, aus der Vereinskasse einen Betrag herausgezahlt zu erhalten, welcher einerseits dem Verhältniß seiner Beiträge zu der Gesammtsumme der Beiträge aller Vereinsmitglieder während der beiden letzten Jahre, andrerseits dem beim letzten Rechnungsabschluß vorhanden gewesenen Kassenbestand entspricht*). Jedoch

---

*) Um dies an einem Beispiele klar zu machen, nehme ich an, daß der Kassenbestand beim letzten Rechnungsabschluß 30 Thaler betrug. Das wegziehende Vereinsmitglied bezahlte während der beiden letztverflossenen Jahre 2 Thaler zur Vereinskasse, während die Gesammtsumme aller Beiträge sich während derselben Zeit auf 50 Thaler belief. Alsdann erhält das abziehende Vereinsmitglied den fünfundzwanzigsten Theil des Kassenbestandes von 30 Thalern, also $1^1/_5$ Thaler. Rechnungsmäßig läßt sich dies folgendermaßen veranschaulichen: $\frac{30 \times 2}{50} = \frac{60}{50} = 1^1/_5$.

erhält er niemals mehr, als höchstens den Betrag der von ihm während der beiden letzten Jahre geleisteten Versicherungsprämie.

§ 12. Neu anziehende Dienstleute haben behufs Aufnahme in den Verein ein Eintrittsgeld zu entrichten, welches jedes Mal nach dem vorhandenen Kassenbestand und dem durchschnittlichen Antheil der Vereinsmitglieder an der Vereinskasse normirt wird*).

§ 13. Der Gutsherr zieht Namens des Vorstandes die monatlichen Beiträge von den Vereinsmitgliedern ein und leistet die nöthigen Zahlungen. Zwei Mal im Jahre und zwar am 1. April und am 1. October, als den Umzugsterminen für die Instleute und Deputanten, schließt der Vorstand die Vereinsrechnung ab und legt dieselbe den im Laufe der Monate April und October jedes Jahres zusammenzuberufenden General=Versammlung aller Vereinsmitglieder vor.

§ 14. Ueber alle etwaige Streitigkeiten innerhalb des Vereins entscheidet zunächst der Vorstand, von welchem aber eine Berufung an die Generalversammlung zulässig ist,

§ 15. Aenderungen in den Statuten des Vereins oder Auflösung desselben können nur stattfinden, wenn ²/₃ der Vereinsmitglieder dieselben in der Generalversammlung beschließen.

---

*) Sind in der Vereinskasse 30 Thaler und zählt der Verein 20 Mitglieder, so hat das neu anziehende Mitglied 1½ Thaler an Eintrittsgeld zu erlegen.

Anlage C.

Statuten und Bedingungen, unter denen für die Tagelöhner der Domaine Sillium eine Hülfskasse gebildet ist.

Die sämmtlichen Wintertagelöhner der Domaine Sillium bilden vom 15. November 1857 an eine geschlossene Gesellschaft und wird für dieselben vom gedachten Tage an, durch ihre Mittel und einen Zuschuß vom zeitigen Pächter, eine Unterstützungskasse gebildet, woraus ihnen bei vorkommenden Krankheiten, und nachdem sie ein Alter erreicht haben, bei dem sie die obliegenden Arbeiten nicht mehr versehen können, ein wöchentlicher Zuschuß ertheilt wird.

Die Mittel zur Unterstützungskasse werden durch nachfolgende Beiträge beschafft.

1. Jeder Tagelöhner hat in jeder Woche acht Pfennige von seinem Arbeitslohn an den zeitigen Vormäher abzuliefern, welche der Vormäher an den Rechnungsführer der Domaine einzahlt.

2. Der Pächter verpflichtet sich aus freiem Antriebe dieser Kasse auf jeden Tagelöhner vier Pfennige wöchentlich beizusteuern.

3. Jeder neu in die Tagelöhner-Gesellschaft eintretende Arbeiter kann nur dann aufgenommen werden, wenn er sich zuvor in diese Hülfskasse einkauft, und zwar mit einem Beitrag von einem Thaler.

4. Zugleich verpflichten sich sämmtliche Tagelöhner vom gedachten Tage an für vorkommende, nachbenannte Vergehen die dafür angesetzten Geldstrafen zu entrichten, welche gleichfalls in die Hülfs-Kasse fliessen*).

   a. Entwendungen und Diebereien jeder Art werden mit gänzlicher Ausscheidung aus der Gesellschaft bestraft.

---

*) Gegen die Zweckmäßigkeit und allgemeine Anwendbarkeit einzelner der nachfolgenden Strafbestimmungen (z. B b und c) lassen sich allerdings gegründete Bedenken erheben. Da dieselben aber einen integrirenden Bestandtheil der Statuten ausmachen und da gegen die Aufnahme gewisser Straffestsetzungen in die Tagelöhner Kontrakte durchaus nichts einzuwenden ist, so glaubte ich jene nicht fortlassen zu dürfen.

b. Sämmtliche Tagelöhner verpflichten sich insbesondere, falls Entwendungen von einem ihrer Mitarbeiter begangen sind, und solches zu ihrer Kenntniß kommt, dieses zur Anzeige zu bringen. Geschieht es nicht und wird später bekannt, soll solches mit 12 Ggr. oder nöthigenfalls mit gänzlicher Ausscheidung bestraft werden.

c. Widersetzlichkeiten gegen die Befehle eines Hofmeisters, Verwalters oder des Pächters, sowie ungebührliche Antworten gegen einen der Vorbenannten, wird mit 2—4 Ggr. bestraft. Auch jedes Zurückbleiben aus der Arbeit ohne besondere Erlaubniß des Pächters, der Verwalter oder Hofmeister bestraft sich mit 2 Sgr.

d. Jeder Wintertagelöhner verpflichtet sich während der Ernte-Arbeiten sowie bei sonstigen dringenden Geschäften, mindestens mit einem Mitglied seiner Familie, wenn ihm solches angesagt wird, zu den betreffenden Arbeiten zu erscheinen. Findet dieses nicht statt, zahlt der Säumige 6 Ggr. Strafe.

e Veranlassen die Witterungs-Verhältnisse, daß in der Ernte am Sonntage gearbeitet werden muß, ist jeder Tagelöhner nebst Frau verpflichtet nach beendigtem Gottesdienst zur festgesetzten Zeit, nachdem es angesagt ist, zur Arbeit zu erscheinen. Im Weigerungsfalle zahlt er 6 Ggr. Strafe.

f. Das Schaf-Baden geschieht von den Wintertagelöhnern der Reihenfolge nach, und zwar so, daß im laufenden Jahr da angefangen wird, wo verflossenes aufgehört wurde; wer nicht selbst kann, muß einen Ersatzmann stellen. Nichterscheinen zieht 12 Ggr. Strafe nach sich.

g. Nur wenn specielle Erlaubniß ertheilt, oder das Ausbleiben durch Krankheit oder sonstige unvermeidliche spätestens am Vorabende anzuzeigende Behinderungsgründe genügend entschuldigt ist, kommen die drei letzten Positionen nicht in Anwendung.

5. Die Einkauf- und Strafgelder, sowie die wöchentlichen Beiträge kann ein auf irgend eine Weise ausscheidender Tagelöhner nie zurückfordern, sondern bleiben diese stets Eigenthum der Hülfs-Kasse.

6. Jedem Tagelöhner wird dagegen aus der gebildeten Hülfs-Kasse bei vorkommenden, ihn persönlich betreffenden Krankheiten per Woche eine Unterstützung von acht Ggr. gewährt.

7. Ist ein Tagelöhner in Folge seines Alters, oder durch einen sonstigen Unfall, den er in seinem Dienst erleidet, nicht mehr im Stande, seine Arbeit d. h. in der Reihe der sogenannten Wintertagelöhner, zu verrichten, so wird ihm aus der Kasse eine Unterstützung von wöchentlich sechs Ggr. verabreicht.

8. Sollte die Hülfs-Kasse im Laufe der Zeit ihre Mittel wesentlich vergrößern, so kann auf allgemeinen Beschluß des Pächters und der Tagelöhner eine höhere Unterstützung per Woche gewährt werden, wie denn auch Veränderungen in den sämmtlichen Bestimmungen nur auf allgemeinen Beschluß der Betheiligten vorgenommen werden dürfen.

Hierher gehört:

Daß, wenn sich ein größerer Hülfsfond bilden sollte, dieser zinslich belegt werden kann, wie denn auch unter solchen Umständen die Unterstützung bei Krankheitsfällen der Frauen für diese ausgedehnt werden kann. Gleichfalls wäre es bei einer größeren Ansammlung möglich, jedem einzelnen Tagelöhner in besondern Nothjahren allwöchentlich eine Unterstützung daraus zu ertheilen, oder Ankäufe von Naturalien für sämmtliche Mitglieder zu bestreiten, so auch beim Sterben eines Tagelöhners dessen Wittwe etwas auszusetzen.

9. Ueber den Bestand der Kasse werden von Seiten des jedesmaligen Rechnungsführers der Domaine zwei Contobücher geführt. Eins bleibt stets in dessen Händen, das andere ist im Besitz des Vormähers, welcher verpflichtet ist, an jedem Sonnabend Nachmittag damit beim Oberverwalter zu erscheinen, um die Einnahme und Ausgabe in selbige gleichlautend eintragen zu lassen.

10. Der Vormäher ist zugleich verpflichtet, denen, welche eine Unterstützung empfangen, solche nach Empfang vom Rechnungsführer einzuhändigen.

11. Der Vormäher sowie jeder Tagelöhner hat darauf zu sehen, daß die erkannten Strafgelder richtig eingetragen werden.

12. Jeder Tagelöhner ist berechtigt, das Contobuch und eine Abschrift dieser Uebereinkunft, welche sich in den Händen des Vormähers befindet, einzusehen.

13. Sollte beim Abgang des zeitigen Pächters diese Hülfs-Kasse wegen irgend eines Umstandes nicht fortgesetzt werden können, so fällt der Bestand der Kasse an die vorhandenen Tagelöhner zu gleichen Theilen zurück.

14. Jeder Betheiligte verpflichtet sich, alle entstehenden Zweifel und Streitigkeiten über Anwendung und Auslegung der vorstehenden Bestimmungen einzig und allein durch ein Schiedsgericht entscheiden zu lassen, welches aus drei Schiedsrichtern zu bilden ist, von denen einer vom Domainenpächter, der zweite durch Stimmenmehrheit von den betheiligten Tagelöhnern und der dritte von der Obrigkeit zu wählen ist.

Nachträglich wurde durch Beschluß der gesammten Gesellschaft bestimmt: es soll ein Ausschuß, bestehend aus zwei Personen, aus der Zahl der Wintertagelöhner gewählt werden, der die Interessen des Vereins in jeder Beziehung zu vertreten, auch bei Streitigkeiten zu entscheiden hat.

www.ingramcontent.com/pod-product-compliance
Lightning Source LLC
Chambersburg PA
CBHW032115230426
43672CB00009B/1744